Physik

NATUR UND TECHNIK

für Gesamtschulen

Band 1

Cornelsen

Physik
für Gesamtschulen

Nordrhein-Westfalen
Band 1

Das Werk wurde erarbeitet von

Bernd Heepmann, Herford
Dr. Heinz Muckenfuß. Ravensburg
Wilhelm Schröder, Bielefeld
Dr. Leonhard Stiegler, Fürth

unter Mitarbeit von
Dietwald Kipp, Werl

Redaktion
Helmut Dreißig
(redaktionelle Leitung)
Christa Greger
Jürgen Hans Kuchel
Christian Wudel

Grafik
Gabriele Heinisch (Cornelsen)
Yvonne Koglin

Fotos
Fotostudio Mahler
(Auftragsfotos Cornelsen)

Sonstige Fotoquellen siehe
Verzeichnis der Bild- und
Textquellen

Gestaltung und
technische Umsetzung
Dierk Ullrich

1. Auflage ✔
Druck 4 3 2 1 Jahr 2000 99 98 97

Alle Drucke dieser Auflage
können im Unterricht nebeneinander
verwendet werden.

Druck: Cornelsen Druck, Berlin

ISBN 3-464-04214-6

Bestellnummer 42146

gedruckt auf säurefreiem Papier,
umweltschonend hergestellt aus
chlorfrei gebleichten Faserstoffen

Inhaltsverzeichnis

Liebe Schülerin, lieber Schüler!

Dieses Physikbuch musst du nicht Zeile für Zeile durchlesen. Jedes Kapitel setzt sich nämlich aus verschiedenen „Bausteinen“ zusammen; manchmal können sie in ihrer Reihenfolge ausgetauscht werden. Einige sind für den Unterricht in der Schule gedacht, andere wirst du wahrscheinlich eher zu Hause lesen.

Mehr über die Bausteine erfährst du in der folgenden Übersicht:

Einstieg

Am Anfang eines Themas steht oft ein Bild und darunter eine Frage oder eine Behauptung. Dieser Baustein soll dich neugierig machen und dir andeuten, worum es auf den nächsten Seiten gehen wird.

Hier stimmt doch irgend etwas nicht!

Wie entstehen eigentlich solche Bilder?

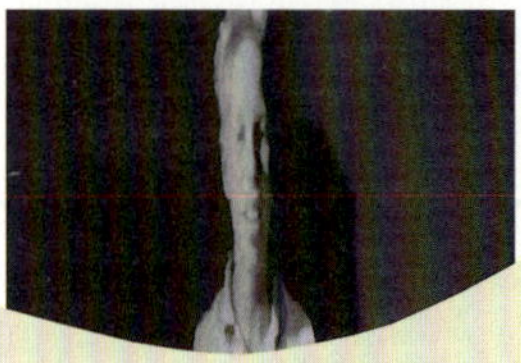

Versuche

In der Physik spielen Versuche eine wichtige Rolle. Deshalb bietet dieser Baustein eine Vielzahl von Versuchen an. Nicht alle müssen durchgeführt werden. Aber wenn ihr experimentiert, dann bleibt es spannend – denn die Versuchsergebnisse werden an dieser Stelle nicht verraten!

Manche Versuche kannst du mit alltäglichen Materialien – auch zu Hause – durchführen. Solche Versuche sind mit einem gerade stehenden **V** gekennzeichnet. Ein schräg stehendes ***V*** zeigt dagegen an, dass man für den Versuch spezielle Geräte braucht, die es nur in der Schule gibt.

V 5 Schau dir einmal den Glühdraht einer Haushaltsglühlampe mit einem Vergrößerungsglas an.

a) Vergleiche ihn mit der Darstellung in Bild 10.

b) Man sagt: „Der Glühdraht dieser Lampe ist *gewendelt*.“ Suche eine Erklärung für dieses Wort.

c) Als Wendel hat der Glühdraht eine Länge von etwa 5,5 cm. Wenn er jedoch ausgezogen ist, erreicht er eine Länge von fast 70 cm. Vergleiche die Längen an der Tischkante.

V 6 Untersuche, warum Glühdrähte in modernen Glühlampen gewendelt, oft sogar doppelt gewendelt sind.

a) Schalte 50 cm Konstantandraht (0,2 mm Ø) in einen Stromkreis ein und setze einen Papierreiter darauf (Bild 11). Regle dann das Netzgerät hoch, bis die Drahttemperatur so ansteigt, dass das Papier zu qualmen beginnt. Da der Draht noch nicht glüht, ist seine Temperatur niedriger als 600 °C. Merke dir jetzt die Anzeige des Strommessers.

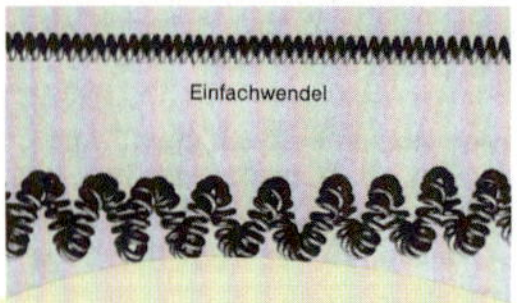

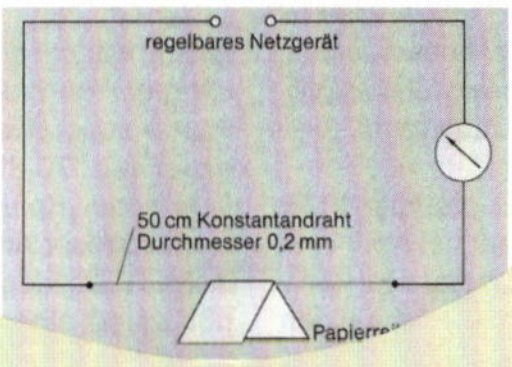

Informationen („Infos“)

In den „Infos“ werden z. B. wichtige **Begriffe** erklärt. Die Physiker benutzen ja eine eigene Fachsprache – und in diese wirst du hier Schritt für Schritt eingeführt.

Auch spezielle **Arbeitsweisen der Physik** werden dargestellt. Außerdem lernst du **Modelle** kennen, mit denen z. B. Versuchsergebnisse gedeutet werden können.

Viele Naturgesetze lassen sich **mathematisch** beschreiben – auch darum geht es in den „Info“-Bausteinen.

Mit den „Infos“ kannst du sogar dann etwas anfangen, wenn ihr die vorgeschlagenen Versuche nicht gemacht habt. Sie helfen dir auch, wenn du krank gewesen bist oder etwas einfach nicht mitbekommen hast.

Warum stellt sich die Kompassnadel in Nord-Süd-Richtung ein?

Noch vor 400 Jahren glaubte man, dass es im Norden der Erde riesige Magnetberge gäbe. Es wurde auch für möglich gehalten, dass der Polarstern die Kompassnadel nach Norden ablenkt (Bild 5). Davon war z. B. Columbus, der Entdecker Amerikas, überzeugt.

Heute wissen wir, dass die Erde ein riesiger Magnet mit einem Nord- und einem Südpol ist. Auch die Kompassnadel ist ein Magnet. Ungleichnamige Pole von Erde und Kompassnadel ziehen sich an und richten so die Kompassnadel aus.

Wir müssen zwischen den *geographischen* und den *magnetischen Polen* der Erde unterscheiden. Die magnetischen Pole liegen nicht genau auf den geographischen, sondern nur in ihrer Nähe (Bild 6).

Da die Kompassnadel zu den *magnetischen* Polen der Erde zeigt, weist sie nicht genau die Nord-Süd-Richtung. Die Abweichung heißt **Missweisung** oder *Deklination* (lat. *declinare:* ablenken). Sie ist unterschiedlich groß, je nachdem, wo sich der Kompass befindet.

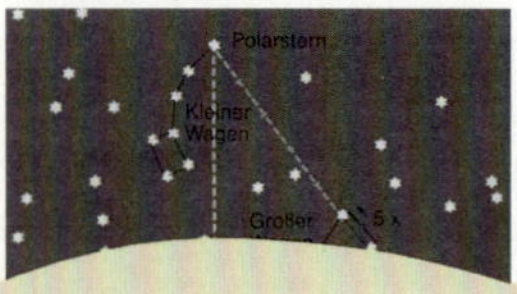

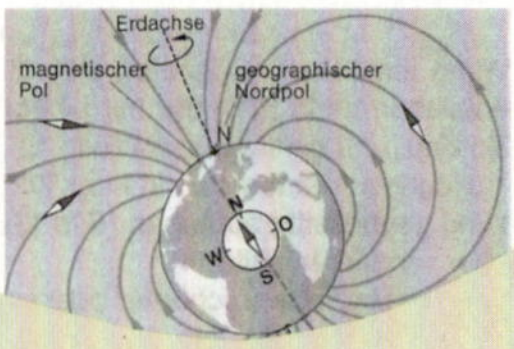

Aufgaben

Aufgaben müssen sein. Sie helfen dir tiefer in das Thema einzudringen. Häufig zeigen sie dir auch, was der Unterrichtsstoff mit deiner Umwelt zu tun hat.

Einige Aufgaben sind einfach zu beantworten, bei anderen wirst du knobeln müssen.

Aufgaben

1 Ein Radiumstrahler sendet α-, β- und γ-Strahlung aus. Hält man ihn vor eine 5 mm dicke Aluminiumplatte, wird ein Teil der Strahlung abgeschirmt. Welche Strahlung durchdringt die Platte?

2 α- und β-Teilchen sind elektrisch geladen und werden deshalb in einem starken Magnetfeld abgelenkt. Im **Versu**…

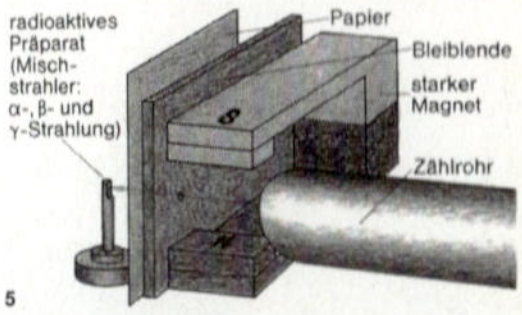

5

a) Welche Strahlungsarten gelangten ohne (mit) Magnet ins Zählrohr?

b) Wie ließe es sich zeigen, das…

Aus Umwelt und Technik

Hier werden interessante Themen aufgegriffen. Wer in diesen Bausteinen schmökert, erfährt eine Menge über seine Umwelt – und er erkennt „die Physik" auch im Alltag wieder.

Diese Texte eignen sich auch als Grundlage für kleine Vorträge. Vielleicht hast du mal Lust dazu?

Oder ist Physik etwa gar nicht dein Lieblingsfach? Interessieren dich Umweltprobleme und Themen aus Biologie oder Technik mehr? Dann sind diese Bausteine gerade das Richtige für dich!

Aus Umwelt und Technik: **Die Abendsonne ist nicht rund!**

Vielleicht ist es dir selbst schon einmal aufgefallen und in Bild 1 kannst du es sogar nachmessen: Kurz vor Sonnenuntergang erscheint die Sonne etwas „platt gedrückt" – insbesondere bei starkem Abendrot. Ihre senkrechte Achse ist also kürzer als die waagerechte. Wie kommt das?

Das Sonnenlicht trifft – aus dem luftleeren Weltraum kommend – auf die Lufthülle der Erde. Dabei wird es zum Lot (also zur Erdoberfläche) hin gebrochen. Die Lufthülle weist aber keine scharfe Grenze auf; auch wird sie zur Erde hin immer dichter. Dadurch erfolgt die Brechung nicht einmalig an einer einzigen Grenzschicht …

1

Bild 2 zeigt diesen Vorgang in einem **Versuch:** Hier wurde über eine Zuckerlösung vorsichtig Wasser „geschichtet". Die Grenzschicht zwischen beiden Flüssigkeiten wurde dann etwas aufgerührt, sodass ein allmählicher Übergang entstand.

In der Lufthülle der Erde erfolgt die Brechung des Sonnenlichtes …

Aus der Geschichte

Die Erkenntnisse der Physik fielen wahrlich nicht vom Himmel. Manche Forscher brauchten ihr ganzes Leben, ehe sie die Lösung eines Problems fanden. Andere verteidigten Meinungen, die sich später doch als Irrtümer erwiesen. Manchmal war es auch umgekehrt: Ein Forscher fand etwas Richtiges heraus, aber man lächelte nur darüber.

Diese Bausteine berichten von den Leistungen bekannter Forscher und von den Schwierigkeiten, die sie zu überwinden hatten. Du erfährst auch etwas über geschichtliche Zusammenhänge. So wirst du einen Eindruck davon bekommen, wie sich Wissenschaft und Technik entwickelten und wie sie das Leben der Menschen veränderten.

Aus der Geschichte: **Erste Energiequellen**

Maschinen, wie wir sie heute kennen, gab es im Altertum noch nicht. Man war weitgehend auf Muskelkraft angewiesen, wenn z. B. Getreide gemahlen, Felder bewässert oder Lasten transportiert wurden. „Energiequellen" waren sehr oft Menschen, in der Antike vor allem Sklaven.

Bild 11 zeigt, wie um 1550 mit einem Pferdegöpel Erz gefördert wurde. Die große Scheibe in der Mitte des Bildes diente als Bremse.

Das Thema im Überblick

Natürlich findest du diesen Baustein immer am Schluss eines Kapitels. Es besteht aus zwei Teilen:

Unter der Überschrift **Alles klar?** stehen hier Aufgaben, die sich auf das gesamte Kapitel beziehen. Mit ihnen kannst du prüfen, ob du in dem Thema sattelfest bist.

Im Abschnitt **Zusammenfassung** wird alles Wesentliche zusammengefasst. Du findest hier auch die wichtigsten Versuchsergebnisse und den „roten Faden" des Unterrichts. Das hilft dir vor Tests oder wenn du gefehlt hast.

Falls du trotzdem etwas nicht verstehst, kannst du in den „Info"-Bausteinen nachlesen.

Alles klar?

1 Steht man am Ende eines Schwimmbeckens, so erscheint die gegenüberliegende Seite flacher. Erkläre!

2 Warum kann es gefährlich sein, in ein Wasserbecken zu springen, von dem man den Grund zwar sieht, die Tiefe aber nicht kennt?

3 Ein Springbrunnen wird von unten beleuchtet. Warum leuchten die gebogenen Wasserstrahlen?

3 Zusammenfassung

Lichtbrechung an Grenzflächen

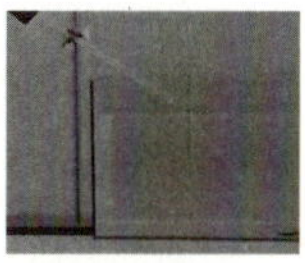

Wenn Licht schräg auf die Grenzfläche zwischen zwei lichtdurchlässigen Stoffen fällt, wird es **gebrochen.**

Beim Übergang **von einem optisch** …

Die Brechung ist umso stärker, je flacher das Licht auf die Grenzfläch… …ie größer also der Einfall…

Wärmequellen und Temperaturen

1 Woher kommt hier die Wärme?

1

2

3

4

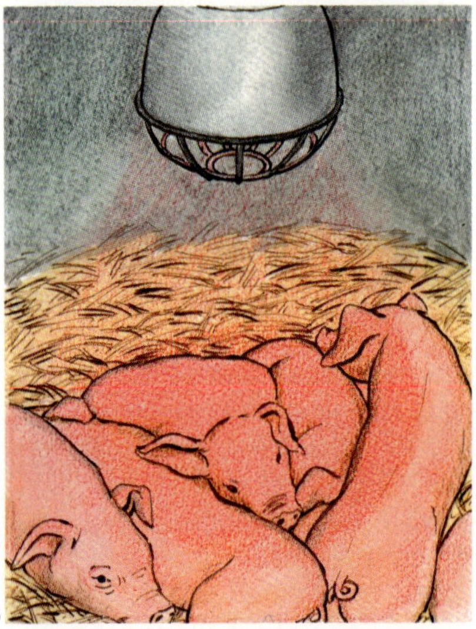
5

6

7

8

9

8390R

V 1 Der Kühlschrank – eine Wärmequelle?

Fühle mit der Hand zu Hause die Temperatur an den zugänglichen Seiten eures Kühlschranks und über seiner oberen Fläche.

Woher kommt die Wärme?

V 2 Erwärme einen Topf voll Wasser: einmal mit einem Teelicht, einmal auf einer Kochplatte.

Welche Unterschiede stellst du dabei fest?

Wofür würdest du die beiden Wärmequellen jeweils einsetzen?

Woher die Wärme kommt

Zum Heizen braucht man **Wärmequellen**: Öfen (Bild 10), Heizkessel oder Gasheizungen. Um Wärme zu erhalten, benötigt man außerdem *Brennstoffe*: Kohle, Heizöl oder Erdgas.

Auch mit Hilfe des elektrischen Stromes können Geräte zu Wärmequellen werden (Bilder 11 u. 12).

Wird die Luft im Zimmer wärmer, sagt man: Die **Temperatur** der Luft steigt an. Ebenso steigt die Temperatur des Wassers, das im Kessel erhitzt wird.

Wärmequellen geben Wärme an ihre Umgebung ab. Dadurch steigt die Temperatur der Umgebung.

10 Der Ofen erwärmt die Luft, die Wände und die Gegenstände im Zimmer.

11 Die glühenden Drähte im Haartrockner erwärmen die kalte Luft, die an ihnen vorbeiströmt.

12 Das Wasser im Kessel wird erhitzt, weil die elektrische Heizplatte Wärme abgibt.

Aufgaben

1 Erläutere, was eine *Wärmequelle* ist.

2 Welche Wärmequellen spielen in den Bildern 1–9 jeweils eine Rolle?

3 Welche Wärmequellen findest du in eurer Wohnung?

4 Nenne Beispiele, bei denen die *Sonne* als Wärmequelle dient.

5 Gefrorenes wird aufgetaut (Bild 13). Was dient als Wärmequelle?

6 In alten Bauernhäusern lag die Wohnstube oft direkt neben oder über dem Stall. Warum wohl?

7 Die Ureinwohner Neuguineas garen Fleisch so:

Ein Erdloch wird mit Steinen ausgelegt. Darin wird für kurze Zeit ein Holzfeuer entzündet. Das Fleisch wird in Bananenblätter eingewickelt. Erst nachdem das Feuer gelöscht ist, wird das Fleisch ins Loch gelegt; dort wird es mit Erde zugedeckt.

Was dient während des Garens als Wärmequelle? Welchen Vorteil hat das gegenüber offenem Feuer?

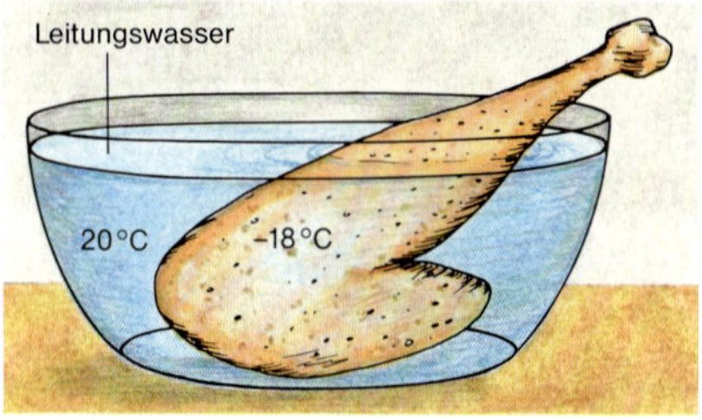

13

14

15

8 Die Eskimos im hohen Norden bauen Schneehäuser *(Iglus)*. Dazu schichten sie Quader aus Schnee aufeinander (Bild 14).

Wenn man sich in einem Iglu aufhält, merkt man, dass es im Innern wärmer ist als draußen – und das ohne Ofen und Feuer. Welche Wärmequelle wird im Iglu genutzt?

9 So funktionierte ein Bügeleisen im vorigen Jahrhundert (Bild 15):

Ein Eisenklotz wurde in der Glut des Herdfeuers erhitzt und dann in das Bügeleisen gesteckt; nun konnte für einige Zeit die Wäsche gebügelt werden.

Beschreibe, welcher Körper bei diesem Verfahren jeweils als Wärmequelle für einen anderen diente.

Temperaturen und Thermometer

1 Warm oder kalt?

1

Andreas hat vorher heiß geduscht, Bert erst heiß und dann kalt.
Ob das der Grund dafür ist, dass sie so unterschiedlicher Meinung über die Wassertemperatur sind?

Aufgaben

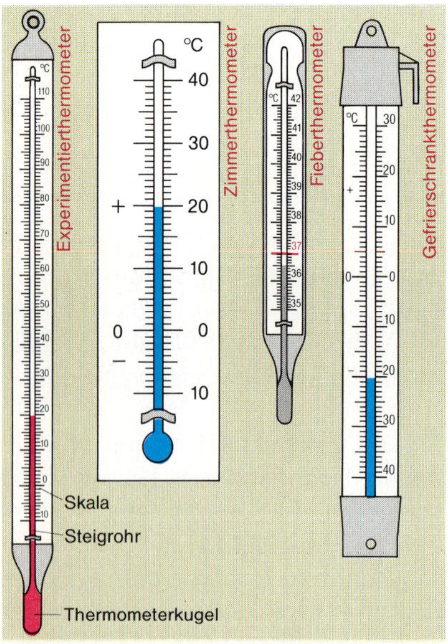

2

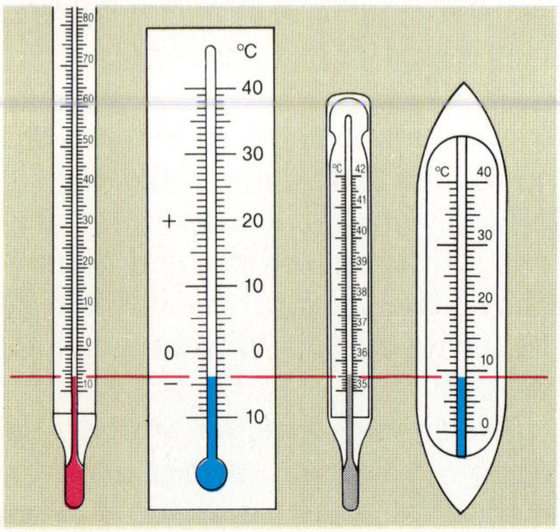
3

1 Welcher der beiden Jungen in Bild 1 ist Bert? Begründe deine Antwort. Plane dazu einen **Versuch**.

2 Es gibt unterschiedliche *Thermometer*, mit denen man *Temperaturen* misst. In Bild 2 siehst du vier *Flüssigkeitsthermometer*.

a) Was ist an den Thermometern gleich, was ist unterschiedlich?

b) Warum reichen drei Skalen bis unterhalb des Nullpunkts?

3 Bei den Thermometern von Bild 3 steht die Thermometerflüssigkeit gleich hoch. Bedeutet das, dass sie die gleiche Temperatur anzeigen?

4 Petra und Frank messen die Temperatur des Erdbodens (Bilder 4 u. 5). Wer von beiden macht es falsch?

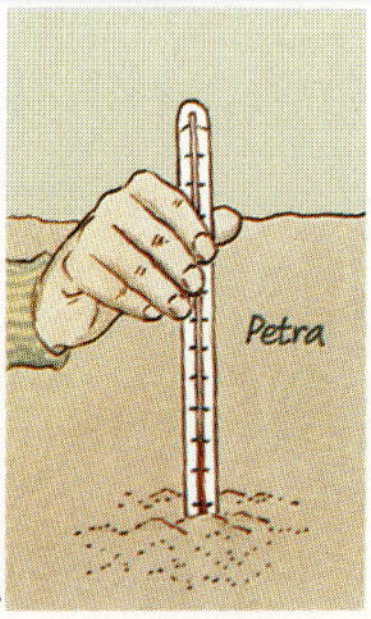

4

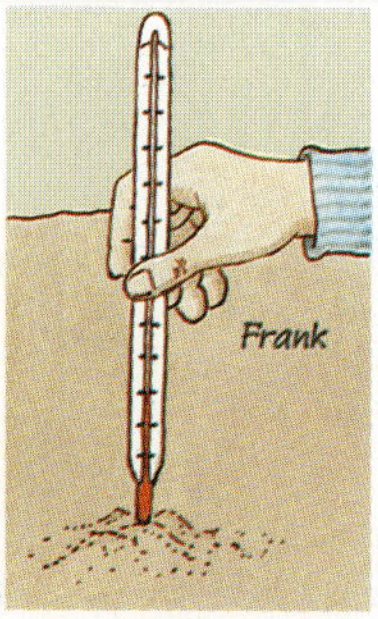

5

5 Weißt du, was das Zeichen „C" bedeutet, das auf unseren Thermometern an der Skala steht?

6 Bei welcher Temperatur wird Wasser zu Eis? Wie heiß ist kochendes (siedendes) Wasser?

7 Beim Messen von Temperaturen sind mehrere Fehler möglich.

So ergeht es Marion, die die Temperatur des Badewassers misst: Sie steckt das Thermometer ganz kurz ins Wasser und liest dann die Temperatur ab (Bild 6).

Was hat sie falsch gemacht?

In Bild 6 erkennst du einen weiteren Fehler, den sie macht.

6

105R

2 Wir messen Temperaturen

V 1 Du kannst beobachten, was im Thermometer geschieht, wenn die Temperatur steigt oder sinkt:

Nimm ein Zimmerthermometer (ohne Quecksilberfüllung!) und lies die Temperatur ab. Berühre dabei aber nicht die Thermometerkugel!

Umschließe dann die Thermometerkugel mit der Hand und beobachte die Flüssigkeit im Steigrohr. Lies die Temperatur erst ab, wenn die Flüssigkeit zur Ruhe gekommen ist.

V 2 Jetzt wird das Thermometer mit einem Haartrockner aus mindestens 50 cm Entfernung angeblasen (Bild 7). Welche Temperatur misst du?

V 3 Bereite Wasser mit einer Temperatur von genau 37 °C (Bild 8).

a) Miss zuerst die Temperatur des heißen, dann die des kalten Wassers.

b) Wie geht es nun weiter? (Mit deinem Wasser musst du auskommen!)

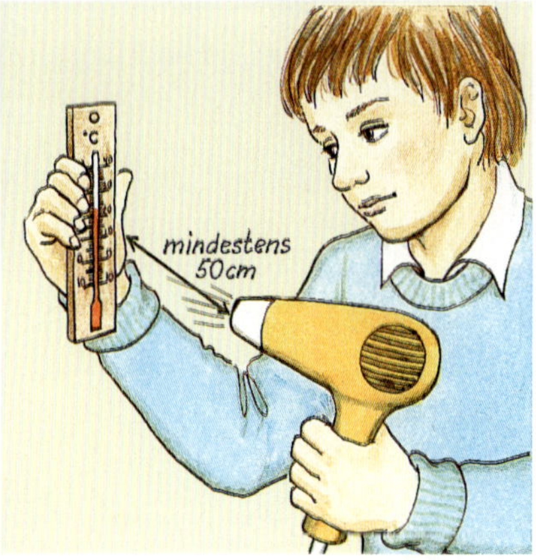

7

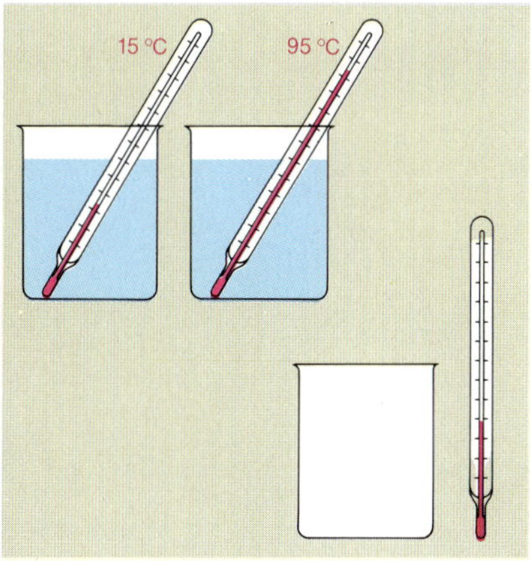

8

V 4 Wenn du eine *Kältemischung* herstellst, kannst du auch niedrigere Temperaturen messen als bisher.

a) Eine Kältemischung besteht aus Eis und Kochsalz. Du erhältst sie, indem du zerstampftes Eis mit Kochsalz vermischst (Bild 9).

Was zeigt das Thermometer an, wenn du es in die Kältemischung steckst?

b) Mit der Kältemischung erreichst du tatsächlich eine Temperatur, wie sie draußen nur im allertiefsten Winter vorkommt.

Tropfe ein wenig Wasser auf den Boden eines umgestülpten Becherglases oder auf eine Glasscheibe. Darauf stellst du für 1 bis 2 Minuten deine Kältemischung (Bild 10).

Was geschieht, wenn du danach das Glas mit der Kältemischung vorsichtig abhebst?

V 5 In diesem Versuch können wir genau verfolgen, wie schnell die Wassertemperatur beim Erwärmen ansteigt. Wir brauchen dafür die in Bild 11 gezeichneten Geräte. (Anstelle des Tauchsieders kann auch ein Gasbrenner eingesetzt werden.)

a) Miss erst einmal nach, welche Temperatur das Wasser hat, wenn der Tauchsieder (Gasbrenner) noch gar nicht eingeschaltet ist.

b) Schalte den Tauchsieder (Gasbrenner) ein. Rühre das Wasser im Becherglas mit einem Glasstab um, damit es sich gleichmäßig erwärmt. Erhitze das Wasser so lange, bis es siedet.

Lies alle 30 Sekunden die Temperatur ab. Trage die Messwerte in eine Tabelle nach folgendem Muster in dein Heft ein:

Messung Nr.	Zeit nach dem Einschalten in s	Wasser-temperatur in °C
1	0	?
2	30	?
3	60	?
4	90	?
5	120	?
...	...	...

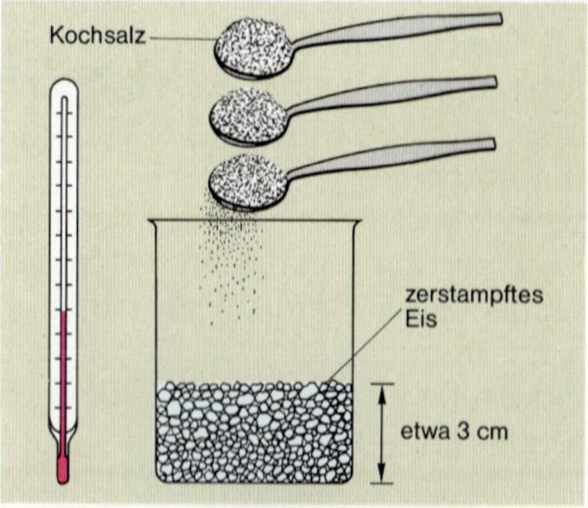

9

10

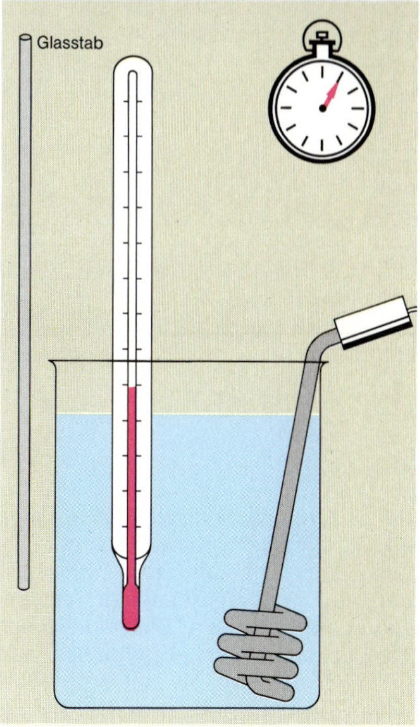

11

Aus Umwelt und Technik: **Vom Temperaturempfinden zum Thermometer**

Der Mensch besitzt ein Sinnesorgan für Temperaturen: die Haut. Temperaturen zwischen etwa 15 °C und 45 °C können wir einigermaßen gut unterscheiden.

Im Bereich der Körpertemperatur ist unser Temperatursinn besonders empfindlich. Eltern stellen bei ihren Kindern sogar leichtes Fieber fest, indem sie einfach nur die Stirn des Kindes berühren.

Hohe und niedrige Temperaturen dagegen nehmen wir nur als warm oder kalt wahr, eventuell fühlen wir zusätzlich einen Schmerz.

Wenn wir einen Gegenstand berühren, vergleichen wir seine Temperatur mit der Temperatur, die wir zuvor wahrgenommen haben.

Dadurch können wir uns leicht täuschen: Ein Gegenstand erscheint uns wärmer, wenn wir vorher einen kalten Gegenstand angefasst haben.

Beim Baden empfinden wir das Wasser eines Sees anfangs oft als kalt, weil wir aus der warmen Luft kommen. Nach einer Weile scheint das Wasser wärmer zu sein.

Um Temperaturen zuverlässig und genau zu bestimmen, verwendet man Thermometer.

An vielen Stellen im Haushalt finden wir *Flüssigkeitsthermometer*, z. B. im Kühlschrank (Bild 1). Als Thermometerflüssigkeit wird Quecksilber oder Alkohol verwendet.

Ein Quecksilberthermometer muss besonders vorsichtig behandelt werden. Wenn es zerbricht, wird nämlich Quecksilber frei, dessen Dampf sehr giftig ist.

Weit verbreitet sind auch *elektronische Thermometer*. Du kennst sicherlich elektronische Fieberthermometer (Bild 2).

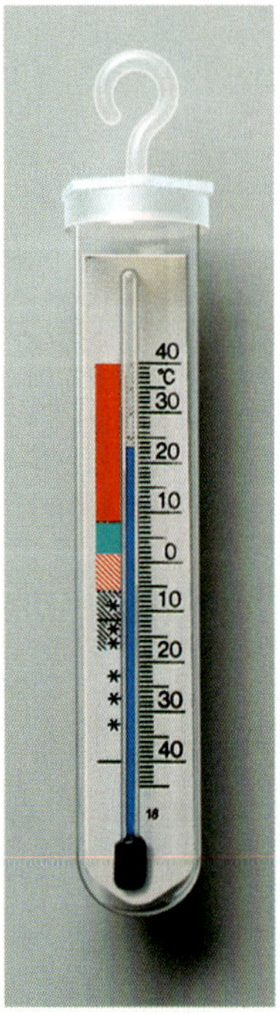

1

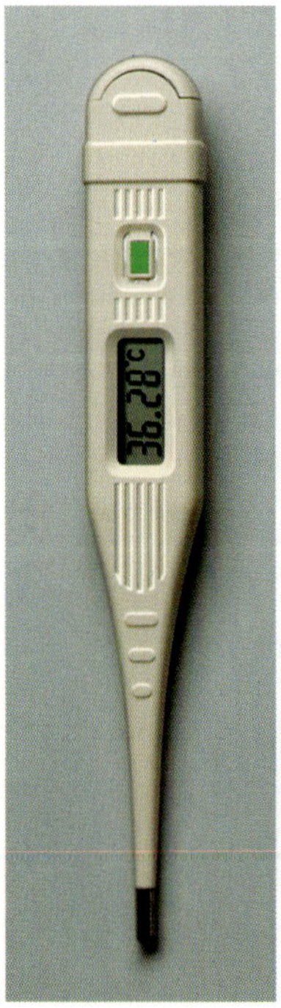

2

Wie man ein Diagramm anfertigt

In einem Versuch wurde Wasser mit einem Tauchsieder erhitzt. Alle 30 s wurde die Temperatur abgelesen. Dabei ergaben sich die folgenden Messwerte:

Messung Nr.	Zeit nach dem Einschalten in s	Wassertemperatur in °C
1	0	16
2	30	24
3	60	37
4	90	49
5	120	58
6	159	68
7	180	77
8	210	86
9	240	94
10	270	97
11	300	98
12	330	98
13	360	97
14	390	98

Bild 3 zeigt eine Möglichkeit, wie man die Messwerte darstellen kann. Die nach oben zeigende Linie bezeichnet man als *Achse*. Sie ist mit einer Temperaturskala versehen. Die gemessenen Temperaturen sind nebeneinander eingetragen, und zwar als „Säulen" wie bei einem Thermometer.

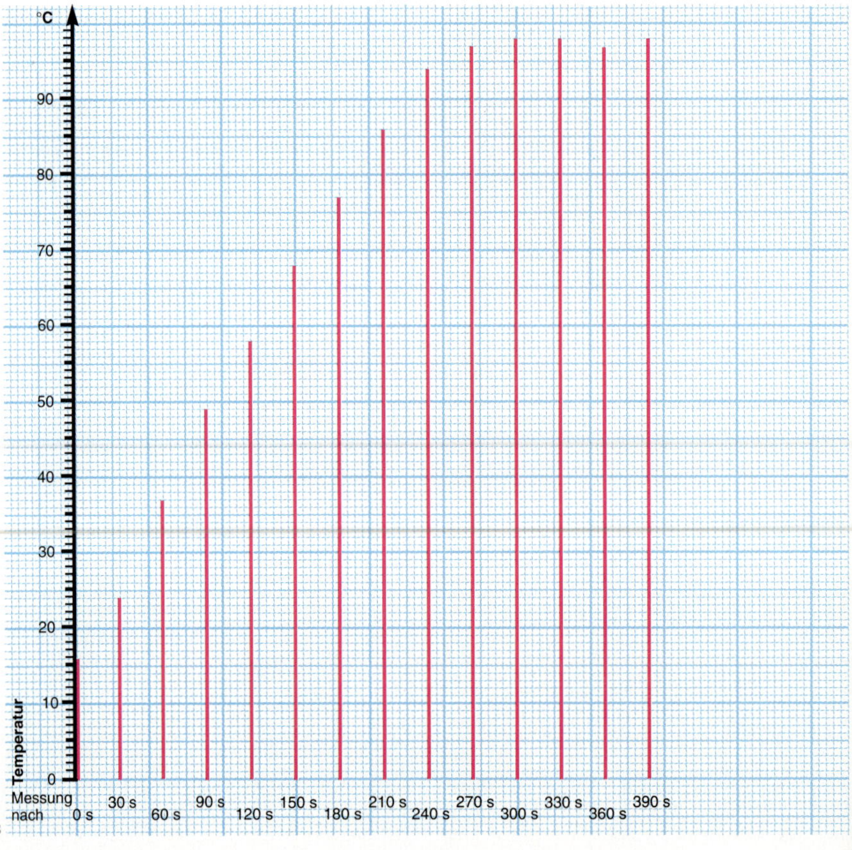

3

5583R

Für die Zeit wird eine nach rechts zeigende Achse gezeichnet (Bild 4).

Eigentlich interessiert nur, wie hoch die Temperatur nach 30 s, 60 s, 90 s, ... war. Es reicht also aus, jeweils die Höhe der Thermometersäule einzuzeichnen.

Zum Beispiel wird senkrecht über der Markierung „90 s" ein Kreuz bei „49 °C" gezeichnet.

In Bild 5 kann man am besten sehen, wie sich die Temperatur im Laufe des Versuchs geändert hat.

Wenn man die einzelnen Punkte verbindet, erhält man eine Zickzackkurve. Für die kleinen „Zacken" sind verschiedene Erklärungen denkbar:

- Das Thermometer hat die Temperatur nicht genau genug angezeigt.
- Es wurde ungenau oder nicht zum richtigen Zeitpunkt abgelesen.
- Vielleicht wurde auch nicht ausreichend umgerührt.

Die Temperaturänderung war sicherlich gleichmäßiger, als es die Zickzackkurve erscheinen lässt.

Berücksichtigt man die Ungenauigkeiten der Messwerte, liegt eine Vermutung über den Temperaturverlauf nahe (rote Kurve):

Im Bereich der ersten sechs oder sieben Messwerte kann man den Temperaturanstieg durch eine gerade Linie darstellen. Ebenso lässt sich bei den letzten vier Messwerten eine gerade Linie zeichnen. Die beiden Linien verbindet man durch eine möglichst „glatte" Kurve – ohne Ecken und Knicke.

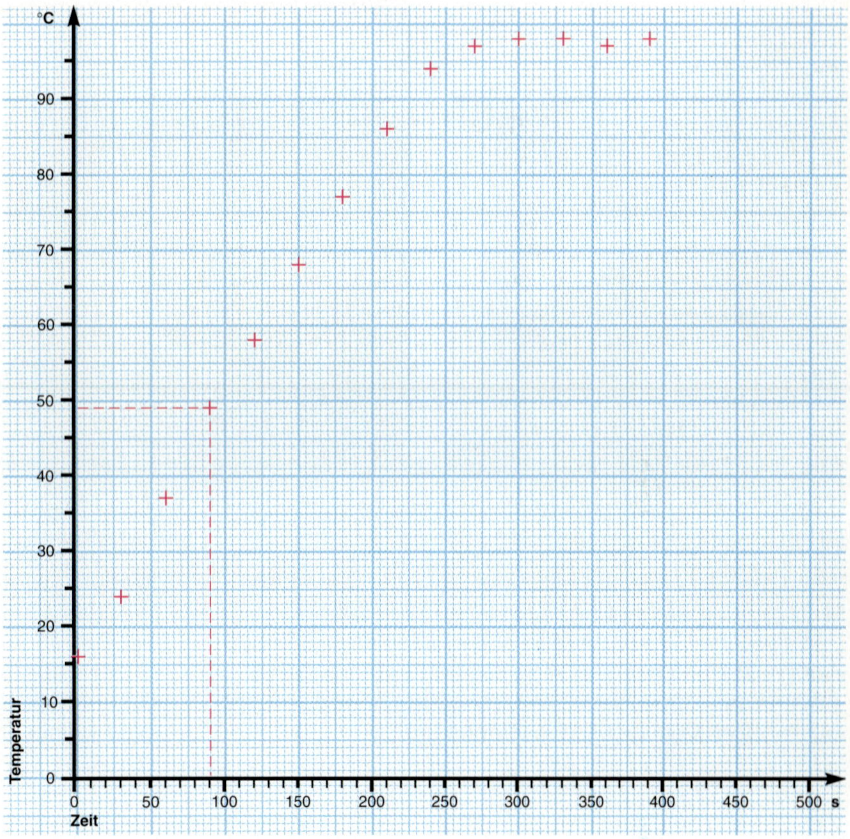

4

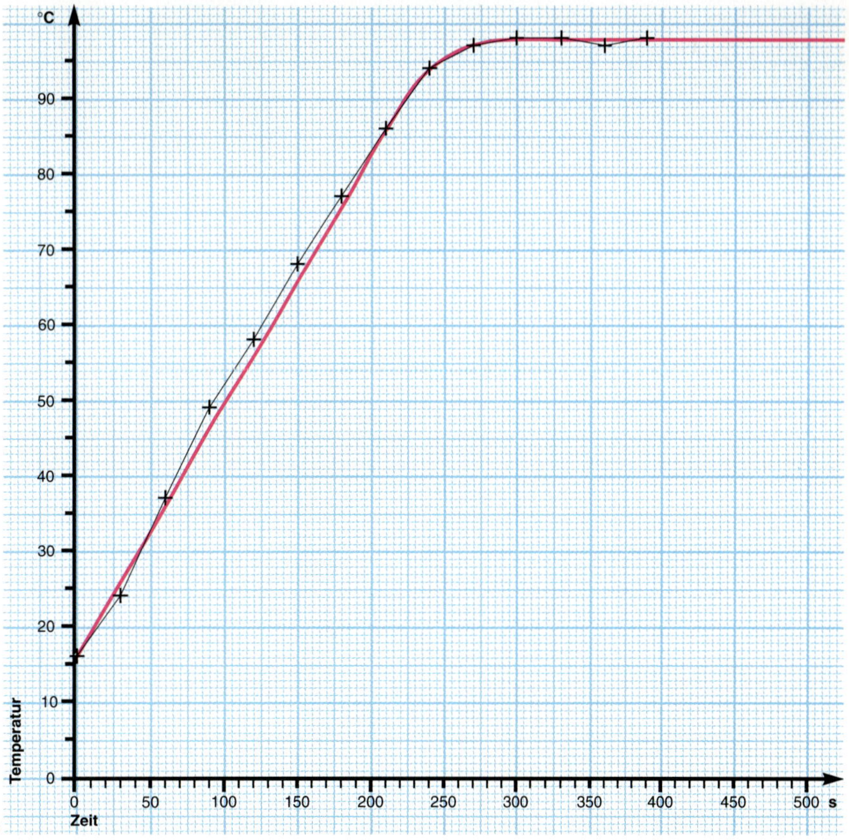

5

Fragen und Aufgaben zum Text

1 Stelle die Messwerte, die du in Versuch 5 erhalten hast, in einem Diagramm dar. Richte dich nach den Bildern 4 u. 5. Zeichne *keine* Zickzackkurve.

2 Im Diagramm kannst du auch Zwischenwerte ablesen, die im Versuch gar nicht gemessen wurden.
a) Lies in Bild 4 ab, wie hoch die Temperatur nach 105 s war.
b) Bestimme aus deinem eigenen Diagramm die Temperatur nach 105 s.

3 Verwende die Tabelle auf der linken Seite. Vergleiche, um wie viel °C die Wassertemperatur innerhalb von jeweils 30 s gestiegen ist. Was fällt dir auf?

4 Auch wenn der Tauchsieder immer weiter heizt, steigt die Wassertemperatur nicht über 98 °C bis 100 °C. Was geschieht bei dieser Temperatur?

5 Welche Vorteile hat deiner Meinung nach ein Diagramm gegenüber einer Tabelle mit Messwerten?

3 Farben als Temperaturanzeiger

1

2

3

Dieses Spielzeugauto bringt ein besonderes Kunststück fertig: Es kann seine Farbe wechseln!

Wenn man es zwischen Eiswürfel legt oder in den Kühlschrank stellt, sieht seine Karosserie braun aus.

Die braune Färbung verschwindet, wenn man es einige Zeit in der Hand hält. Das Auto verfärbt sich orangerot.

Wenn das Auto in heißes Wasser getaucht wird, schlägt der Farbton in ein gelbliches Orange um.

Wieder im Kühlschrank, verschwindet die Farbenpracht – das ursprüngliche Dunkelbraun stellt sich ein.

- ○ Wodurch wird der Farbwechsel verursacht?
- ○ Wie kannst du feststellen, ob das Wasser eine Rolle bei der Farbänderung spielt?
- ○ In der Gebrauchsanleitung steht: „Das Auto soll nicht längere Zeit der Sonnenstrahlung ausgesetzt werden." Was kannst du daraus schließen?

V 6 Auch in der Natur gibt es Stoffe, deren Farbe sich beim Erwärmen verändert.

a) Halte ein Stück Schreibpapier über eine Kerzenflamme (Bild 4). Das Papier darf auf keinen Fall verschwelen oder zu brennen beginnen. Es soll sich nur erwärmen.

b) Schneide nun eine Zwiebel durch. Warte, bis das Papier abgekühlt ist, und drücke die Schnittfläche der Zwiebel gegen das Papier (Bild 5). Dabei dringt Zwiebelsaft in das Papier ein.

Was beobachtest du, wenn du das Papier noch einmal über der Kerzenflamme erwärmst?

4

5

V 7 Wir verwenden jetzt einen Thermo-Messstreifen (Bild 6).

Klebe den Messstreifen auf ein Trinkglas. Achte auf den Messstreifen, während warmes Wasser eingefüllt wird.

Du kannst stattdessen auch die Temperatur eines Heizkörpers bestimmen.

6

V 8 Hohe Temperaturen können wir schätzen.

a) Halte eine Nähnadel mit einer Zange fest. Bringe das andere Ende in den blauen Bereich einer Kerzenflamme. Die Teile der Nadel, die stark erhitzt werden, verfärben sich. Welche Farben beobachtest du? Ordne die Farben nach steigenden Temperaturen.

b) In der Kerzenflamme beginnt die Nadel zu glühen. Welche Farbe nimmt die Nadel an? Mit Hilfe der Tabelle auf der rechten Seite kannst du die Temperatur der Kerzenflamme schätzen.

5585R

Aus Umwelt und Technik: **Glühend heiß**

Welche Temperatur hat glühendes Eisen, das geschmiedet werden soll (Bild 7)? Wie heiß ist die Glasschmelze, die der Glasbläser verarbeitet (Bild 8)? Natürlich lassen sich in diesen Fällen die Temperaturen nicht mit einem Flüssigkeitsthermometer messen. Es geht viel einfacher: Die Farbe eines glühenden Gegenstands hängt von seiner Temperatur ab. Mit der folgenden Tabelle kannst du Temperaturen schätzen:

Farbe	Temperatur
dunkelrot	700 °C
kirschrot	850 °C
hellrot	1000 °C
gelb	1100 °C
weiß	1500 °C

Die Bilder 9 u. 10 zeigen zwei Beispiele, bei denen du Temperaturen auf diese Weise bestimmen kannst:

In einem Walzwerk kühlt glühender Stahl langsam ab (Bild 9).

In Bild 10 siehst du, wie Glasscheiben hergestellt werden. Die Glasschmelze fließt über eine Bank aus feuerfestem Stein und kühlt dabei ebenfalls ab.

7

8

9

10

Aus Umwelt und Technik: **Thermo-Messstreifen im Einsatz**

Start beim Autorennen – lange hat Bernd diesem Augenblick entgegengefiebert. Die Sekunden vor dem Start sind die schlimmsten. Wird alles gut gehen? Vor allem der Motor – wird er den hohen Belastungen standhalten und nicht etwa ausfallen, weil er zu heiß wird?

Ob die Bremsen sicher funktionieren werden? Oder sind sie schon nach wenigen Kurven so heiß, dass sie schließlich versagen?

Haben die Mechaniker das richtige Öl gewählt? Das Getriebe mit seinen schnell laufenden Zahnrädern muss bis zuletzt gut geschmiert bleiben!

Diese Fragen gehen Bernd durch den Kopf, der dieses Rennen durchstehen will. Ähnliche Fragen spielen auch bei der Entwicklung und Erprobung „normaler" Fahrzeuge eine Rolle. Oft werden daher bei Trainingsrunden und Probeläufen Temperaturen überprüft.

Mit einem Flüssigkeitsthermometer kann man natürlich nicht die Temperatur der Bremsen während der Fahrt messen. Man setzt dazu **Thermo-Messstreifen** ein. Sie enthalten in den einzelnen Abschnitten Stoffe,

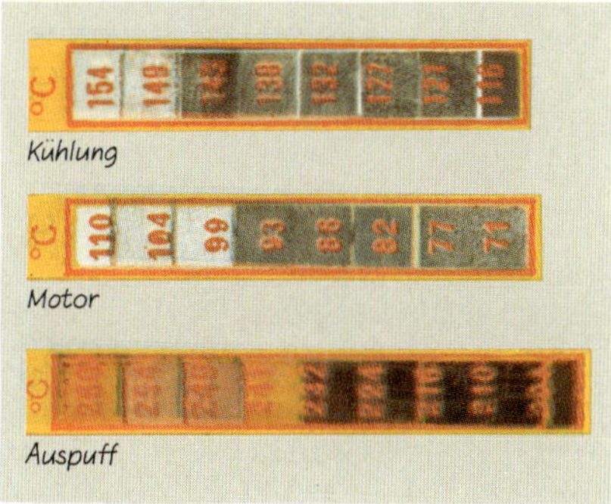

11

deren Farbe sich bei einer bestimmten Temperatur ändert. Diese Veränderung bleibt erhalten, auch wenn die Temperatur wieder zurückgeht.

Die Thermo-Messstreifen werden vor einem Probelauf z. B. auf bestimmte Stellen des Motors geklebt. Nach dem Probelauf wird an den Thermo-Messstreifen die erreichte Höchsttemperatur abgelesen.

Fragen und Aufgaben zum Text

1 In Bild 11 sind drei Thermo-Messstreifen abgebildet. Welche Temperaturen wurden jeweils erreicht?

2 Nenne Vor- und Nachteile der Temperaturmessung mit Thermo-Messstreifen.

3 Wie genau zeigen die Messstreifen von Bild 11 die Temperatur an? (*Tipp:* Sieh dir die Angaben in den Kästchen an.)

Aus Umwelt und Technik: **Anlassfarben**

Motorräder werden oft auf Hochglanz poliert. Sie sollen wie neu aussehen. Am Auspuff bleibt aber meist eine Verfärbung zurück, die sich auch mit eifrigem Putzen nicht entfernen lässt (Bild 1). Wie kommt es zu dieser Verfärbung?

Wenn der Motor läuft, wird der Auspuff sehr heiß. Bei hohen Temperaturen bildet sich ein hauchdünner Belag, der zu der Verfärbung führt. Welche Farbe zu sehen ist, hängt von der erreichten Temperatur ab. Beim Abkühlen verändert sich der Belag nicht mehr. Die Farben nennt man **Anlassfarben**.

Das *Anlassen* ist ein Vorgang bei der Herstellung von Meißeln, Sägeblättern, Uhrfedern und anderen Stahlerzeugnissen: Der Stahl wird auf eine bestimmte Temperatur erhitzt und dann mit kaltem Wasser abgeschreckt. Dadurch werden die Eigenschaften des Stahls verbessert.

Beim Anlassen verfärbt sich der Stahl. Anhand der Farbe lässt sich sogar beurteilen, ob der Stahl die richtige Temperatur erreicht hat. Bild 2 zeigt angelassene Gegenstände.

Anlassfarbe	Temperatur
weißgelb	200 °C
braunrot	250 °C
blau	300 °C
blaugrau	340 °C
grau	360 °C

1

2

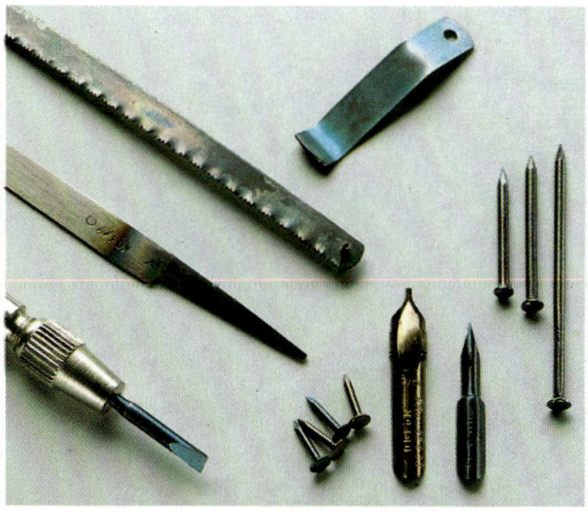

Alles klar?

1 Wir sind mit einem Temperatursinn ausgestattet. Warum ist es trotzdem gut, dass wir Thermometer haben?

2 Welche Temperatur ist auf der Skala des Fieberthermometers rot eingetragen? Warum wurde sie gekennzeichnet?

3 Jochen hat Fieber; seine Körpertemperatur beträgt 38,7 °C. Wie hoch liegt sie über der Normaltemperatur?

4 „Heute Nacht hatten wir eine Temperatur von −12 °C“, sagt Dirk. „Das ist falsch“, behauptet Karin, „wir hatten 12 Grad unter null!“ Wer hat Recht?

5 Die Lufttemperatur sinkt von 8,5 °C auf −9,6 °C. Wie groß ist der „Temperatursturz“?

6 In Bild 3 siehst du ein „Farbthermometer“. Beschreibe, wie es Temperaturen anzeigt.

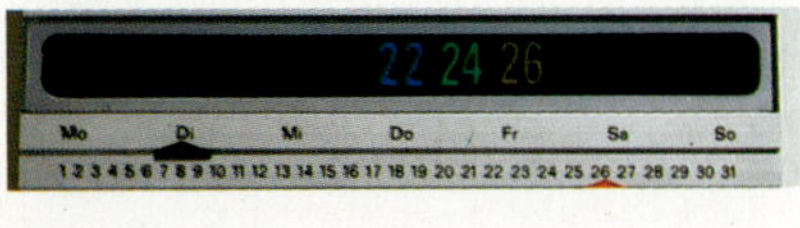

3

4

7 In Bild 4 ist das „Farbthermometer“ auf einen Stahlstreifen geklebt.

Welche Vorteile hat es gegenüber einem Flüssigkeitsthermometer?

8 Porzellan wird bei ungefähr 1400 °C gebrannt. Die Temperatur im Brennofen überwacht man mit *Seger-Kegeln* aus Ton (Bild 5). Von ihrer Zusammensetzung hängt es ab, bei welcher Temperatur sie umsinken. Für den Bereich von 600 °C bis 2000 °C gibt es 64 verschiedene Kegel.

Welche Eigenschaft der Seger-Kegel wird zur Temperaturanzeige genutzt?

Welche Vor- und Nachteile haben die Seger-Kegel gegenüber Thermometern?

5

5587R

4 Zusammenfassung

Temperaturen

Die Temperatur gibt an, wie warm oder kalt ein Gegenstand (Körper) ist.

Wie das Meter die Einheit der Länge ist, so ist das **Grad Celsius (°C)** die Einheit der Temperatur.

Beispiele für Temperaturen:

Körpertemperatur eines gesunden Menschen	ca. 37 °C
Temperatur, die ohne Schmerz gerade noch ertragen werden kann	45 °C
Temperatur, bei der Wasser siedet (in Meereshöhe)	100 °C
höchste auf der Erde gemessene Lufttemperatur	59 °C
tiefste auf der Erde gemessene Lufttemperatur	−88 °C
Temperatur der Mondoberfläche bei Tag	150 °C
Temperatur der Mondoberfläche bei Nacht	−150 °C

Unser Temperatursinn

6

Wir können Temperaturen zwischen 15 °C und 45 °C recht gut unterscheiden.

Unser Temperatursinn kann aber auch trügen:

Lauwarmes Wasser empfindet man als kalt, wenn die Hand vorher in warmes Wasser gehalten wurde. Dasselbe Wasser empfindet man als warm, wenn die Hand aus dem kalten Wasser kommt.

7

Thermometer

Um Temperaturen zuverlässig und genau zu messen, verwendet man Thermometer.

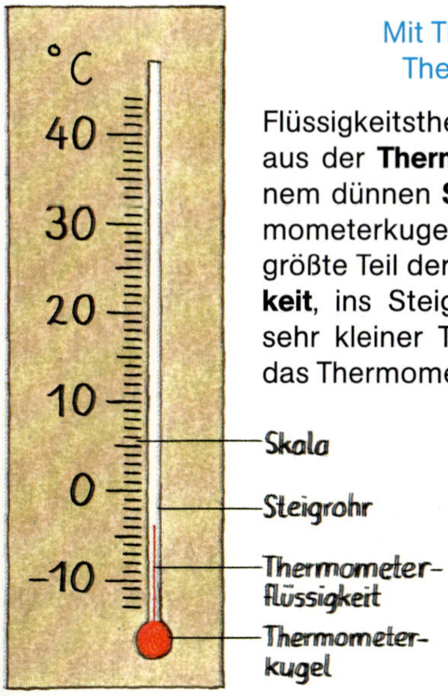

8

Mit Thermometern misst man die Temperatur von Körpern.
Thermometer geben die Temperatur in Grad Celsius an.

Flüssigkeitsthermometer bestehen aus der **Thermometerkugel** und einem dünnen **Steigrohr**. In der Thermometerkugel befindet sich der größte Teil der **Thermometerflüssigkeit**, ins Steigrohr gelangt nur ein sehr kleiner Teil. Außerdem besitzt das Thermometer eine **Skala**.

Wenn du z. B. die Temperatur in einem Glas Wasser misst, muss die ganze Thermometerkugel Kontakt mit dem Wasser haben. Die Temperatur wird erst abgelesen, wenn sich die Thermometerflüssigkeit im Steigrohr nicht mehr bewegt. Am genauesten liest du in Augenhöhe ab.

9

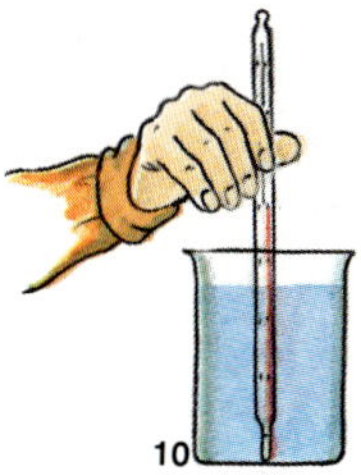
10

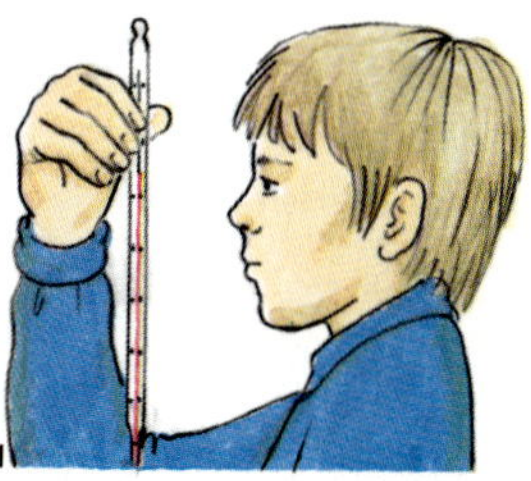
11

Die Aggregatzustände

1 Stoffe ändern ihren Zustand

1

2

3

4

5

Fünfmal Wasser,
das seinen Zustand ändert oder ändern wird.
Weißt du, was damit gemeint ist?
Beschreibe es anhand dieser Bilder.

V 1 Stelle dir im Gefrierfach eures Kühlschranks einen *Eisklumpen* her (in der Eiswürfelschale oder in einem Eierbecher aus Kunststoff).

a) Beobachte das Eis, während du es in den Händen hältst.

b) Beschreibe, was mit deinen Händen geschieht.

c) Wie lange dauert es, bis das Eis in deiner Hand aufgetaut ist?

V 2 Wir erhitzen zerkleinertes Eis so lange, bis das entstehende *Wasser* siedet.

a) Notiere, wie sich der Inhalt des Gefäßes beim Erwärmen verändert.

b) Was geschieht, wenn wir eine brennende Kerze über das siedende Wasser halten (Bild 6)?

6

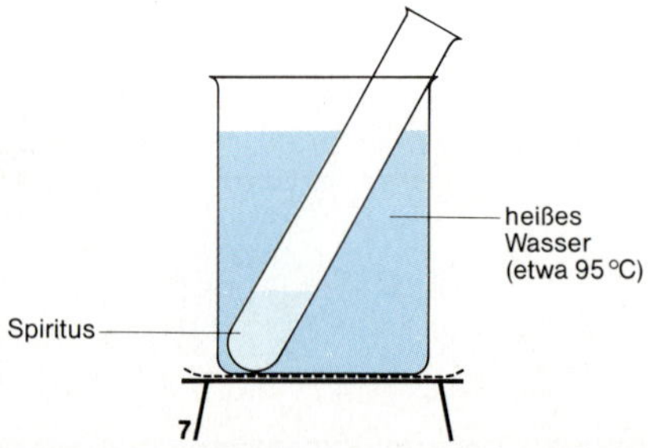

7

c) Was kannst du an einer kalten Glasscheibe beobachten, die in den Wasserdampf gehalten wird?

V 3 Mit diesem Versuch kann überprüft werden, ob sich *Spiritus* (oder Alkohol) beim Erwärmen genauso verhält wie Wasser (Bild 7).

a) Warum wird Spiritus nicht über einer offenen Flamme erhitzt?

b) Vergleiche den Spiritus mit dem Wasser während des Erwärmens.

V 4 Wir erhitzen in einem Metalllöffel etwas *Blei* oder *Zinn*, bis es flüssig wird. Dann gießen wir es zum Abkühlen in ein größeres Gefäß mit kaltem Wasser.

Hat sich der Stoff durch das Erhitzen und Abkühlen verändert?

180R

Einige wichtige Begriffe

Wenn beim Erwärmen ein fester Stoff in den flüssigen Zustand übergeht, sagt man: Der Stoff **schmilzt** (Eis wird zu Wasser). Geht er aus dem flüssigen in den gasförmigen Zustand über, sagt man: Der Stoff **siedet** oder **verdampft** (Wasser wird zu Wasserdampf).

Viele Stoffe können in allen drei **Zustandsformen**, nämlich **fest, flüssig** und **gasförmig**, vorkommen. Man nennt diese Zustandsformen oft auch **Aggregatzustände** (lat. *aggregare:* anhäufen).

Wenn Stoffe ihren Aggregatzustand verändern, ändert sich nicht der Stoff selbst, sondern nur seine Zustandsform.

Bei Wasser treten diese Änderungen beim **Schmelzpunkt** 0 °C (fest → flüssig) und beim **Siedepunkt** 100 °C (flüssig → gasförmig) ein. Andere Stoffe haben andere Schmelz- und Siedepunkte als das Wasser. Deshalb sind dies wichtige *Unterscheidungsmerkmale* der Stoffe.

Beim Abkühlen wird aus einem gasförmigen Stoff ein flüssiger und schließlich ein fester Stoff. Beim Übergang vom gasförmigen in den flüssigen Zustand sagt man: Der Stoff **kondensiert** (Wasserdampf wird zu Wasser). Beim Übergang in den festen Zustand sagt man: Der Stoff **erstarrt** (Wasser wird zu Eis).

Manche festen Stoffe (z. B. Iod) werden beim Erhitzen sofort gasförmig. Auch beim Abkühlen überspringen sie den flüssigen Zustand.

Flüssigkeiten können auch vom flüssigen in den gasförmigen Aggregatzustand übergehen ohne ihren Siedepunkt zu erreichen (z. B. Regenwasser auf der Straße). Dann sagt man: Die Flüssigkeit **verdunstet**.

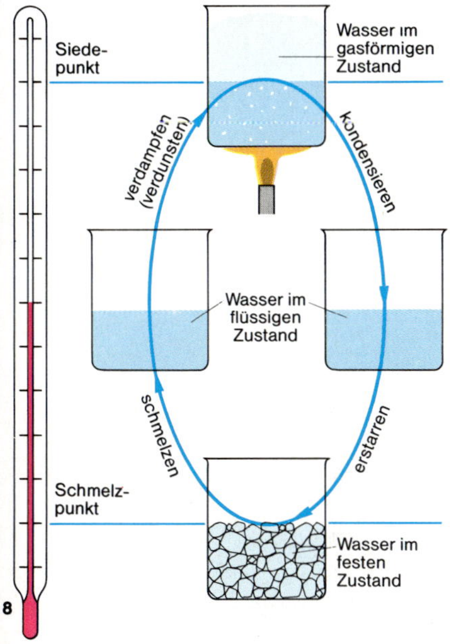

8

Aufgaben

1 Lies aus dem Säulendiagramm (Bild 9) ab, bei welcher Temperatur die aufgeführten Stoffe flüssig und bei welcher sie gasförmig werden.

2 In welchem Aggregatzustand befinden sich die aufgeführten Stoffe bei Zimmertemperatur (20 °C)? Ordne sie in eine Tabelle nach folgendem Muster ein:

Aggregatzustand bei 20 °C		
fest	flüssig	gasförmig
…	…	…

3 Bei 100 °C siedet Wasser und geht vom flüssigen in den gasförmigen Zustand über.

a) Nenne die Stoffe aus Bild 9, die bei dieser Temperatur noch fest sind.

b) Welche Stoffe sind bei 100 °C schon gasförmig?

4 Die gebräuchlichen Thermometer enthalten als Anzeigeflüssigkeit Alkohol oder Quecksilber. Für welche Temperaturbereiche kann man sie jeweils verwenden?

5 Der Glühdraht einer Glühlampe erreicht beim Leuchten eine Temperatur von über 2000 °C. Welches Metall aus der folgenden Tabelle kann als Glühdraht verwendet werden?

Metall	Schmelz-temperatur	Siede-temperatur
Eisen	1535 °C	2735 °C
Platin	1769 °C	4300 °C
Titan	1670 °C	3300 °C
Kupfer	1083 °C	2590 °C
Wolfram	3380 °C	5500 °C

6 Wenn man z. B. Wasser, Spiritus oder Essig verschüttet, ist die Flüssigkeit nach einiger Zeit „verschwunden“, ohne dass sie weggewischt wurde. Wie kommt das?

7 An welchen Stellen bildet sich im Kühlschrank Eis? Erkläre, warum es sich gerade dort bildet und woher das Wasser kommt.

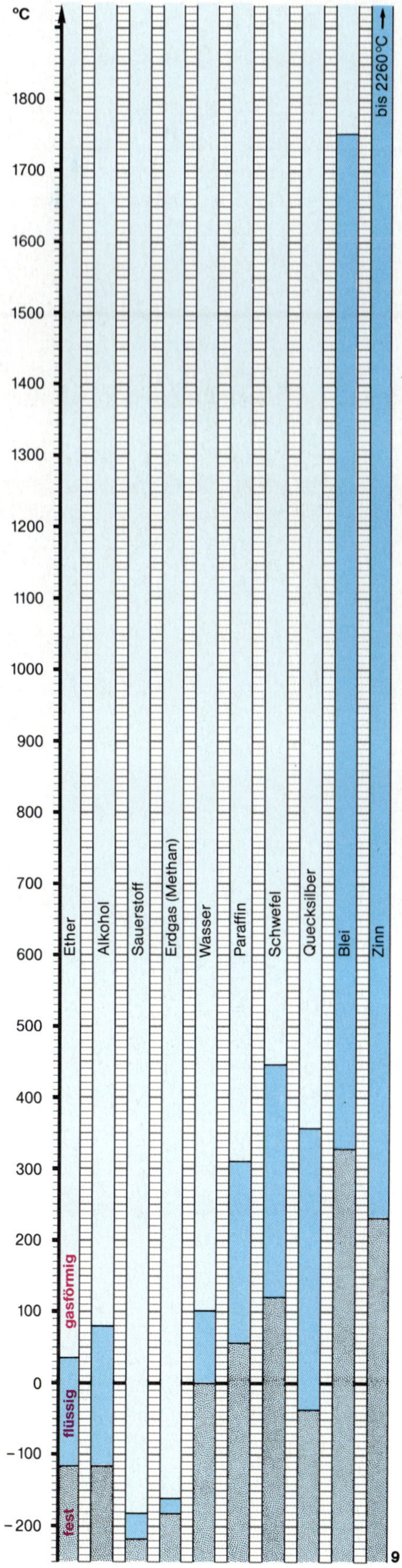

9

Flüssigkeiten werden erwärmt und abgekühlt

1 Ein Großbrand wurde verhindert

Brand im Möbellager

In der Nacht von Montag zum Dienstag brach gegen 3 Uhr morgens bei Möbel-Hartmann ein Schwelbrand aus. Trotz starker Rauchentwicklung wurde er erst spät bemerkt.

Als schließlich die automatische Berieselungsanlage (Sprinkleranlage) einsetzte, wurde auch der Nachtwächter des Gebäudes aufmerksam. Er alarmierte sofort die Feuerwehr.

Die Feuerwehrleute brauchten jedoch nur noch mit dem Handlöscher einzugreifen. Der Brandherd war bereits durch die Berieselungsanlage gelöscht worden.

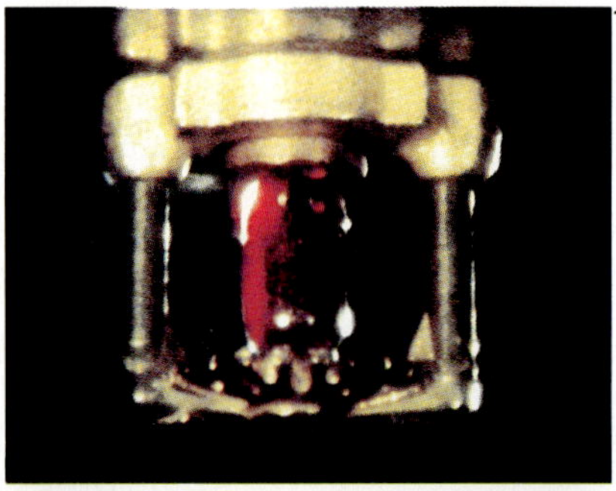

1

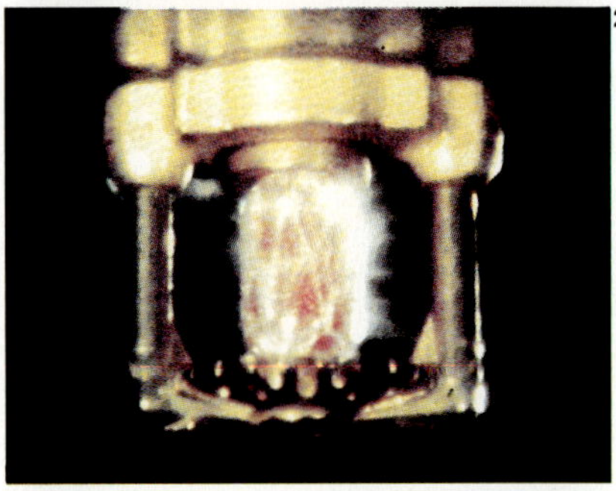

2

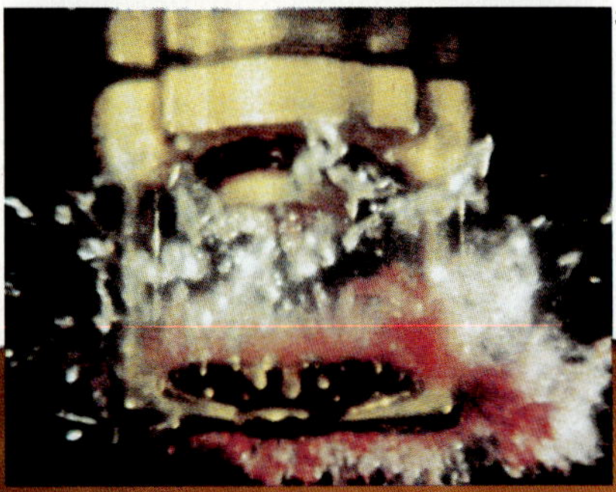

3

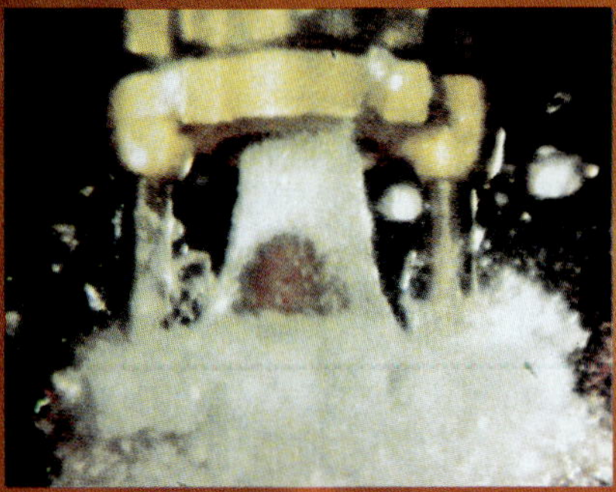

4

Wie ist es möglich, dass die Berieselungsanlage in Tätigkeit tritt, ohne von jemandem eingeschaltet zu werden? (Das Wort „Sprengflüssigkeit“ in Bild 5 gibt darauf einen Hinweis.)

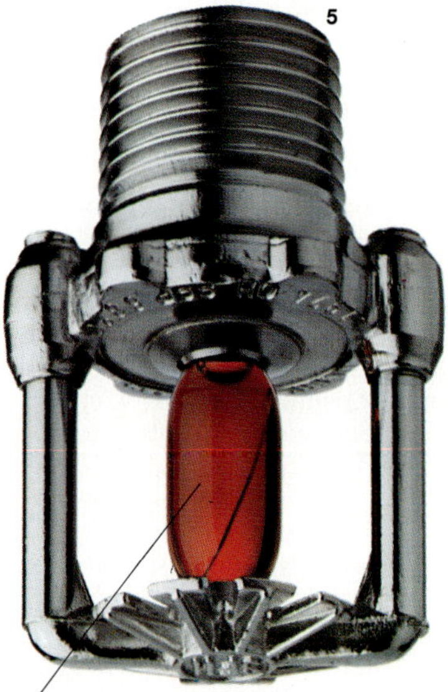

5

113R

V 1 Fülle eine Getränkedose mit Wasser. Das Wasser soll gerade bis zum Trinkloch reichen. Trockne den Deckel der Dose mit einem Tuch ab.

Stelle dann die Dose in einen Topf mit heißem Wasser. Was beobachtest du, wenn sich das Wasser in der Dose erwärmt?

V 2 Wir untersuchen, wie sich Wasser beim Erwärmen verhält. Die Bilder 6–8 zeigen den Versuchsablauf.

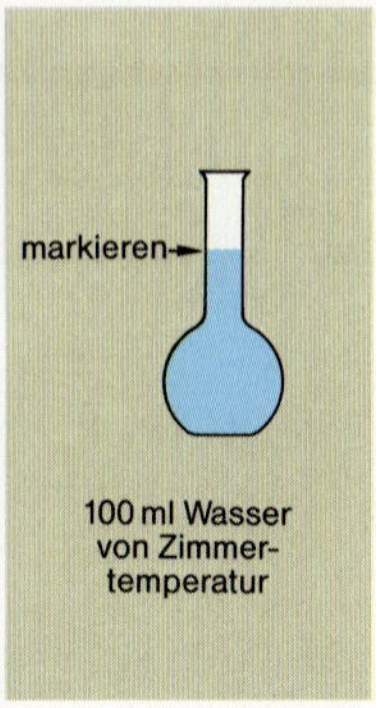

6

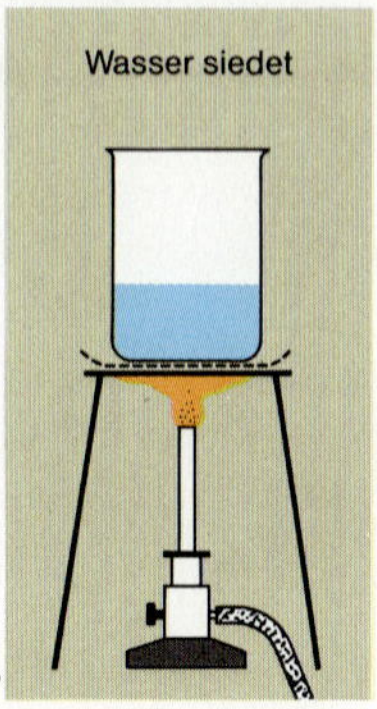

7

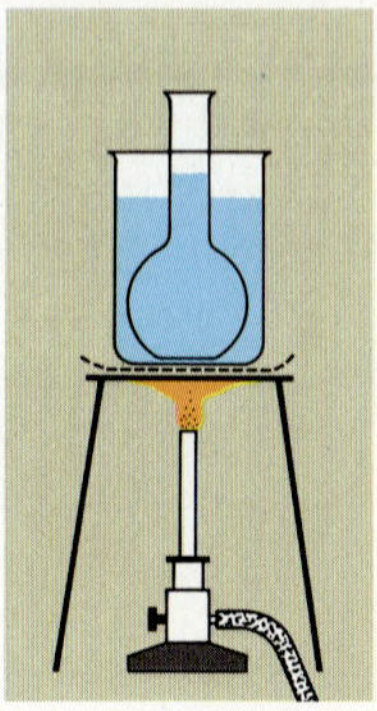
8

a) Beschreibe, wie der Versuch ablaufen soll, und führe ihn durch. Was beobachtest du?

b) Man kann den Versuchsaufbau verbessern, damit man ein deutlicheres Ergebnis erhält. Wie könnte der Aufbau aussehen?

Tipp: Denke an die Form des Thermometers.

V 3 Den Aufbau für diesen Versuch siehst du in Bild 9.

a) Was soll mit diesem Aufbau untersucht werden?

b) Beschreibe die Versuchsdurchführung.

Begründe auch, warum die drei Flüssigkeiten nicht einzeln, sondern gemeinsam in einem Wasserbad erhitzt werden.

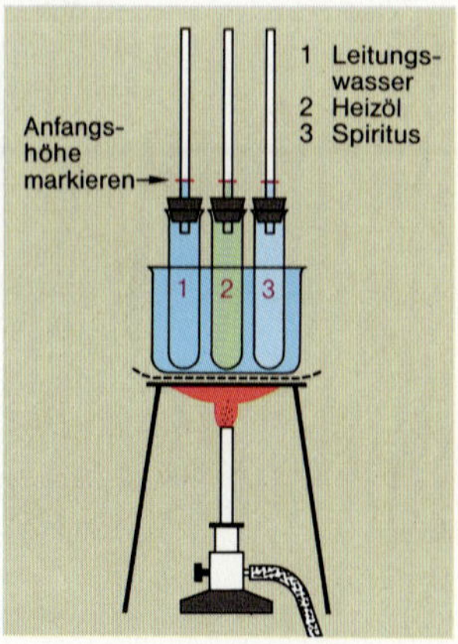

9

Aufgaben

1 Wie verhält sich eine Flüssigkeit beim Erwärmen und beim Abkühlen?

2 Was lässt sich aus der Tabelle unten ablesen?

Die Werte aus der Tabelle sind in Bild 10 zeichnerisch dargestellt. Vergleiche die Ausdehnung der Flüssigkeiten.

3 Wenn der Kolben von Bild 6 erwärmt wird, ist das Ansteigen des Wassers kaum zu bemerken.

Dagegen steigt die Flüssigkeit beim Erwärmen deutlich an, wenn man den Kolben mit einem Stopfen und einem Steigrohr versieht.

Wie erklärst du den stärkeren Anstieg?

Ausdehnung bei Erwärmung um 1 °C

Flüssigkeit	Ausdehnung der Flüssigkeit um
1 Liter Wasser	0,2 ml (ca. 4 Tropfen)
1 Liter Quecksilber	0,2 ml (ca. 4 Tropfen)
1 Liter Glycerin	0,5 ml (ca. 10 Tropfen)
1 Liter Heizöl	0,9 ml (ca. 18 Tropfen)
1 Liter Alkohol	1,1 ml (ca. 22 Tropfen)
1 Liter Benzin	1,1 ml (ca. 22 Tropfen)

1 Liter = 1000 Milliliter (ml) ≈ 20 000 Tropfen
1 Milliliter (ml) ≈ 20 Tropfen

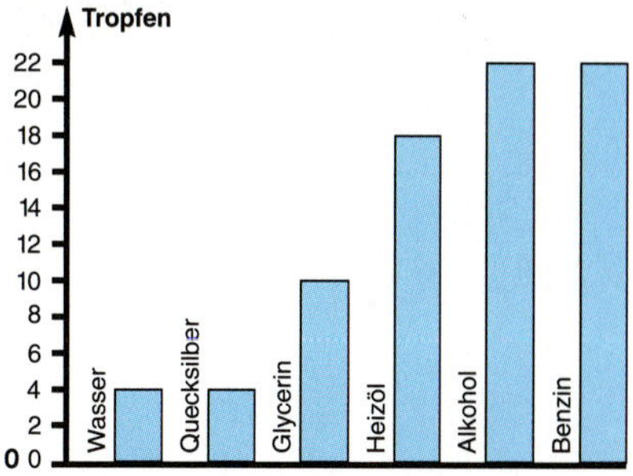

10

Aus Umwelt und Technik: **Wie eine Sprinkleranlage funktioniert**

Viele Lagerräume, Theatersäle und Kaufhäuser sind mit automatischen Löschanlagen ausgerüstet.

An der Decke sind Löschwasserleitungen angebracht. Die Leitungen gehen von einem hochgelegenen Löschwassertank aus und sind mit Wasser gefüllt. Sie enden in Sprüheinrichtungen, den *Sprinklern* (Bild 5).

Die Wasserrohre sind im Sprinkler durch bauchige Glasröhrchen verschlossen. In diesen Röhrchen befindet sich die Sprengflüssigkeit.

Im Falle eines Brandes steigt die Lufttemperatur an – vor allem unter der Decke über dem Brandherd. Auch die Sprengflüssigkeit in den Röhrchen erwärmt sich und dehnt sich aus. Die Flüssigkeit sprengt dann das Glasgefäß und gibt so den Weg für das Löschwasser frei.

Ein dicker Wasserstrahl trifft nun auf die sternförmige Metallplatte des Sprinklers. Er verwandelt sich dadurch in sprühenden Regen, der das Feuer eindämmt oder sogar löscht.

Aus Umwelt und Technik: **Wenn der Tank zu voll ist …**

Bei Hitze nicht volltanken

Tanken bei sommerlichen Temperaturen ist nicht ungefährlich. Darauf wies dieser Tage der Automobilclub *Kraftfahrer-Schutz (KS)* hin. Denn wie alle festen und flüssigen Stoffe dehnt sich auch Benzin bei Erwärmung aus. Ist der Tank voll, muss ein Teil des Treibstoffs auslaufen – und das kann zu einer erheblichen Brandgefahr führen.

Beim Tanken sind die Temperaturunterschiede besonders groß, da das Benzin an der Tankstelle in unterirdischen Tanks bei etwa 10 °C lagert.

Wenn das vollgetankte Fahrzeug in der Sonne steht, erwärmt sich der Tankinhalt auf die Höhe der Außentemperaturen, die im Sommer oft über 30 °C betragen können.

Die Erwärmung des Treibstoffs um 20 °C führt zu einer Ausdehnung, die bei einem 50-Liter-Tank immerhin schon 1 Liter ausmacht.

Ist der Tank bis zum Rand gefüllt, hat der Treibstoff keinen Platz mehr um sich auszudehnen. So muss er durch das Entlüftungsrohr oder den Tankdeckel entweichen.

Dies kann zu Schäden am Lack führen und die Ursache für Brände sein. Eine weggeworfene und noch glimmende Zigarette genügt schon um den übergelaufenen Treibstoff zu entzünden!

Benzin, das erwärmt wird, dehnt sich aus; es braucht also mehr Platz als vorher. Deshalb ist es vorteilhaft, dass bei uns die Benzintanks aller Autos mit **Entlüftungsrohren** versehen sind (Bild 1).

Dieses Rohr dient nicht nur dazu, die Luft beim Einfüllen des Benzins entweichen zu lassen: Wenn nämlich der Tank randvoll gefüllt ist und sich das Benzin in der Sonne erwärmt und ausdehnt, kann ein Teil des Benzins durch dieses Rohr hindurch abfließen.

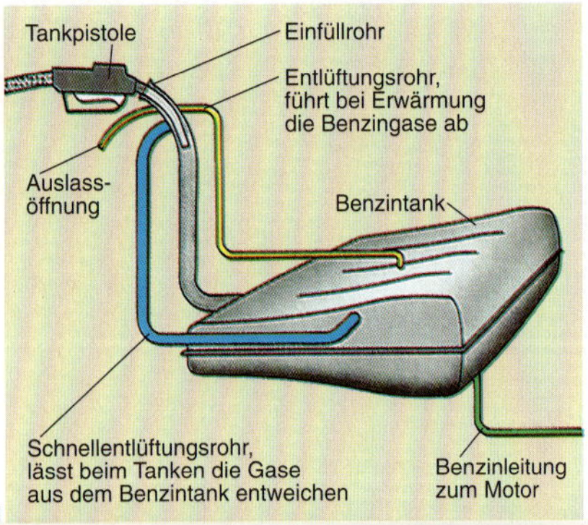

1

Tankwagen, mit denen Heizöl, Benzin oder andere Flüssigkeiten transportiert werden, haben nicht diese Entlüftungsrohre; stattdessen besitzen sie **Sicherheitsventile**. Sie befinden sich oben an jeder Kammer, aus denen sich der Tank eines Tankwagens zusammensetzt. (Die größten Straßentankwagen, die bis zu 35 000 Liter Flüssigkeit fassen können, besitzen sechs solcher Kammern.)

Wo diese Sicherheitsventile angebracht sind, zeigt Bild 2.

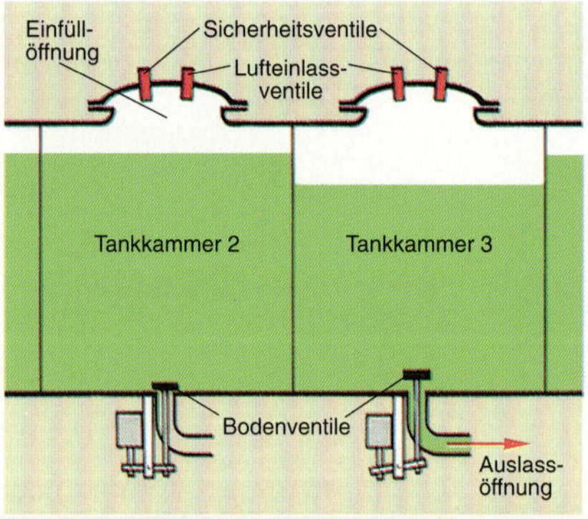

2

Fragen und Aufgaben zum Text

1 Vielleicht hast du das schon erlebt: Du willst an einem heißen Tag in ein Auto einsteigen und merkst, dass es stark nach Benzin riecht. Warum kann das an der Erwärmung liegen?

2 Wann muss sich ein Sicherheitsventil eines Tankwagens öffnen?

3 Tankwagen, die Heizöl transportieren, sind mit sogenannten *Grenzwertgebern* ausgestattet. Warum sind diese so eingestellt, dass beim Einfüllen der Flüssigkeit ein Zehntel des Tanks frei bleibt (Bild 3)?

3

115R

Aus Umwelt und Technik: **Eine schreckliche Brandkatastrophe**

4

Am 11. Juli 1978, mitten in der Ferienzeit, geschah das furchtbare Unglück (Bild 4): 210 Urlauber aus Deutschland, Belgien und Frankreich verbrannten auf dem Campingplatz *Los Alfaques* in Spanien.

Der Grund für diese Katastrophe: In unmittelbarer Nähe des Campingplatzes explodierte ein Tankwagen, der mit einer brennbaren Flüssigkeit gefüllt war. Die Explosion verwandelte den Campingplatz innerhalb weniger Sekunden in ein Flammenmeer. Wie konnte es zu dieser Explosion kommen?

Im Untersuchungsbericht wurde später nachgewiesen, dass man schwere Fehler beim Einfüllen der Flüssigkeit begangen hatte: In den Tankwagen waren etwa 4000 Liter *zu viel* eingefüllt worden. Der Tank war praktisch voll bis zum Rand. Das musste einfach zur Katastrophe führen!

Warum? Beim Einfüllen aus einem Erdtank war die Flüssigkeit noch ziemlich kühl. Bei der hohen Lufttemperatur jenes Julitages erwärmte sie sich aber während der Fahrt im Tankwagen. Dabei dehnte sie sich aus – wie alle Flüssigkeiten, die erwärmt werden. Für diese Volumenvergrößerung war aber in dem Tank, der keine Sicherheitsventile besaß, kein Platz mehr vorhanden.

Als Folge davon drückte die Flüssigkeit immer stärker gegen die Tankwände (Bilder 5 u. 6).

Was nun unweigerlich kommen musste, passierte auch, und zwar zufällig genau am Campingplatz *Los Alfaques*: Der überfüllte Tank riss plötzlich auf, die brennbare Flüssigkeit spritzte in hohem Bogen heraus – und ein winziger Funke (vielleicht von einem Stein, der gegen den Kotflügel schlug) genügte um die schreckliche Katastrophe auszulösen …

210 Menschen starben und viele andere trugen schwere Verletzungen davon – nur weil man beim Füllen des Tanks einen Fehler gemacht hatte: Man hatte nicht bedacht, dass sich Flüssigkeiten ausdehnen, wenn sie erwärmt werden!

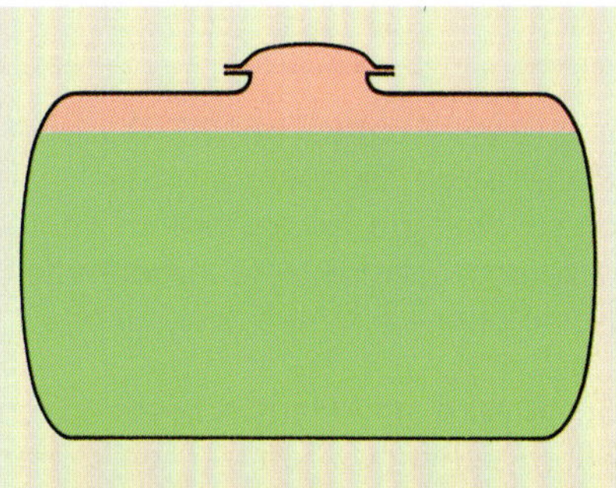

5 Der Tank ist nicht ganz gefüllt. Die Flüssigkeit hat bei Erwärmung genug Raum zum Ausdehnen.

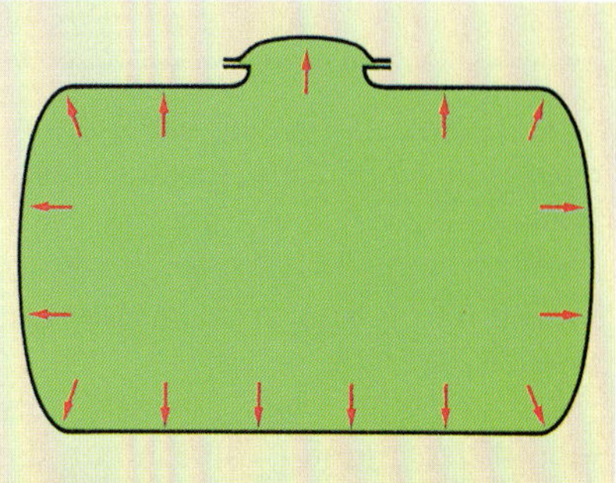

6 Der Tank ist ganz gefüllt. Bei Erwärmung drückt die Flüssigkeit immer stärker gegen die Tankwände.

2 Thermometerskala und Fixpunkte

Die wichtigsten Teile eines Thermometers sind in Bild 1 benannt.

1

Die Funktionsweise des Thermometers können wir schon erklären:

- Warum steigt die Thermometerflüssigkeit, wenn die Temperatur zunimmt?
- Weshalb sinkt sie bei abnehmender Temperatur?

Das Thermometer von Bild 1 soll mit einer Skala versehen werden. Wie würdest du vorgehen?

V 4 Die Skala eines Thermometers kann man nicht einfach in Millimeter unterteilen:

Miss bei einem Zimmer- und einem Fieberthermometer, wie groß der Abstand zwischen den Markierungen für 35 °C und 36 °C ist.

Überprüfe auch, ob die Abstände von Grad zu Grad auf den einzelnen Skalen gleich groß sind.

V 5 Um die Thermometerskala festzulegen, benötigt man kein anderes Thermometer.

Vielmehr macht man sich zunutze, dass ganz bestimmte Temperaturen immer wieder erreicht werden können. Eine dieser Temperaturen ist die *Siedetemperatur von Wasser*.

a) Ein Thermometer ohne Skala wird in ein Becherglas mit Wasser gestellt (Bild 2). Erhitze dann das Wasser und lass es eine Weile sieden. Beobachte die Thermometerflüssigkeit.

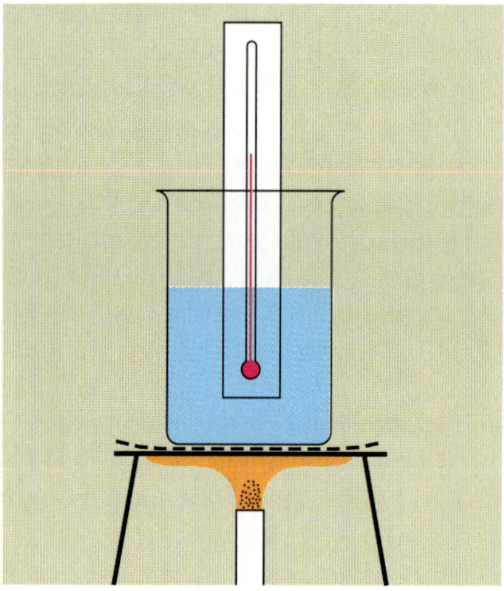
2

b) Markiere, wo die Thermometerflüssigkeit steht, wenn das Wasser siedet.

c) Ob sich die Temperatur des siedenden Wassers nicht noch steigern lässt? Versuche es mit einem zusätzlichen Brenner.

V 6 Für die Festlegung der Thermometerskala verwendet man als zweite Temperatur die *Schmelztemperatur von Eis*.

Fülle zerkleinerte Eiswürfel in ein Becherglas. Stelle das Thermometer hinein und erwärme das Becherglas mit nicht allzu großer Flamme.

Rühre das Eis und das entstehende Schmelzwasser mit einem Glasstab ständig um. (Nicht mit dem Thermometer rühren!)

a) Achte darauf, ob die Eistemperatur ansteigt, sobald das Becherglas erwärmt wird.

b) Markiere den Stand der Thermometerflüssigkeit, während das Eis schmilzt.

c) Wann steigt die Temperatur im Becherglas an?

V 7 Die Schmelztemperatur von Eis wird mit 0 °C bezeichnet, die Siedetemperatur von Wasser mit 100 °C.

a) Überlege, wie du die Skala weiter unterteilen kannst.

b) Überprüfe, ob deine Thermometerskala stimmt. Vergleiche dazu die Anzeige mit der eines anderen Thermometers.

Aufgaben

1 Beschreibe, wie man ein Thermometer mit einer Celsiusskala versehen kann.

2 Erläutere, was man unter *Fixpunkten* versteht.

Warum hat man gerade die Schmelztemperatur von Eis und die Siedetemperatur von Wasser als Fixpunkte gewählt?

3 In Nordamerika wird bis heute noch die Fahrenheitskala benutzt. Allmählich geht man aber auch dort zur Celsiusskala über. Man spricht jedoch nicht von Grad Celsius, sondern von *centigrad*. Erläutere diese Bezeichnung.

4 Die Tabelle der Schmelz- und Siedetemperaturen (→ Anhang) sagt aus, dass Spiritus bei 78 °C siedet. Plane einen **Versuch**, mit dem man diese Angabe überprüfen könnte. (*Achtung*, Spiritus ist feuergefährlich. Keine offene Flamme benutzen!)

5 Warum sind Hautverbrennungen durch siedendes Fett viel schlimmer, als wenn man sich mit siedendem Wasser verbrüht?

5590R

Aus der Geschichte: **Fahrenheit und Celsius**

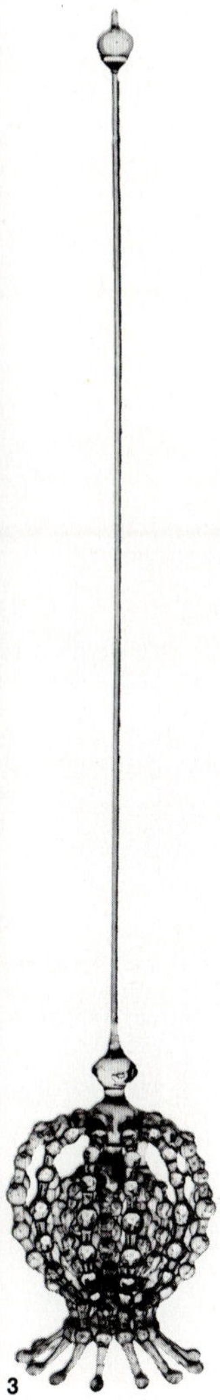
3

Bild 3 zeigt ein Thermometer, das vor 300 Jahren in der norditalienischen Stadt Florenz hergestellt wurde. Die kunstvolle Glaskrone entspricht der Thermometerkugel. Sie ist mit Alkohol gefüllt. Das schlanke Steigrohr hat eine Länge von fast einem Meter und stellt – mit seinen aufgeschmolzenen 420 Perlen – die Skala dar. Natürlich war ein solches Thermometer sehr unhandlich und zerbrechlich. Man kam deshalb auf den Gedanken, das dünne Röhrchen zu einer Wendel aufzuwickeln (Bild 4).

All diese Thermometer hatten aber einen entscheidenden Nachteil: Die Steigrohre waren unterschiedlich dick und die Skalen verschieden geteilt. Bei gleicher Temperatur zeigten sie daher unterschiedliche Werte an!

Ein Messwert hätte nicht ausgereicht um z. B. von einer Reise die Lufttemperatur mitzuteilen. Man hätte auch das Thermometer mitschicken müssen!

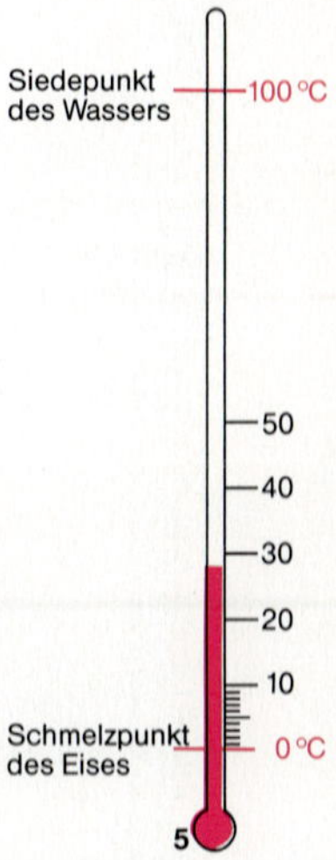

5

Der deutsche Glasbläser *Daniel Fahrenheit* (1686–1736) aus Danzig war für seine Thermometer berühmt. Sie arbeiteten sehr genau und zeigten bei gleicher Temperatur auch den gleichen Wert an. Für die damalige Zeit waren diese Thermometer eine Sensation.

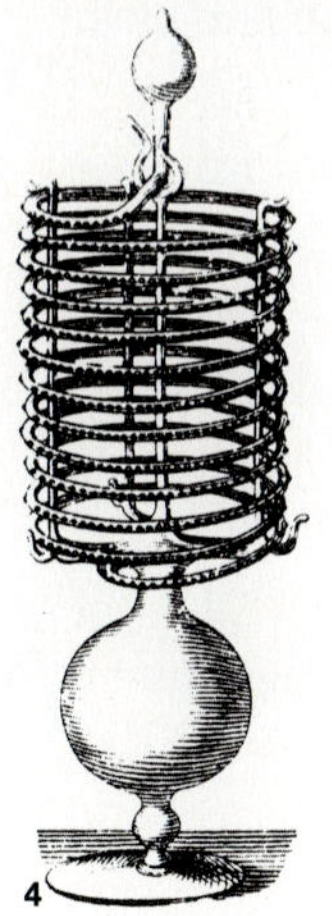
4

Wie kam Fahrenheit zu seiner Thermometerskala? Er selbst berichtet im Jahr 1724 darüber: *Die Thermometer, die zur Wetterbeobachtung verwendet werden, haben eine Skala, die bei 0 Grad anfängt und bei 96 Grad aufhört. Der Punkt Null wird so gefunden, dass das Thermometer in eine Mischung von Eis, Wasser und Seesalz eingesetzt wird. Das Quecksilber sinkt dabei ab und bleibt schließlich stehen; das ist der Nullpunkt. Den anderen Punkt findet man so, dass die Thermometerkugel im Munde oder in der Achselhöhle eines gesunden Menschen steckt. Dieser Punkt beendet die Skala und erhält die Bezeichnung 96 Grad.*

Fahrenheits Nullpunkt ist recht ungenau: Die Temperatur, die sich beim Mischen aus Eis, Wasser und Salz einstellt, hängt von der Zusammensetzung der Mischung ab. Und die Körpertemperatur des Menschen schwankt auch.

Besser geeignet sind die Schmelztemperatur von Eis und die Siedetemperatur von Wasser. Denn sie sind (unter bestimmten Voraussetzungen) fest und unveränderlich. Deshalb nennt man sie auch **Fixpunkte** (lat. *fixus:* fest).

Der Schwede *Anders Celsius* (1701–1744) verwendete diese Fixpunkte. Er schlug vor, den Abstand der Fixpunkte auf der Skala in 100 gleiche Teile zu teilen (Bild 5). Die Skala kann mit der gleichen Schrittweite nach oben und nach unten fortgesetzt werden.

Die Celsiusskala wird heute in allen europäischen Staaten verwendet. Temperaturen werden in °C (sprich: Grad Celsius) angegeben.

Die Fixpunkte der Celsiusskala sind die Schmelztemperatur von Eis (0 °C) und die Siedetemperatur von Wasser (100 °C). Der Abstand zwischen den Fixpunkten auf der Skala wird in 100 gleiche Teile geteilt.

6 Am Südpol der Erde treten Temperaturen auf, die bei ungefähr −60 °C liegen.

Aus welchem Grund können solch tiefe Temperaturen nicht mit einem Quecksilberthermometer gemessen werden?

7 Martina und Andreas kochen Kartoffeln. Das Wasser siedet bereits, die Kartoffeln sind aber noch lange nicht gar.

„Du musst die Kochplatte auf die höchste Stufe schalten“, meint Andreas. „Dann wird nämlich das kochende Wasser noch heißer und wir haben das Essen schneller auf dem Tisch.“

Was meinst du zu Andreas' Vorschlag?

8 In einem Weinkühler bleibt eine Flasche Wein oder Limonade auch an heißen Sommertagen kühl (Bild 6).

Gib dafür eine Erklärung.

6

Aus Umwelt und Technik: **Das Fieberthermometer**

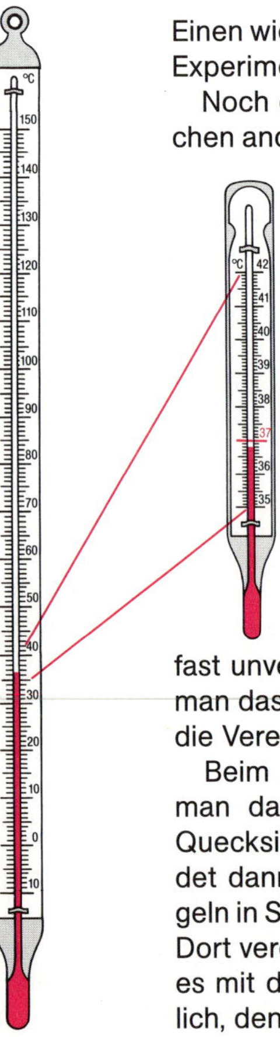

1

Einen wichtigen Unterschied zwischen einem **Fieberthermometer** und einem Experimentierthermometer siehst du in Bild 1.

Noch etwas anderes unterscheidet das Fieberthermometer von den üblichen anderen Thermometern: Du kannst das Messergebnis noch lange *nach* der Messung ablesen. Die Quecksilbersäule geht nämlich nach dem Fiebermessen nicht von selbst zurück.

Um das zu erreichen, hat man unten im Steigrohr des Fieberthermometers eine **Verengung** eingebaut (Bild 2). Sie wirkt sich folgendermaßen aus:

Während der Fiebermessung erwärmt sich das Quecksilber. Es dehnt sich – wie alle Körper bei Erwärmung – aus, sodass ein Teil durch Verengung in das Steigrohr gepresst wird.

Wenn dann die Messung beendet ist und das Thermometer sich wieder abkühlt, zieht sich das Quecksilber in der Thermometerkugel und im Steigrohr zusammen. Von selbst kann es nicht durch die Engstelle zurückfließen; folglich „reißt" es an dieser Stelle ab und bleibt – fast unverändert hoch – im Steigrohr stehen. Erst wenn man das Quecksilber „zurückschleudert", fließt es durch die Verengung wieder in die Thermometerkugel zurück.

Beim Zurückschleudern muss man aufpassen, dass man das Thermometer nicht zerschlägt, sodass das Quecksilber auf den Fußboden ausläuft! Quecksilber bildet dann nämlich kleine Tröpfchen, die als winzige Kugeln in Spalten und Ritzen des Fußbodens verschwinden. Dort verdunstet das Quecksilber allmählich, sodass man es mit der Atemluft einatmet. Das aber ist sehr gefährlich, denn Quecksilberdämpfe sind giftig!

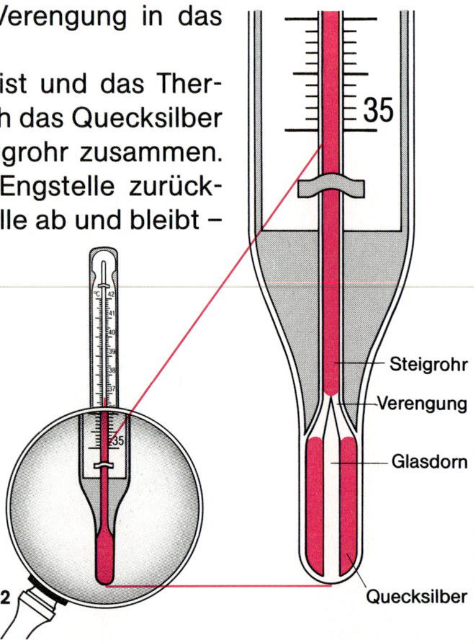

2

Alles klar?

1 Warum ist es wichtig, dass das Quecksilber im Steigrohr stehen bleibt, wenn das Fiebermessen beendet ist?

2 Den Auftrag, ein Thermometer ohne Skala zu eichen, erledigt Harry Schlaumeier so: Er nimmt irgendein Thermometer mit Skala und überträgt die Skalenstriche und -ziffern einfach auf sein Thermometer. Hältst du das für eine Möglichkeit? Begründe deine Antwort.

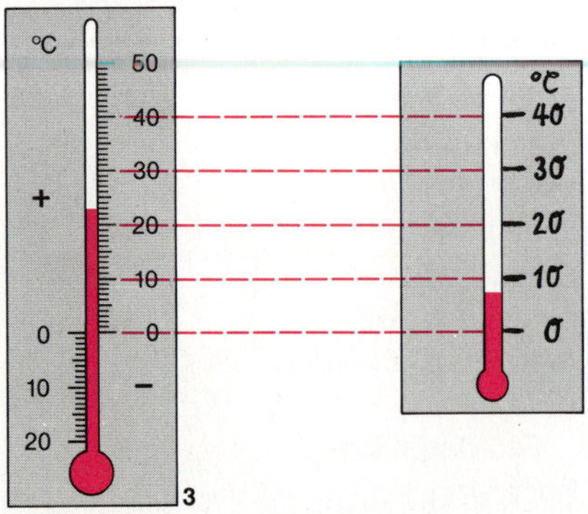

3

3 Die Skala eines Fieberthermometers geht von 35 °C bis 42 °C. (Man nennt das auch seinen *Messbereich*.)

a) Warum ist dieser Messbereich nicht so groß wie bei einem Zimmerthermometer?

b) Weshalb muss der Messbereich eines Experimentierthermometers viel größer sein als der eines Zimmerthermometers?

4 Gib an, warum eine Fiebermessung falsch sein kann, wenn das Quecksilber vorher nicht zurückgeschleudert wurde.

5 Steigrohre von Thermometern haben innen einen sehr kleinen Durchmesser. Solche engen Röhren nennt man *Kapillaren* („Haarröhrchen"). Warum verwendet man beim Thermometer diese Kapillaren und keine dickeren Röhren?

6 Die Skala eines Thermometers ist abgeblättert. Nur die Marken 10 °C und 40 °C sind noch zu erkennen. Wie könntest du diese Skala reparieren?

7 Warum haben Saftflaschen nach dem Einkochen oben oft einen freien Raum, obwohl sie randvoll gefüllt wurden?

8 Weshalb werden wohl in der Schule Alkoholthermometer und keine Quecksilberthermometer verwendet?

9 Warum kann man einen Benzintank randvoll füllen, wenn man unmittelbar danach eine längere Autofahrt unternimmt?

10 Das hier abgebildete Thermometer hat eine Skala von 0 °C bis 100 °C.

a) Kann man damit auch Temperaturen messen, die *unter* 0 °C und *über* 100 °C liegen?

b) Auf welche Weise könnte man z. B. die Skalenstriche für −10 °C (−15 °C, −20 °C, +110 °C), erhalten?

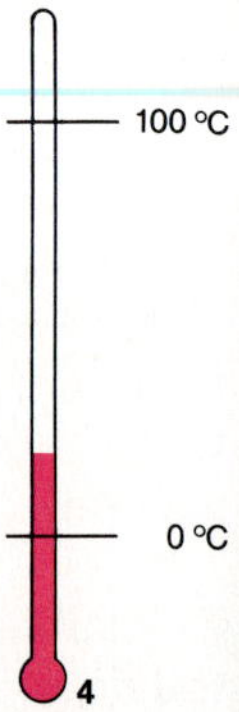

4

119R

3 Zusammenfassung

Was geschieht beim Erwärmen und beim Abkühlen einer Flüssigkeit?

5

Wenn die Temperatur einer Flüssigkeit (z. B. Wasser, Öl oder Alkohol) ansteigt, dehnt sich die Flüssigkeit aus. Ihr Volumen wächst; sie nimmt einen größeren Raum ein als vor dem Erwärmen. Schwerer wird sie dabei nicht.

Die verschiedenen Flüssigkeiten dehnen sich unterschiedlich stark aus (bei gleicher Erwärmung).

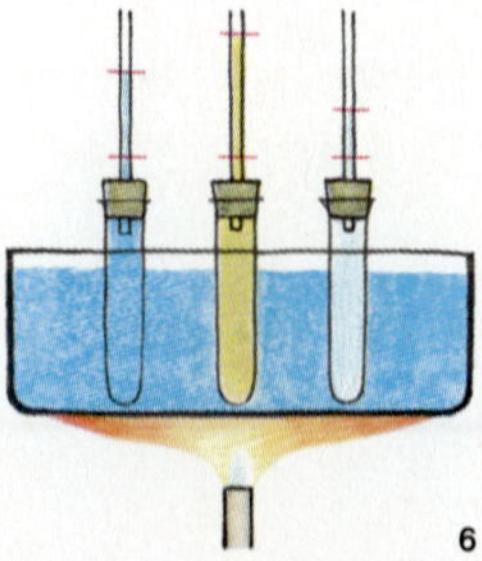
6

Wenn sich eine Flüssigkeit in ihrem Behälter ausdehnt und für die Ausdehnung kein Raum zur Verfügung steht, kann der Behälter „gesprengt" werden. Es können also bei der Ausdehnung einer Flüssigkeit große Kräfte wirken.

Sinkt die Temperatur einer Flüssigkeit, so zieht sich die Flüssigkeit zusammen. Sie benötigt dann einen geringeren Raum als vor dem Abkühlen.

Wenn Flüssigkeiten erwärmt werden, vergrößert sich ihr Volumen.
Wenn sie abgekühlt werden, verringert es sich.

Wie funktioniert ein Flüssigkeitsthermometer?

Die wichtigsten Teile eines Flüssigkeitsthermometers sind das *Steigrohr*, die *Thermometerkugel* und die *Skala*. Die Thermometerkugel ist mit Quecksilber oder Alkohol gefüllt.

Die Flüssigkeit in der Thermometerkugel dehnt sich beim Erwärmen aus.
Dadurch wird Flüssigkeit in das Steigrohr gedrängt. Die Flüssigkeitssäule wird länger.

Die Flüssigkeit in der Thermometerkugel zieht sich beim Abkühlen zusammen.
Flüssigkeit fließt aus dem Steigrohr zurück. Die Flüssigkeitssäule wird kürzer.

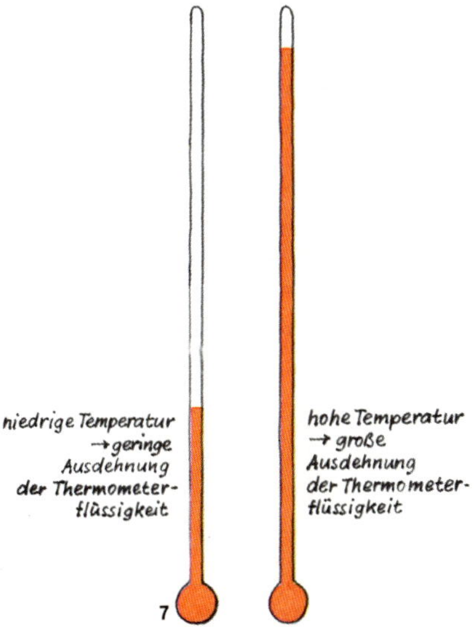

7

In den meisten Ländern hat man sich heute auf die Thermometerskala von A. Celsius geeinigt; das ist die sogenannte **Celsiusskala**.

Die Celsiusskala entsteht mit Hilfe von zwei **Fixpunkten**, dem Schmelzpunkt des Eises (0 °C) und dem Siedepunkt des Wassers (100 °C). Diese beiden Marken trägt man neben dem jeweiligen Ende der Flüssigkeitssäule als Skalenstriche auf.

Dann teilt man den Abstand zwischen den beiden Fixpunkten in **100 gleiche Teile**. Jedes dieser Teile entspricht einem Grad Celsius (1 °C).

Die Skala kann auch unter 0 °C und über 100 °C hinaus verlängert werden.

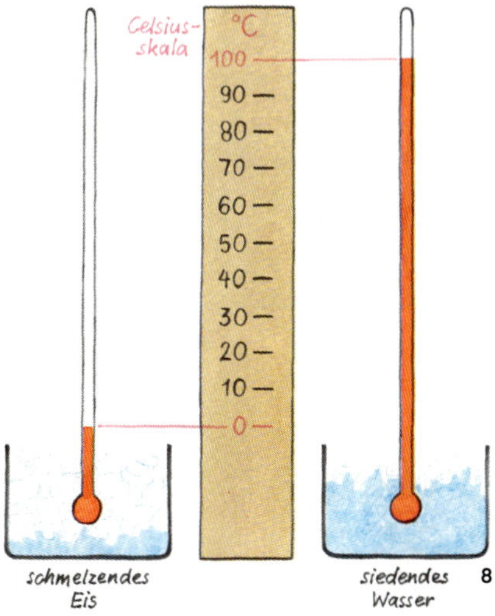

8

Die Anomalie des Wassers

1 Wasser verhält sich nicht normal

1 Das kann passieren, wenn überraschend der Winter hereinbricht ...

2 Fische angeln – in einem zugefrorenen See?

Für die beiden ersten Versuche brauchst du zwei kleine Aluminiumbecher (z. B. von Teelichten).

V 1 Fülle einen der beiden Becher randvoll mit Wasser und stelle ihn vorsichtig auf einem Untersetzer ins Gefrierfach eures Kühlschranks.

Nach einigen Stunden kannst du den Becher herausnehmen. Was fällt dir auf?

V 2 Stelle den zweiten Aluminiumbecher auf eine warme Kochplatte (schwächste Einstellung). Schmilz darin so viel Kerzenwachs, dass er schließlich bis zum Rand mit flüssigem Wachs gefüllt ist. Lass dann das Wachs abkühlen.

Was fällt dir auf, wenn du deine Beobachtung mit der von Versuch 1 vergleichst?

V 3 Fülle eine leere Filmdose bis zum Rand mit kaltem Wasser. Damit beim Verschließen keine Luft eindringt, solltest du den Deckel unter Wasser aufsetzen. Dann steckst du die verschlossene Dose in einen Gefrierbeutel und legst sie in das Gefrierfach eines Kühlschranks oder in eine Gefriertruhe.

Nach einigen Stunden ist das Wasser in der Filmdose gefroren – doch was kannst du außerdem feststellen?

V 4 Wer ist stärker: die hohle Eisenkugel (Bild 3) oder das Wasser, das in ihr „eingesperrt" ist? (Das Wasser wird bei diesem Lehrerversuch unter 0 °C abgekühlt, sodass es in der Kugel gefriert.)

V 5 Wir untersuchen, welche Temperatur eisgekühltes Wasser in verschiedenen Tiefen hat (Bild 4).

Wo wird deiner Meinung nach die tiefste Wassertemperatur zu messen sein? Wo ist das Wasser im Gefäß wohl am wärmsten?

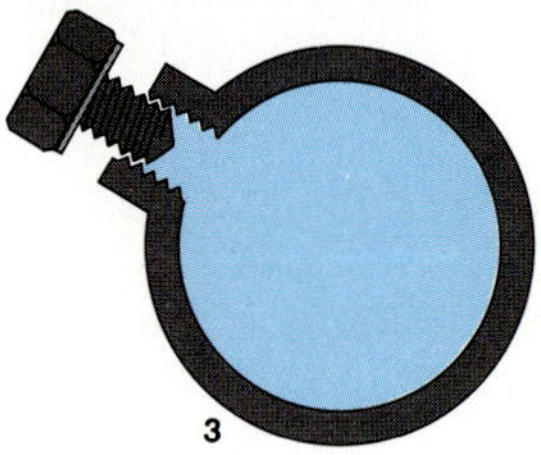

3 Eiserne Hohlkugel, die bis zum Rand mit Wasser gefüllt und dann zugeschraubt wird.

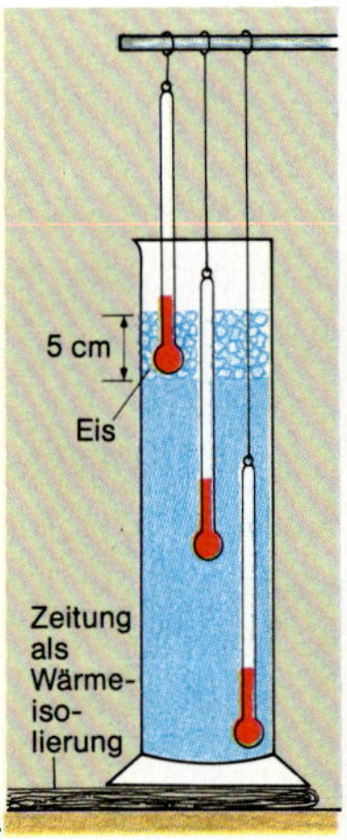

4

Das Verhalten vom Wasser beim Erstarren

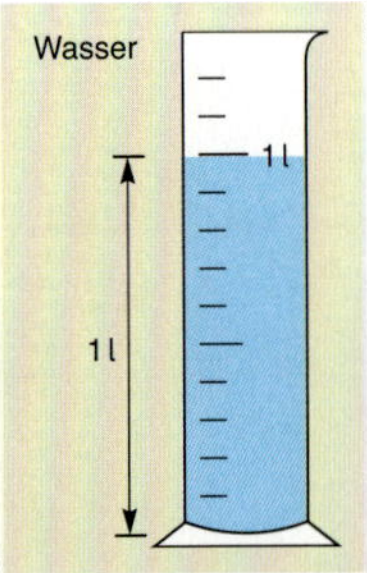

5

Normalerweise ziehen sich Flüssigkeiten (z. B. warmes und damit flüssiges Kerzenwachs) zusammen, wenn sie fest werden. Ihr Volumen nimmt also beim Erstarren ab.

Wenn aber Wasser so weit abgekühlt wird, dass es gefriert, dehnt es sich stark aus: 1 Liter Wasser erstarrt zu 1,1 Liter Eis (Bilder 5 u. 6).

Die Volumenvergrößerung beim Erstarren erfolgt mit großer Gewalt. Sogar eine Hohlkugel aus Eisen wird gesprengt, wenn in ihr eingeschlossenes Wasser gefriert.

Beim Erstarren von Wasser zu Eis wird das Volumen größer.

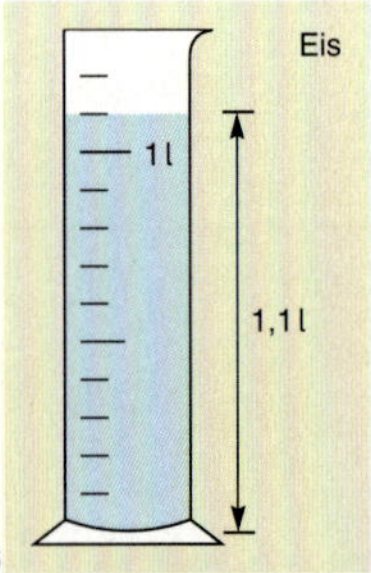

6

8412R

Ausdehnen beim Abkühlen

Wenn sich eine Flüssigkeit abkühlt, zieht sie sich in der Regel zusammen. Ihr Volumen wird kleiner.

In weiten Temperaturbereichen hat auch Wasser diese Eigenschaft. So benötigt eine bestimmte Menge Wasser bei 10 °C weniger Platz als bei 20 °C. Und wenn dieselbe Wassermenge auf 5 °C abkühlt, nimmt sie noch weniger Raum ein.

Doch gibt es bei weiterer Abkühlung eine Besonderheit **(Anomalie)**, durch die sich Wasser von anderen Flüssigkeiten unterscheidet:

Nur beim Abkühlen bis 4 °C nimmt das Volumen einer bestimmten Wassermenge ab. Kühlt sie weiter ab, dehnt sie sich wieder aus.

Bei 4 °C hat eine bestimmte Menge Wasser ihr geringstes Volumen.

Wasser von 4 °C nimmt demnach weniger Raum ein als Wasser von 6 °C oder 2 °C (Bild 7). Es passt also mehr Wasser von 4 °C in das Gefäß hinein. Das bedeutet, dass 1 l Wasser von 4 °C schwerer ist als 1 l Wasser von jeder anderen Temperatur. Wasser von 4 °C sinkt in wärmerem oder kälterem Wasser immer nach unten.

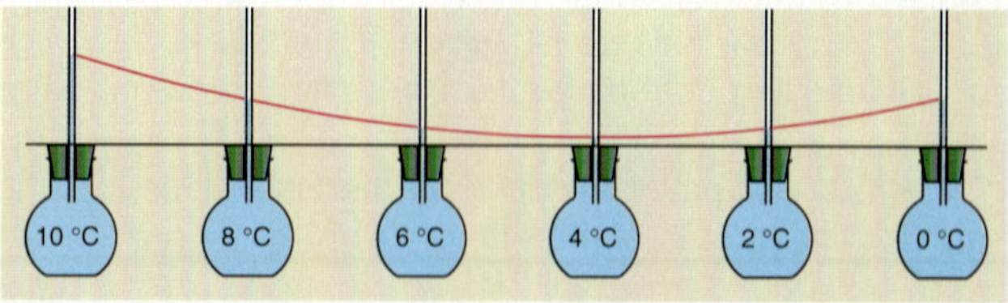

7

Aus Umwelt und Technik: **Schäden durch gefrierendes Wasser**

9

Dass **Wasserrohre** fast einen Meter tief in den Erdboden verlegt werden, hat seinen guten Grund: So tief gefriert bei uns in der Regel der Boden nicht. Und damit gefriert auch nicht das Wasser in den Rohren.

Wenn Wasserrohre aus dem Boden ragen – z. B. bei einem Wasserhahn im Garten –, muss noch vor dem ersten Frost das Wasser abgestellt werden. Es genügt aber nicht, einfach den Absperrhahn der Zuleitung zu schließen. Man muss zusätzlich noch das Wasser aus den Rohren abfließen lassen. Dazu wird außer dem Hahn im Garten ein kleines Ablassventil geöffnet, das neben dem großen Absperrhahn sitzt (Bild 8). Wird das Ablassen versäumt, können die Rohre durch gefrierendes Wasser gesprengt werden (Bild 9).

Manche Asphaltstraßen zeigen im Frühjahr tiefe Schlaglöcher. Man spricht von **Frostaufbrüchen**. Frostaufbrüche treten regelmäßig im Frühjahr auf, wenn Eis und Schnee längst abgetaut sind. Die Bilder 10–12 geben dafür eine Erklärung.

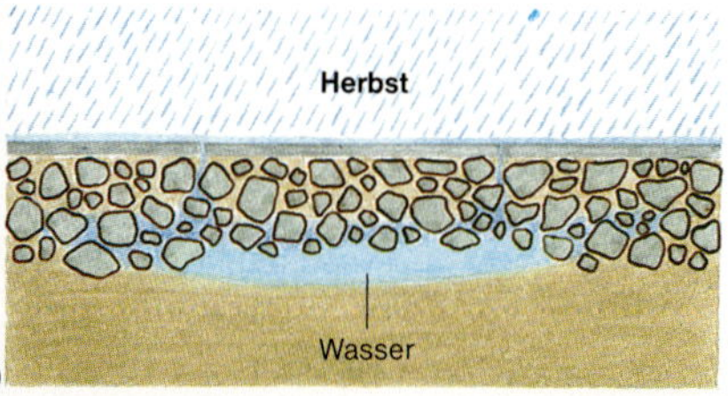

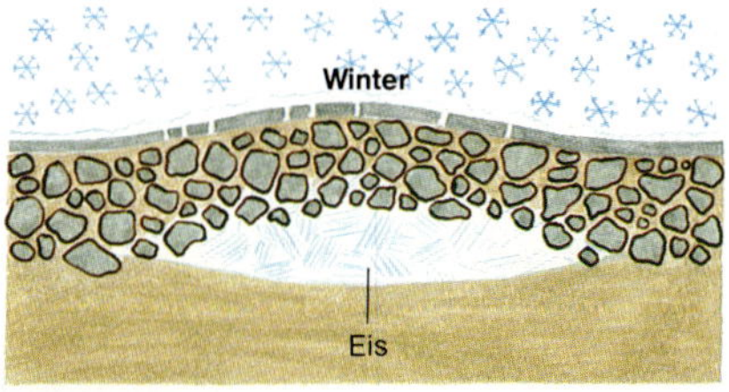

11

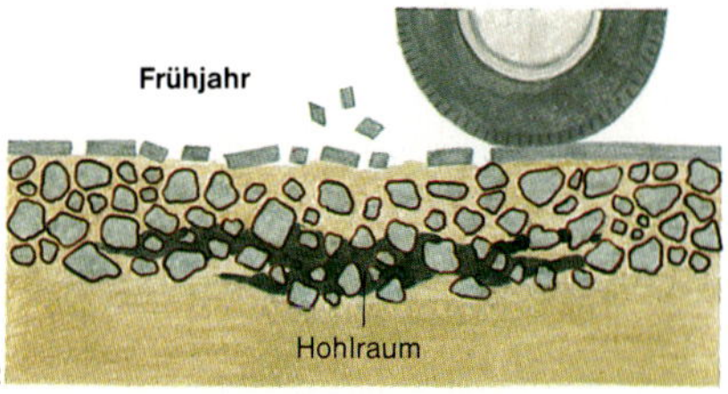

12

Noch gewaltiger ist die zerstörende Wirkung von gefrierendem Wasser im Gebirge: Auch **Schotter-** oder **Geröllfelder** (Bild 13) haben etwas mit gefrierendem Wasser zu tun!

Jeder Fels hat winzige Spalten oder Risse. In sie dringt Regenwasser ein, das dann bei Frost gefriert. Durch die Sprengkraft des gefrierenden Wassers werden die Risse im Gestein erweitert. Es entstehen allmählich breite und tiefe Spalten.

In diese kann jetzt noch mehr Wasser eindringen, das bei Frost eine noch größere Sprengkraft entwickelt. So wird der Fels im Laufe der Zeit in kleine Brocken zerlegt, die sich in den Geröllfeldern ansammeln.

Aus Umwelt und Technik: **Wassertemperaturen in einem See**

Beim Baden und Tauchen in einem tiefen See während des **Sommers** hast du es bestimmt schon gefühlt: Je tiefer du dich unter der Oberfläche befindest, desto kälter wird das Wasser (Bild 1).

Wenn im **Herbst** und **Winter** die Lufttemperaturen sinken, kühlt das Wasser an seiner Oberfläche immer mehr ab. Das kühlere Wasser ist schwerer und sinkt nach unten. Schließlich hat das ganze Wasser im See eine Temperatur von 4 °C.

Wenn das Wasser an der Oberfläche weiter abkühlt (auf 3 °C oder 2 °C), sinkt das kühlere Wasser nicht mehr weiter ab. Es „schwimmt" auf dem Wasser von 4 °C. Also nimmt die Wassertemperatur nur noch an der Oberfläche ab.

Bald erreicht das Wasser dort 0 °C und gefriert. Der ganze See wird mit Eis bedeckt. Bild 2 zeigt die Temperaturverteilung im See.

Hält der Frost an, kühlt auch das unmittelbar darunter liegende Wasser weiter ab – die Eisschicht auf dem See wird immer dicker. Wenn der See tief genug ist, friert er nicht bis zum Boden zu – dadurch können Fische und Pflanzen überleben.

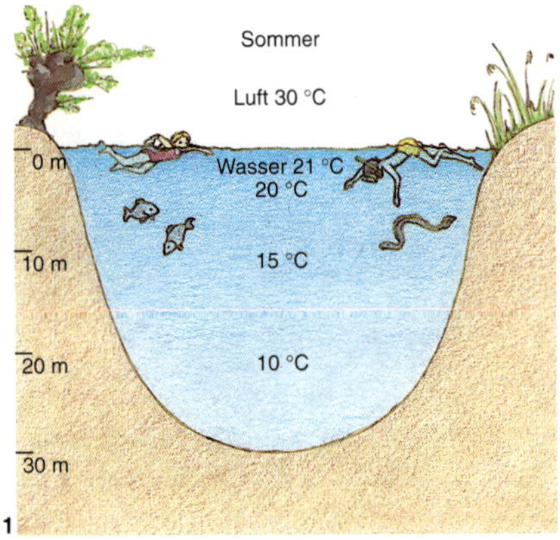

1

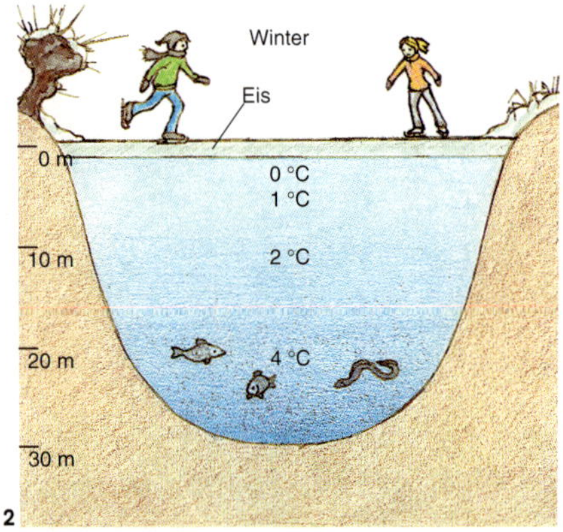

2

Aus Umwelt und Technik: **Druckluft gegen Eis?**

3

Schweden ist ein nordisches Land, das viele Seen hat. Um allzu große Umwege zu vermeiden, führen vielfach Fähren über die Seen. Das geht aber nur während der recht kurzen warmen Jahreszeit.

In den langen Wintern Schwedens sind die Seen lange Zeit zugefroren und die Fähren können nicht mehr fahren. Seit einigen Jahren ist man deshalb dazu übergegangen, die Fahrrinnen einiger viel befahrener Seen mit **Druckluft** eisfrei zu halten (Bild 3).

Das macht man so: Entlang der Fahrrinne werden auf dem Boden des Sees Schläuche mit kleinen Löchern verlegt. Wenn dann der Frost beginnt, pumpt eine Motorluftpumpe (ein Kompressor) Druckluft durch die Schläuche. Die Luft entweicht aus den kleinen Löchern und steigt nach oben. Dabei reißt sie 4 °C warmes Wasser vom Grund des Sees mit nach oben.

Dieses wärmere Wasser verhindert, dass der See in der Fahrrinne zufriert.

8414R

Alles klar?

1 Warum kann man sagen, dass das Verhalten des Wassers beim Gefrieren anomal (nicht normal) ist?

2 In den Gefäßen von Bild 4 sind zwei Flüssigkeiten erstarrt. Eine davon ist Wasser, das zu Eis geworden ist. Woran erkennst du es (außer an der Farbe)?

3 Warum darf eine Flasche Sprudel nicht ins Tiefkühlfach des Kühlschranks gelegt werden?

4 Springbrunnen in städtischen Anlagen werden im Herbst abgestellt. Was ist unter anderem der Grund dafür?

5 Beschreibe, wie es zu den Frostaufbrüchen auf den Straßen kommt. Weshalb treten Frostaufbrüche vor allem im Frühjahr auf – und nicht schon im Winter?

6 Der Unterbau der Straßen besteht aus grobem Schotter. Weshalb verwendet man dafür keinen feinen Sand?

4

7 Beschreibe, wie es zur Entstehung von Geröllhalden im Gebirge kommt.

8 Wenn der Garten schon im Herbst umgegraben wird, ist der Boden im Frühjahr besonders locker. Gib eine Erklärung dafür.

9 Mario erzählt, dass seine Mutter Brennspiritus in das Wasser der Scheibenwaschanlage gießt. Sie meint, dass dadurch auch das Gefrieren des Wassers verhindert wird.

a) Schlage einen **Versuch** vor, mit dem man das überprüfen kann.

b) „Ein Frostschutzmittel setzt den Gefrierpunkt des Kühlwassers herab."
Was bedeutet dieser Satz?

10 Ein Liter Wasser von 0 °C wird zu Eis von 0 °C. Welchen Raum nimmt es jetzt ein?

11 Im Winter befindet sich am Grund eines tiefen Gewässers +4 °C warmes Wasser.

a) Versuche dafür eine Erklärung zu geben.

b) Welche Bedeutung hat es für die Tier- und Pflanzenwelt des Gewässers, dass die Temperatur nicht weiter absinkt?

2 Zusammenfassung

Welche Ausnahmen macht das Wasser?

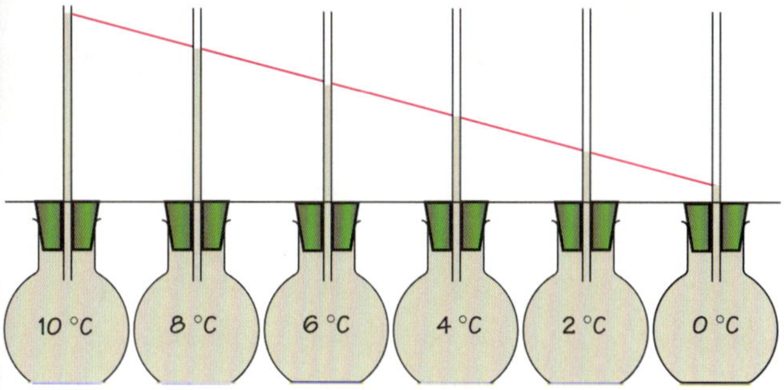

5

In der Regel ziehen sich Flüssigkeiten bei Abkühlung zusammen. Ihr Volumen nimmt also bei sinkender Temperatur ab.

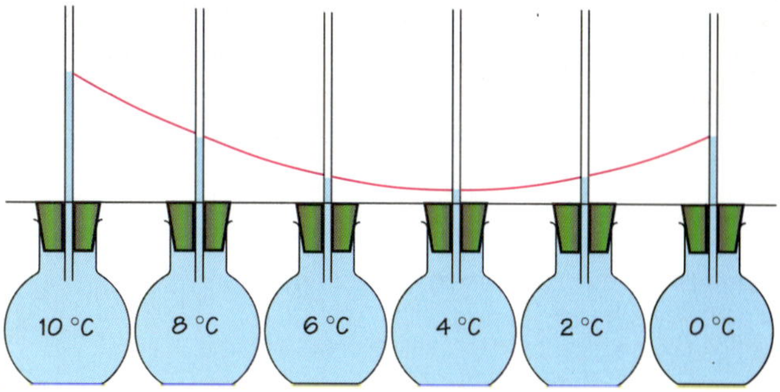

6

Wasser dehnt sich wieder aus, wenn seine Temperatur 4 °C unterschritten hat. Das Volumen von Wasser nimmt also wieder zu, wenn seine Temperatur unter 4 °C sinkt.

Flüssigkeiten ziehen sich beim Erstarren normalerweise zusammen. Ihr Volumen sinkt.

7

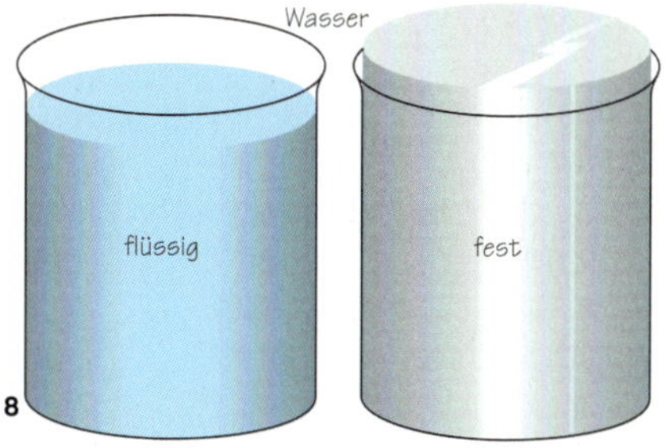

8

Beim Gefrieren dehnt sich Wasser aus. Die Volumenvergrößerung beträgt etwa ein Zehntel.

8415R

Feste Körper werden erwärmt und abgekühlt

1 Eine Brücke auf Rollen

1

2

Das eine Ende der Brücke ist fest gelagert.
Warum liegt das andere Ende auf Rollen aus Stahl?

3

V 1 So kannst du eine einfache „Brücke" bauen (Bild 4). Die Stricknadel stellt die Brücke dar, die Nähnadel die Rolle. Der Trinkhalm dient als Zeiger.

Erhitze nun die Stricknadel mit einer Kerzenflamme. Beobachte den Trinkhalm beim Erwärmen und beim anschließenden Abkühlen der Stricknadel.

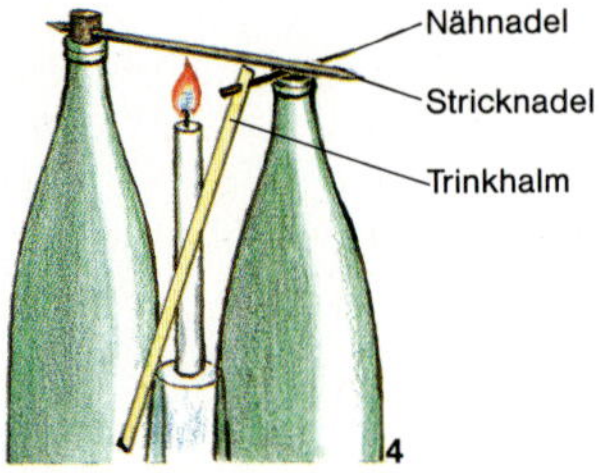

4

Die Rolle ihrerseits ist fest mit einem Zeiger verbunden.

a) Der Stab wird mit einem Brenner erwärmt, anschließend soll der Stab abkühlen. Beobachte den Zeiger.

Bild 6 zeigt, wie die Bewegung des Zeigers zustande kommt.

Formuliere das Versuchsergebnis.

V 2 Bild 5 zeigt den Versuchsaufbau. Das Metallrohr entspricht der Brücke.

Das Rohr ist an der linken Seite fest eingespannt. Die rechte Seite ist lose; dort liegt das Rohr auf einer Rolle.

b) Überlege, wie weit sich der Zeiger bei einem halb so langen Rohr bewegen würde. Die Temperaturerhöhung soll dabei die gleiche sein.

Wie wäre es bei einem doppelt so langen Rohr?

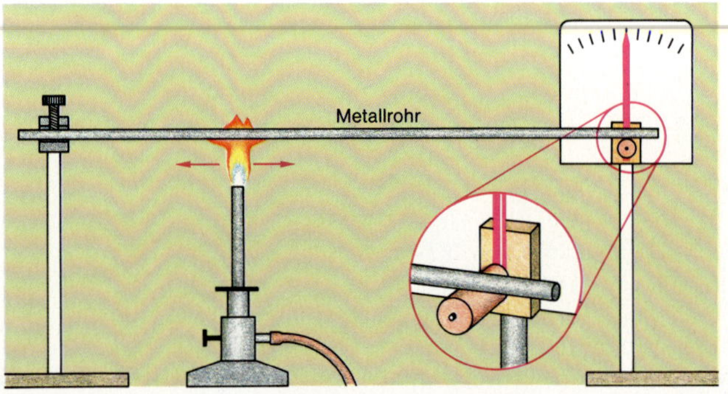

5

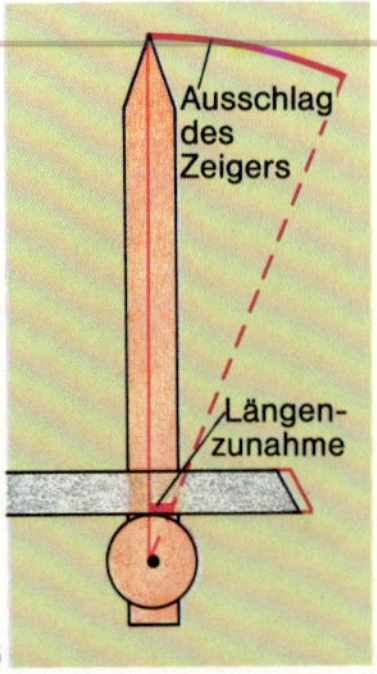

6

5593R

V 3 Spanne einen 1,5 m langen Eisen- oder Kupferdraht zwischen die Lehnen zweier Stühle. In der Mitte belastest du den Draht z. B. mit einer schweren Schraube, damit er straff bleibt (Bild 7).

a) Erwärme nun den Draht und achte dabei auf den Abstand zwischen Schraube und Flasche. Was geschieht, wenn sich der Draht dann wieder abkühlt?

b) Erwärme den Draht gleichzeitig mit mehreren Kerzen.

V 4 Wie groß die Ausdehnung eines Eisenstabes ungefähr ist, kann auch mit der Anordnung von Bild 8 untersucht werden.

Die Glühlampe leuchtet nur dann auf, wenn der Spalt geschlossen ist.

a) Der Spalt wird auf eine Breite von 5 mm eingestellt. Anschließend erhitzen wir den Eisenstab. Dehnt sich der Stab so weit aus, dass die Lampe aufleuchtet?

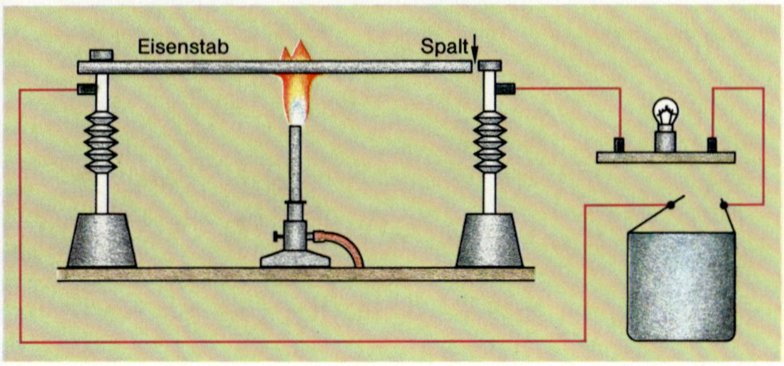

8

7

b) Der Stab muss zunächst abkühlen. Dann wird ein 2 mm breiter Spalt eingestellt. Der Stab wird erneut erhitzt.

c) Wir stellen den Spalt nun so breit ein, dass gerade noch eine Postkarte hindurchpasst. Dann ist er nur noch einen Viertelmillimeter breit.

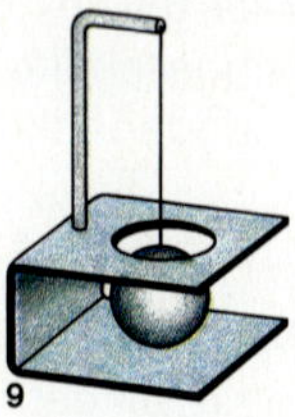
9

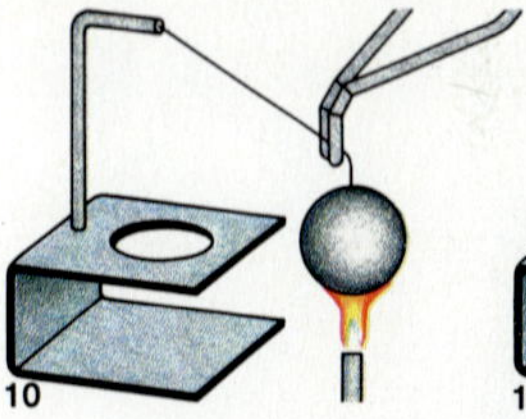
10

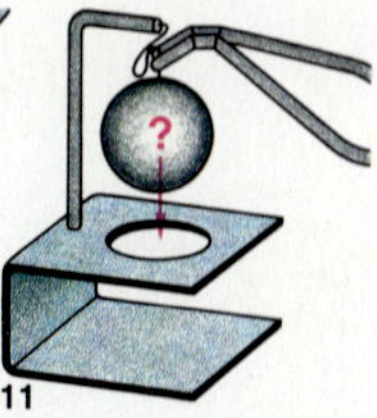

11

V 5 Der Versuch mit der eisernen Kugel (Bilder 9–11) zeigt, dass sich beim Erwärmen eines Körpers nicht nur seine Länge ändert …

Formuliere das Versuchsergebnis.

V 6 Ob die Kugel durch das Erhitzen schwerer wird? Überlege dir zu dieser Frage einen Versuch.

Aufgaben

1 In Versuch 4 ging es um die ungefähre Längenänderung eines Rohres.

a) Manchmal leuchtete die Lampe nicht auf, wenn der Stab erhitzt wurde. Was kannst du daraus schließen?

b) Was kannst du ganz sicher behaupten, wenn die Glühlampe beim Erhitzen des Stabes aufleuchtete?

2 Ergänze die folgenden Sätze:

„Je stärker ein Stab erhitzt wird, desto …“ „Je mehr ein Stab abgekühlt wird, desto …“

3 Eine Tabelle im Anhang gibt an, wie sich einige feste Körper bei Erwärmung verhalten.

a) Dehnen sich nur Metalle aus?

b) Vergleiche die Ausdehnung von Eisen und Kupfer, von Eisen und Beton, von Kupfer und Glas sowie von Eisen und Aluminium.

4 Am beweglich gelagerten Ende von Brücken befindet sich eine Dehnungsfuge. Die Abdeckung einer solchen Fuge wurde im Winter und im Sommer fotografiert (Bilder 12 u. 13). Wieso ist die Fuge mal breiter und mal schmaler?

Lies die Längenänderung ab.

5 Eine Brücke besteht aus Stahlbeton. Sie hat eine Länge von 800 m. In einer kalten Winternacht kühlt sie sich um 20 °C ab. Um wie viel ändert sich ihre Länge? Schätze zuerst!

Anleitung: Bei einer **1 m** langen Brücke und einer Temperaturabnahme von 1 °C verringert sich die Länge um 0,012 mm. Um wie viel Millimeter wird die **800 m** lange Brücke bei einer Temperaturabnahme von **1 °C** kürzer?

Um wie viel Millimeter vermindert sich die Brückenlänge bei einer Temperaturabnahme von **20 °C**?

12

13

2 Kleine Ursachen – große Wirkungen

1

Juli 1988: Zehn Verletzte bei einem Zugunglück in Italien.

Die Ursache: Durch Hitze verformte Schienen.

V 7 Hier siehst du, welche Kräfte auftreten, wenn Körper erwärmt und abgekühlt werden (Bild 2).

a) Wenn der Strom eingeschaltet ist, erhitzt sich der dünne Draht. Du erkennst es daran, dass er rot aufglüht. Beobachte ihn und das Wägestück, wenn der Strom *abgeschaltet* ist.

b) Spanne den glühenden Draht, indem du die Ständer auseinander rückst. Klemme ihn gut fest.

c) Was geschieht, wenn der Strom nun abgeschaltet wird und der Draht sich wieder abkühlt?

V 8 Bild 3 zeigt den Aufbau.

a) Warum kann der Keil immer tiefer in den Spalt getrieben werden, wenn das Messingrohr erhitzt wird?

b) Überlege, was mit dem Eisenbolzen geschieht, wenn wir den Brenner wegnehmen und das Messingrohr mit kaltem Wasser kühlen.

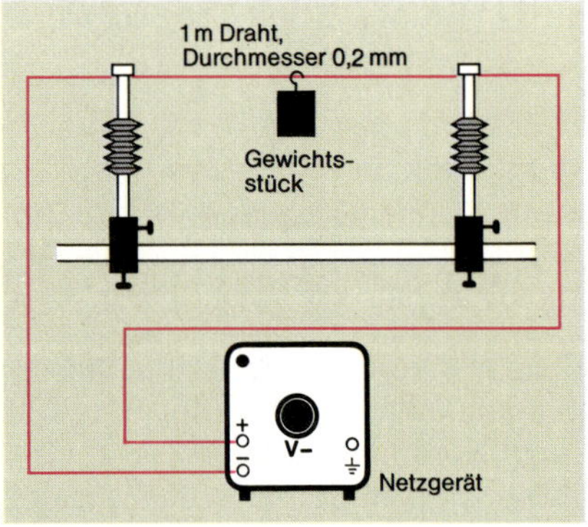

2

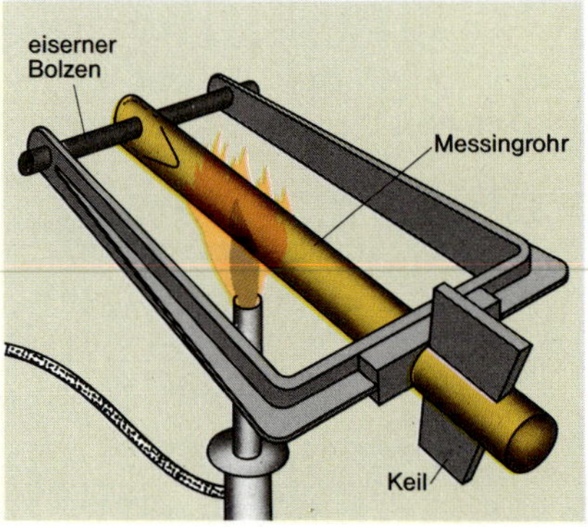

3

Aus Umwelt und Technik: **Stabile Räder durch Aufschrumpfen**

4

Räder der Eisenbahn (Bild 4) müssen viele Tausende von Kilometern über harte Stahlschienen rollen. Deshalb wird auf dem Radkörper ein Radreifen aus besonders hartem und damit widerstandsfähigem Stahl befestigt (Bild 5).

Wie kann aber ein Radreifen so fest auf dem Radkörper aufgebracht werden, dass er sich niemals lockert?

Durch Schrauben, Nieten oder Kleben schafft man das nicht. Man erreicht es mit einem Verfahren, das man **Aufschrumpfen** nennt. Und das geht so:

Ein neuer Radreifen und ein neuer Radkörper scheinen zunächst gar nicht aufeinander zu passen. Der Innendurchmesser des Radreifens ist geringer als der Außendurchmesser des Radkörpers (Bild 5).

Der Radreifen, der auf den Radkörper gehört, wird dann jedoch in einem sogenannten Ringofen stark erhitzt. Dabei dehnt sich …

Nein, das brauchen wir nicht weiter zu beschreiben! Das kennst du schon. Du kannst bestimmt selber schildern, wie die Arbeit weitergeht!

Das Verfahren des Aufschrumpfens wird nicht nur bei der Eisenbahn angewandt. Auch im Maschinenbau ist es üblich. So werden oft Antriebsräder von Motoren auf Motorwellen oder -achsen aufgeschrumpft (Bild 6).

5

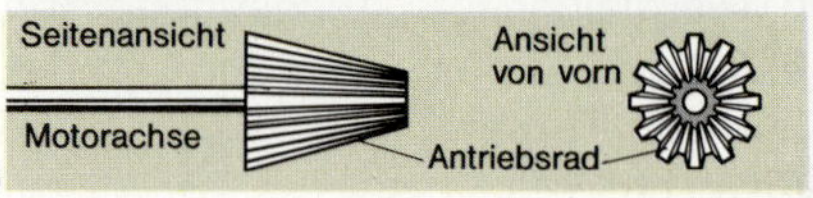

6

172R

Aus der Geschichte: **Feuer zermürbt Gestein**

7

Bild 7, das du hier siehst, stammt aus einem alten Bergwerksbuch. Es wurde vor über 450 Jahren von dem Arzt und Naturforscher *Georg Agricola* aus St. Joachimsthal im Erzgebirge geschrieben.

Nur wenige Jahre zuvor waren dort reiche Silbererzlager entdeckt worden. Aus dem gewonnenen Edelmetall werden Silbermünzen geschlagen, die man als „Joachimsthaler" bezeichnete. Später hießen sie dann nur noch „Taler". (Das Wort *Dollar* ist von diesem deutschen Wort *Taler* abgeleitet worden.)

In seinem Buch berichtet Agricola vor allem über die harte Arbeit der Bergleute. Presslufthämmer und -bohrer gab es damals noch nicht. Und auch das „Zerbrechen der Felsen mit Schießpulver" wurde erst etwa 100 Jahre später eingesetzt.

Die Bergleute mussten deshalb mit Schlägel (Hammer) und Eisen (Meißel) sowie der Brechstange mühsam das harte, erzhaltige Gestein herausschlagen.

Was aber konnte man tun, wenn der Fels zu hart war? Das zeigt die obige Abbildung, die eigentlich aus zwei Teilen besteht:

Im oberen Teil schnitzt ein Bergmann Holzscheite mit dem Messer an, sodass sie regelrechte „Bärte" aus Spänen bekommen.

Darunter siehst du, was unten im Stollen mit den Holzscheiten geschieht. Agricola beschreibt das so:

„Harte Gesteine werden durch das Feuer mürbe gemacht. Dabei werden geschichtete Haufen von trockenem Holz abgebrannt, bis das Feuer die Scheite ganz verzehrt hat. Die Flammen, die vom Windzug im Stollen gegen das Gestein getrieben werden, erhitzen es so stark, dass nach dem Erkalten selbst sehr hartes Gestein leichter als alles andere gebrochen werden kann. Solange aber die durch das Feuer gerösteten Erze und Steinmassen unangenehm riechende Dämpfe von sich geben und Stollen und Schächte Rauch ausstoßen, so lange fahren die Bergleute nicht ein, damit das Gift ihre Gesundheit nicht zerstört. Wenn aber das Feuer erloschen ist, holen sie die Erzbrocken – durch die Gewalt des Feuers gelockert – mit Schlägel und Eisen aus den Stollenwänden heraus."

Dieses **Feuersetzen**, wie es genannt wurde, ist aber nicht erst in St. Joachimsthal erfunden worden, sondern schon mehr als 2000 Jahre zuvor.

Du hast vielleicht schon von dem Karthager *Hannibal* gehört; er zog im Jahr 219 v. Chr. mit seinem Heer und etwa 50 Kriegselefanten von Spanien aus gegen die Römer. Ihm war das Feuersetzen schon von den spanischen Bergleuten her bekannt.

Bei seinem berühmten Zug über die Alpen machte er sich dieses Verfahren zunutze: Sehr oft mussten schmale Pfade verbreitert werden um Platz für den Durchzug des riesigen Heeres zu schaffen. Zu diesem Zweck ließ Hannibal das harte Kalkgestein lockern, und zwar durch Feuersetzen sowie anschließendes rasches Abkühlen mit Schmelzwasser und Essig. Danach war es dann leicht, die engen Stellen zu verbreitern.

Fragen und Aufgaben zum Text

1 Wie ist zu erklären, dass das harte Gestein nach dem Erhitzen mürbe geworden ist?

2 Zur Zeit Agricolas nahm man an, dass der erhitzte Stein wieder fest wird, wenn man ihn mit kaltem Wasser begießt. Was meinst du dazu?

3 Die Holzscheite wurden zunächst mit dem Messer eingeschnitten. Suche eine Erklärung dafür.

4 Weshalb ließ Hannibal wohl Schmelzwasser über die heißen Steine gießen?

Der unten abgebildete **Versuch** zeigt sein Verfahren in vereinfachter Form (Bilder 8 u. 9).

8

9

Aus Umwelt und Technik: **Beim Hausbau**

1

Wer ein Haus baut, muss über die verschiedenen Baustoffe genau Bescheid wissen. Er muss auch wissen, wie sich die Stoffe beim Erwärmen verhalten. Denn die Temperatur z. B. der Außenwände eines Hauses schwankt recht stark.

Die Außenmauern und Decken vieler Häuser werden aus Beton hergestellt. Beton ist ein Gemisch aus Kies, Zement und Wasser. Es wird noch flüssig in vorbereitete Formen, die Verschalungen, gegossen. Wenn der Beton nach einigen Tagen hart ist, werden die Schalbretter entfernt und die Mauer steht.

Reine Betonmauern sind meist nicht stabil genug. Um den Beton zu verstärken, bringt man deshalb Stahlmatten oder -geflechte in die Verschalungen ein. Dann erst gießt man sie mit Beton aus (Bild 1). Den fertigen Baustoff nennt man Stahlbeton.

Wenn man zwei Baustoffe so eng miteinander verbindet, besteht bei Temperaturschwankungen eine Gefahr: Durch unterschiedliche Ausdehnung kann es zu Rissen und Schäden am Bauwerk kommen.

Bei Stahlbeton besteht diese Gefahr nicht. Beton und Stahl (oder Eisen) dehnen sich nämlich gerade gleich stark aus (→ Tabelle im Anhang).

Wenn eine Hausfassade mit Platten verkleidet wird, vermeidet man es, die Platten aneinander zu setzen. Die verbleibenden Fugen werden mit einem elastischen Material gefüllt (Bild 2).

2

Fragen und Aufgaben zum Text

1 Beschreibe, was man unter Stahlbeton versteht. Warum kann man Stahl und Beton zusammen verarbeiten?

2 Was würde passieren, wenn man Aluminiumstäbe in Beton eingießen würde?

3 Was würde passieren, wenn die Platten einer Hausfassade dicht aneinander gesetzt wären? Warum verwendet man zum Ausfüllen der Fugen *elastisches* Material?

3 Bimetallthermometer und Bimetallstreifen

Ein **Bimetallthermometer** siehst du in Bild 3.

Der Zeiger ist am Ende einer Spirale angebracht (Bild 4). In der Mitte ist das andere Ende der Spirale befestigt, sodass sie sich als Ganzes nicht drehen kann.

Wie kommt es, dass sich der Zeiger bei Temperaturänderungen bewegt?

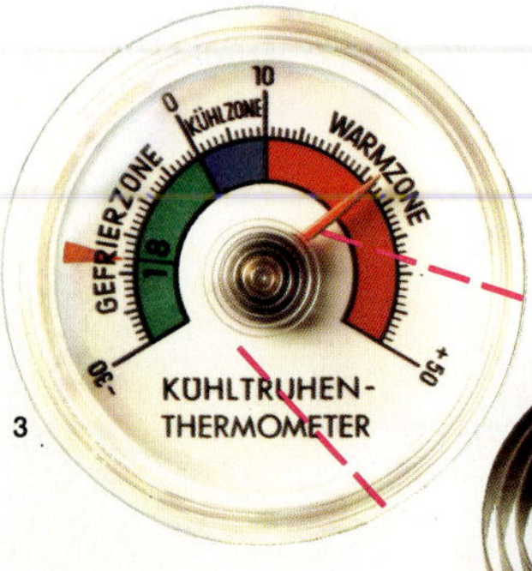

3

4

V 9 Schneide vom „Silberpapier" einer Kaugummipackung zwei schmale, möglichst lange Streifen ab.

a) Einen Streifen klemmst du in ein Streichholz (Bild 5). Rolle den Streifen zu einer Spirale zusammen; das Papier soll außen liegen. Halte dann die Spirale in den heißen Luftstrom einer Kerzenflamme (Bild 6).

Beobachte die Spirale beim Erwärmen und Abkühlen.

5

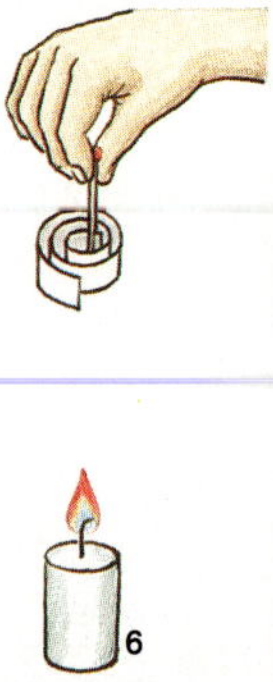
6

b) Den zweiten Streifen legst du einige Minuten ins Wasser. Danach kannst du die beiden Schichten des „Silberpapiers" (Aluminium und Papier) voneinander trennen.

Probiere aus, was mit einer Spirale aus Aluminium oder Papier im heißen Luftstrom der Kerze geschieht.

5595R

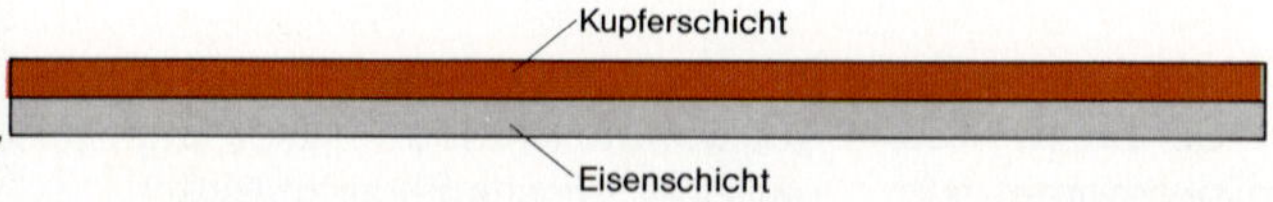

7

V 10 Ein Bimetallstreifen besteht aus zwei verschiedenen Metallschichten (lat. *bi-:* zwei-), die fest miteinander verbunden sind (Bild 7).

a) Der Bimetallstreifen wird festgeklemmt und erwärmt (Bild 8). Was geschieht?

b) Nach dem Abkühlen wird der Streifen umgedreht, sodass seine andere Schicht zur Flamme zeigt.

Was passiert diesmal beim Erwärmen?

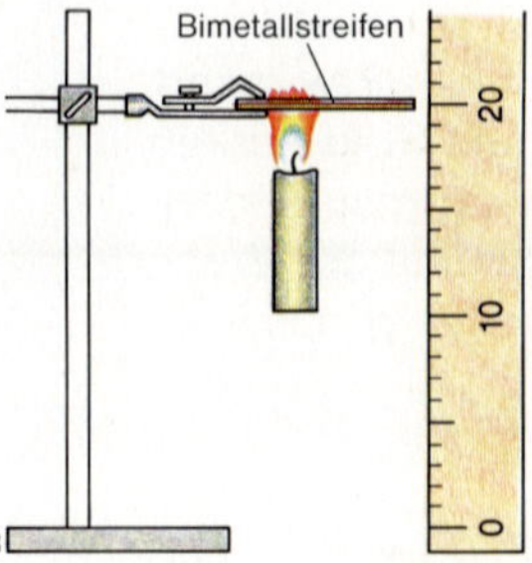

8

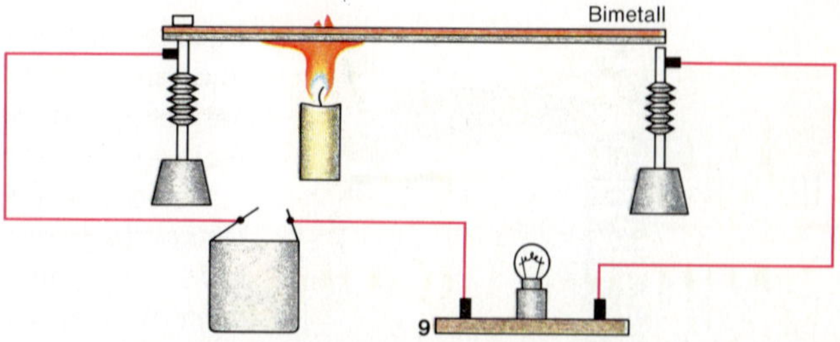

9

V 11 Einen Bimetallstreifen kann man auch als automatischen Schalter verwenden. Solche Bimetallschalter werden z. B. in Bügeleisen verwendet.

Bild 9 zeigt den Versuchsaufbau. Was geschieht, wenn der Bimetallstreifen erwärmt und anschließend abgekühlt wird?

Welche Schicht des Bimetallstreifens muss oben sein? Was geschieht sonst?

Aus Umwelt und Technik: **Wie Bimetallstreifen hergestellt werden**

Bei der Bimetallherstellung werden keine reinen Metalle, sondern Gemische verschiedener Metalle *(Legierungen)* verwendet. So besteht z. B. die Schicht, die sich beim Erwärmen stärker ausdehnt, aus einer Legierung von Eisen, Chrom und Nickel. Die Schicht mit der geringeren Ausdehnung besteht überwiegend aus Nickel.

Bei einem Bimetallstreifen können wir keine Grenze zwischen den Schichten erkennen. Wie schafft man es, die beiden Schichten so eng miteinander zu verbinden?

Zwei Platten aus den Metalllegierungen (Bild 10) werden auf über 1000 °C erhitzt.

Sie glühen hellrot und werden aufeinander gepresst (Bild 11). Dadurch verschweißen sie, sodass sie nicht mehr zu trennen sind.

Die so entstandene Metallplatte wird noch mehrmals erhitzt und zwischen Stahlwalzen ausgewalzt (Bild 12). Es entsteht ein dünnes Blech, das je nach Verwendungszweck in Streifen geschnitten wird.

10

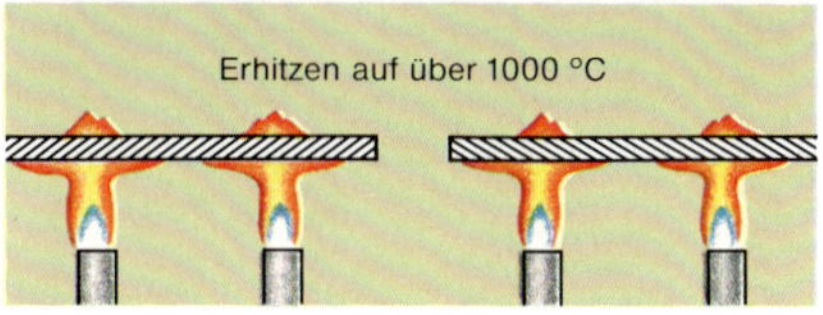

11

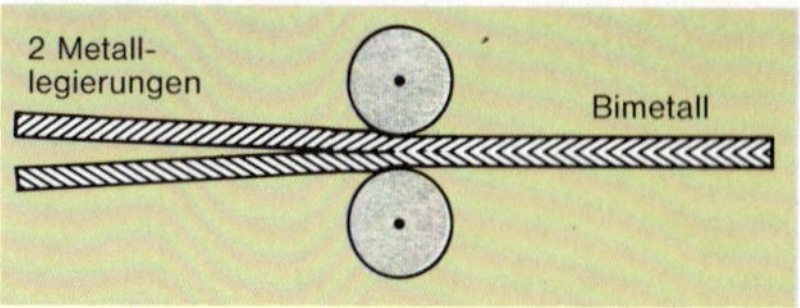

12

Aufgaben

1 In Bild 13 siehst du einen Bimetallstreifen aus Kupfer und Eisen. Er wird gerade erwärmt. Welches ist die Kupferschicht und welches die Eisenschicht?

2 Welche Paare von Metallen eignen sich besser zur Herstellung von Bimetallstreifen: Kupfer/Messing oder Eisen/Zink?

3 In welche Richtung wird sich hier der Bimetallstreifen jeweils biegen (Bilder 14 u. 15)?

4 Bei der Anordnung von Bild 16 soll der Ausschlag des Bimetallstreifens möglichst groß sein. Wo muss das Bimetall erwärmt werden?

5 Warum hat der Bimetallstreifen in einem Thermometer die Form einer Spirale?

6 Erste Bimetallschalter – wie in Versuch 11 – wurden vor rund 60 Jahren in Heizkissen eingebaut. Welche Aufgabe hatten sie?

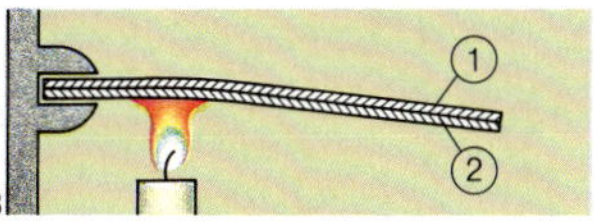

13

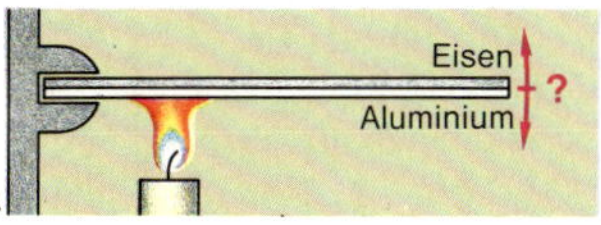

14

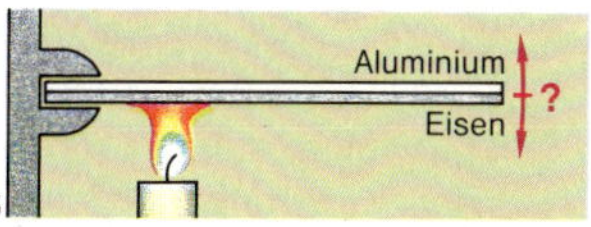

15

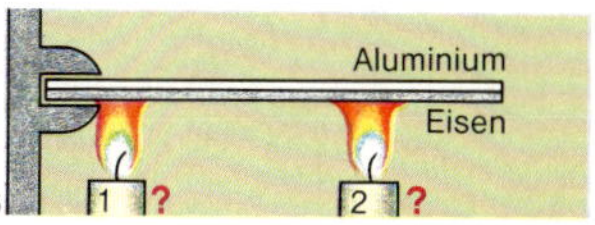

16

Aus der Geschichte: **Erste Bimetallthermometer**

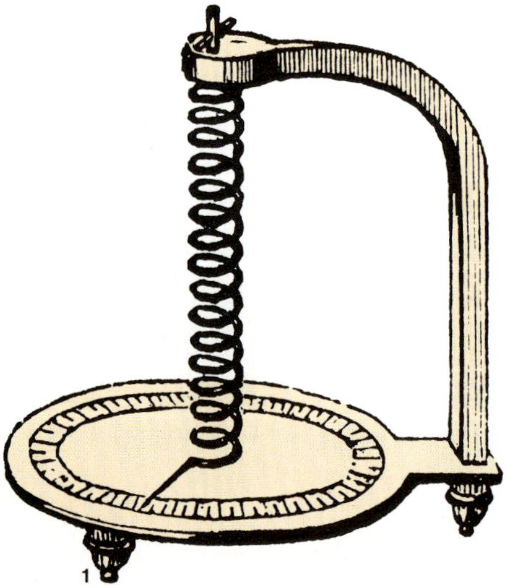

1

Bimetallthermometer sind keine Erfindung unserer Zeit. Schon vor 150 Jahren waren solche Thermometer in Gebrauch (Bild 1).

Der Bimetallstreifen ist wie eine Wendeltreppe gebogen. Diese *Wendel* besteht aus drei dünnen Metallschichten (Bild 2).

Silber dehnt sich beim Erwärmen stärker aus als Gold und Gold stärker als Platin. Beim Erwärmen ändert sich daher die Krümmung der Wendel, was zu einer Drehung des Zeigers führt.

2

Ein modernes Thermometer mit einer Bimetallwendel – allerdings aus nur zwei Metallen – zeigt Bild 3.

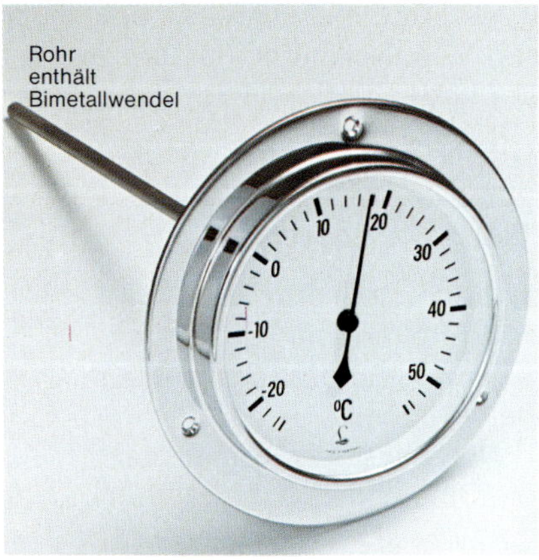

3

Alles klar?

4

1 In chemischen Fabriken werden Flüssigkeiten oft durch Rohrleitungen gepumpt. Warum haben diese Leitungen große Schleifen (Bild 4)?

2 Warum bezeichnet man wohl die Spalten in der Fahrbahn einer Brücke als *Dehnungsfugen*?

3 Bei der Eisenbahn werden Oberleitungen (Fahrdrähte) durch Betongewichte straff gespannt (Bild 5).

Wieso hängen die Betongewichte mal höher und mal tiefer?

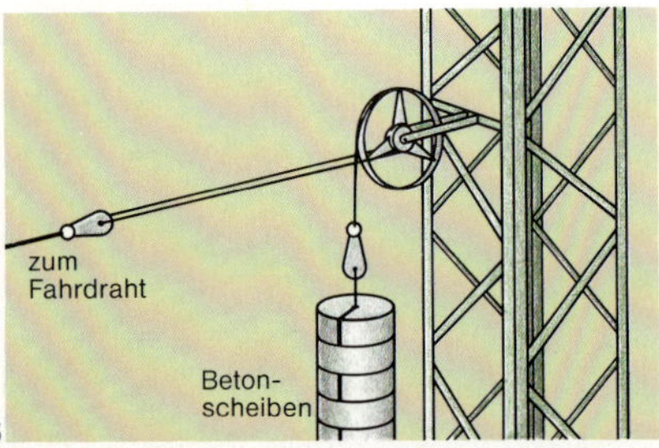

5

6

4 Bild 6 ist nicht ganz ernst gemeint. Beschreibe die dargestellte Situation.

Was wäre, wenn die Sonne auch die Kanone erhitzt hätte?

5 Warum ist zwischen Badewanne und Wandfliesen eine Dehnungsfuge nötig?

6 Weshalb können Beton und Eisen miteinander verbaut werden?

7 Die Ausdehnung von Körpern bei Erwärmung hat nicht nur Nachteile. Wo wird sie genutzt?

Nenne mehrere Beispiele.

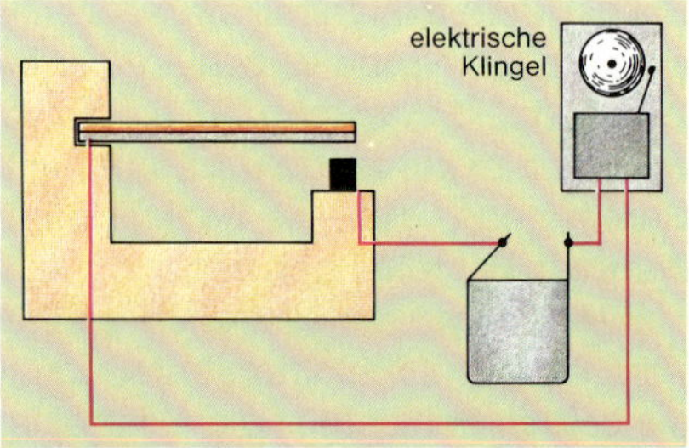

7

8 Bild 7 zeigt vereinfacht einen automatischen Feuermelder.

Beschreibe, wie dieser Feuermelder funktioniert.

9 Tina Pfiffig meint, dass man sich ein Bimetall aus zwei unterschiedlichen Metallstreifen und zwei Wäscheklammern herstellen kann.

Was meinst du dazu?

10 Ein Bimetallstreifen wird erhitzt. Die untere Schicht des Streifens (in Bild 8 rot eingezeichnet) dehnt sich beim Erwärmen stärker aus als die obere.

a) Wie biegt sich der Streifen, wenn er erwärmt wird?

b) Nachdem er sich abgekühlt hat, wird der Bimetallstreifen in den Kühlschrank gelegt. Wie ändert sich seine Form?

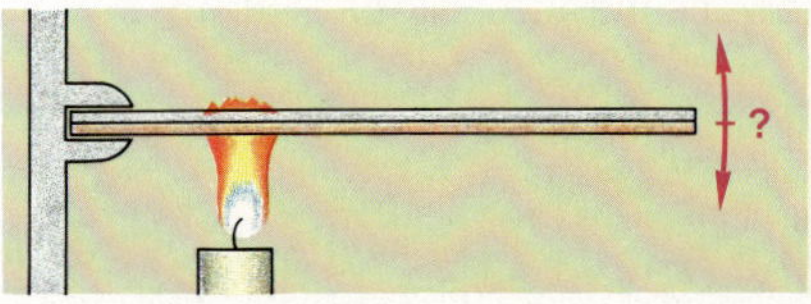

8

4 Zusammenfassung

Was geschieht, wenn ein fester Körper erwärmt oder abgekühlt wird?

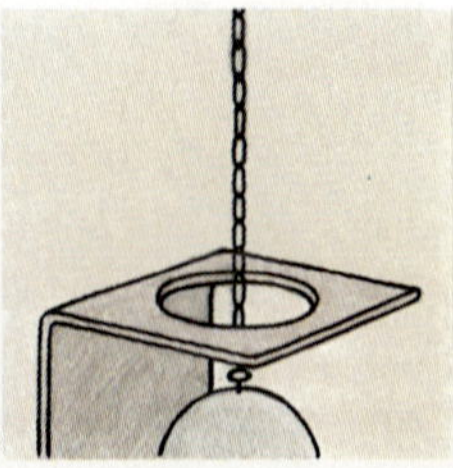
9

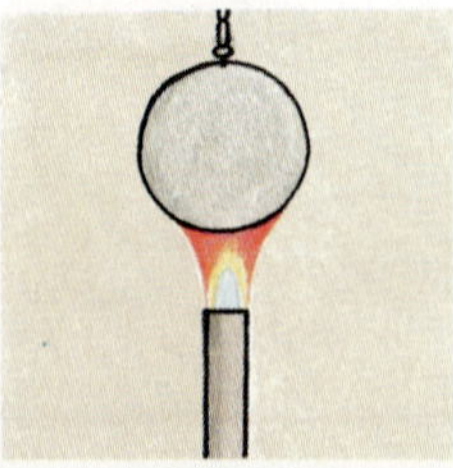
10

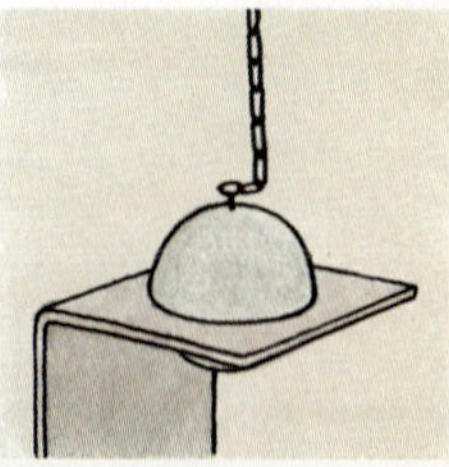
11

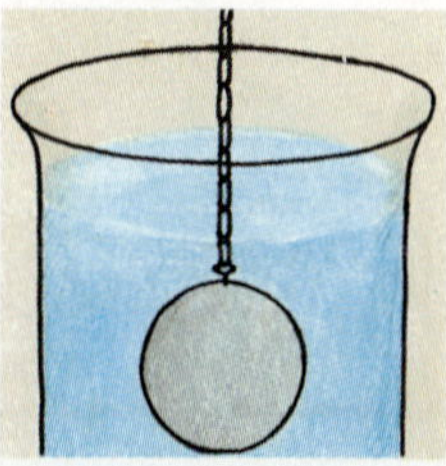
12

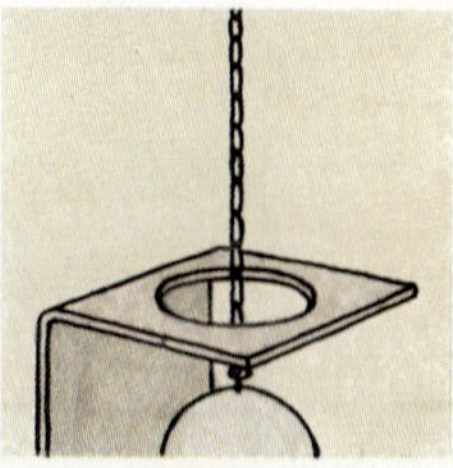
13

Diese Versuchsreihe beweist: Eine eiserne Kugel **dehnt sich** nach allen Seiten **aus**, wenn sie erwärmt wird. Beim Abkühlen **zieht sich** die Kugel **zusammen**.

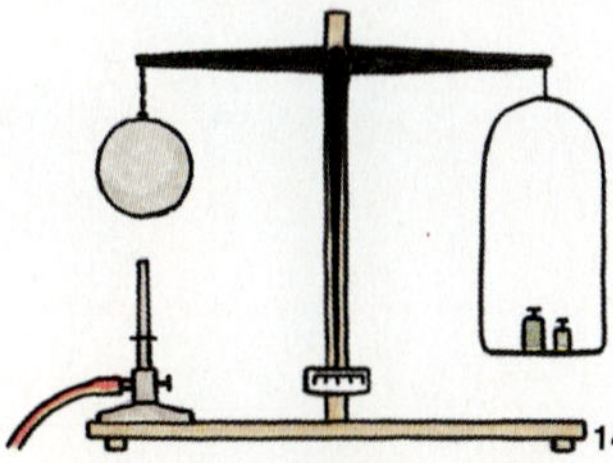
14

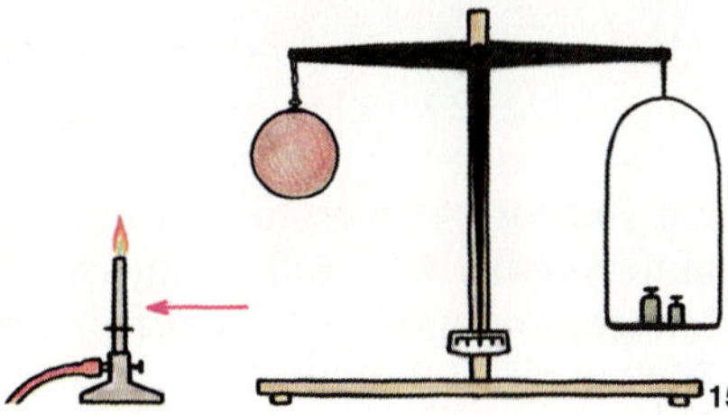
15

So verhalten sich fast alle festen Körper. Ausnahmen machen Gummi und manche Kunststoffe.

Während die Kugel sich ausdehnt, wird sie **nicht schwerer**; während sie sich zusammenzieht, wird sie nicht leichter.

Ohne Hilfsmittel ist die Ausdehnung fester Körper **kaum zu sehen**. Ein Eisenstab von 1 m Länge, der um 100 °C erwärmt wird, wird nur 1,2 mm länger.

Obwohl sich feste Körper bei Temperaturveränderungen nur geringfügig ausdehnen oder zusammenziehen, treten dabei **große Kräfte** auf.

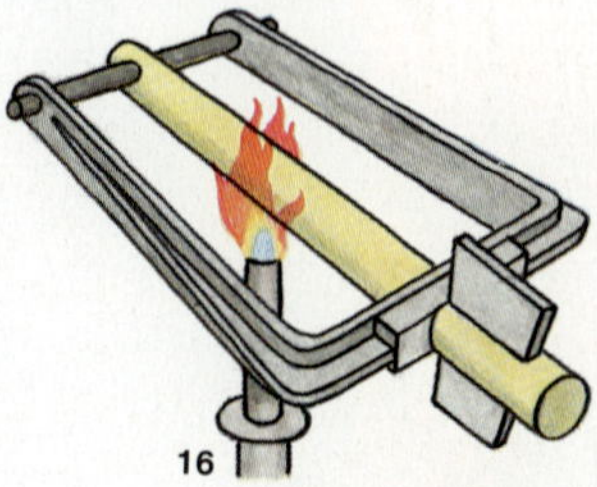
16

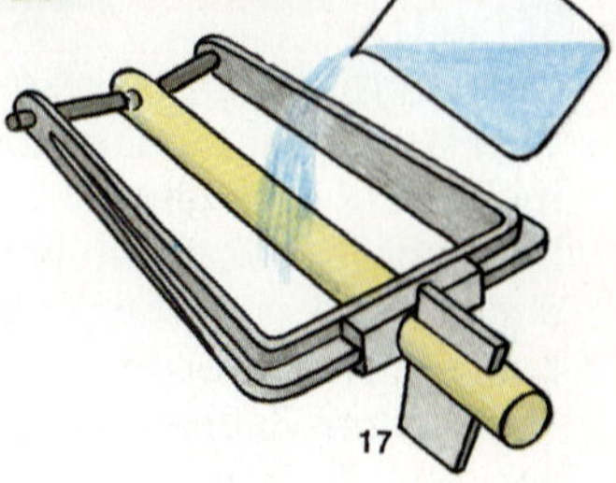
17

Wie stark sich ein Körper ausdehnt, wenn er erwärmt wird, hängt davon ab,
- aus welchem Stoff der Körper besteht,
- wie groß die Temperaturänderung ist und
- welche Länge der Stab hat (bzw. welchen Durchmesser der Körper hat).

Die meisten festen Körper dehnen sich aus, wenn sie erwärmt werden.
Beim Abkühlen ziehen sie sich zusammen.

So funktioniert ein Bimetall

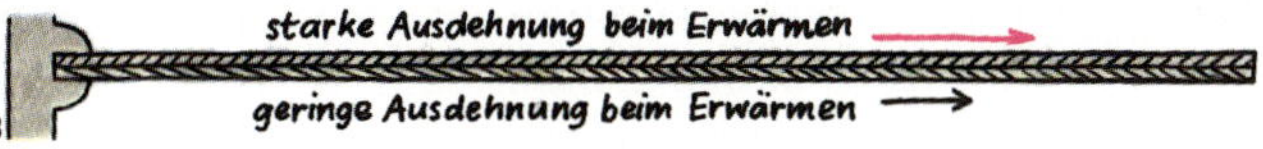

18

19

In einem Bimetallstreifen sind zwei unterschiedliche Metallschichten fest miteinander verbunden. Die beiden Metalle dehnen sich unterschiedlich stark aus, wenn sie erwärmt werden:

Beim Erwärmen verbiegt sich der Bimetallstreifen nach der Seite,
die sich weniger stark ausdehnt.
Beim Abkühlen verbiegt er sich nach der Seite,
die sich stärker ausdehnt.

Gase werden erwärmt und abgekühlt

1 Ein geheimnisvoller Flaschengeist?

1

2

„Achtung", ruft Uli, „gleich macht sich der Flaschengeist bemerkbar!" Dann murmelt er eine geheimnisvolle Zauberformel, streicht an der Flasche entlang und umschließt sie fest mit beiden Händen (Bild 1).

Ein prima Zaubertrick – auch der von Bild 2! Aber das mit dem Flaschengeist stimmt doch wohl kaum.

Willst du diese Zaubertricks selbst durchführen? Probiere es doch!

Sie gelingen am besten, wenn du die Flaschen vorher im Kühlschrank aufbewahrst. Bei Bild 1 muss die Münze angefeuchtet werden. Der Trick von Bild 2 geht auch mit Knetmasse und Strohhalm (falls du Stopfen und Glasrohr nicht bekommst).

V 1 Tauche die Öffnung einer gekühlten, leeren Sprudelflasche kurz in Wasser mit Spülmittel. Wenn du sie wieder herausziehst, soll die Flaschenöffnung mit einer dünnen Seifenblase verschlossen sein.

Erwärme nun die Flasche mit beiden Händen. Kühle sie auch wieder mit kaltem Wasser ab.

V 2 Jetzt brauchst du außer einer leeren Sprudelflasche eine Luftballonhülle. Ziehe sie über die Öffnung der Flasche und lege die Flasche 30 Minuten lang in den Kühlschrank.

Stelle sie dann in einen Topf mit Wasser und erwärme das Wasser.

Nimm schließlich die Flasche aus dem heißen Wasser heraus; stelle sie in kaltes Wasser.

V 3 Den Versuchsaufbau zeigt dir Bild 3. Zähle die Luftblasen, die entweichen, wenn du den *Glaskolben* mit der Hand erwärmst.

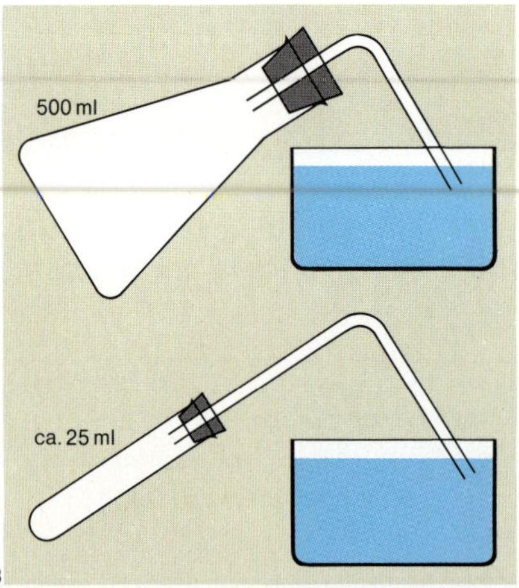

3

Erwärme nun das kalte *Reagenzglas* mit der Hand: Auch jetzt steigen einige Luftblasen nach oben. Wie viele sind es?

V 4 Bei diesem Versuch (Bild 4) wird der Glaskolben nur kurz mit der Hand berührt, sodass er sich nur wenig erwärmt.

Was wirst du dabei beobachten können? Was wird geschehen, wenn sich der Kolben wieder abkühlt?

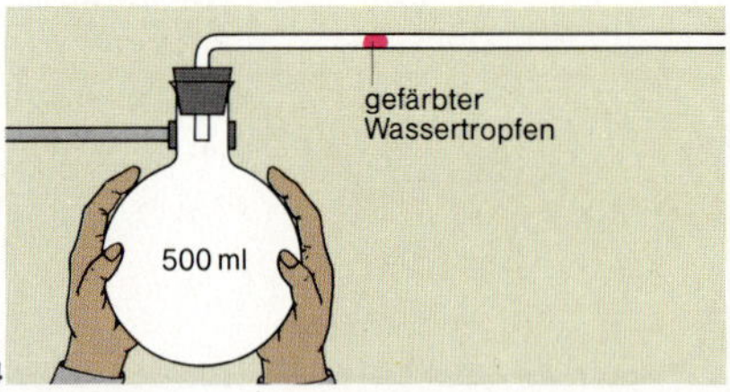

4

176R

V 5 Überlege, was mit dem in Bild 5 gezeigten Versuch festgestellt werden soll.

Wie läuft er ab? Welches Versuchsergebnis erwartest du?

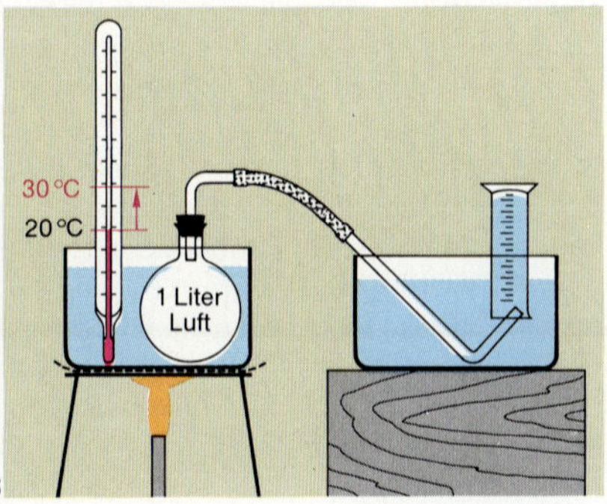

5

V 6 Wir benutzen ein Thermoskop (Bild 6): An ein Reagenzglas ist mit einem Gummischlauch ein U-Rohr angeschlossen. Das Rohr ist etwa zur Hälfte mit Wasser gefüllt.

a) Zunächst ist ein Reagenzglas mit *Luft* gefüllt. Es wird mit der Hand erwärmt. Lies ab, bei welcher Marke die Flüssigkeit im Anzeigegerät stehen bleibt.

b) Anschließend wird *Gas aus der Sprudelflasche* in ein Reagenzglas gefüllt, danach in ein drittes Reagenzglas noch das *Gas aus dem Brenner*. Jedes Mal wird das (kühle) Reagenzglas mit der Hand erwärmt.

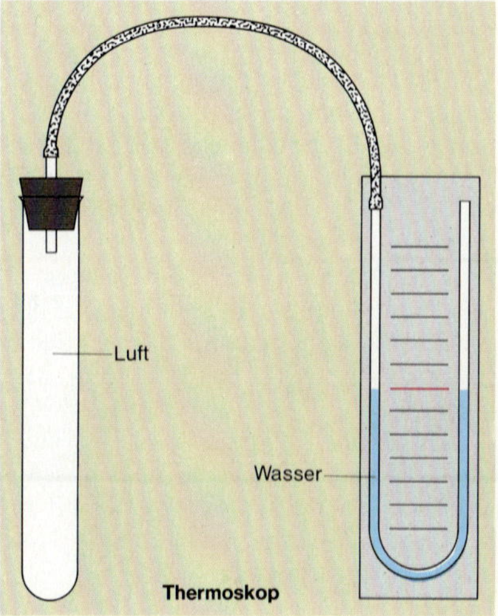

6

Aufgaben

1 Erkläre Ulis „Zauberkunststücke“: Warum „klickte“ das 10-Pf.-Stück (Bild 1)?

Warum stieg das Wasser im Glasrohr nach oben (Bild 2)?

a) Zur Vorbereitung hatte Uli die Flaschen in den Kühlschrank gelegt. Meinst du, dass das nötig war?

b) Die Flaschen wurden *auf einem Handtuch* herbeigetragen. Findest du eine Erklärung dafür?

2 Warum hast du in Versuch 3 beim Glaskolben mehr Gasblasen zählen können als beim Reagenzglas?

3 Wenn man 1 Liter (1000 ml) eines Gases um 1 °C erwärmt, dehnt es sich aus – und zwar

Luft	um 3,7 ml,
Gas der Sprudelflasche	um 3,7 ml,
Gas des Brenners	um 3,7 ml,
Sauerstoff	um 3,7 ml.

Was fällt dir auf, wenn du diese Werte mit denen vergleichst, die du in Ausdehnungstabellen von *festen* und *flüssigen* Körpern findest?

4 Ergänze die folgenden Sätze:
„Je stärker man ein Gas erwärmt, desto …“
„Je größer die erwärmte Gasmenge, desto …“
„Die Wärmeausdehnung der Gase ist nicht abhängig von …“

5 Was geschieht, wenn Gase *abgekühlt* werden? Beschreibe einen Versuch, der das deutlich zeigt.

6 Ein Luftballon wird bei Zimmertemperatur (20 °C) aufgeblasen. Er fasst genau 3 Liter. Nun wird er in den Kühlschrank gelegt, wo eine Temperatur von nur 4 °C herrscht. Welche Beobachtung wird man nach einer halben Stunde machen können?

Aus der Geschichte: **Das erste Fieberthermometer**

Vor ungefähr 350 Jahren erfand in der italienischen Stadt Padua der Arzt *Sanctorius* das erste Fieberthermometer.

Dieses Thermometer sah anders aus als unsere heutigen Fieberthermometer: Es bestand nämlich aus einer Glaskugel mit einem dünnen, schlangenförmig gebogenen Rohr. Die Kugel war mit Luft gefüllt und gerade so groß, dass sie in den Mund genommen werden konnte. Das Rohr war etwa zur Hälfte mit gefärbtem Wasser gefüllt.

Wenn nun der Arzt zu einem Kranken gerufen wurde, der vielleicht Fieber hatte, nahm er die Thermometerkugel zunächst selbst in den Mund. Er wartete, bis sich die Flüssigkeit im Rohr nicht mehr verschob, und steckte die Thermometerkugel schnell dem Kranken in den Mund (Bild 7). Wenn sich die Flüssigkeit noch weiter verschob, hatte der Kranke Fieber …

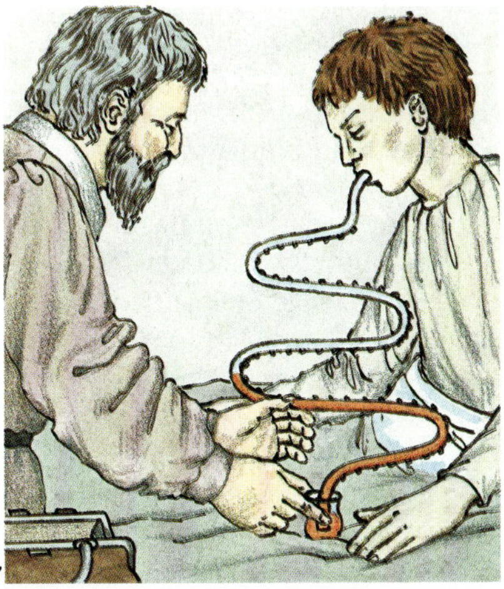
7

Fragen und Aufgaben zum Text

1 Warum verschob sich die Flüssigkeit im Rohr, wenn der Arzt die Thermometerkugel in den Mund nahm?

2 Überlege, warum man das erste Fieberthermometer als *Luft-* oder *Gasthermometer* bezeichnen kann.

177R

Alles klar?

1 Gib an, welches Ergebnis du bei dem folgenden Versuch erwartest. Eine leere und kalte Sprudelflasche wird mit ihrer Öffnung nach unten in kaltes Waser gesteckt. Das Wasser wird langsam erhitzt.

2 Beim Tischtennis wird der Ball manchmal leicht eingedrückt ohne dabei einzureißen. Was kann man tun um den Ball zu „retten"?

3 Im warmen Zimmer hast du einen Luftballon so aufgeblasen, dass er schön rund und glatt ist. Was wird wohl mit ihm geschehen, wenn du ihn nimmst und raus in den Schnee gehst?

1

4 Warum dürfen Spraydosen nicht ins Feuer geworfen werden?

5 In Betriebsanleitungen von Autoherstellern steht: „Messen Sie den Reifendruck bei *kalten* Reifen – sonst erhalten Sie falsche Werte!" Was meinst du dazu?

6 Vor über 2000 Jahren konstruierte der griechische Ingenieur *Philon* einen Tempelaltar, dessen Feuer auf geheimnisvolle Weise gelöscht wurde. Das galt als ein Zeichen dafür, dass die Götter das Opfer angenommen hatten. Das nebenstehende Bild zeigt, wie diese Vorrichtung funktionierte. Erkläre!

2 Zusammenfassung

Wie verhalten sich Gase, wenn sie erwärmt oder abgekühlt werden?

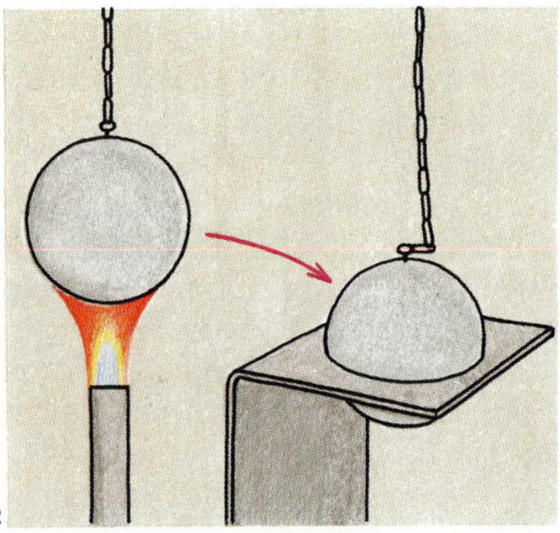
2

So verhält sich die feste Eisenkugel: Beim Erwärmen dehnt sie sich aus und beim Abkühlen zieht sie sich zusammen.

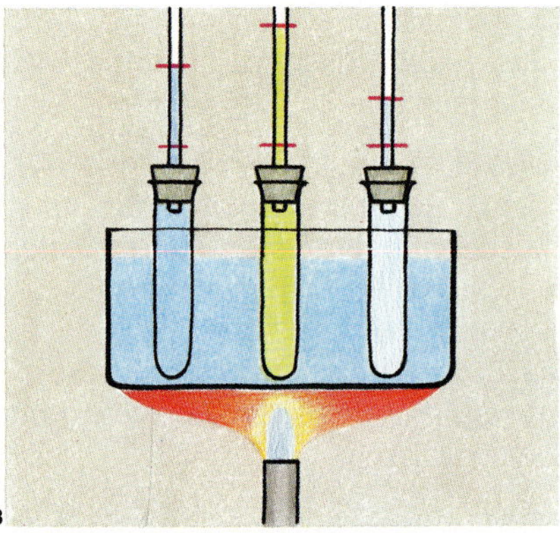
3

Und auch die Flüssigkeiten dehnen sich aus, wenn sie erwärmt werden (je nach Art der Flüssigkeit unterschiedlich stark).

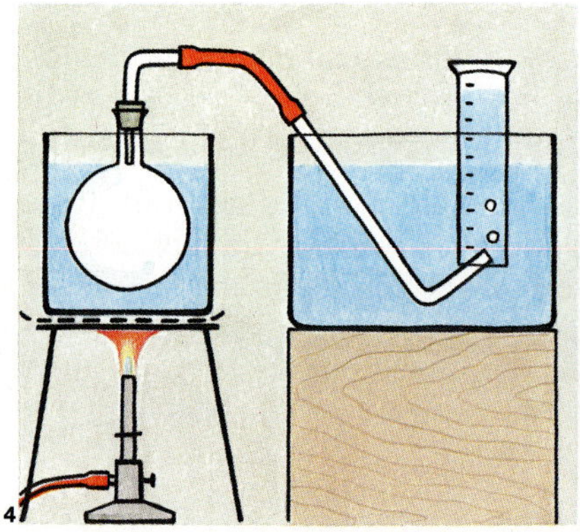
4

Das hast du beim Erwärmen von Luft festgestellt: Es steigen Luftbläschen auf, weil sie im Kolben keinen Platz mehr haben.

5

Nicht nur feste und flüssige Körper reagieren auf eine Erwärmung oder Abkühlung, sondern auch die gasförmigen Körper (Gase). Dazu gehören z. B. die Luft, der Sauerstoff oder das Gas aus der Sprudelflasche:

Gase **dehnen sich aus**, wenn sie erwärmt werden.
Sie **ziehen sich zusammen**, wenn ihre Temperatur sinkt.

6

178R

Wovon hängt die Ausdehnung der Gase beim Erwärmen ab?

Die Ausdehnung der Gase hängt davon ab, **wie stark** sie **erwärmt** werden. Je größer die Temperaturänderung – desto größer die Ausdehnung.

7 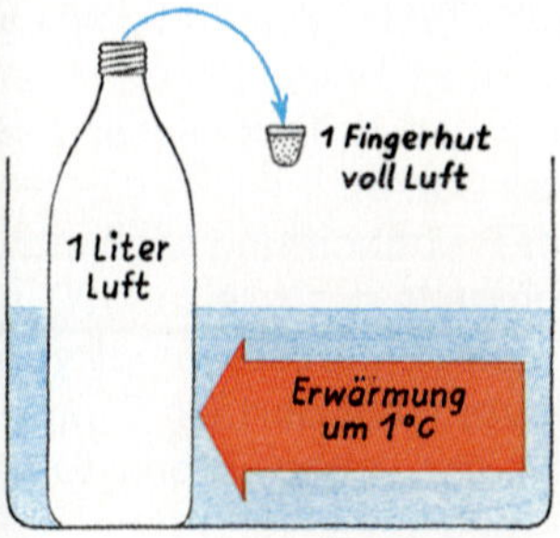

Das kannst du dir so klarmachen: Du hast eine Literflasche, die mit einem Liter Luft gefüllt ist. Diese Luft wird um **1 °C** *erwärmt*. Dabei dehnt sie sich aus, sodass ca. *1 Fingerhut* voll Luft aus der Flasche herausströmt.

Wenn der eine Liter Luft in der Flasche nun aber nicht um 1 °C, sondern um **20 °C** erwärmt wird, dehnt sich die Luft stärker aus. Jetzt strömt mehr Luft aus der Flasche heraus – insgesamt 20-mal so viel wie bei der Erwärmung um nur 1 °C (also ca. *20 Fingerhüte* voll).

8 

Die Ausdehnung der Gase hängt auch von der **Menge des Gases** ab.

9 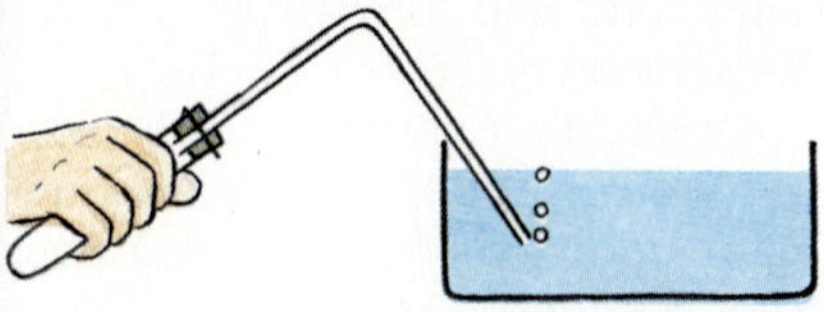

Je größer die Gasmenge ist, die z. B. um 10 °C erwärmt wird, desto größer ist auch die Ausdehnung.

Entsprechend verhalten sich die Gase, wenn sie *abgekühlt* werden.

10 

Die Ausdehnung der Gase bei Erwärmung hängt **nicht von der Art** des Gases ab: 1 Liter Sauerstoff z. B. dehnt sich genauso stark aus wie 1 Liter Gas aus dem Brenner (wenn beide gleich stark erwärmt werden).

Wir vergleichen das Verhalten fester, flüssiger und gasförmiger Körper, die erwärmt oder abgekühlt werden

	Feste Körper	**Flüssigkeiten**	**Gase**
Verhalten beim Erwärmen:	dehnen sich aus	dehnen sich aus Ausnahme: Wasser zwischen 0 °C und 4 °C	dehnen sich aus
Verhalten beim Abkühlen:	ziehen sich zusammen	ziehen sich zusammen Ausnahme: Wasser zwischen 0 °C und 4 °C	ziehen sich zusammen
Das Ausdehnen und Zusammenziehen ist abhängig:	**1.** von der Temperaturänderung **2.** von der ursprünglichen Menge (Volumen) des festen Körpers **3.** vom Stoff, aus dem der feste Körper besteht	**1.** von der Temperaturänderung **2.** von der ursprünglichen Menge (Volumen) der Flüssigkeit **3.** vom Stoff, aus dem die Flüssigkeit besteht	**1.** von der Temperaturänderung **2.** von der ursprünglichen Menge (Volumen) des Gases **3.** –

Energie und Temperaturänderung

1 Kein Leben ohne Energie

Aus Umwelt und Technik: **Melonen, Datteln und Feigen – aus Island!**

Wenn von Datteln und Feigen die Rede ist, denkt man vielleicht an Nordafrika – aber doch niemals an Island, eine Insel im Nordmeer. Island ist 1500 km näher am Nordpol als Hamburg oder Rostock (Bild 1).

Natürlich wachsen Melonen, Datteln und Feigen auf Island nicht im Freien, sondern in gut geheizten und beleuchteten Treibhäusern. Vor allem zum Heizen ist viel **Energie** nötig.

Auch wir brauchen im Winter Energie zum Heizen unserer Häuser. Man verwendet dazu Holz, Kohle, Erdöl oder Erdgas. Bei uns käme aber niemand auf die Idee mit Erdöl ein Treibhaus für Südfrüchte zu beheizen. Das wäre viel zu teuer.

In Island dagegen steht die Energie zum Heizen kostenlos zur Verfügung. Sie steckt in heißem Wasser, das in „heißen Quellen" an die Oberfläche tritt (Bild 2).

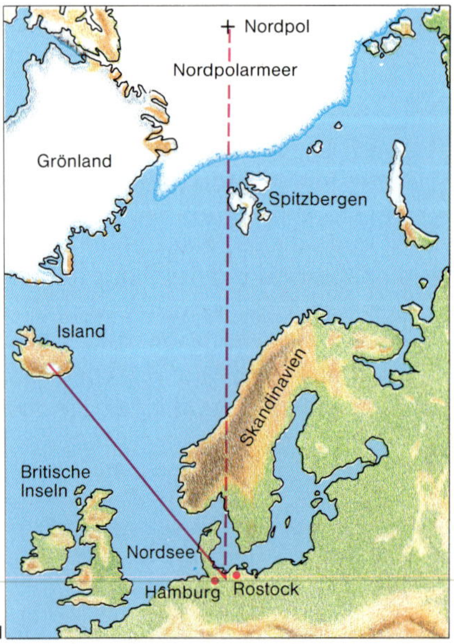

1

Mit der Energie aus der Erde werden z. B. alle Häuser in der Hauptstadt Reykjavík beheizt. Dort wohnen immerhin 120 000 Menschen. Aus 40 tiefen Bohrungen am Stadtrand pumpt man heißes Wasser aus der Erde in große Tanks. Von dort wird es als 87 °C heißes Heizungswasser in Wohnungen und in Treibhäuser geleitet (Bilder 3 u. 4).

Bei einer Probebohrung stieß man auf der Nordseite der Insel in 1100 m Tiefe auf heißen Wasserdampf von 298 °C. Heute steht dort ein Elektrizitätswerk, das ohne Brennstoffe auskommt und keine Verbrennungsgase an die Umwelt abgibt. Es macht die Energie aus der Erde für die Beleuchtung und für den Antrieb von Maschinen nutzbar.

Durch die Energie aus der Erde wird das Leben auf dieser rauen und unwirtlichen Insel behaglicher. Wo Melonen, Datteln und Feigen wachsen, da lebt man schließlich gerne …

2

3

4

5598R

Was man unter Energie versteht

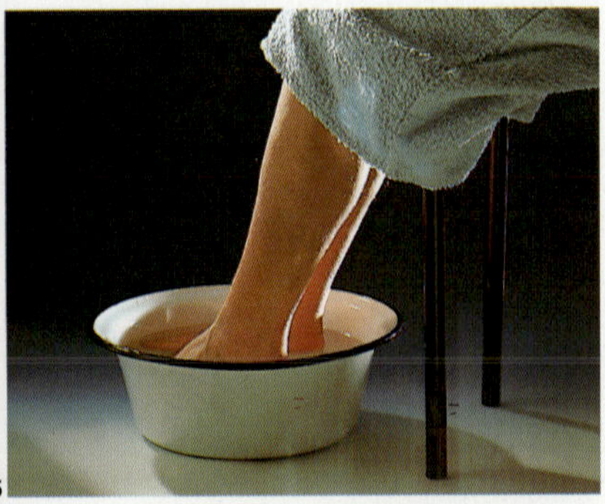
5

6

7

Die in den Bildern 5–7 dargestellten Vorgänge haben einige Gemeinsamkeiten:

- ○ Stets kommen zwei Körper mit unterschiedlicher Temperatur zusammen. Sie berühren einander oder sie werden miteinander vermischt.
- ○ In allen Fällen steigt die Temperatur des kälteren Körpers, während die des wärmeren Körpers sinkt.

Es hat den Anschein, als ob etwas vom wärmeren zum kälteren Körper übergeht und so die Temperaturänderung bewirkt.

Das, was übergeht und die Temperaturänderung hervorruft, bezeichnet man als **Energie** (Bilder 8–10).

Wir können sagen: **Ein Körper enthält dann Energie, wenn er die Erwärmung eines zweiten Körpers bewirken kann.**

Die Energie ist nicht an einen bestimmten Körper gebunden:

Wenn sich zwei Körper unterschiedlicher Temperatur berühren, strömt Energie vom wärmeren Körper zum kälteren. Der Energiezufluss bewirkt dabei einen Temperaturanstieg und der Energieabfluss ein Absinken der Temperatur.

Einen Topf mit Kartoffeln kann man z. B. auf einem Gasherd oder einem Lagerfeuer erhitzen. Beim Verbrennen von Erdgas oder Holz wird Energie frei, die dem Wasser zugeführt wird.

Stoffe wie Erdgas, Holz, Kohle und Erdöl können also die Erwärmung eines zweiten Körpers bewirken. **Brennstoffe enthalten Energie** (zusammen mit der zum Verbrennen nötigen Luft).

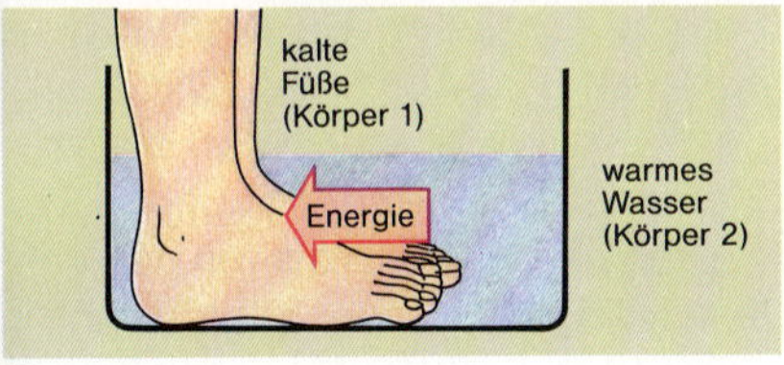

8

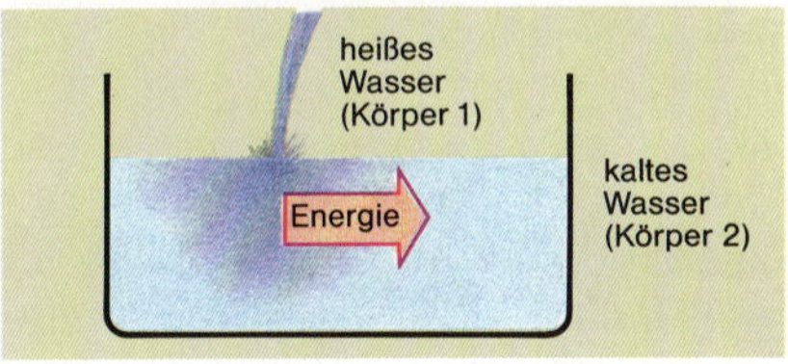

9

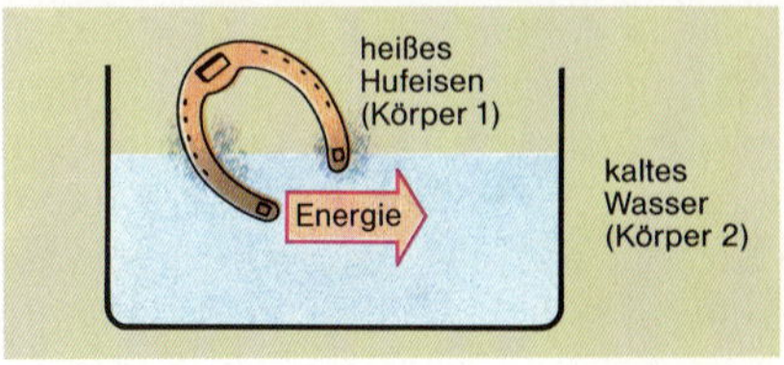

10

Die Einheit Kilojoule

Das Heizen einer Wohnung kostet Geld und belastet die Umwelt. Deshalb ist Sparsamkeit beim Heizen angebracht.

Recht leicht kann man z. B. feststellen, wie viel Heizöl verbraucht wurde. Man weiß dann, ob man mehr oder weniger Heizöl als im Vorjahr verfeuert hat.

Ein Vergleich mit einer Gasheizung ist aber nicht ohne weiteres möglich. Mit 1 l Heizöl kann man nämlich eine Heizung viel länger betreiben als mit 1 l Erdgas.

Beim Vergleich kommt es darauf an, *wie viel Energie* zum Heizen nötig war.

Wir geben Energien in **Kilojoule** an (*sprich:* kilodschūl). Diese Einheit ist nach dem englischen Physiker *James P. Joule* (1818–1889) benannt.

Du kannst dir Folgendes merken:

Um 1 Liter Wasser um 1 °C zu erwärmen, muss eine Energie von rund 4 Kilojoule (4 kJ) zugeführt werden (Bild 11).

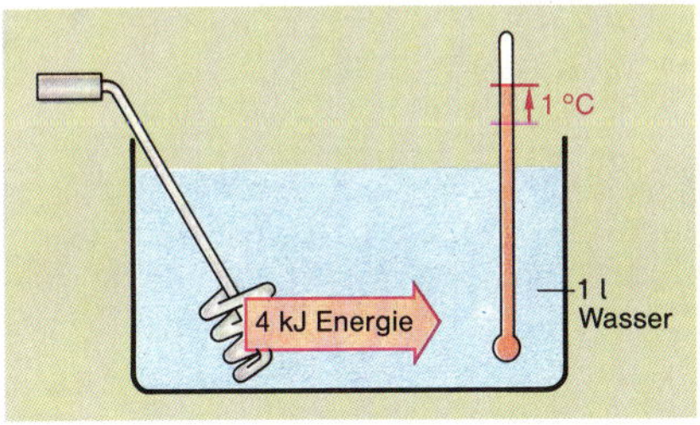

11

Einige Beispiele sollen dir deutlich machen, wie viel Energie beim Verbrennen frei wird (Bild 12):

- ○ Beim Verbrennen von 1 kg Braunkohlen (Briketts) wird eine Energie von 20 000 kJ frei.
- ○ Beim Verbrennen von 1 l Heizöl wird eine Energie von 35 000 kJ frei.
- ○ Eine Energie von 40 000 kJ wird frei, wenn 1 m³ Erdgas verbrannt wird.

Auch dein Körper benötigt Energie. Sie ist z. B. nötig um die Körpertemperatur von 37 °C aufrechtzuerhalten. Im Körper laufen Vorgänge ab, die mit einer Verbrennung zu vergleichen sind. Dafür müssen Nahrungsmittel und Luft zugeführt werden.

- ○ Am Tag brauchst du rund 10 000 kJ Energie.
- ○ Mit einer Tafel Schokolade nimmst du eine Energie von 2400 kJ auf (Bild 13).

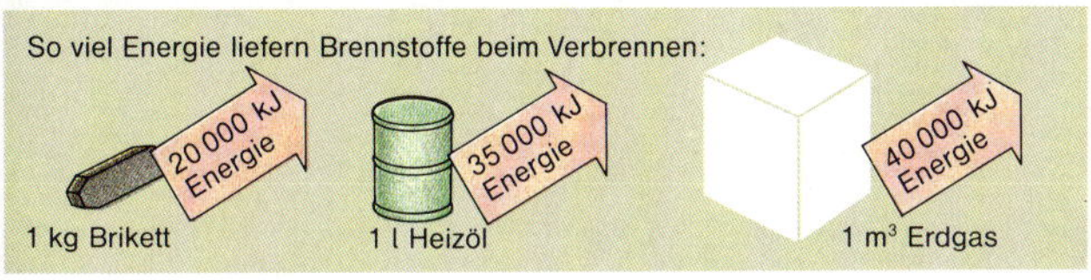

12

13

Aufgaben

1 Warum kann man sagen, dass eine Kerze und eine Taschenlampenbatterie Energie enthalten?

2 Um leben zu können, braucht der Mensch Wärme und Licht, Essen und Trinken. Wie trägt auf Island die Energie aus der Erde zum Leben der Menschen bei?

3 Auf Island betragen die durchschnittlichen Temperaturen im Sommer nur 10 °C. Was ergibt sich daraus für den Energiebedarf der Isländer im Vergleich mit unserem?

4 Wenn heiße Suppe längere Zeit in einem Topf stehen bleibt, kühlt sie ab. Wohin gibt sie die Energie ab? Wann hört die Energieabgabe auf?

5 Oft geben Körper Energie ab und es wird dadurch scheinbar gar nichts bewirkt. Nenne Beispiele.

6 Auch mit einem Tauchsieder kann man Wasser erwärmen. Woher kommt die nötige Energie?

7 Energie wird in Kilojoule angegeben (→ Info auf der Vorseite).

a) Wie viel Liter Wasser kann man mit einem Kilojoule um 1 °C erwärmen?

8 Zum Händewaschen wird 1 Liter Wasser von 15 °C auf 30 °C erwärmt. Wie viel Energie ist erforderlich?

9 Die Einheit Kilojoule taucht im Zusammenhang mit Nahrungsmitteln auf.

a) Suche Beispiele auf Verpackungen von Nahrungsmitteln.

b) Wozu braucht unser Körper die Energie aus den Nahrungsmitteln?

Aus der Geschichte: **Von Kühlschränken und Sommereisbahnen**

Vor 100 Jahren gab es noch keine Kühlschränke. Stattdessen bewahrte man die Lebensmittel im Hauskeller auf (Bild 1).

Dort stieg die Temperatur selbst im Sommer kaum über 10 °C. Brachte man warme Lebensmittel in den Keller, so kühlten sie ab: Energie strömte aus den wärmeren Lebensmitteln in die kühlere Umgebung.

In den Wohnräumen und vor allem in der warmen Küche zeigte das Thermometer dagegen auch nachts oft mehr als 20 °C an. Dort verdarben die Lebensmittel recht schnell, denn sie nahmen ja in der Küche die gleiche Temperatur an wie alle anderen Dinge auch. Im Keller dagegen hielten sich die Nahrungsmittel bei 10 °C länger frisch.

40 Jahre später – etwa zur Zeit, als deine Großeltern geboren wurden – kamen die ersten Kühlschränke auf den Markt. Bild 2 zeigt den ersten Haushaltskühlschrank aus dem Jahre 1933. Er kostete 350 Mark – damals ein kleines Vermögen.

Mit dem Kühlschrank gelingt ein besonderes Kunststück: Man zwingt die Energie, vom kälteren Körper in einen wärmeren überzugehen.

Ein Kühlschrank kann ja z. B. der Milch von Zimmertemperatur (20 °C) Energie entziehen. Dadurch wird sie auf etwa 6 °C abgekühlt. Die entzogene Energie aber wird an die warme Zimmerluft wieder abgegeben.

Die Energie wird also von den kühlen Gegenständen im Kühlschrank in die warme Luft der Küche transportiert – also vom kälteren zum wärmeren Körper.

Diesen umgekehrten Weg nimmt die Energie nicht von selbst. Viel-

1

2

5600R

mehr ist eine Art „Zwang“ erforderlich. Die Energie muss gleichsam gepumpt werden. Der Kühlschrank benötigt für diesen Vorgang Energie, die er über die Steckdose erhält.

Die Kühlschränke waren nicht die ersten Geräte, die Energie vom Kalten zum Warmen strömen ließen.

Bereits kurz nach 1900 gab es die **Sommereisbahnen**. Noch heute gibt es solche Einrichtungen in manchen Großstädten. In den wärmsten Monaten des Jahres ist hier Schlittschuhlaufen möglich. Einer der ersten „Eispaläste“ entstand in Berlin im Jahre 1908 (Bild 3).

Auch in den Sommereisbahnen muss der kalten Eisfläche ständig Energie entzogen und an die warme Außenluft abgegeben werden.

Denn sonst würde die Temperatur des Eises steigen. Ständig geht nämlich Energie von selbst aus der warmen Luft in das kalte Eis über.

2 Zusammenfassung

Energie

Wir brauchen Energie zum Heizen, zur Beleuchtung und zum Antrieb von Maschinen. Auch unser Körper benötigt Energie.

Energie steckt zum Beispiel in heißem Wasser oder wird beim Verbrennen von Kohle frei.

Ein Körper enthält dann Energie,
wenn er einen anderen erwärmen kann.

Wenn sich zwei Körper unterschiedlicher Temperatur
berühren, strömt Energie
von selbst vom wärmeren Körper zum kälteren.

Der Energiezufluss bewirkt dabei (in der Regel) einen Temperaturanstieg des kälteren Körpers.

Der Energieabfluss führt zu einem Absinken der Temperatur des wärmeren Körpers.

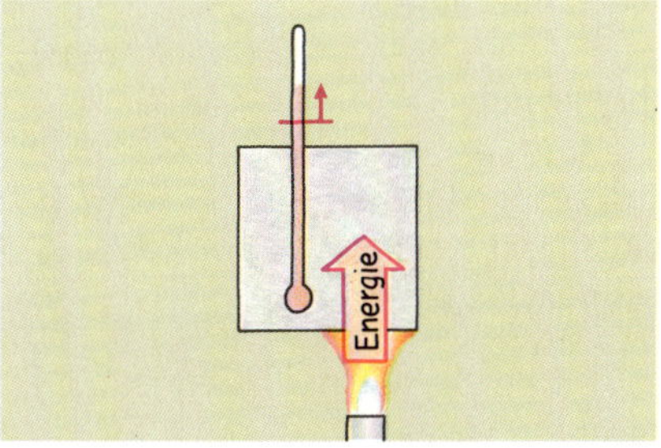

4

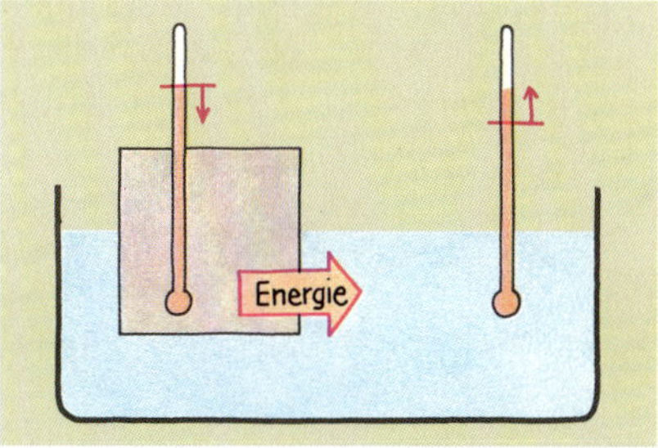

5

Wärmeleitung und Wärmedämmung

1 Energie wird weitergeleitet

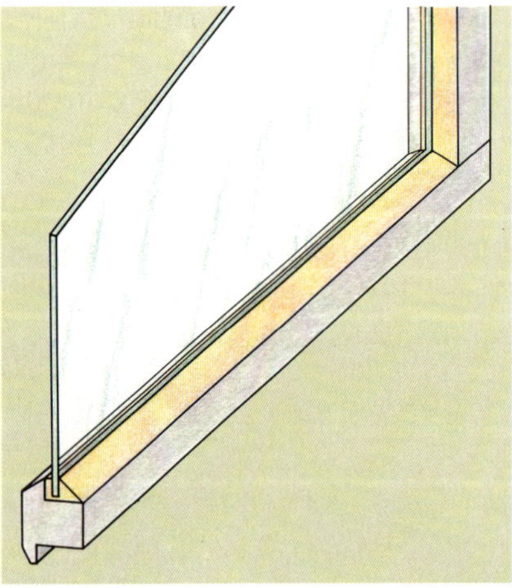
1

2

Früher bestand ein Fenster aus einer einfachen Glasscheibe.
Heute verwendet man Fenster mit zwei oder drei Scheiben, die durch eine Luftschicht getrennt sind.
Wieso baut man so aufwendige Fenster?

V 1 Den Vorteil der Doppelverglasung zeigt eine Versuchsreihe (Bilder 3–5).

Von einer Seite wird das nachgebaute Fenster mit einem Haartrockner erwärmt. Auf der anderen Seite wird die Temperatur der Scheibe mit einem elektronischen Thermometer oder mit einem Messstreifen (Messbereich um 35 °C) bestimmt.

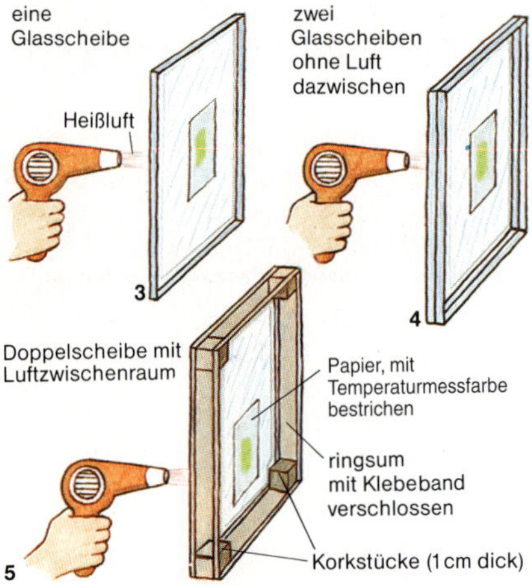

3 4 5

a) Worin unterscheiden sich die einzelnen Versuchsanordnungen?

Wie muss der Versuch durchgeführt werden? (*Tipp:* Es wird eine Uhr benötigt.)

b) Welche Ergebnisse erwartest du?

c) Erläutere die Vorteile der Doppelverglasung, nachdem du die Versuchsreihe durchgeführt hast.

V 2 Zwei Bechergläser enthalten Wasser unterschiedlicher Temperatur. Sie werden durch einen U-förmigen Kupferstab miteinander verbunden (Bild 6).

Beobachte das Thermometer.

Wiederhole den Versuch mit einem Messingstab und mit einem Glasstab.

Erkläre deine Beobachtung.

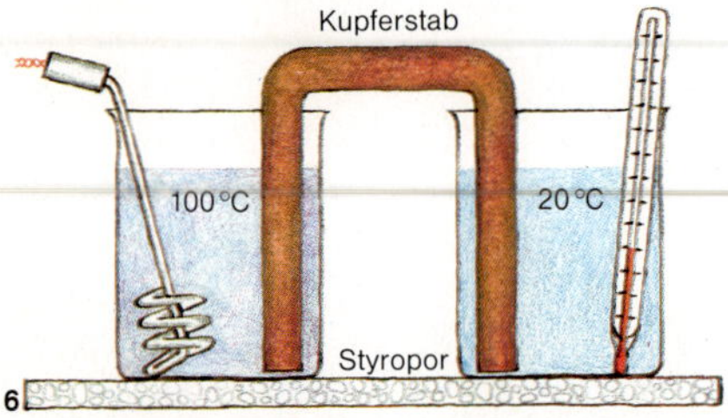

6

V 3 Erhitze den Rand einer Münze (Bild 7). Was musst du zuerst loslassen, die heiße Münze oder das brennende Streichholz?

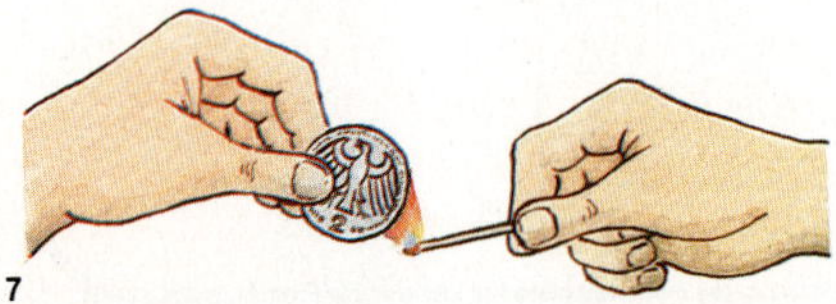
7

V 4 Ein Gefäß mit heißem Wasser steht auf einer Kochplatte. Das Wasser soll fast sieden. In das Wasser steckst du einen Holzstab, einen Glasstab, einen ausgedienten Plastik-Kugelschreiber (ohne Mine) und einen Metalllöffel (Bild 8).

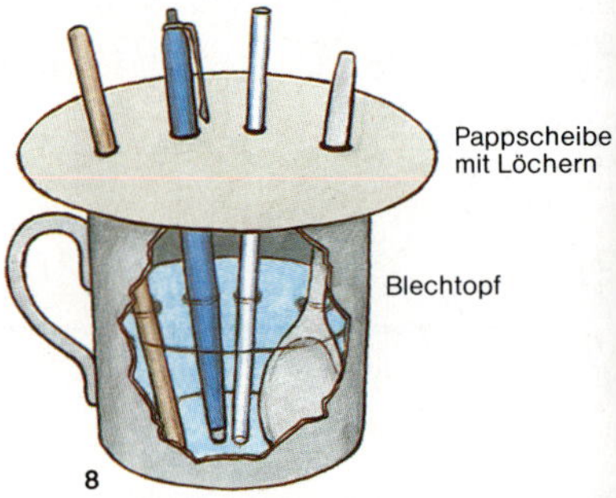

8

Probiere aus, ob die Gegenstände nach einer Minute oben heiß geworden sind.

V 5 Was geschieht nach dem Anzünden des Brenners (Bild 9)? Was zeigt dieser Versuch?

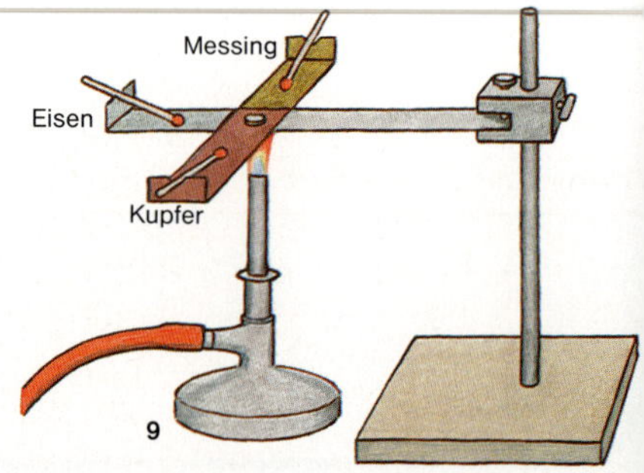

9

5602R

V 6 Wir untersuchen, ob die Energie auch in Wasser fortgeleitet wird (Bild 10).

a) Beschreibe den Versuchsaufbau. Achte auf die Stellung des Brenners.

b) Das Wasser im oberen Bereich des Reagenzglases wird zum Sieden gebracht. Es hat dann eine Temperatur von 100 °C. Ob man den unteren Bereich des Glases noch anfassen kann?

Nachdem die Flamme gelöscht ist, messen wir die Temperatur des Wassers im unteren Bereich des Reagenzglases.

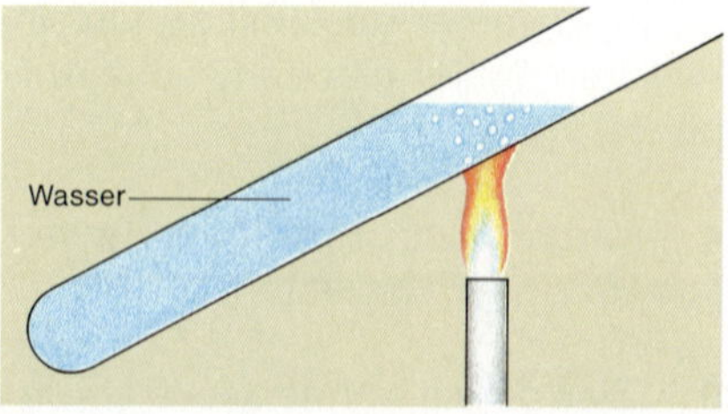

10

Gute und schlechte Wärmeleiter

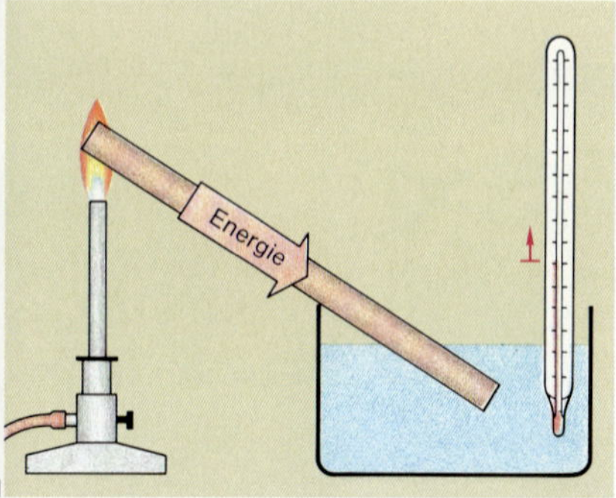

11

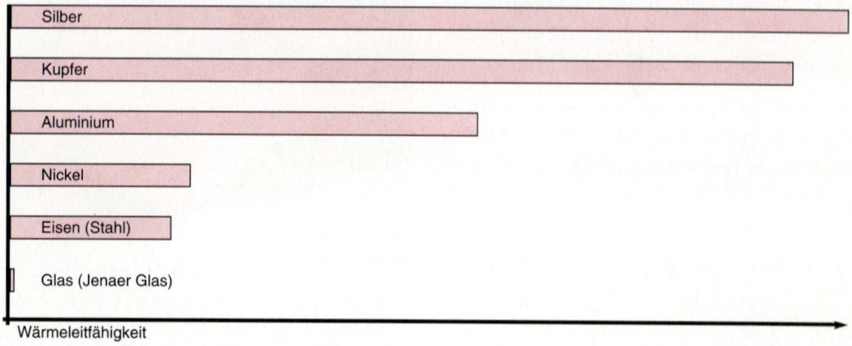

12

Bild 11 zeigt ein Beispiel zur *Wärmeleitung*: Der Kupferstab wird mit einem Ende in die Flamme gehalten, das andere Ende taucht in ein Gefäß mit kaltem Wasser. Man beobachtet, dass die Temperatur des Wassers ansteigt. Durch den Stab strömt also Energie in das Wasser.

Bei der Wärmeleitung strömt Energie durch einen Körper – von einer Stelle mit höherer Temperatur zu einer mit niedrigerer Temperatur.

Die Wärmeleitung hört auf, wenn die Temperatur überall gleich ist.

Es gibt gute und schlechte Wärmeleiter (Bild 12). Gute Wärmeleiter sind die Metalle. Glas und Wasser sind schlechte Wärmeleiter. Noch wesentlich schlechter leitet Styropor die Energie. Der schlechteste Wärmeleiter ist Luft.

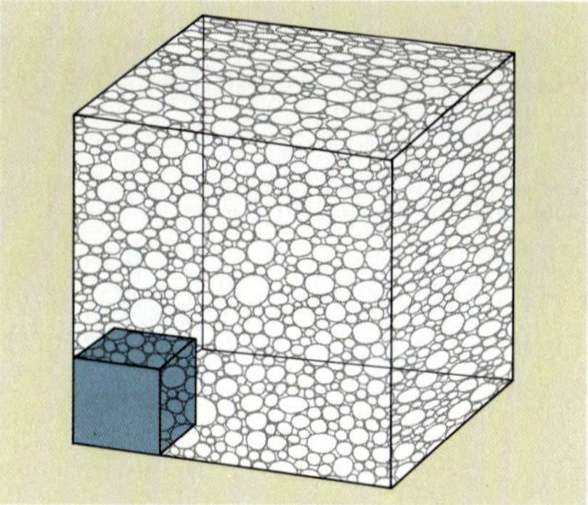
13

Wenn ein Gefäß mit einem heißen Getränk von Styropor umgeben ist, kühlt es nur ganz langsam ab. Das Styropor leitet die Energie praktisch nicht. Man spricht von einem **Wärmedämmstoff**.

Das „Geheimnis" dieses Dämmstoffes sind seine vielen luftgefüllten Hohlräume. Ein Würfel aus Styropor mit einem Volumen von 1000 Litern enthält nur 20 Liter Kunststoff, aber 980 Liter Luft!

Wenn man aus dem Styroporblock von Bild 13 sämtliche Luft herauspressen könnte, bliebe nur der kleine Kunststoffwürfel übrig. Alles andere ist Luft.

Aus Umwelt und Technik: **Weshalb sich Metall „kalt anfühlt"**

In einem Zimmer haben alle Gegenstände die gleiche Temperatur wie die Luft in dem Zimmer, z. B. 20 °C. Die Gegenstände müssen nur lange genug im Zimmer gewesen sein.

Trotzdem fühlen sich manche Gegenstände warm und manche kalt an. Eine Schere, ein Suppenlöffel oder eine Türklinke aus Metall empfinden wir beim Anfassen als kühl.

Wenn wir die Hand auf eine Platte aus Kork oder Styropor legen, erscheint uns die Platte warm.

Die Erkläung für diese recht merkwürdigen Beobachtungen ist nicht schwer:

Deine Körpertemperatur beträgt rund 37 °C. Daher ist deine Hand wärmer als alle Gegenstände im Zimmer.

Nimmst du nun einen Metalllöffel von 20 °C in die Hand, so fließt Energie von deiner Hand in den Löffel. Dabei gibt die Haut mehr Energie ab, als durch das warme Blut aus dem Körperinnern nachgeliefert werden kann. Daher sinkt die Temperatur der Haut – und das spürst du.

Wenn du aber ein Stück Styropor in die Hand nimmst, fließt praktisch keine Energie von der Hand ab. Styropor ist ja ein sehr schlechter Wärmeleiter. Die Energie wird daher von der Berührungsstelle nicht weitergeleitet. Die Hauttemperatur verringert sich nicht. Vielmehr steigt sie sogar etwas an, da keine Luft an der Hand vorbeistreicht und sie kühlt. Deshalb haben wir ein Wärmegefühl.

Aufgaben

1 Ordne die folgenden Stoffe nach ihrer Wärmeleitfähigkeit: Eisen, Kupfer, Glas, Luft, Silber, Styropor. Beginne mit dem besten Wärmeleiter.

2 Gib bei jedem der folgenden Beispiele an, auf welche Weise die genannten Kleidungsstücke den Körper warm halten.

a) Wenn man einen Wollpullover trägt, liegt die Hauttemperatur um 2 °C höher als ohne Pullover. Mit zwei dünneren, übereinander gezogenen Pullis ist sie um 3 °C höher.

b) In einer langen Hose ist die Hauttemperatur an den Beinen um 0,5 °C höher als bei einem Rock.

3 Bei strenger Kälte plustern sich Vögel auf. Sie sehen dann viel dicker als im Sommer aus (Bilder 1 u. 2). Welchen Grund gibt es für das Aufplustern?

4 Warum sind Kochlöffel immer aus Holz oder Kunststoff?

5 „Zieh dir ein warme Jacke an, damit du nicht frierst!" Diese Aufforderung kennst du sicherlich. Natürlich hat die Jacke aber nur Zimmertemperatur, wenn man sie anzieht.

Wie müsste die Aufforderung physikalisch richtig lauten?

6 Strümpfe aus Wolle halten besser warm als Strümpfe aus Kunstfasern (Nylon, Perlon). Gib dafür eine Erklärung. (*Tipp:* Sieh dir einmal beide Strümpfe mit einer Lupe an.)

1

2

Aus Umwelt und Technik: **Damit die Energie nicht „durch die Wände geht"**

Herr und Frau Schneider wollen bauen. Immer wieder sitzen sie über den Plänen um zu beraten. Natürlich muss das Haus auch im Winter warm sein – und trotzdem soll sparsam geheizt werden. Brennstoffe sind bekanntlich teuer. Auf dem Tisch liegen die Bilder 3–5.

„Ganz gleich, welche Heizung wir einbauen", meint Frau Schneider, „unser Haus muss so gebaut werden, dass wir nicht auch noch die Straße heizen."

„Ja", pflichtet ihr Herr Schneider bei, „da müssen wir bei den *Fenstern* anfangen. Sie dürfen nur so wenig Energie wie möglich nach draußen lassen. Wir brauchen Fenster mit Doppelverglasung!"

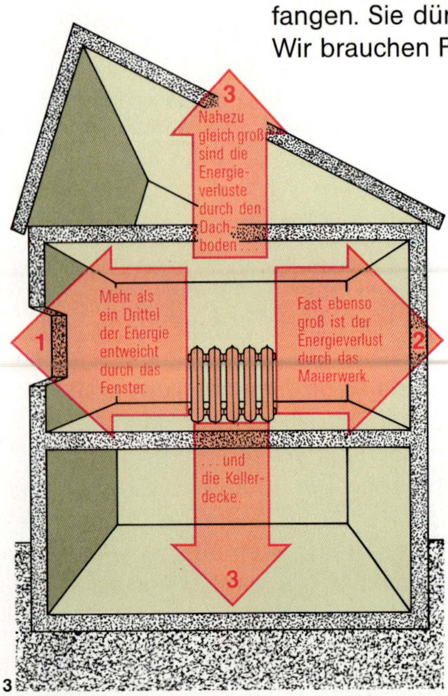

3

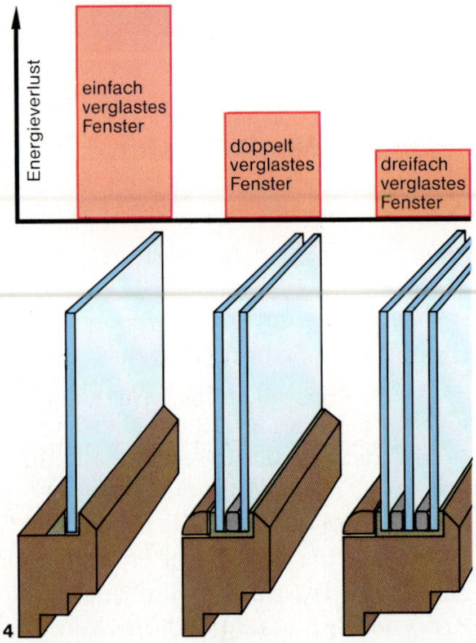

4

5

5604R

„Und dann müssen wir noch darauf achten, dass die *Außenmauern* nicht zu hohe Energieverluste zulassen", sagt Frau Schneider. „Sieh mal, da gibt's verschiedene Möglichkeiten!"

So mag die Unterhaltung zwischen Herrn und Frau Schneider verlaufen. Sie beschließen, dass als Außenwand zunächst eine Mauer aus Hohlblocksteinen errichtet werden soll. Zusätzlich soll diese Mauer eine Wärmedämmung aus Styropor-Platten und eine Holzverkleidung erhalten.

Wie die Wärmeisolierung der Kellerdecke und des Dachbodens mit Glaswolle und Styropor erfolgen kann, zeigen die Bilder 6–8.

6

7

8

Fragen und Aufgaben zum Text

1 Die Überlegungen zum Energiesparen sollten bei den Fenstern anfangen. Erläutere.

2 Woran liegt es, dass eine 2 cm dicke Schicht Glaswolle besser isoliert als eine 2 cm starke Wand aus Glasziegeln?

3 Wie lauten diese Sätze richtig?
a) Die Wärmedämmung von Glasfasern ist größer/geringer als die von Holz.
b) Marmor hat die größte/geringste Wärmedämmung unter den Baustoffen.
c) Eine Mauer aus Ziegelsteinen leitet die Energie besser/schlechter als eine gleich starke Mauer aus Beton.
d) Glas hat eine größere/geringere Wärmedämmung als Holz.

4 Warum werden nur die Außenmauern einer Wohnung mit wärmeisolierenden Schichten versehen und nicht auch die Trennwände zwischen den Zimmern?

9

5 Welche Vorteile haben Hohlblocksteine (Bild 9)?

6 Durch doppelt oder dreifach verglaste Fenster strömt viel weniger Energie nach draußen als durch einfache Glasscheiben. Erkläre.

7 Doppelfenster gab es schon vor über 50 Jahren: Im Winter wurde einfach ein zweites Fenster vor das erste gesetzt und an vier Haken befestigt. Wenn es dann im Frühjahr wärmer wurde, hängte man die „Winterfenster" wieder ab und verstaute sie im Keller.

Nenne die Vor- und Nachteile dieser Fensterkonstruktion gegenüber unseren heutigen Doppelfenstern.

Bauanleitung: Ein Prüfgerät für die Wärmedämmung der Außenwände

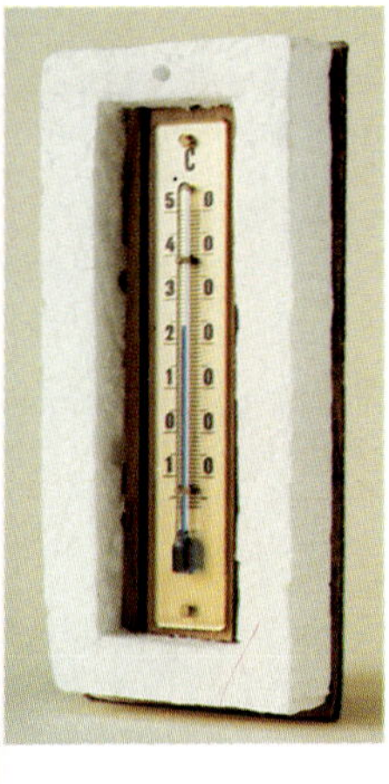
10

Du brauchst:
1 Zimmerthermometer,
1 Styropor-Platte (20 mm dick),
1 Wellpappe oder dünne Styropor-Platte (0,5–1 mm stark),
1 scharfes Küchenmesser oder 1 Styropor-Schneider,
Kaltleim (z. B. Ponal®).

So wird's gemacht:
Schneide aus der dicken Platte die Form des Thermometers aus, sodass es genau hineinpasst (Bilder 10–12). Die Rückseite beklebst du mit Wellpappe oder Styropor. Das Loch zum Aufhängen brennst du mit einer heißen Nadel ein.

Miss die Zimmertemperatur. Anschließend wird die Temperatur an der Außenwand des Zimmers – mit dem Thermometer zur Wand – bestimmt (Bild 12). Wenn es an der Wand um mehr als 3 °C kälter ist als im Zimmer, ist die Wärmedämmung der Mauer mangelhaft.

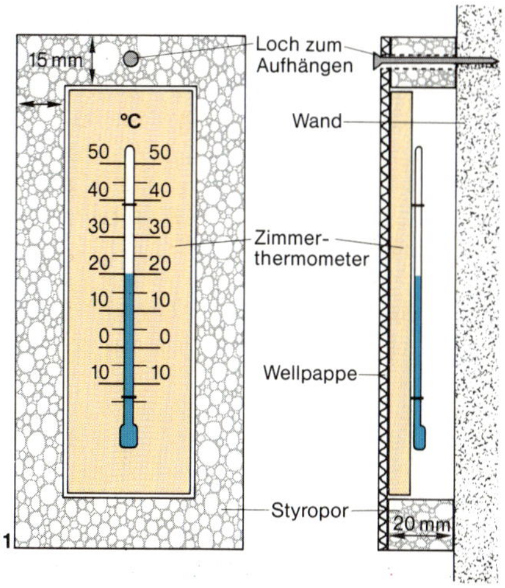

11

Aus Umwelt und Technik: **Weiterleitung von Energie erwünscht!**

Die **Spitze eines Lötkolbens** (Bild 1) muss aus einem Material gefertigt sein, das ein besonders guter Wärmeleiter ist.

Die Spitze verbindet die Heizpatrone im Innern des Lötkolbens mit der Lötstelle. Dort muss das Lötzinn die Schmelztemperatur von 200 °C erreichen. Auch die Drähte, die miteinander verlötet werden sollen, müssen auf diese Temperatur aufgeheizt werden.

Es kommt also darauf an, dass viel Energie durch die Spitze des Lötkolbens fließt. Sie wird daher aus *Kupfer* oder einem anderen sehr guten Wärmeleiter hergestellt.

Schnelle Fahrzeuge sind mit starken **Motoren** ausgerüstet (Bild 2). Sie glänzen silbrig und bestehen aus Aluminium, das geringe Mengen anderer Metalle enthält. Andere Motoren werden dagegen aus billigerem, grauem Gusseisen gefertigt.

Motoren müssen gut gekühlt werden. Aus ihrem heißen Innern muss viel Energie durch Wärmeleitung abgeführt werden – entweder zur Oberfläche des Motors (Luftkühlung) oder zu den Kühlwasserkanälen im Motor (Wasserkühlung).

Hierbei ist Aluminium von Vorteil: Es ist ein viermal so guter Wärmeleiter wie Eisen.

Auch in der Küche sind gute Wärmeleiter gefragt: Wenn wir einen Topf mit Wasser auf den Elektroherd stellen, soll die Energie von der heißen Herdplatte möglichst ungehindert in den Topf gelangen. Der Stahl, aus dem der **Topfboden** besteht, ist daher manchmal zusätzlich mit einer *Kupfer*schicht belegt (Bild 3).

Vor allem aber ist es wichtig, dass der Topf mit seinem ganzen Boden die Herdplatte berührt. Der Topfboden muss also genauso eben wie die Herdplatte sein. Töpfe oder Pfannen, die für Elektroherde bestimmt sind, werden deshalb mit „geschliffenen" Böden versehen.

1
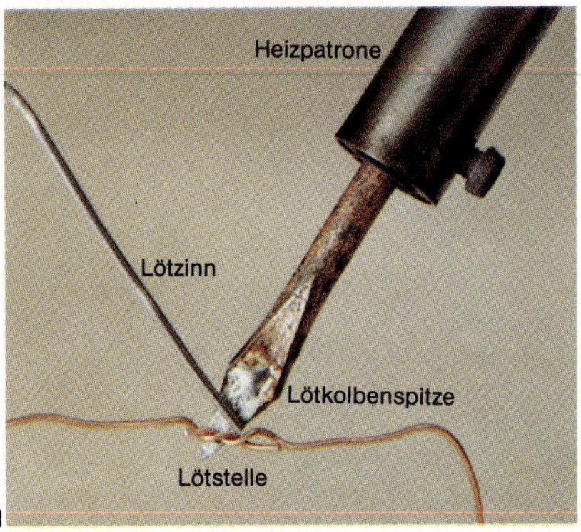

2

3

Alles klar?

1 Der Baustoff Styropor ist im Wesentlichen nichts anderes als eingesperrte Luft. Erläutere diese Aussage.

2 Im Winter ziehen wir gerne Pullover an, deren Maschen aus dicker Wolle grob gestrickt sind.
Warum schützen diese Kleidungsstücke gut gegen Kälte?

3 Wie kommt es, dass dicke Gläser häufig springen, wenn man heiße Flüssigkeiten hineingießt? (*Tipp:* Es liegt nicht *nur* daran, dass sich das Glas beim Erwärmen ausdehnt.)

4 Weshalb muss man bei Gebäuden für eine gute Wärmedämmung sorgen?

5 Warum ist ein Kochtopf mit welligem Boden für einen Elektroherd nicht zu gebrauchen?
Wieso kann man einen solchen Topf auf einem Gasherd benutzen?

6 Harry Schlaumeier behauptet: „Es stimmt nicht, dass ein Pullover wärmt!"
Was meint er damit?

7 Empfindliche elektronische Bauteile – wie z. B. die kleinen Transistoren in Radioapparaten – dürfen nicht zu heiß werden. Beim Löten hält man sie mit einer Flachzange fest (Bild 4).
Welche Aufgabe erfüllt die Zange beim Löten?

8 Die Temperatur im Kühlschrank ist geringer als in der Küche. Von alleine kann also keine Energie aus dem Kühlschrank strömen.
Warum sind dann die Wände des Kühlschranks mit Glaswolle oder Styropor ausgefüllt?

4
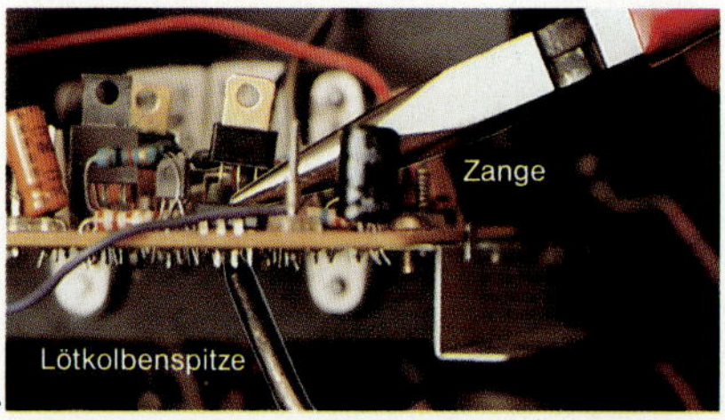

9 Wenn du barfuß auf einem Teppich stehst, findest du es angenehm warm. Die Fliesen im Badezimmer dagegen empfindest du als kalt.
Und trotzdem würdest du mit einem Thermometer bei Fliesen und Teppich die gleiche Temperatur feststellen!
Wieso fühlen sich Teppiche warm und Fliesen kalt an?

10 Wahrscheinlich weißt du schon, dass das Wasser eines Sees im Winter an der Oberfläche am kältesten ist. Die tiefen Wasserschichten haben dagegen eine Temperatur von +4 °C.
Warum erfolgt zwischen dem wärmeren und dem kälteren Wasser kein Temperaturausgleich?

5606R

2 Zusammenfassung

Energie wird weitergeleitet – Wärmeleitung

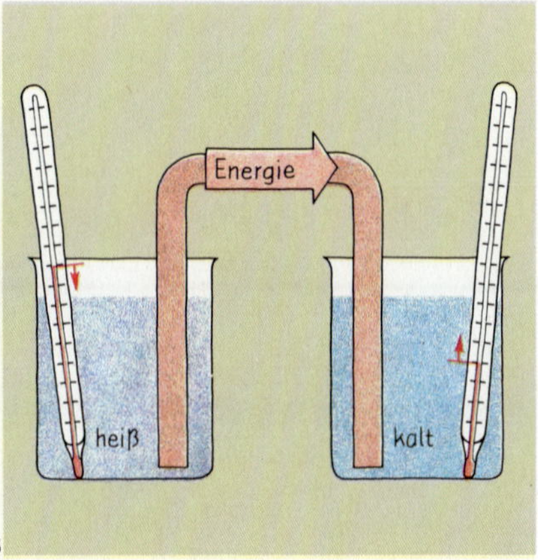

5

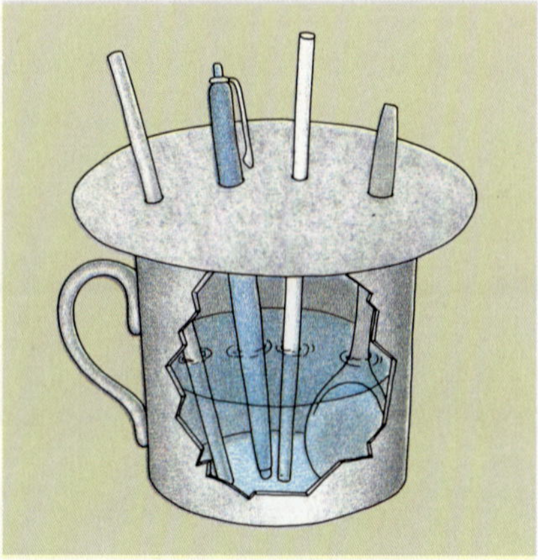
6

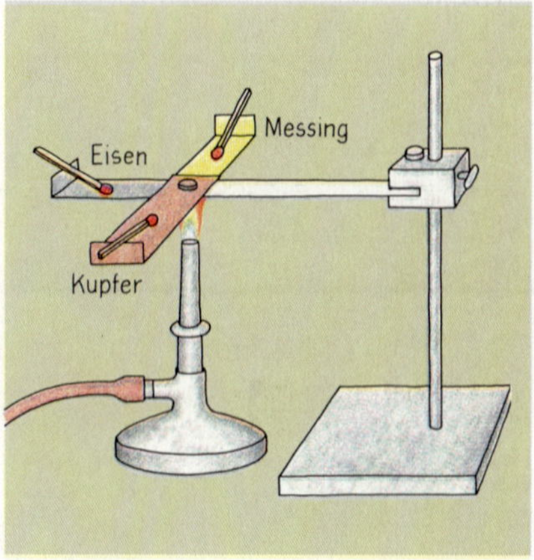

7

In einem Körper strömt Energie von Stellen hoher Temperatur zu Stellen mit niedriger Temperatur. Diesen Vorgang bezeichnet man als **Wärmeleitung**.

Es gibt gute und schlechte Wärmeleiter.

Zu den guten Wärmeleitern gehören die Metalle. Die besten Wärmeleiter sind Silber und Kupfer.

Zu den schlechten Wärmeleitern gehören Holz, Textilien, Glas, Kunststoffe, Wasser und Luft.

Die Luft – ein besonders schlechter Wärmeleiter

Wenn z. B. Kunststoffe oder Textilien in Poren und Zwischenräumen viel Luft enthalten, wird die Wärmeleitung verschlechtert. Solche Materialien bezeichnet man als **Wärmedämmstoffe**. Sie dienen dazu, die Wärmeleitung durch Hauswände und die Wandungen der Heizungsrohre zu verringern. Wärmedämmstoffe sind z. B. Styropor und Glaswolle.

8

9

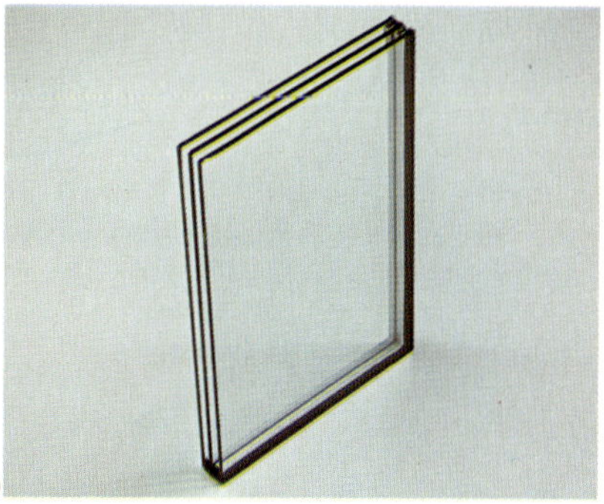
10

Um Energieverluste zu vermeiden, baut man Fenster mit Doppel- oder Dreifachverglasung ein. Die zwischen den Scheiben eingeschlossene Luft lässt nur wenig Energie nach außen strömen.

Auch bei der Kleidung dient eingeschlossene Luft der Wärmedämmung.

Die Konvektion

1 Energie wird transportiert

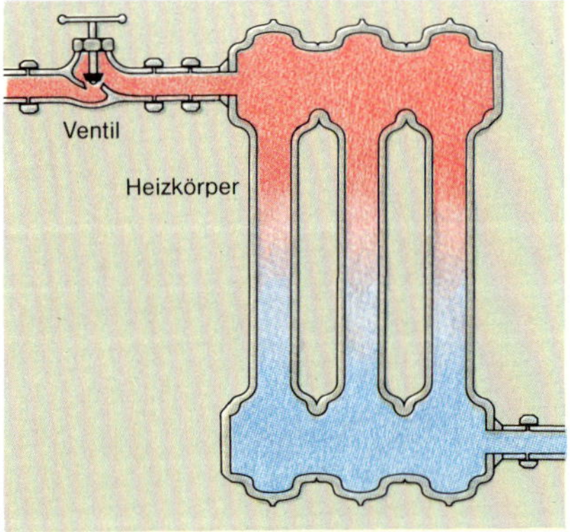

1

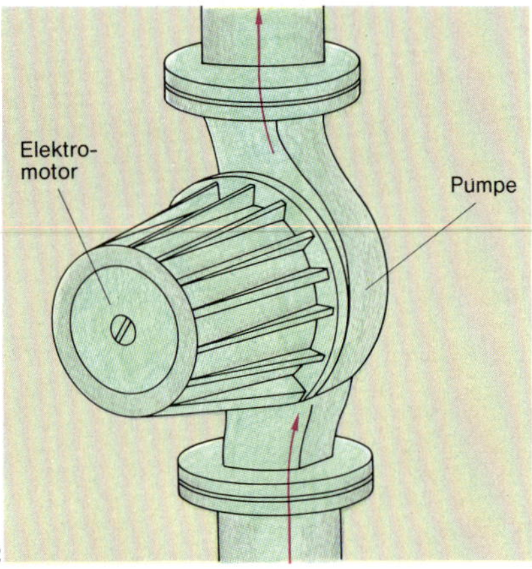

2

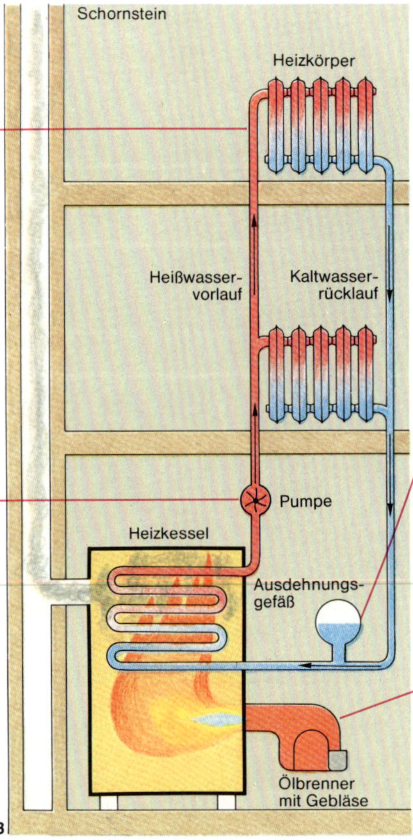

3

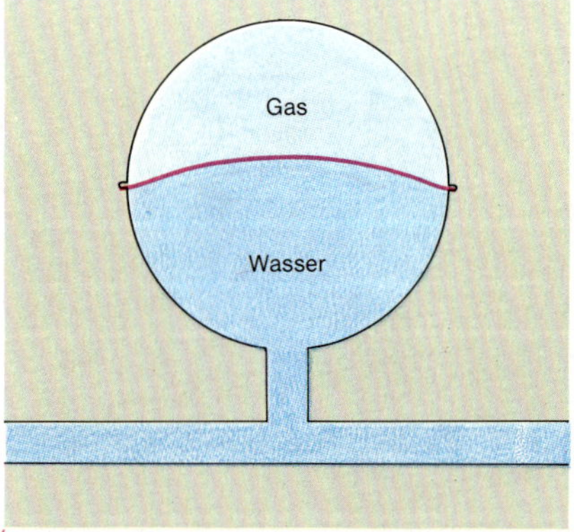

4

5

Wie kommt die Energie aus dem Heizkessel ins Wohnzimmer?

Aufgaben

1 Petra meint, die Heizkörper im Zimmer werden warm, weil sie durch Eisenrohre mit dem Heizkessel verbunden sind. Eisen ist ja ein guter Wärmeleiter.

Was meinst du zu dieser Erklärung? Begründe deine Antwort.

2 Wenn sich bei euch im Haus eine Zentralheizung befindet, dann suche dort die Teile aus den Bilder 1–5.

3 Plane einen **Versuch**: Es soll das Modell einer Zentralheizung aufgebaut werden. Die Geräte aus den Bildern 6–10 stehen dir zur Verfügung.

4 Wenn es in einem zentralbeheizten Raum zu warm wird, muss man die Energiezufuhr drosseln. Auf welche Weise geschieht das? Beschreibe genau.

5 Beschreibe, wie die Zentralheizung funktioniert.

6 Wie gelangt die Energie vom Heizkessel in den Heizkörper?

Der Energietransport bei der Zentralheizung stellt ein Beispiel für **Mitführung** von Energie oder **Konvektion** dar (lat. *convector:* Reisegefährte). Erläutere die Namen.

7 Beschreibe die Wirkungsweise des *Ausdehnungsgefäßes* (Bild 4).

8 Manchmal werden die Heizkörper erst warm, wenn man sie „entlüftet" hat.

Wieso stört die Luft in den Heizkörpern?

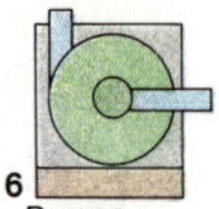
6 Pumpe mit Motor

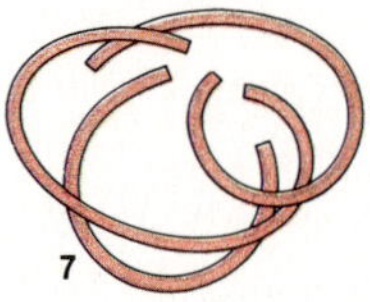

7

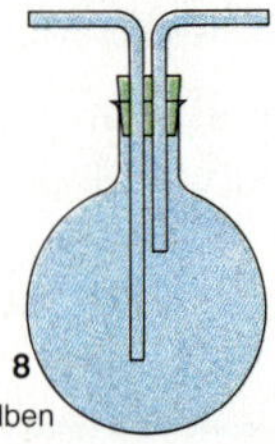
8 Rundkolben

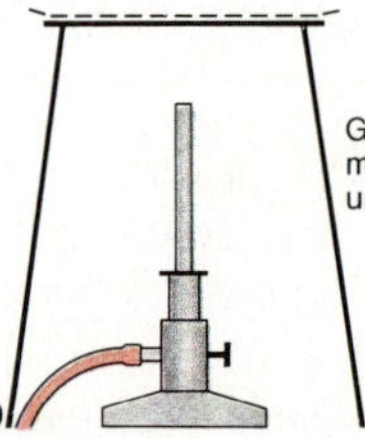
9 Gasbrenner mit Dreifuß und Drahtnetz

10 weites Glasrohr

5608R

Aus Umwelt und Technik: **Die Fernheizung**

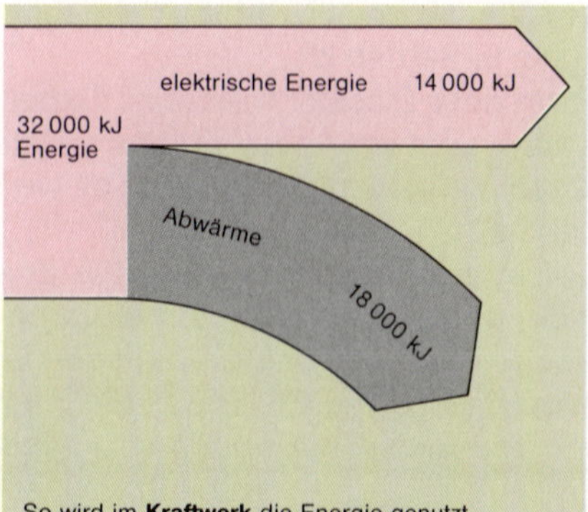

So wird im **Kraftwerk** die Energie genutzt, die beim Verbrennen von 1 kg Kohle frei wird.

11

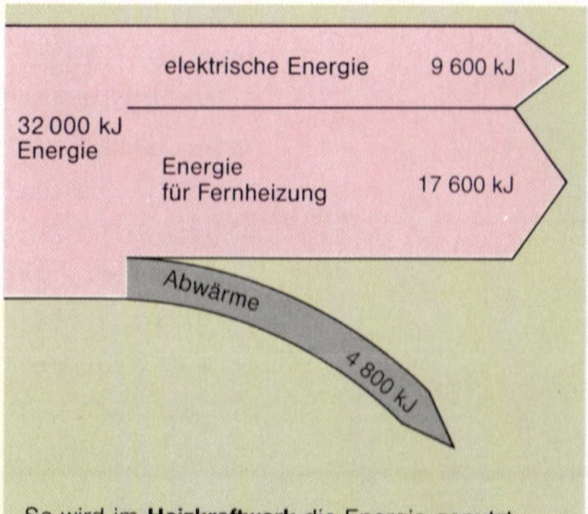

So wird im **Heizkraftwerk** die Energie genutzt, die beim Verbrennen von 1 kg Kohle frei wird.

12

Bei der Zentralheizung gibt es für jedes Haus einen Ofen, den Heizkessel. Bei der Fernheizung aber, die in vielen Städten üblich ist, werden Tausende von Häusern durch einen einzigen „Ofen" beheizt. Es handelt sich um den Dampfkessel in einem Elektrizitätswerk.

Natürlich soll ein Elektrizitätswerk hauptsächlich elektrische Energie liefern. Dazu müssen große Mengen an Kohle oder Heizöl verbrannt werden.

Aber nur etwa ein Drittel der Energie, die bei der Verbrennung frei wird, kann in elektrische Energie umgewandelt werden (Bild 11).

Der größere Rest muss als „Abwärme" über große Kühltürme an die Umwelt abgegeben werden. Elektrizitätswerke erwärmen mit dem größeren Teil der eingesetzten Energie die Umgebung!

Günstiger sind *Heizkraftwerke*: Sie erzeugen elektrische Energie und heizen gleichzeitig Wohnungen, Geschäfte, Büros und Fabriken (Bild 12).

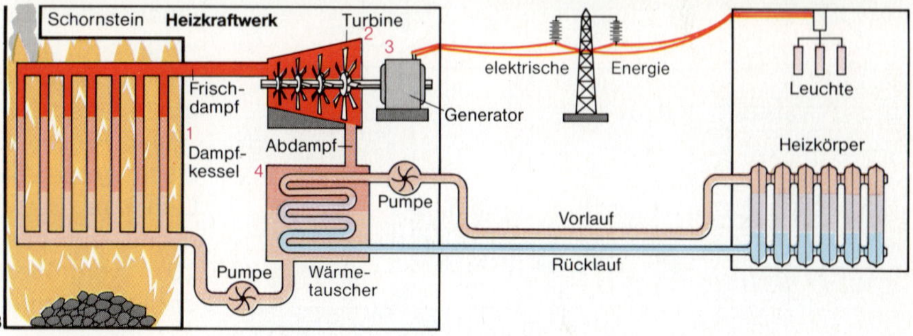

13

Bild 13 zeigt, wie ein **Heizkraftwerk** funktioniert.

Der *Dampfkessel* ist von Rohrleitungen durchzogen. Beim Verbrennen der Kohle wird Energie frei. Sie dient dazu, Wasser in den Leitungen zu erhitzen und in heißen Wasserdampf umzuwandeln.

Der Wasserdampf strömt in die *Turbine* und versetzt das Turbinenrad in schnelle Umdrehung. Die Turbine treibt einen großen Dynamo an, den *Generator*. Vom Generator fließt dann elektrische Energie zu den Haushalten.

Wenn der Wasserdampf aus der Turbine strömt, ist er auf 200 °C abgekühlt. Seine eigentliche Aufgabe hat er schon erfüllt.

Nun wird der Dampf in einen Kessel geleitet. Dieser *Wärmetauscher* ist von vielen Kupferrohren durchzogen, durch die kaltes Wasser fließt.

Der Dampf gibt dort Energie an das kalte Wasser ab. Während die Dampftemperatur sinkt und der Dampf wieder zu Wasser wird, heizt sich das Wasser in den Röhren auf. Es verlässt den Wärmetauscher siedend heiß.

Das heiße Wasser wird durch gewaltige Rohrleitungen gepumpt, die unter der Straße liegen (Bilder 14 u. 15). Abzweigungen dieser Rohrleitungen führen zu den Häusern und zu den einzelnen Heizkörpern.

Dort kühlt das Wasser ab und heizt so die Räume. Anschließend wird es in einer zweiten Rohrleitung zum Heizkraftwerk zurückgepumpt und erneut erhitzt.

14

15

Fragen und Aufgaben zum Text

1 Weshalb baut man Fernheizungen nur in dicht besiedelten Gebieten, z. B. in Großstädten?

2 Welchen Vorteil haben Heizkraftwerke gegenüber gewöhnlichen Elektrizitätswerken?

3 Die Luftverschmutzung in den Großstädten wird zum Teil durch die vielen Heizungsanlagen der Häuser verursacht.
Welchen Vorteil kann da die Fernheizung bringen?

Aus Umwelt und Technik: **Der Kühlwasserkreislauf im Auto**

Jeder Motor – gleichgültig, ob im Auto, Motorrad oder Moped – erhitzt sich, wenn er einige Zeit lang in Betrieb ist.

Im Motor wird Benzin oder Dieselöl verbrannt. Dabei wird Energie freigesetzt. Diese Energie kann aber von keinem Motor vollständig für die Fortbewegung genutzt werden. Selbst im günstigsten Fall werden fast zwei Drittel der Energie zu „Abwärme".

Damit der Motor nicht zu heiß wird, muss diese Energie abtransportiert werden. Diese Aufgabe übernimmt bei vielen Motoren das Kühlwasser. Es wird in Kanälen durch den Motor gepumpt, nimmt dort Energie auf und transportiert sie zum **Kühler** (Bild 1). Der Kühler gibt die Energie dann an die vorbeiströmende Luft ab. Die Bilder 2–4 zeigen verschiedene Bauformen von Kühlern. Du erkennst deutlich die unterschiedlich geformten *Lamellen*.

Durch solche Lamellen wird die Oberfläche des Kühlers erheblich vergrößert. Damit viel Energie abgegeben werden kann, ist nämlich eine große Oberfläche wichtig.

Der Kühler von Bild 5 hat eine 0,5 m^2 große Vorderfläche. Durch die Lamellen (Bild 6) wird seine Oberfläche auf das 40fache, also auf 20 m^2 vergrößert. Sie ist so groß wie der Fußboden eines Zimmers!

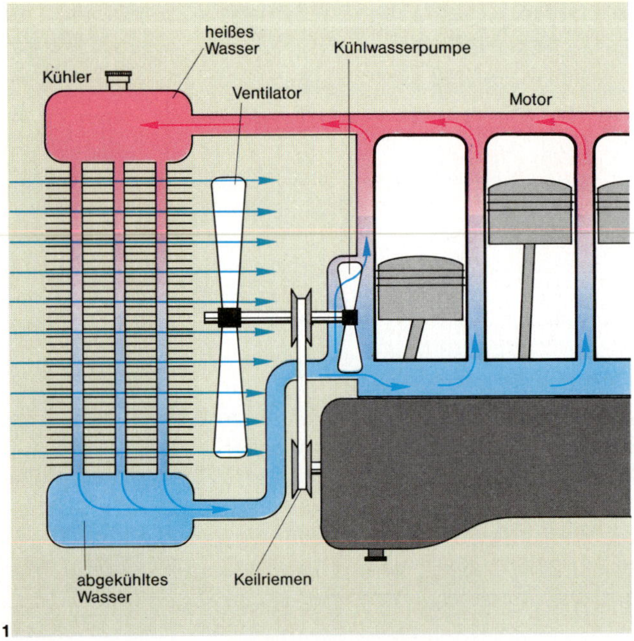

1

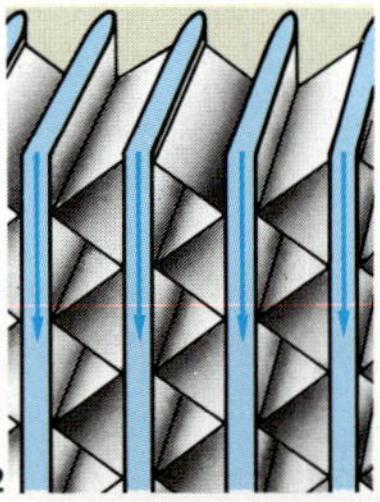
2

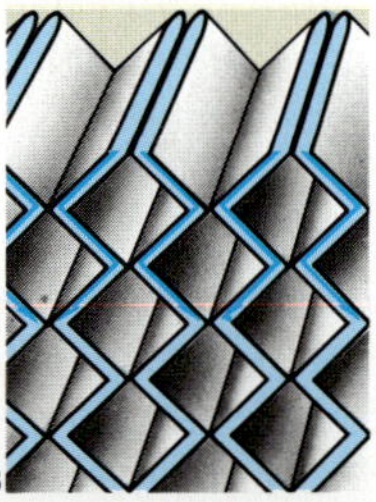
3

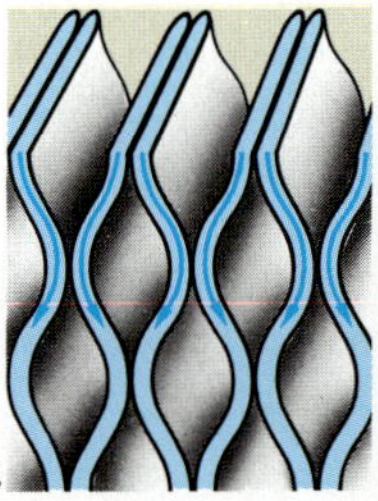
4

Fragen und Aufgaben zum Text

1 Die Teile des Kühlers, durch die das heiße Wasser fließt, bestehen aus dünnem Kupferblech. Warum wird dafür nicht Eisen oder Aluminium verwendet?

2 Warum ist in den Kühlerwasserkreislauf eine Pumpe eingebaut?

3 Welchen Sinn haben die Lamellen?

4 Der Kreislauf des Kühlwassers im Automotor soll mit dem Wasserkreislauf bei der Zentralheizung verglichen werden. Welche Aufgaben haben die einzelnen Stationen dieser beiden Kreisläufe?

5

6

5610R

2 Eine besondere Eigenschaft von erwärmten Gasen und Flüssigkeiten

Was haben eine Weihnachtspyramide (Bild 7) und ein Heißluftballon (Bild 8) gemeinsam?

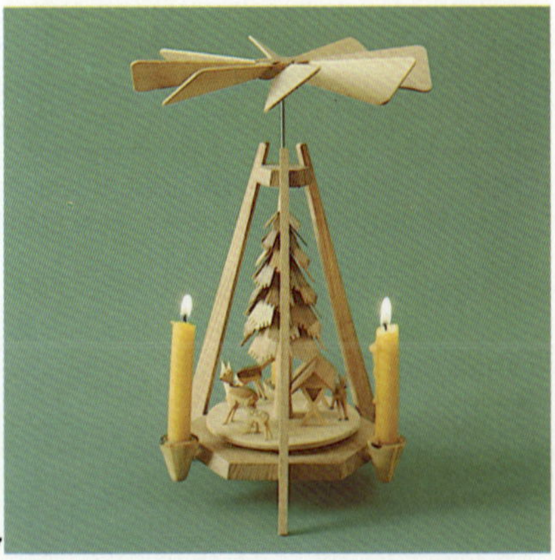
7

8

9

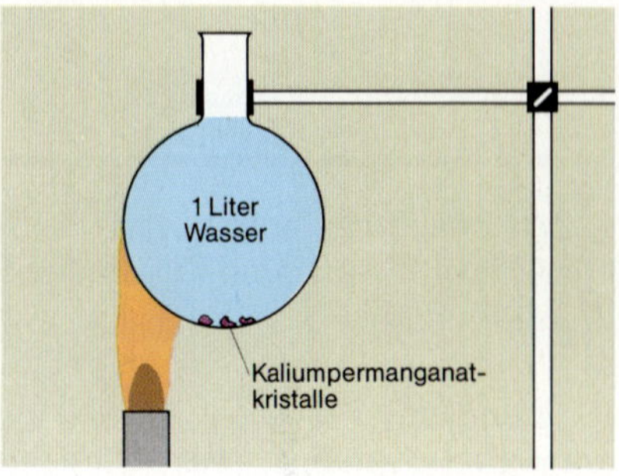

10

V 1 Die Weihnachtspyramide wird von einem Windrad angetrieben. Du kannst es vereinfacht nachbauen (→ Bauanleitung im Anhang) und einige Untersuchungen damit anstellen.

a) Blase von unten gegen das Rad.

b) Halte es im Abstand von 20 cm über eine Kerzenflamme.

c) Suche nach Stellen, wo sich das Windrad sonst noch dreht: z. B. über Herdplatten, Öfen, leuchtenden Lampen oder einem Bügeleisen. Probiere auch aus, in welchen Entfernungen sich das Rädchen noch *neben* diesen Wärmequellen dreht.

d) Was schließt du aus deinen Beobachtungen?

V 2 Was soll mit dem Versuch von Bild 9 nachgewiesen werden?

Beobachte das Schattenbild der Kerze, wenn der Versuch schließlich durchgeführt wird.

Was kannst du beobachten, wenn die Kerze durch eine andere Wärmequelle (z. B. durch ein eingeschaltetes Bügeleisen oder eine 100-W-Glühlampe) ersetzt wird?

V 3 Wahrscheinlich kennst du die kleinen Ballons, die man mit Wasser füllen kann („Wasserbomben").

a) Fülle einige von ihnen mit kaltem Wasser und lege sie in *heißes* Wasser. Was beobachtest du?

b) Nachdem sich das Wasser in den Ballons erwärmt hat, legst du sie in eine Wanne mit *kaltem* Wasser. Was beobachtest du jetzt?

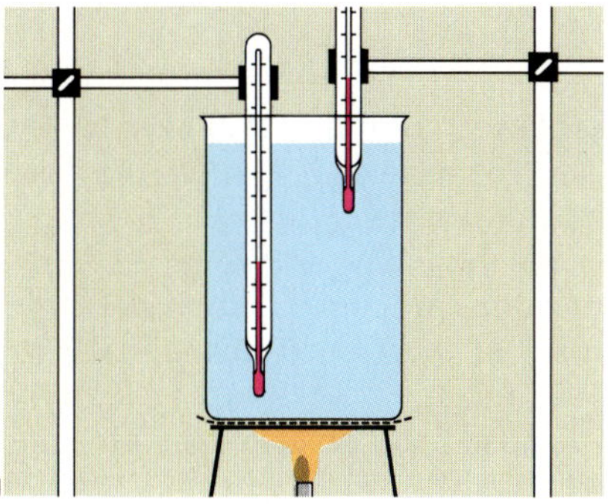
11

V 4 Ein Rundkolben wird zunächst bis zum Hals mit kaltem Wasser gefüllt. Wenn das Wasser ruhig steht, kommen einige Kristalle Kaliumpermanganat hinzu. Sie sinken im Wasser zu Boden und lösen sich langsam auf; dabei wird das Wasser am Boden violett verfärbt.

Nun wird ein Brenner seitlich an den Rundkolben gestellt (Bild 10). Erkläre, was du dann siehst.

V 5 In einem Becherglas mit Leitungswasser geben zwei Thermometer – wie in Bild 11 angeordnet – die Wassertemperatur an. Sie werden eine Zeit lang alle 60 Sekunden abgelesen. Gleich nach der ersten Messung wird das Wasser erhitzt.

a) Vergleiche die Temperatur, die das Wasser am Boden und knapp unter der Wasseroberfläche hat

b) Überlege, wie du deine Messergebnisse erklären kannst. (Bedenke dabei, dass Wasser ein schlechter Wärmeleiter ist.)

Heißes Wasser steigt in kaltem Wasser auf

Wenn wir Wasser oder Luft erwärmen, so dehnen sie sich aus.

Stell dir ein Gefäß vor, das bis zum Rand mit kaltem Wasser gefüllt ist. Wird das Gefäß erwärmt, läuft etwas Wasser über, denn das Wasser dehnt sich aus.

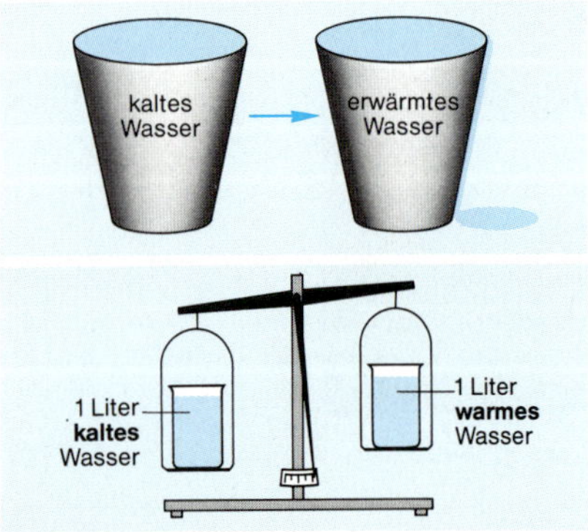

1

Obwohl der Becher auch jetzt noch bis zum Rand gefüllt ist, ist sein Inhalt nun leichter (Bild 1).

1 Liter kaltes Wasser ist demnach schwerer als 1 Liter warmes Wasser.

Wie verhält sich erwärmtes Wasser in kaltem Wasser?

Bild 2 gibt eine Antwort auf diese Frage. Das Becken enthält kaltes Wasser. Die kleinen Ballons („Wasserbomben") sind mit heißem Wasser gefüllt und enthalten keine Luft. Im kalten Wasser steigen die Ballons nach oben.

Das warme, leichtere Wasser steigt im kalten Wasser nach oben. Es ist wie bei Holz, das man unter Wasser loslässt.

Wenn man eine bestimmte Menge Luft (zum Beispiel 1 Liter) über einer heißen Herdplatte erwärmt, geschieht genau das Gleiche:

Die erwärmte Luft ist leichter als die kühlere Luft der Umgebung. Daher steigt die erwärmte Luft auf.

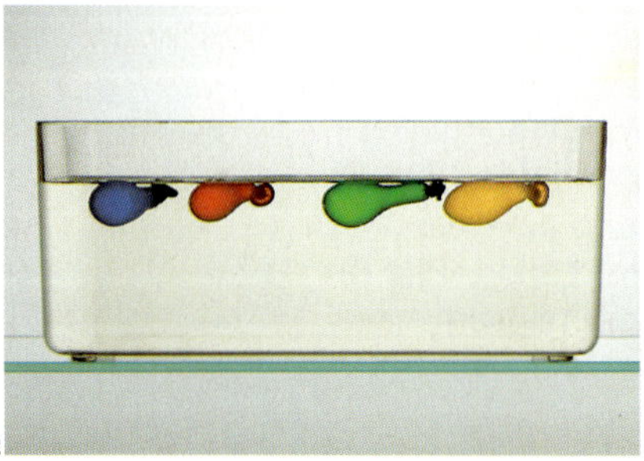
2

Aufgaben

1 Weihnachtspyramide und Heißluftballon funktionieren auf ähnliche Weise. Erläutere diese Aussage.

2 Wenn eine Heizung in Betrieb ist, erwärmt sich das Zimmer nicht nur an der Stelle, an der geheizt wird.

Miss mit einem Thermometer die Temperatur an verschiedenen Stellen des Raumes: am Fußboden, unter der Decke, an der Tür ...

Erkläre die Messergebnisse.

3 Ballons wie in Bild 2 werden mit kaltem Wasser gefüllt und in ein Becken mit warmem Wasser getaucht.

Was wird zu beobachten sein? Gib für deine Antwort eine physikalische Begründung.

4 Bild 3 zeigt einen **Versuch** mit einem wassergefüllten Rohr.

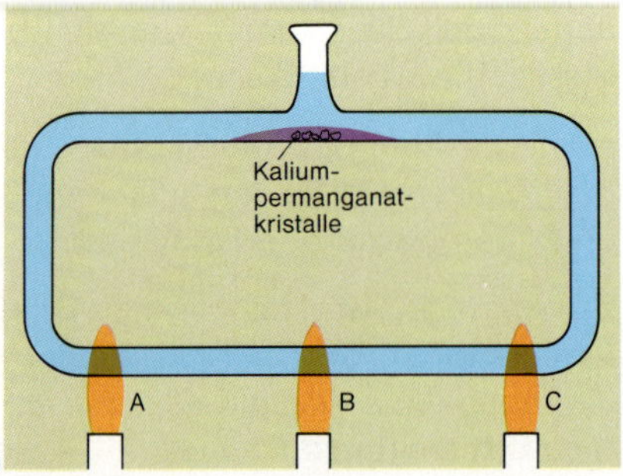

3

a) Das Rohr wird nur an der Stelle A, nur an der Stelle B oder nur an der Stelle C erhitzt.

Was geschieht jeweils?

b) Wo bleibt die zugeführte Energie?

c) Welche technische Anlage wird durch diesen Versuch erklärt?

5 In diesem interessanten **Versuch** (Bild 4) wird zunächst ein kleiner Kolben mit gefärbtem, heißem Wasser gefüllt. Dann wird er mit einem Stopfen verschlossen, in dem zwei Glasröhrchen stecken.

Anschließend stellt man den Kolben in ein Becken mit ungefärbtem, kaltem Wasser.

Was wird deiner Meinung nach geschehen?

6 Bild 5 zeigt eine Zentralheizungsanlage, die vor rund 100 Jahren gebaut wurde.

Damals hatten die Rohre einen größeren Durchmesser als heute. Auch dauerte es länger, bis die Heizkörper warm wurden.

Wenn du eine solche alte Zentralheizung mit einer modernen vergleichst, wirst du festellen, dass ein Teil fehlt ...

Wieso funktionierte diese Heizung trotzdem?

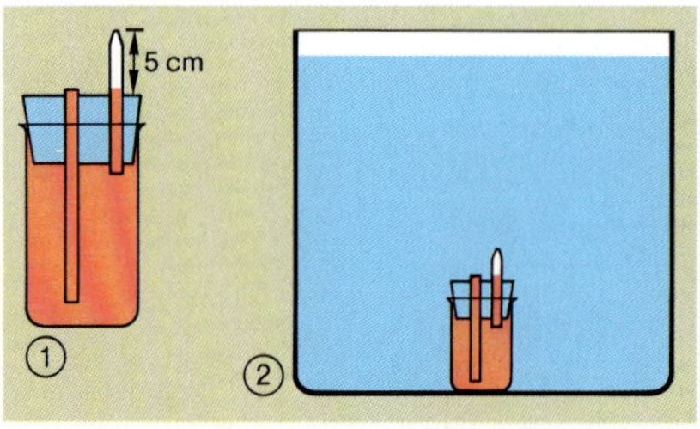

4

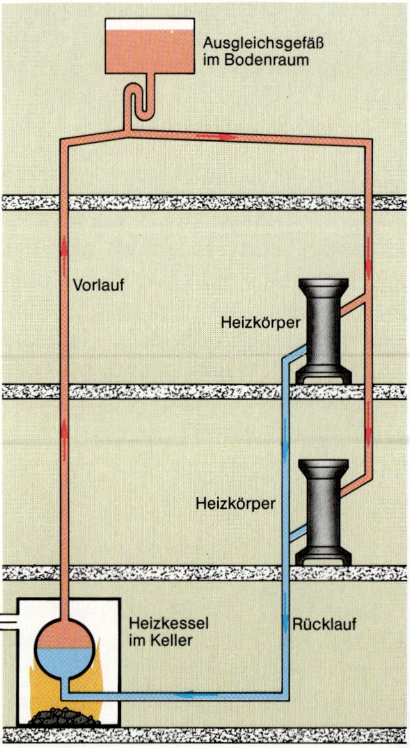

5

5611R

Aus der Geschichte: **Die erste Reise mit dem Heißluftballon**

Am 21. November 1783 war es so weit: Der Apotheker *Pilâtre de Rozier* und der *Marquis d'Arlandes* unternahmen den ersten „Luftspaziergang" über den Dächern von Paris.

Die Brüder *Montgolfier* hatten zuvor einen Heißluftballon gebaut, der als **Montgolfiere** bezeichnet wurde. Er war aus Stoff gefertigt und innen mit Papier ausgefüttert. Die einzelnen Bahnen, aus denen der Ballon zusammengesetzt war, wurden wie bei einem Kleid mit Knöpfen verbunden. Gefüllt war die Kugel mit „stinkigem Rauch", wie er aus brennendem, noch feuchtem Stroh aufsteigt.

Diese Montgolfiere hatte bereits einen kurzen Flug hinter sich. Dabei waren sogar schon „Passagiere" mitgefahren: ein Hammel, eine Ente und ein Hahn. Nun aber wagten sich zum ersten Mal Menschen damit in die Luft (Bild 6). Was sie dabei erlebten, schilderte der Marquis:

6

Wir fuhren um 1.44 Uhr ab ... In diesem Augenblick war es, als Herr Pilâtre zu mir sagte: „Sie tun ja gar nichts, wir kommen nicht in die Höhe!" – „Verzeihen Sie", antwortete ich und warf ein Bund Stroh ins Feuer ...

Es war wahrscheinlich zu dicht gedreht und ging daher schwer an. Deshalb hob ich es wieder heraus und schüttete es mitten über der Flamme aus. Einen Augenblick später fühlte ich mich emporgehoben, als wenn mich jemand an den Schultern emportrüge. Ich sagte zu meinem Gefährten: „Aber jetzt steigen wir doch?" – „Ja, wir steigen", antwortete er ...

Ich hörte ein Geräusch in der Maschine. Es war, als ob ein Seil gerissen wäre. Schnell überprüfte ich die inneren Seile des Ballons. Dabei bemerkte ich, dass die nach Süden gekehrte Wand voll runder Löcher war und dass sich darunter einige von ziemlicher Größe befanden.

Ich rief meinem Gefährten zu: „Wir müssen uns zur Erde hinablassen!" – „Warum?" – „Sehen Sie nur selbst!" Bei diesen Worten ergriff ich auch einen der großen, nassen Schwämme, die wir vorsorglich mitgenommen und an einen Stock gebunden hatten und wir löschten mit leichter Mühe das Feuer aus, das an den Löchern fraß.

Als ich mich nun auch überzeugen wollte, ob der untere Teil des Ballons noch fest am Ring hielt, bemerkte ich, dass beide sich sehr leicht voneinander lösten. Darum wiederholte ich meinen Zuruf: „Wir müssen hinunter!" Pilâtre blickte hinab und antwortete: „Wir schweben über Paris!" – „Gleichviel", erwiderte ich, „sehen Sie nach, ob auf Ihrer Seite keine Gefahr ist! Hält noch alles zusammen?" – „Ja", antwortete er.

Während dieser Vorgänge hatten wir uns sehr merklich den Dächern der Stadt genähert. Wir schürten das Feuer und stiegen sogleich wieder mit großer Leichtigkeit empor ...

Mich dünkte, dass wir gegen den nächsten Kirchturm flögen, den ich schließlich durch das Innere des Rings deutlich sehen konnte. Bei höherem Aufsteigen führte uns ein neuer Luftstrom von dieser Richtung ab und trieb uns nach Süden. Links von uns erblickte ich ein kleines Gehölz, das ich für den Luxembourg-Garten hielt. Nun rief ich: „Jetzt aber hinab auf die Erde!"

Wir schürten das Feuer nicht mehr und der unerschrockene Pilâtre, der auf der Vorderseite stand, rief mir zu, dass wir wohl auf die Mühlen hinabgehen werden. Schnell warf ich deshalb ein Bund Stroh ins Feuer und schürte es tüchtig, dass es lebhaft aufflackern sollte. Dadurch stiegen wir abermals.

Aber eine neue Luftströmung trieb uns mehr nach der Rückseite. Der gute Pilâtre rief mir nochmals zu: „Achtung vor den Mühlen!" Wir waren aber schon längst über die Mühlen hinweggeflogen. Deshalb rief ich ihm zu: „Nun rasch hinab!" ...

Wir waren zwischen zwei Mühlen gelandet. Sobald wir den Boden berührten, erhob ich mich von der Galerie, in der ich mich mit beiden Armen auf das Geländer stützte. Ich fühlte, wie der Oberteil des Luftballons leicht auf meinen Kopf drückte, stieß ihn zurück und sprang über die Brustwehr auf den Boden. Als ich mich nach der Kugel umblickte, sah ich aber zu meinem Erstaunen, dass sie vollkommen flach und in Falten dalag.

Ich sah nirgends Herrn Pilâtre und eilte daher auf seine Seite um ihm aus dem ihn überflutenden Meer von Leinwand herauszuhelfen. Aber bevor ich noch zu ihm gelangt war, sah ich ihn unter einem Leinenberg in Hemdsärmeln hervorkriechen ...

Nun kamen Leute herbei, die sich des Oberrocks von Herrn Pilâtre bemächtigten und die Stücke unter sich teilten. Endlich erschien auch die Polizei, mit deren Hilfe unsere Maschine binnen 10 Minuten in Sicherheit gebracht wurde.

Diese erste Luftreise zweier Menschen dauerte genau 25 min. Danach ging die Entwicklung der Luftschifffahrt mit Riesenschritten voran.

Heute ist das Fahren mit Heißluftballons zu einem beliebten Sport geworden. Die Ballonhüllen bestehen jedoch nicht mehr aus Papier und Seide, sondern aus leichtem, nicht brennbarem Kunststoffgewebe. Die Luft im Innern des Ballons wird auch nicht mehr von brennenden Strohbüscheln, sondern durch die mannshohe Flamme eines Propangasbrenners erhitzt. So ist der Ballonsport heute wieder dort angekommen, wo vor 200 Jahren alles begonnen hatte: beim Heißluftballon.

Aus Umwelt und Technik: **Land- und Seewind**

Wer in den Sommerferien an der See war, wird dort kaum einen windstillen Tag erlebt haben. Merkwürdig ist, dass bei schönem Sommerwetter der Wind *tagsüber von der See zum Land hin* bläst (**Seewind**, Bild 1). *Nachts* aber weht er *vom Land zum Meer* (**Landwind**, Bild 2).

Nur morgens und abends, während sich die Windrichtung ändert, ist es für kurze Zeit fast windstill.

In manchen Ländern mit viel Sonnenschein richten sich die Fischer nach diesen wechselnden Windrichtungen: Nach Sonnenuntergang lassen sie sich in ihren Booten vom Landwind aufs Meer hinaustreiben. Und nach Sonnenaufgang bringt sie der Seewind zum Land zurück.

Wie kommt es, dass der Wind an der Küste so regelmäßig weht?

Die Sonne scheint tagsüber auf Land und Meer. Dabei steigt die Temperatur des *Erdreichs* höher als die des *Wassers.* Dieser Temperaturunterschied zwischen dem Land und dem Meer wirkt sich auch auf die *Luft* aus: Sie erwärmt sich über dem erhitzten Erdboden stärker als über dem kühleren Wasser (Bild 3). Die warme Luft über dem Land steigt in der kühleren Umgebung auf. Die kalte Meeresluft strömt zum Land hin nach. Es herrscht also **Seewind**. In der Höhe strömt die Luft vom Land zum Meer.

Nachts sind die Verhältnisse umgekehrt: Der stark erhitzte Sand gibt seine Energie viel schneller ab als das Wasser, dessen Temperatur am Tage nur geringfügig angestiegen ist. Also hat in der Nacht das *Wasser* die höhere Temperatur. In Bild 4 kannst du sehen, auf welche Weise dadurch der **Landwind** entsteht.

Fragen und Aufgaben zum Text

1 Wieso weht nachts der Wind vom Land zum Meer? Erkläre es anhand von Bild 4.

2 Warum kann man sagen, dass hier Energie durch strömende Gase transportiert wird?

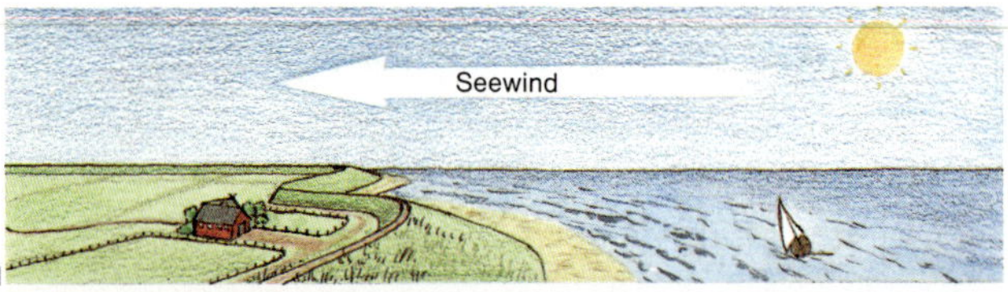

1

2

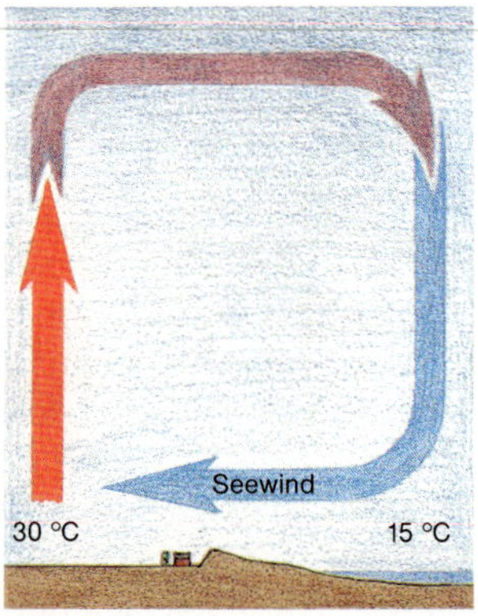

3

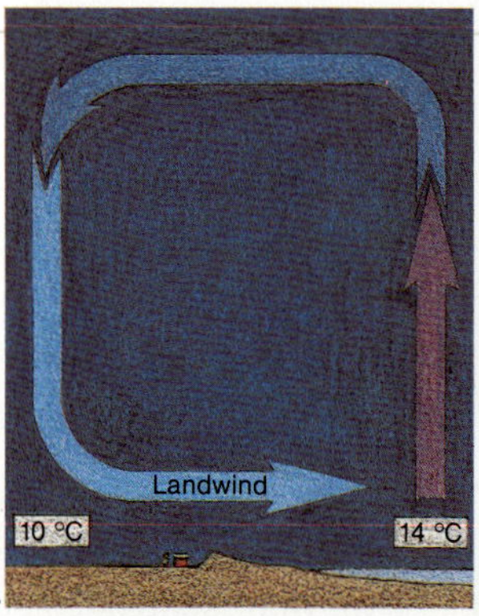

4

Alles klar?

1 Warum steigen *erhitztes* Wasser und *erhitzte* Luft in kühlerem Wasser oder kühlerer Luft nach oben?

2 Veranschauliche den Begriff *Mitführung von Energie* am Beispiel der Wärmflasche oder Bettflasche (Bild 5).

3 Bei einem Feuer im Freien kannst du beobachten, dass Funken und verkohlte Papierstückchen in die Luft aufsteigen. Hast du eine Erklärung dafür?

4 Wird ein „Windrädchen" über die heiße Kochplatte gehalten, dreht es sich sehr schnell. Wenn man die Elektroplatte abschaltet, läuft das Rädchen weiter. Wann bleibt es stehen?

5 Bei den modernen Zentralheizungen drückt eine Pumpe das heiße Wasser aus dem Heizkessel in die Heizkörper und von dort wieder zurück.

a) Ältere Zentralheizungen kamen auch ohne Pumpe aus. Wie ist das möglich?

b) Bei den alten Zentralheizungen waren Rohrdurchmesser von mindestens 5 cm erforderlich. Heute kommt man mit 2 cm dicken Rohren aus. Erkläre.

c) Welchen Vorteil hat die Pumpe bei den modernen Zentralheizungen?

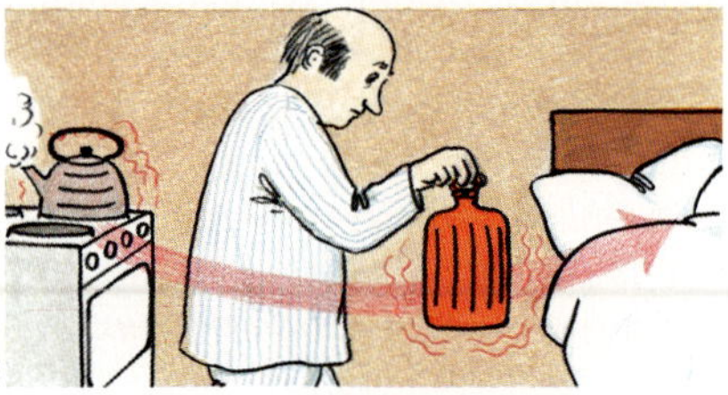
5

6

6 Um Heizkosten zu sparen, will jemand die Zimmer*decke* mit dämmenden Platten belegen.

Unter welchen Umständen ist diese Maßnahme sinnvoll?

7 Warum verschmutzen Wände über Heizkörpern besonders stark (Bild 6)?

5012R

3 Zusammenfassung

Wir unterscheiden Wärmeleitung und Konvektion (Mitführung)

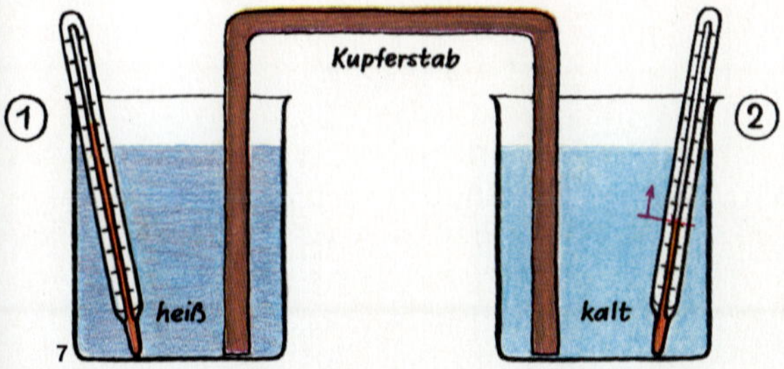

7

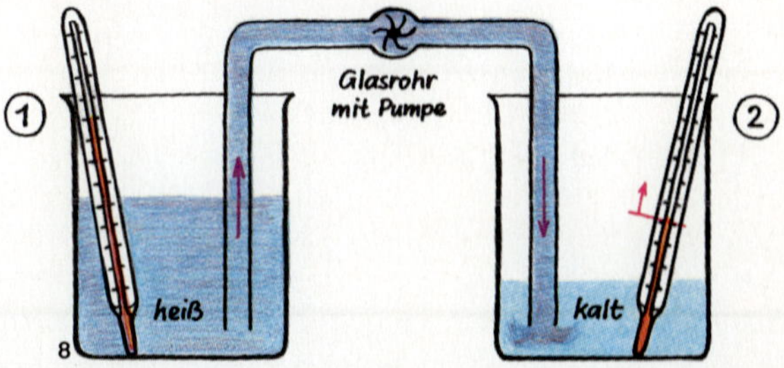

8

Energie strömt vom heißen Wasser durch den Kupferstab ins kalte Wasser. Die Wassertemperatur in Becherglas 1 sinkt allmählich, die in Becherglas 2 steigt.

Diesen Vorgang bezeichnet man als *Wärmeleitung*. Kupferstab und Wasser bleiben jeweils an ihrem Ort.

Wenn die Pumpe eingeschaltet ist, fließt heißes Wasser aus dem Becherglas 1 in Becherglas 2. Das heiße Wasser transportiert Energie in das Becherglas 2. Dort steigt die Wassertemperatur an.

Die Energie wird vom fließenden Wasser *mitgeführt*.

Energie kann dadurch weitergegeben werden, dass ein erwärmter Körper von einer Stelle zur anderen transportiert wird. Man spricht von **Konvektion** oder **Mitführung**.

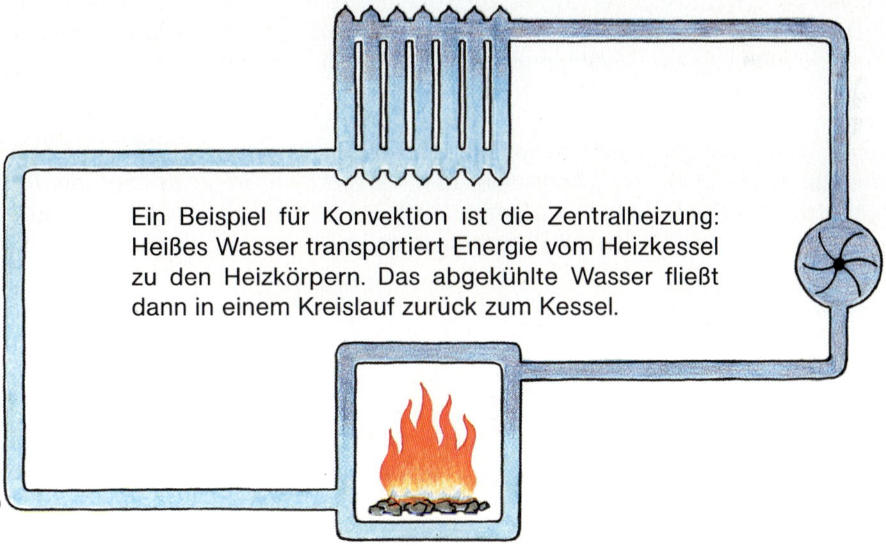
9

Ein Beispiel für Konvektion ist die Zentralheizung: Heißes Wasser transportiert Energie vom Heizkessel zu den Heizkörpern. Das abgekühlte Wasser fließt dann in einem Kreislauf zurück zum Kessel.

Konvektion – ganz von alleine

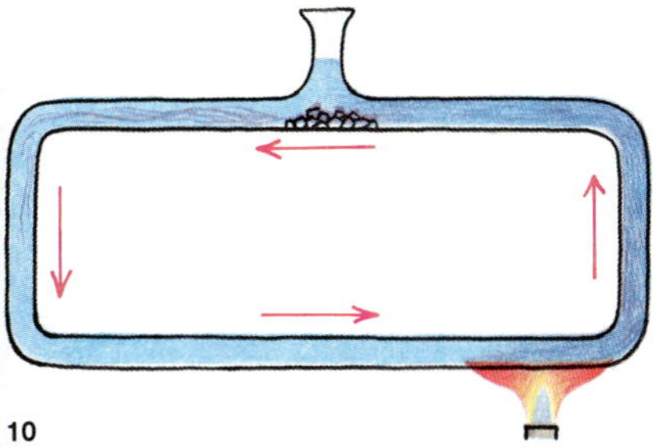
10

Heißes Wasser und heiße Luft sind leichter als kühleres Wasser und kühlere Luft. Deshalb steigt erwärmtes Wasser in kühlerem Wasser auf. Genauso steigt erwärmte Luft in kühlerer Luft nach oben.

Dadurch kann ein Kreislauf von Wasser oder Luft zustande kommen, durch den Energie transportiert wird.

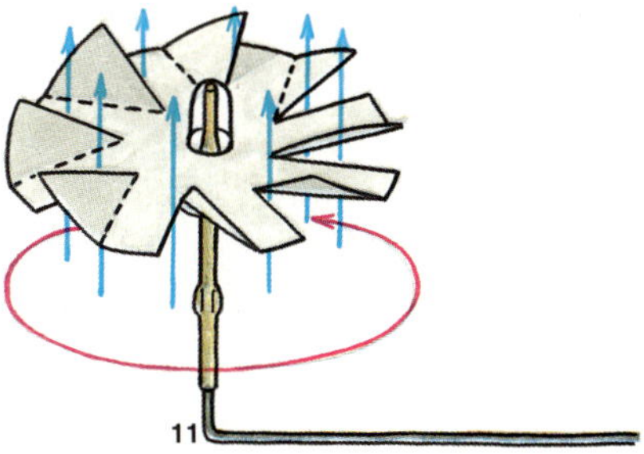
11

Die Strahlung

1 Eine Metallfolie gegen Energieverluste?

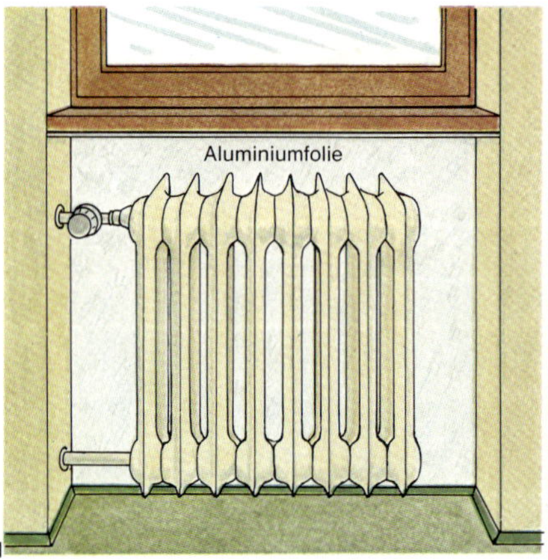

1

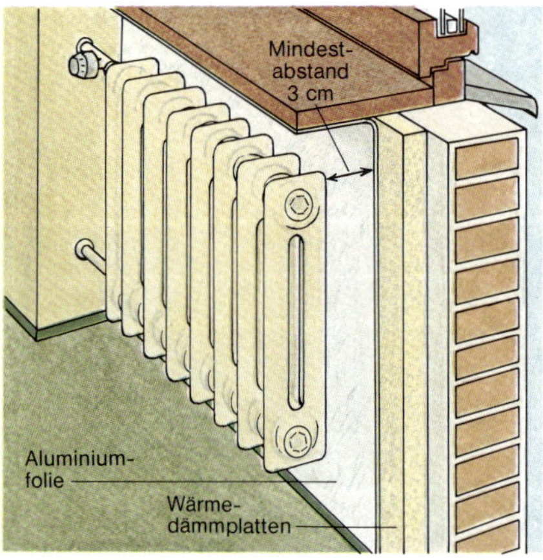

2

Für die Heizkörper sind oft in den Wänden Nischen ausgespart. Weil die Wand in einer Nische besonders dünn ist, wird dort eine Styroporplatte aufgeklebt.

Erstaunlich ist, dass die Platten mit einer glänzenden Metallfolie beschichtet sind. Metalle leiten doch die Energie gut weiter ...

V 1 Helle Glühlampen werden heiß. Die von einer Glühlampe erwärmte Luft steigt nach oben. *Über* der Lampe müsste daher eine Erwärmung zu spüren sein. Probiere es aus (Bild 3).

Neben der Lampe dürfte man kaum etwas spüren. Umfasse die Lampe lose mit den Händen (Bild 4). Was stellst du jeweils fest? Was zeigt dieser Versuch?

3

4

V 2 Wird tatsächlich Energie von der Lampe zur Seite hin übertragen?

Ein Thermometer wird *neben* die Glühlampe gehalten (Bild 5). Ob sich auch die Thermometerkugel erwärmt und das Thermometer eine höhere Temperatur anzeigt?

Wiederhole den Versuch mit anderen Wärmequellen. In Bild 6 siehst du zwei Vorschläge dazu.

5

6

V 3 Dieser Versuch zeigt, dass man mit einer Aluminiumfolie Energieverluste vermeiden kann.

a) Überziehe eine Postkarte mit glänzender Aluminiumfolie. Die Folie soll dabei nicht geknittert werden.

b) Lege die Postkarte mit der Folie nach oben auf den Tisch. Nähere ihr dann langsam deine flache Hand – bis auf ein paar Millimeter. Was fühlst du nach kurzer Zeit?

c) Noch deutlicher wird das Ergebnis, wenn du die Postkarte mit der Folienseite nahe an dein Gesicht hältst (Bild 7).

d) Offenbar gibt dein Gesicht Energie ab. Welchen Weg nimmt diese Energie in unserem Versuch?

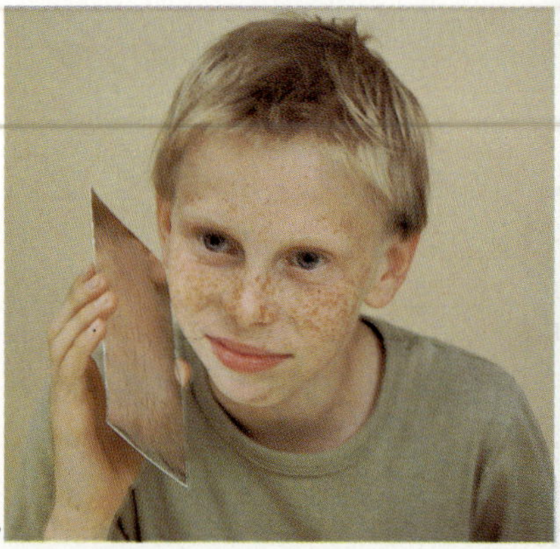
7

5614R

V 4 Für diesen Versuch brauchst du ein *Thermoskop* (Bild 8): Ein wassergefülltes U-Rohr zeigt an, wenn sich die Luft im Reagenzglas erwärmt und dabei ausdehnt.

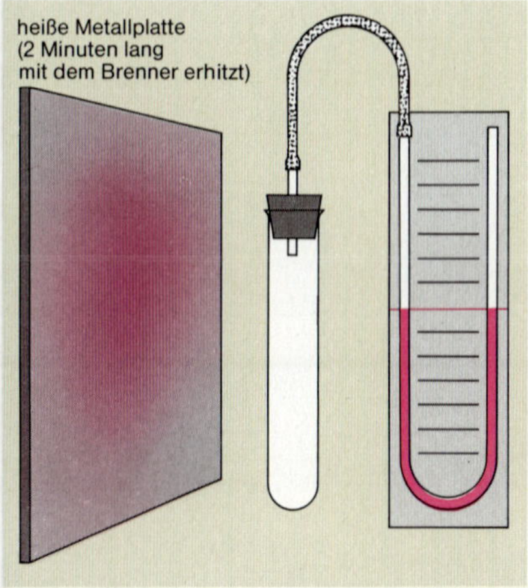

a) Nähere erst einmal deine Hand *vorsichtig* der heißen Platte.

Halte dann das Reagenzglas an die gleiche Stelle.

b) Wiederhole den Versuch. Verwende statt der Metallplatte eine helle Glühlampe oder einen Topf mit heißem Wasser.

c) Umwickle das Reagenzglas mit Aluminiumfolie. Halte es dann eine Minute lang neben die Glühlampe. Was stellst du fest?

d) Umwickle das Reagenzglas mit schwarzem Papier und halte es wieder neben die Glühlampe.

V 5 Auch in diesem Versuch geht es um das „Empfangen" von Energie. Bild 9 zeigt den Versuchsaufbau.

Versuche das Ergebnis vorherzusagen.

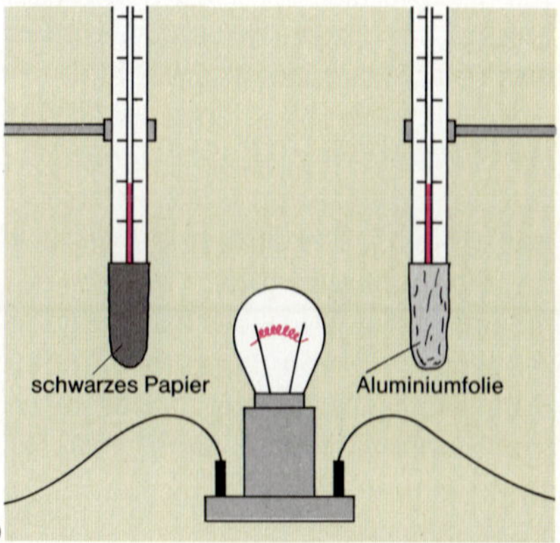

9

Strahlung überträgt Energie

Wenn ein Auto im Sommer „in der prallen Sonne" steht, wird es im Innern unerträglich heiß. Am Strand wird der Sand manchmal so heiß, dass man ohne Schuhe kaum darauf laufen kann.

In beiden Beispielen werden Körper durch die Strahlung der Sonne erwärmt. **Durch Strahlung wird also Energie übertragen.**

Die Sonnenenergie wird nur durch Strahlung zur Erde übertragen (Bild 10). Diese Art des Energietransports ist auch im luftleeren Weltraum möglich, Stoffe sind dabei nicht erforderlich.

Die Sonne strahlt nicht nur sichtbares Licht aus. Ein Teil der Strahlung ist unsichtbar.

Auch andere Körper senden Strahlung aus, z. B. eine heiße Herdplatte, eine eingeschaltete Glühlampe oder dein Körper. Mit der Strahlung geben die Körper Energie ab.

Ob die Strahlung unsichtbar oder sichtbar ist, hängt von der Temperatur der strahlenden Körper ab: Nur sehr heiße Körper senden auch sichtbares Licht aus. Beispiele sind die Sonne oder ein glühender Draht.

10

Wenn die Strahlung auf einen anderen Körper trifft, wird sie teilweise aufgenommen. Man sagt, sie wird **absorbiert** (lat. *absorbere:* verschlingen, aufsaugen). Dadurch erhält der Körper Energie.

Körper mit dunkler Oberfläche absorbieren besonders viel Strahlung. Die Energiezufuhr macht sich durch einen starken Temperaturanstieg bemerkbar.

Die Strahlung selbst ist weder warm noch kalt. Es erwärmen sich nur Körper, wenn sie die Strahlung absorbieren.

Wenn wir zwischen eine Flamme und unsere Hand eine Aluminiumfolie halten, spüren wir kaum noch eine Erwärmung. Körper mit glatter, blanker Oberfläche werfen die Strahlung zurück; sie **reflektieren** die Strahlung (lat. *reflectere:* rückwärts biegen, umlenken).

Man macht sich die Reflexion bei Raumanzügen von Astronauten und Weltraumsonden zunutze: Ihre spiegelnden Oberflächen verhindern ein übermäßiges Aufheizen durch die Sonnenstrahlung.

Aufgaben

1 In den Heizkörpernischen findet man oft Styroporplatten, die mit Aluminiumfolie beschichtet sind.

Wozu dient diese Beschichtung?

2 Nenne die Unterschiede beim Energietransport durch Wärmeleitung, Konvektion und Strahlung.

3 Wie kann man die Strahlung einer Herdplatte nachweisen?

Von deiner Hand geht Strahlung aus. Beschreibe einen Versuchsaufbau um sie nachzuweisen.

4 Die von der Sonne beschienenen Teile der Mondoberfläche erreichen Temperaturen von +150 °C. Auf der Erde wird es nicht so heiß, obwohl Mond und Erde etwa den gleichen Abstand von der Sonne haben. Gib dafür eine Erklärung.

Woran könnte es liegen, dass sich die nicht beschienene Mondoberfläche auf unter −100 °C abkühlt?

Aus Umwelt und Technik: **Warmwasser durch Sonnenenergie**

Manche Häuser sind mit **Solaranlagen** ausgestattet (lat. *sol*: Sonne). Sie dienen dazu, Wasser mit Hilfe von Sonnenenergie zu erwärmen. Das Wasser wird zum Baden, Waschen und Geschirrspülen gebraucht.

Bild 1 zeigt ein solches Haus. Auf der Südseite des Daches sind dunkle, leicht glänzende Flächen zu sehen (Bild 2). Dabei handelt es sich um **Sonnenkollektoren** (lat. *colligere*: sammeln). Sie haben die Aufgabe möglichst viel von der auftreffenden Sonnenstrahlung zu absorbieren (aufzunehmen) und damit Wasser zu erwärmen.

In Bild 3 siehst du, wie ein Sonnenkollektor aufgebaut sein kann.

1

2

Die Sonnenstrahlung dringt durch die *Glasabdeckung* des Kollektors und trifft auf die schwarze *Absorberplatte* aus Metall. Dort wird sie absorbiert. Durch die zugeführte Energie steigt die Temperatur der Platte an.

Hinter der warmen Absorberplatte wird Wasser vorbeigepumpt. (Das Wasser ist mit einem Frostschutzmittel gemischt.) Durch Wärmeleitung geht Energie von der Platte in das vorbeifließende Wasser über.

Das Wasser wird erwärmt und gelangt in den Warmwasserspeicher (Bild 4). Dort befindet sich ein Wärmetauscher. Das Wasser aus dem Kollektor gibt Energie an kaltes Leitungswasser ab. Das so erwärmte Wasser steht dann für den Haushalt zur Verfügung.

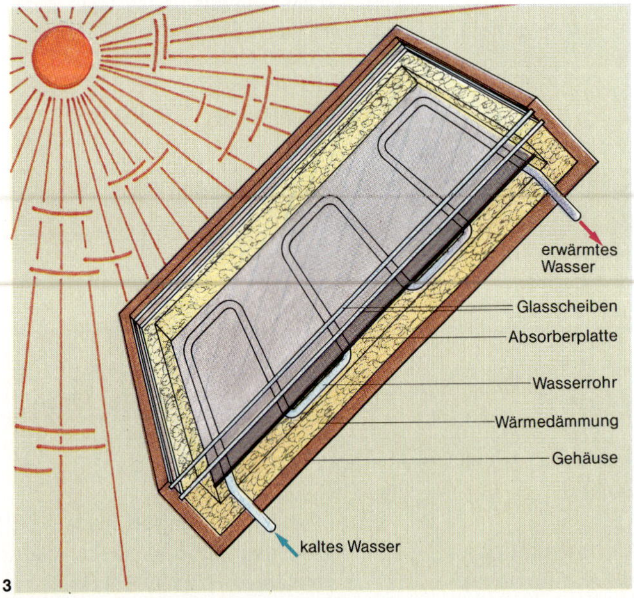

3

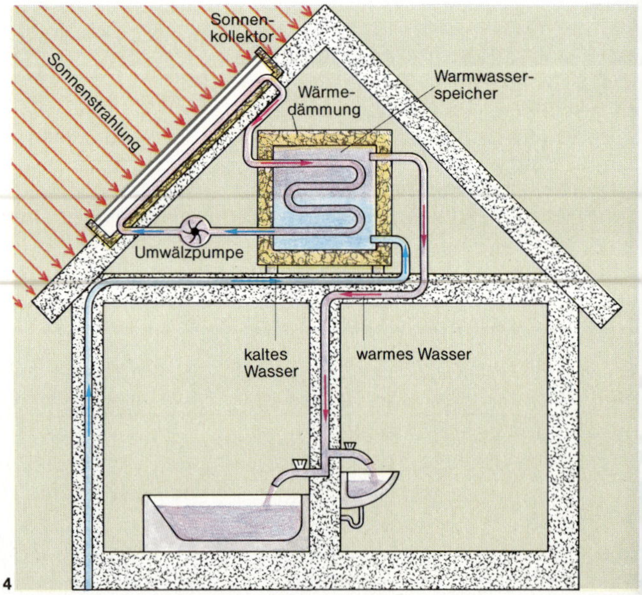

4

5616R

Fragen und Aufgaben zum Text

1 Warum sind die Kollektoren auf der Südseite des Daches angebracht?

2 Bild 4 zeigt in einer Schemazeichnung, wie eine Solaranlage funktioniert. Sicherlich findest du in dieser Anlage einen Kreislauf.
Beschreibe diesen Kreislauf.

3 Die Absorberplatte ist schwarz gestrichen. Nenne den Grund dafür.

4 Warum sind die Kollektoren und der Wärmespeicher mit einer dicken Isolierschicht umgeben?

5 Die folgenden Sätze zur Wirkungsweise des Sonnenkollektors sind durcheinander gewürfelt worden. Schreibe sie in der richtige Reihenfolge auf.
a) Dann erreichen sie den Absorber und werden absorbiert.
b) Die Sonnenstrahlung trifft auf den Kollektor.
c) Die Temperatur des Absorbers steigt daraufhin an.
d) Sie durchdringen die Glasabdeckung.
e) Das Wasser im Kollektor wird dadurch aufgeheizt.
f) Als Warmwasser fließt es in den Wärmetauscher.
g) Dort gibt es Energie an Leitungswasser ab, das dadurch erwärmt wird.
h) Das warme Wasser kann nun in Küche und Bad sowie zur Heizung verwendet werden.

6 Welche Vorteile haben Sonnenkollektoren? Welche Probleme gibt es bei dieser Art der Nutzung von Sonnenenergie?

7 Bei der Nutzung der Sonnenenergie durch Kollektoren spielen alle drei Arten des Energietransports eine Rolle. Auf welchem Weg wird die Energie durch Strahlung übertragen, wo durch Leitung und wo durch Konvektion?

Aus Umwelt und Technik: **Von Lagerfeuern und anderen Heizungen**

Zu einem richtigen Ferienlager gehört auch ein **Lagerfeuer** (Bild 5). Bis spät abends sitzt man in fröhlicher Runde um das Feuer. Von vorne wärmt das Feuer sehr stark, im Gesicht spürt man geradezu die Glut. Dagegen kühlt der Rücken aus.

Beim Lagerfeuer spielt nur die Strahlung eine Rolle. Das Feuer wärmt dort, wo die Strahlung auftrifft und absorbiert wird.

Anders ist es beim **Kachelofen** und beim **Heizkörper** der Zentralheizung. Da der Ofen oder Heizkörper warm ist, gibt er natürlich Energie durch Strahlung ab. Aber er erwärmt auch die Luft, die an ihm emporsteigt. Durch Konvektion wird der ganze Raum gleichmäßig erwärmt – auch dort, wo keine Strahlung ankommt.

Elektrische oder mit Gas betriebene **Heizstrahler** (Bild 6) haben Ähnlichkeit mit dem Lagerfeuer: Sie geben Energie vor allem durch Strahlung ab. Die Konvektion ist gering und macht sich im Freien kaum bemerkbar.

5

Fußbodenheizungen wurden schon vor mehr als 2000 Jahren von den Römern gebaut. Bäder und Paläste waren auch im Winter angenehm warm (Bild 7).

Die Fußböden ruhten auf mehreren Reihen von kleinen Pfeilern. Unterhalb des Fußbodens entstand so ein 50 cm hoher Hohlraum. Durch diesen Hohlraum strömte heißer Rauch von einer überdachten Feuerstelle zu einem Schornstein. Der Rauch gab Energie an den Fußboden ab, der 25 bis 30 °C warm wurde. Der Fußboden selbst wirkte wie ein riesiger Ofen. Er gab Energie an die Luft im Raum ab – durch Strahlung und Konvektion.

Bei heutigen Fußbodenheizungen sind Rohrleitungen im Fußboden verlegt. Durch die Rohre strömt warmes Wasser und heizt den Boden auf.

6

7

Alles klar?

1 In einer Thermosflasche (Bild 1) bleiben heiße Getränke lange Zeit heiß.

a) Weshalb kann praktisch keine Energie durch Wärmeleitung von innen nach außen gelangen? Wie wird verhindert, dass Energie durch Strahlung verloren geht?

b) Warum bleiben in der Thermosflasche kalte Getränke lange Zeit kühl?

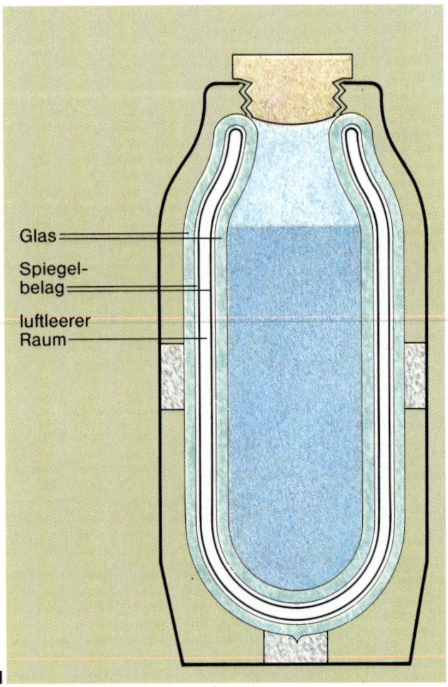

1

2 Auf welche Weise gibt ein Heizkörper Energie an den Raum ab, in dem er sich befindet?
Wie wird bei der Zentralheizung der Heizkörper selbst erwärmt?

3 Wodurch unterscheidet sich der Energietransport durch Strahlung von der Wärmeleitung und der Konvektion?

4 Harry Schlaumeier legt auf frischen Schnee ein schwarzes und ein weißes Leinen. „Ich kann vorhersagen, unter welchem Tuch der Schnee am schnellsten schmilzt!", behauptet er ...

5 Nach Unfällen werden Verletzte oft in eine Kunststoffdecke mit einer Beschichtung aus Aluminium eingehüllt. Das soll sie vor allem warm halten.
Wie ist das möglich?

6 Kühllastwagen und Kühlwaggons bei der Eisenbahn sind fast immer weiß lackiert. Gib dafür eine Erklärung.

7 Filme sind recht wärmeempfindlich. Deshalb bezeichnen manche Fachleute die schwarze Farbe von Fotoapparaten als „modischen Unsinn". Siehst du da einen Zusammenhang?

8 Für Afrika-Reisende wird eine „tropentaugliche" Verpackung für Filme angeboten. Wie könnte sie aussehen?

9 Warum gedeihen selbst bei Nachtfrost Blumen unter den Glasscheiben eines Frühbeetes?

10 Aus welchem Grund werden in heißen Ländern helle Kleidungsstücke bevorzugt?

11 Wie funktioniert dieser seltsame Kochherd (Bild 2)?

2

2 Zusammenfassung

Energietransport durch Strahlung

3

Die Sonnenenergie wird allein durch **Strahlung** übertragen. Im (nahezu) leeren Weltraum ist weder Wärmeleitung noch Konvektion möglich.

Auch von jedem anderen warmen Körper geht Strahlung aus. Durch den Energieverlust kühlt sich der strahlende Körper ab. Bei heißen Körpern ist ein Teil der Strahlung sichtbares Licht.

Energie kann durch Strahlung übertragen werden.

4

5618R

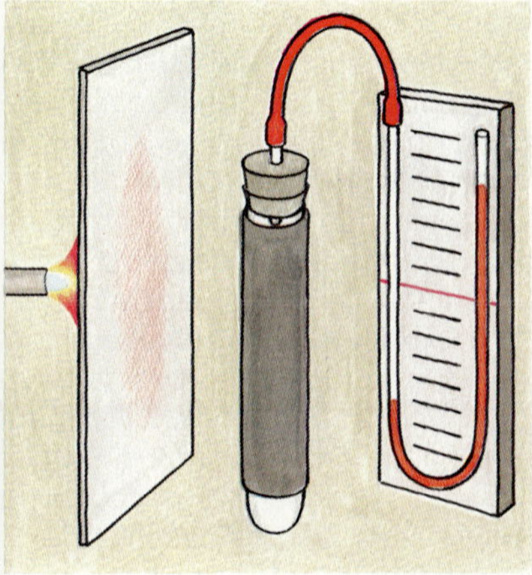

Die *dunkle, matte Oberfläche* eines Körpers **absorbiert** („verschluckt") fast die gesamte Strahlung, die auf sie auftrifft.

Durch die Energiezufuhr steigt die Temperatur des dunklen Körpers.

Eine *helle, glänzende Oberfläche* dagegen absorbiert die auftreffende Strahlung kaum.

Die Temperatur des hellen Körpers ändert sich deshalb nur wenig.

Dunkle Körper nehmen die Strahlung besser auf als helle; sie absorbieren stärker.

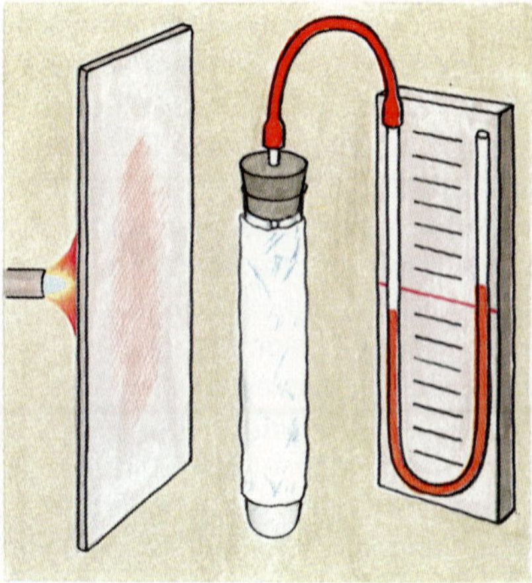

6

Man beklebt z. B. das Mauerwerk hinter Heizkörpern mit glänzender Alufolie. Sie wirft die Strahlung zurück, die sonst die Mauer aufnehmen würde.

Die Strahlung kann auch **reflektiert** (zurückgeworfen) werden.

Bei geringeren Temperaturen senden die Körper nur unsichtbare Strahlung aus. Wir können diese Strahlung aber durch ihre Wirkungen feststellen:

Durch die zugeführte Energie steigt z. B. die Temperatur kälterer Körper.

Wir vergleichen Wärmeleitung, Konvektion und Strahlung

Energietransport *in* Stoffen: Wärmeleitung

Energie strömt in einem Körper von Stellen höherer Temperatur zu Stellen mit niedrigerer Temperatur.

Die Wärmeleitung hört auf, wenn die Temperaturunterschiede ausgeglichen sind.

Zu den guten Wärmeleitern zählen Metalle. Luft gehört zu den schlechtesten Wärmeleitern.

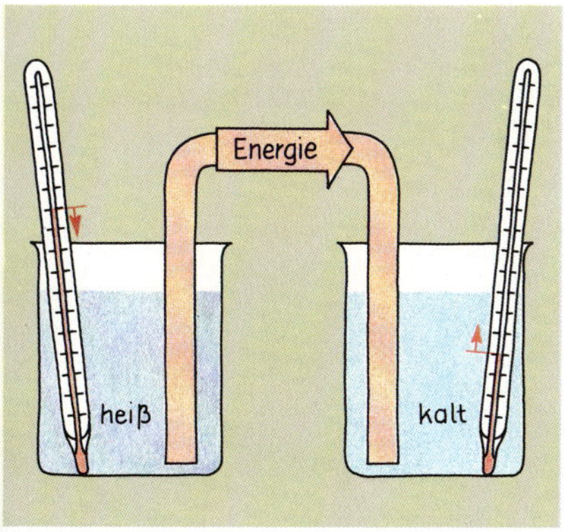

Energietransport *mit* Stoffen: Konvektion

Energie kann dadurch übertragen werden, dass ein erhitzter Körper (als „Transportmittel") von einer Stelle zur anderen gebracht wird.

In Flüssigkeiten und Gasen läuft die Konvektion oft auch von alleine ab. So steigt z. B. heißes Wasser in kühlerem Wasser auf. Es kann ein Wasserkreislauf zustande kommen.

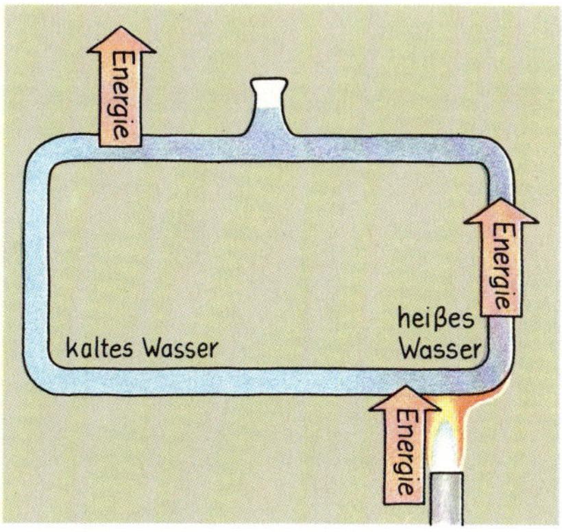

8

Energietransport *ohne* Stoffe: Strahlung

Von jedem warmen Körper geht Strahlung aus.

Für die Energieübertragung durch Strahlung sind keine Körper nötig.

Trifft die Strahlung auf einen dunklen Körper mit matter Oberfläche, absorbiert dieser die gesamte Strahlung. Weil er dadurch Energie erhält, steigt seine Temperatur.

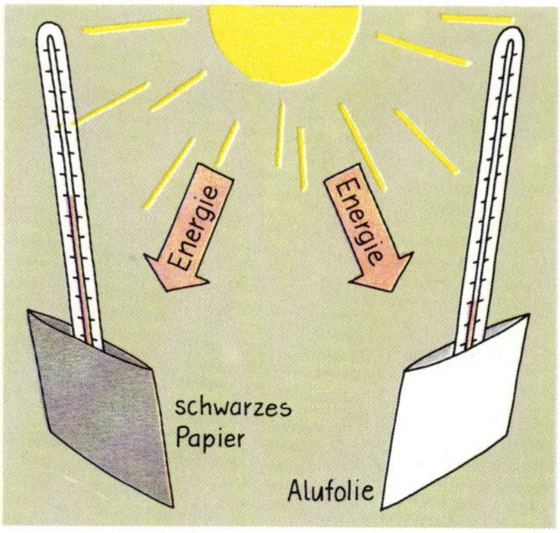

9

Projekt Wärmedämmung

1 Wärmeverluste vermindern

Alle Lebewesen brauchen Wärme. Dabei sind sie auf die Sonne und andere Wärmequellen angewiesen.

Wärme ist nicht immer im Überfluss vorhanden. Tiere werden z. B. durch Fell oder Gefieder vor Wärmeverlusten geschützt. Die Menschen sorgen durch Kleidung und abgeschlossene Wohnräume dafür, dass möglichst wenig Wärme verloren geht.

Beim Bau eines Hauses achtet man heute besonders auf eine gute Wärmedämmung der Außenwände. Die Wärmeabgabe von innen nach außen soll damit verringert werden. Strahlung *aus* der Umgebung kann andererseits zum Heizen genutzt werden.

Mit diesen Maßnahmen lässt sich der Verbrauch von Kohle, Heizöl oder Erdgas senken. Dadurch gelangen weniger Abgase in die Umwelt und die Brennstoffvorräte werden geschont. Ein geringerer Verbrauch von Brennstoffen spart zudem Geld.

Die Wände können aus verschiedenen Materialien aufgebaut sein. Der Aufbau hat etwas damit zu tun, ob man sich in einem Zimmer wohl fühlt. Das ist bei der Wärmedämmung auch zu bedenken.

1

In Bild 1 sind verschiedene Bereiche dargestellt, bei denen die Wärmedämmung eine Rolle spielt. Das Thema gehört nicht nur in *ein* Unterrichtsfach. Außer mit Physik hat es viel z. B. mit Biologie und Technik zu tun.

Wärmedämmung kann aus diesem Grund in Form eines Projektes behandelt werden. Das Thema wird dabei nicht im „Gleichschritt" mit der ganzen Klasse erarbeitet (Bild 2). Vielmehr sollt ihr gruppenweise vorgehen (Bild 3). Jede Gruppe wählt einen oder zwei Teilbereiche des Themas aus und bearbeitet sie.

Bevor ihr damit beginnt, sollte jede Gruppe einen Arbeitsplan aufstellen.

2

3

8427RD

Arbeitsplan

Themenbereich: ______________________

Mitglieder der Gruppe: ______________________

? Welche Fragen und Probleme wollen wir bearbeiten?

i Wo können wir Informationen zu dem Themenbereich erhalten?

A Wer übernimmt welchen Auftrag bzw. welche Aufgabe?

Welche Versuche wollen wir durchführen?

SOS Wobei brauchen wir die Hilfe der Lehrerin oder des Lehrers?

Wie viel Zeit haben wir für die einzelnen Arbeitsschritte?

Wie stellen wir unsere Ergebnisse für die anderen Gruppen dar?

Tipps zum Projektunterricht

1. Sammelt Fragen zum Thema, die euch interessieren und die ihr für wichtig haltet.

2. Fasst Einzelfragen zu größeren Einheiten zusammen.

3. Jede Gruppe sollte aus 3–5 Schülern bestehen.

4. Sammelt Material für euren Teilbereich. (Ihr findet z. B. auf den folgenden Seiten viele Anregungen. Schaut auch in andere Schulbücher. Leiht in Büchereien Bücher aus.)

5. Weiteres Material gibt es z. B. von Baufirmen, Energieversorgungsunternehmen oder Umweltverbänden.

6. Stellt eure Arbeitsergebnisse in der Klasse vor. Ihr könnt das z. B. mündlich tun. Bereitet eine anschauliche Darstellung vor.
   Dazu einige Vorschläge:
   - Erklärt selbst gebaute Modelle.
   - Führt wichtige Versuche vor.
   - Spielt Interviews von Tonbandkassetten ab (z. B. Befragung eines Bauherrn oder Architekten).
   - Falls eure Arbeiten besonders gut gelungen sind, könnt ihr eine Ausstellung für die ganze Schule planen und durchführen.

Das Thema kann auf verschiedene Weise unterteilt werden. In diesem Kapitel findet ihr Hilfen zur Beantwortung folgender Fragen:
- Wie gut dämmen verschiedene Baustoffe die Wärme?
- Wie lässt sich die Wärmedämmung von Wänden vergleichen?
- Wie kann man ein Haus mit Sonnenstrahlung heizen?
- Wie erreicht man ein angenehmes Raumklima?
- Wärmedämmung beim Garen und Backen – wie wurde das früher genutzt?
- Weshalb hält eine Thermoskanne Getränke so gut warm?

4

Außerdem findet ihr in diesem Buch weitere Beiträge zu folgenden Bereichen:
- Eine Metallfolie zur Wärmedämmung – Versuche zur Strahlung (Bild 4)
- Wärmedämmung beim Hausbau (Bilder 5 u. 6)
- Gefieder, Fell und Speckschicht – Überleben im Winter (Bild 7)

7

5

6

2 Untersuchungen zur Wärmedämmung

V 1 Wir vergleichen die Wärmedämmung verschiedener Stoffe.

a) Zuerst untersuchen wir die Wärmedämmung eines Pakets aus Pappe. Bild 1 zeigt den Versuchsaufbau.

Messt die Temperatur im Paket. Heizt dann mit der Lampe, bis die Temperatur um 10 bis 15 °C gestiegen ist. Schaltet die Heizung ab und messt die Temperatur genau.

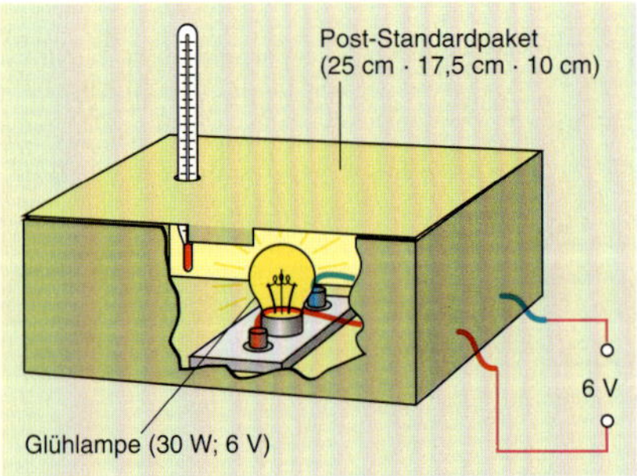

1

Lasst das Paket am offenen Fenster abkühlen. Messt alle zwei Minuten die Temperatur.

b) Verkleidet nun das Paket ringsum mit Styropor, Steinwolle, Rigips, Holz ... (nehmt Kreppband zum Ankleben). Wiederholt den Versuch. Vergleicht die Messwerte.

V 2 Eine Zimmerwand ist dort besonders kalt, wo viel Wärme entweicht. Mit einem Prüfgerät (→ Bauanleitung) könnt ihr solche „Wärmebrücken" nachweisen.

Bestimmt mit dem Prüfgerät die Temperatur mitten im beheizten Zimmer und an der Außenwand (mit dem Thermometer zur Wand). Wenn es an der Wand um mehr als 3 °C kälter ist, ist die Wärmedämmung nicht ausreichend.

Führt Messungen in verschiedenen Räumen durch.

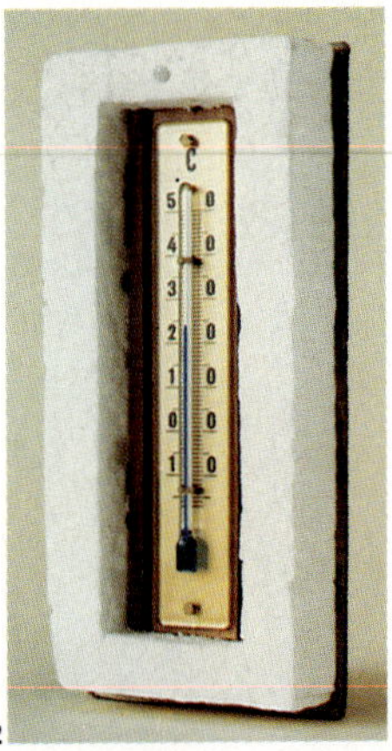
2

Bauanleitung:
Prüfgerät für die Wärmedämmung von Außenwänden

Ihr braucht:
1 Zimmerthermometer,
1 Styroporplatte (20 mm dick),
1 Wellpappe oder dünne Styroporplatte (0,5–1 mm stark),
1 scharfes Küchenmesser oder Styroporschneider (→ Bauanleitung im Anhang),
Kaltleim (z. B. Ponal®).

So wird's gemacht:
Schneidet aus der dicken Platte die Form des Thermometers aus, sodass es genau hineinpasst (Bilder 2 u. 3). Die Rückseite beklebt ihr mit Wellpappe oder Styropor. Das Loch zum Aufhängen brennt ihr mit einer heißen Nadel ein.

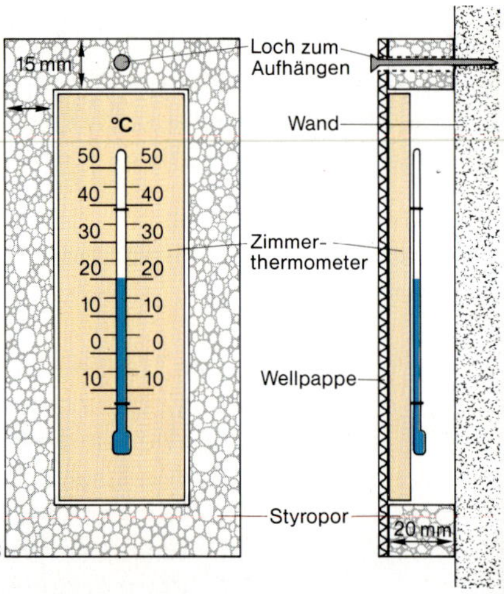

3

Aus Umwelt und Technik: **Die Wand bestimmt das Klima**

Wenn man im Winter die Heizung abschaltet, wird das behaglich warme Zimmer schnell abkühlen. **Wärmedämmstoffe** sollen das verhindern.

Durch Wärmedämmstoffe könnte man nicht nur die Heizkosten senken, sondern auch die Baukosten:

Statt eine Außenwand aus teuren Ziegeln zu mauern, könnte man einen stabilen Holzrahmen bauen und mit 20 cm dickem Styropor ausfüllen. Darüber käme eine Schicht Putz. Die Wärmedämmung wäre dann besser als bei einer 2 m dicken Steinwand.

Dennoch geht man in der Regel anders vor. Eine Wand aus Styropor hat nämlich erhebliche Nachteile:

Weil Styropor wasserdicht ist, nimmt es keine Feuchtigkeit auf. Die kommt aber mit der Atemluft immer neu ins Zimmer. Wird die feuchte Luft nicht durch Lüften entfernt, kann es hinter den Tapeten schimmeln.

Steinwände sind in dieser Beziehung viel besser. Sie haben außerdem einen weiteren Vorteil:

An heißen Tagen ist es im gemauerten Haus kühler als z. B. im Wohnwagen. Die Mauern nehmen Wärme aus der Luft auf. Sie wirken als **Wärmespeicher**. In der kühlen Nacht geben sie Wärme langsam wieder ab. Im Gegensatz zu raschen, starken Temperaturänderungen empfinden wir langsame Änderungen nicht als unangenehm.

Aufgaben

1 Stoffe speichern die Wärme unterschiedlich gut. Erläutert, was damit gemeint ist. Sucht Beispiele.

2 Besorgt Schnittzeichnungen von Wänden, die in *Leichtbauart* bzw. mit *Mauerziegeln* erstellt werden. Welche Teile der Wände dienen der Wärmedämmung, welche der Wärmespeicherung?

3 Entwerft eine Wand, die die Wärme gut dämmt *und* speichert.

8429R

3 Die „Energiewand“

5

Dieses Haus wird über die Fassade geheizt.

4

Bei Bild 4 wird nur im ersten Stock geheizt, im Erdgeschoss nicht.

Bild 5 zeigt die Außenwand in „Sommerstellung“.

So ist die „Energiewand“ aufgebaut (Bild 6).

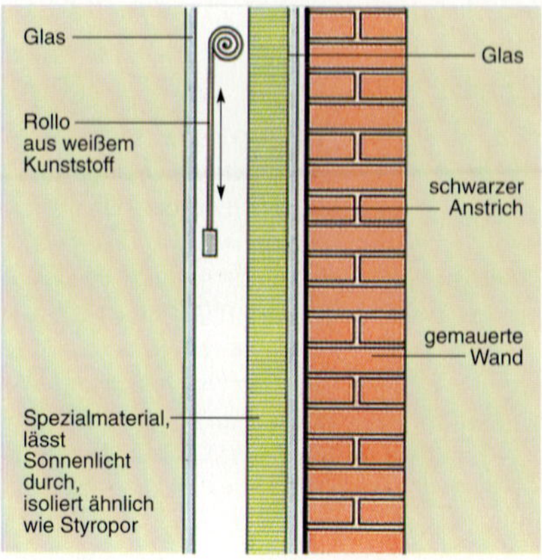

6

- ○ Warum ist die gemauerte Wand schwarz gestrichen?
- ○ Weshalb ist das Rollo weiß? Wann wird es heruntergelassen?
- ○ Welche Aufgaben hat die Schicht aus Spezialmaterial?
- ○ Liefert die „Energiewand“ nur bei direkter Sonnenbestrahlung Wärme?
- ○ Welche Rolle spielt es, wie schräg das Licht auf die Wand fällt?

Die folgenden Versuche sollen euch helfen diese Fragen zu beantworten.

Legt vor dem Versuchsbeginn eine Tabelle an (→ Muster).

Tipp: Beginnt jeden Versuch mit einem Thermometer, das Zimmertemperatur hat. Bei elektronischen Thermometern geht das Abkühlen nach einem Versuch schnell. Flüssigkeitsthermometer stellt ihr in ein Glas mit Wasser.

Versuch	Anfangs-temperatur	End-temperatur	Temperatur-unterschied
?	?	?	?

V 3 Bild 7 zeigt den Versuchsaufbau. Die schwarze Pappe entspricht dem Anstrich der Wand. Die „Tasche“ mit dem Thermometer wird mit einer Schreibtischlampe oder besser von der Sonne bestrahlt. Lest die Temperatur zu Beginn und nach drei Minuten Bestrahlung ab.

V 4 Legt jetzt weißes Papier (statt des Rollos) über die schwarze Pappe. Messt wieder die Anfangstemperatur und die Temperatur nach drei Minuten Bestrahlung.

V 5 Untersucht, welchen Einfluss es hat, ob die Sonne senkrecht oder schräg einfällt (Bild 8).

V 6 Die Wolken am Himmel ersetzen wir durch drei Lagen Butterbrotpapier vor der Lampe (Bild 9). Steigt die Temperatur auch ohne direktes Bestrahlen?

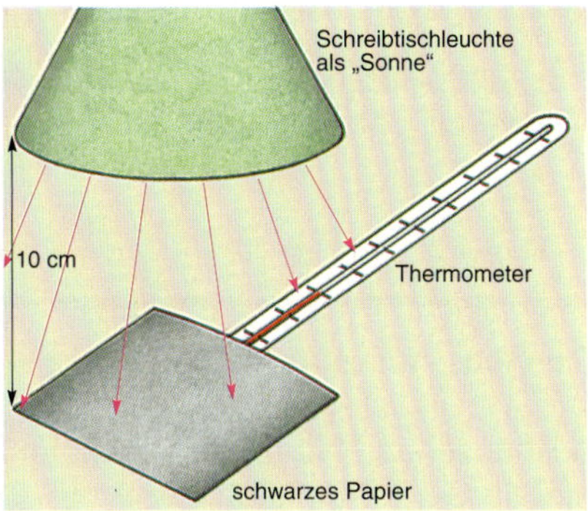

7

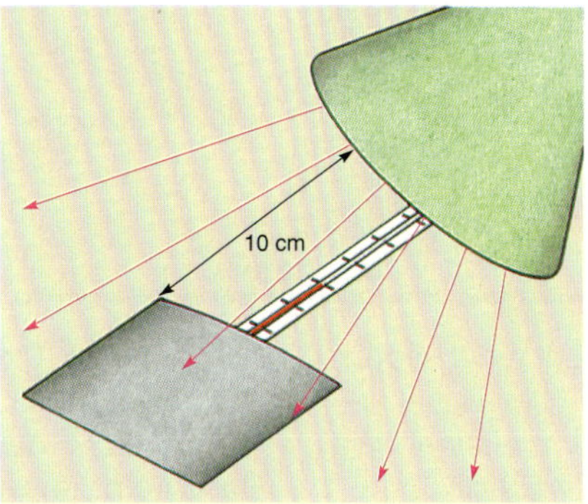

8

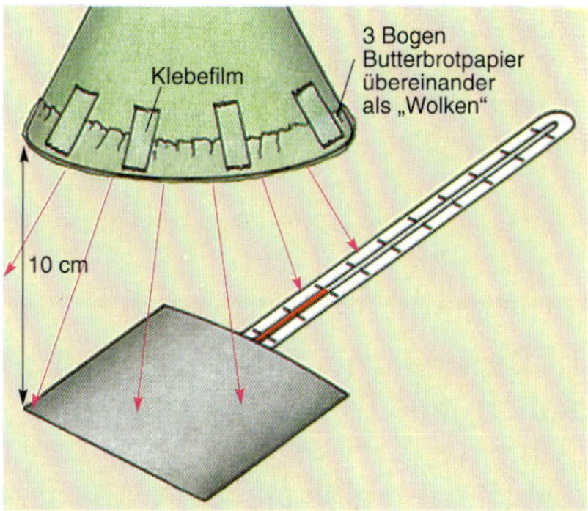

9

Aufgaben

1 Beschreibt die „Energiewand". Zeichnet die Wand dazu auf und nummeriert die einzelnen Schichten (①–④). Erklärt mit Hilfe eurer Versuchsergebnisse, welchen Zweck jede Schicht erfüllt. Ihr könnt z. B. so beginnen:

„① Das Sonnenlicht trifft auf die Wand. Die **Schicht aus Spezialmaterial** lässt es fast ungehindert durch."

2 Seht euch verschiedene Hauswände an. Lasst euch ihren Aufbau erklären und zeichnet Querschnitte.

Kann man auch mit gewöhnlichen Hauswänden Energie sparen?

4 Warm halten – garen – backen

„In dem Bette, warm und schön,
Sieht man eine Schale stehn.
Nämlich dieses weiß ein jeder:
Wärmehaltig ist die Feder.
Hat man nun das Mittagessen
Nicht zu knappe zugemessen,
Und, gesetzt den Fall, es wären
Von den Bohnen oder Möhren
Oder, meinetwegen, Rüben
Ziemlich viel zurückgeblieben,

1

Dann so ist das allerbeste,
daß man diese guten Reste
Aufbewahrt in einem Hafen,
Wo die guten Eltern schlafen,
Weil man, wenn der Abend naht,
Dann sogleich was Warmes hat."

Wilhelm Busch:
„Abenteuer eines Junggesellen:
Wohlgemeint wird abgelehnt"

V 7 Speisen bleiben im Bett nicht nur länger warm – sie können auch weitergaren. Bei einer „Kochkiste" (→ Bauanleitung) wird das genutzt.

Wie gut ist die Wärmedämmung einer Kochkiste? Füllt zwei Kochtöpfe mit je 1 l Wasser von 50 °C. Stellt einen Topf in die Kochkiste. Messt eine halbe Stunde lang alle zehn Minuten die Wassertemperaturen (Deckel möglichst kurz öffnen). Vergleicht.

Bauanleitung: **Eine „Kochkiste"**

Ihr braucht:
10 Styroporplatten
(50 cm · 50 cm · 3 cm),
1 Styroporschneider,
(→ Bauanleitung im Anhang),
Styroporkleber.

So wird's gemacht:
Zeichnet auf sechs Styroporplatten Aussparungen für einen Kochtopf (Bild 2) an. Schneidet die Platten mit dem Styroporschneider zurecht und klebt sie danach passend aufeinander.

Verklebt jeweils zwei Platten für den Boden und den Deckel miteinander.

Schließlich klebt ihr den Styroporblock mit der Aussparung für den Kochtopf auf die Bodenplatten (Bild 3).

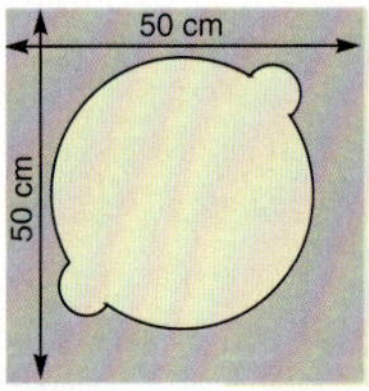

2

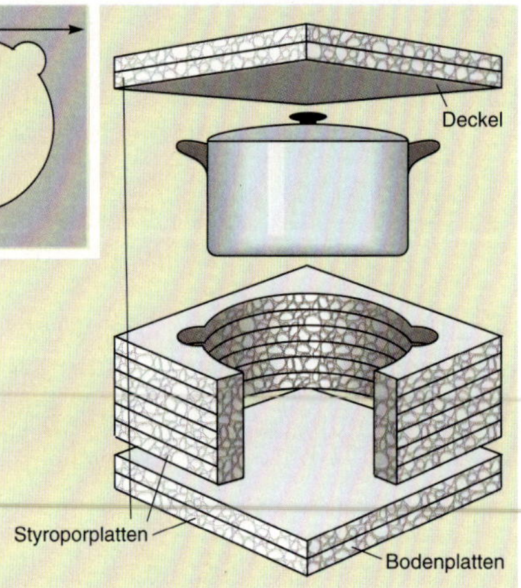

3

Ein Kochkistenrezept:
Reis mit Gemüsesauce (für 12 Personen)

Reis: 1,5 l leicht gesalzenes Wasser zum Kochen bringen. 500 g Reis dazugeben und den Topf in eine Kochkiste stellen. Garzeit: ca. 30 Minuten.

Gemüsesauce: 50 g Margarine in einem großen Topf schmelzen. 1000 g tiefgefrorenes Gemüse zugeben und auftauen. Nach fünf Minuten einen Esslöffel Curry darüber streuen, alles anschwitzen. Gemüse mit 1/4 l Brühe ablöschen und kurz aufkochen. 30 Minuten in der Kochkiste garen lassen.

Vier Päckchen Tomatenpüree erwärmen und zum fertigen Gemüse geben. Mit Salz, Pfeffer und Paprika abschmecken.

Aufgaben

1 Beim Gasherd muss zum Zubereiten einer Speise ständig eine Flamme brennen.

In einer Kochkiste gart das Gericht „von alleine". Warum ist hier keine ständige Wärmezufuhr nötig?

2 Lest den Text „Ein Haus nur zum Backen" auf der rechten Seite.

Vergleicht das Backhäuschen mit eurem Backofen. Beschreibt jeweils, wie die Geräte funktionieren.

843IRD

Aus der Geschichte: **Ein Haus nur zum Backen**

Früher gehörte zu jedem Bauernhof ein besonderer Ofen, das Backhäuschen (Bild 4). Dieser Ofen enthielt eine gute **Wärmedämmung** – das Bauernbrot wurde nämlich nicht über dem offenen Feuer, sondern mit **gespeicherter Wärme** gebacken.

Beim Bau des Ofens mauerte man zunächst einen beinahe quadratischen Rahmen von ca. 60 cm Höhe. Den Rahmen füllte man mit Glasscherben und grobem Kies bis 20 cm unter den Rand. Damit war der Ofen gut gegen den kühlen Erdboden gedämmt. Auf diese Füllung trug man eine 20 cm dicke Lehmschicht auf. Sie diente als Wärmespeicher.

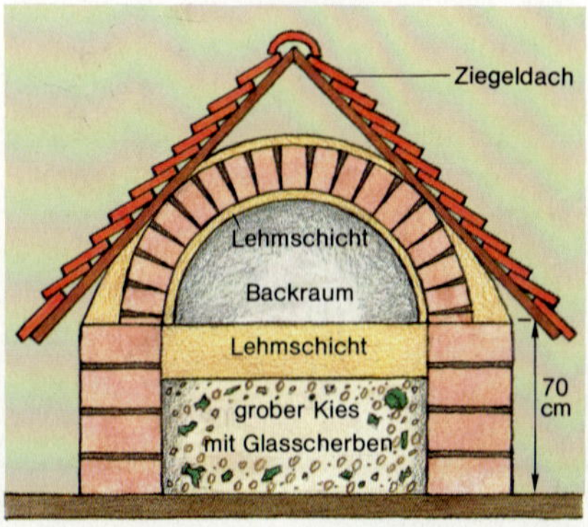

4

Auf den fertigen Unterbau mauerte man das Gewölbe mit dem Backraum. Das Gewölbe wurde innen ebenfalls mit einer Lehmschicht zur Wärmespeicherung bedeckt.

Das „Einschießloch" an der Vorderseite des Backraums konnte mit einer Holztür verschlossen werden.

Um Brot zu backen, entzündete man ein Holzfeuer – mitten im Backraum und Stunden bevor man den Teig hineinschieben wollte. Das Feuer heizte den Backraum und die Lehmschichten auf. Wenn der erhitzte Lehm eine graue Färbung annahm, war die Backtemperatur erreicht. Der Lehm und das Gewölbe hatten jetzt genügend Wärme gespeichert.

Mit einem „Räumer" entfernte man die Asche und die noch brennenden Holzstücke. Die Lehmschicht des Unterbaus wurde gesäubert. Dann schob man die Laibe aus Brotteig in den Ofen und schloss die Tür.

Nach einer Stunde wurde das Brot mit dem „Schießbrett" herausgeholt – braun gebacken und knusprig.

5 Das Geheimnis der Thermoskanne

Stundenlang heißer Tee – wie ist das möglich?

5

Legt für die folgenden Versuche zunächst eine Tabelle an (→ Muster).

Zeit	Wassertemperatur	
	Thermoskanne	Flasche
15 min	?	?
30 min	?	?
...	...	...

V 8 Wir vergleichen, wie schnell heißes Wasser in einer Thermoskanne bzw. einer Flasche abkühlt.

Füllt je einen halben Liter Wasser von 50 °C in eine Thermoskanne und in eine Flasche aus Glas oder Kunststoff. Messt die Anfangstemperatur.

Verschließt danach die Gefäße sorgfältig und stellt sie an einen kühlen Ort. Bestimmt die Temperaturen eine Stunde lang im Abstand von 15 min.

V 9 Wiederholt den Versuch mit kaltem Wasser. Löst dazu in 1 l Wasser einige Eiswürfel auf. Füllt das Eiswasser in die Gefäße und stellt sie an einen warmen Ort ...

Aufgaben

1 Zeichnet eine Thermoskanne im Schnitt. Der kleine Ausschnitt in Bild 5 kann euch dabei helfen. Beschriftet die einzelnen Teile.

2 Erklärt, wie eine Thermoskanne funktioniert.

a) Warum wird kaum Wärme aus der Thermoskanne nach außen geleitet?

b) Wie wird verhindert, dass Strahlung entweicht?

c) Weshalb bleiben kalte Getränke in der Thermoskanne lange kühl?

3 Vergleicht die Außenwand eines Hauses mit der Thermoskanne.

a) Welche Teile entsprechen einander?

b) Warum soll die Wand einer Thermoskanne keine Wärme speichern?

Der elektrische Stromkreis

1 Die Fahrradbeleuchtung wird überprüft

1 Eine vorschriftsmäßige Fahrradbeleuchtung ist für deine Sicherheit wichtig. An der Beleuchtungsanlage können verschiedene Mängel auftreten …

Das Experimentieren mit Steckdosen ist lebensgefährlich. Öffne keine Geräte, die zum Anschluss an Steckdosen vorgesehen sind.

Bei Versuchen darfst du nur eine Batterie, einen Dynamo oder ein Netzgerät verwenden.

2

V 1 Wir beschäftigen uns zunächst mit den Glühlampen.
Schau dir eine Glühlampe mit einer Lupe an. Wie sieht der Glühdraht aus? Wie ist er befestigt?

V 2 Die Bilder 3–7 zeigen einige Möglichkeiten, wie man eine Glühlampe mit einer Batterie prüfen kann. Bei welchen Schaltungen wird die Glühlampe bestimmt nicht leuchten, auch wenn sie in Ordnung ist? Begründe deine Vermutung. Probiere dann die Schaltungen aus.

3

4

Achtung!

Wenn du Batterie und Glühlampe so zusammenhältst, wird die Batterie nach 2 - 3 Minuten unbrauchbar.

Vermeide also diesen Aufbau!

7

5

6

V 3 Verwende statt der Flachbatterie (Bild 8) eine Stabbatterie (Bild 9) oder eine wiederaufladbare Batterie (Akku). Schaffst du es, damit die Glühlampe zum Leuchten zu bringen?

V 4 Als elektrische Energiequelle kann auch ein Netzgerät eingesetzt werden. Es muss auf 4 Volt eingestellt sein. Benutze nur die beiden Anschlüsse, die rot und blau (oder mit „+“ und „–“) gekennzeichnet sind.
Brauchst du beide Anschlüsse um die Lampe leuchten zu lassen?
Wenn du zwei Leitungen benutzt, dürfen sich die beiden freien Enden nicht berühren. Am besten schraubst du das Lämpchen in eine Fassung ein.

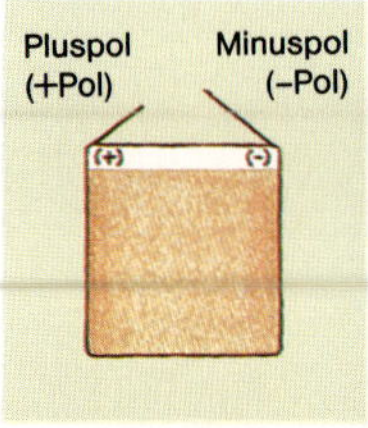

8

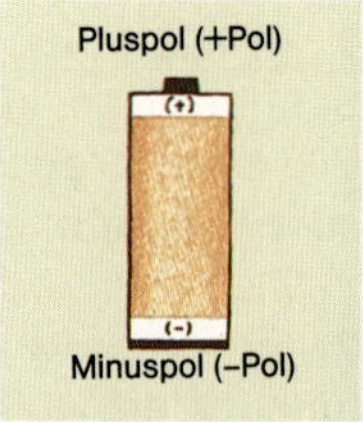

9

5630R

Glühlampen und ihre Fassungen

10

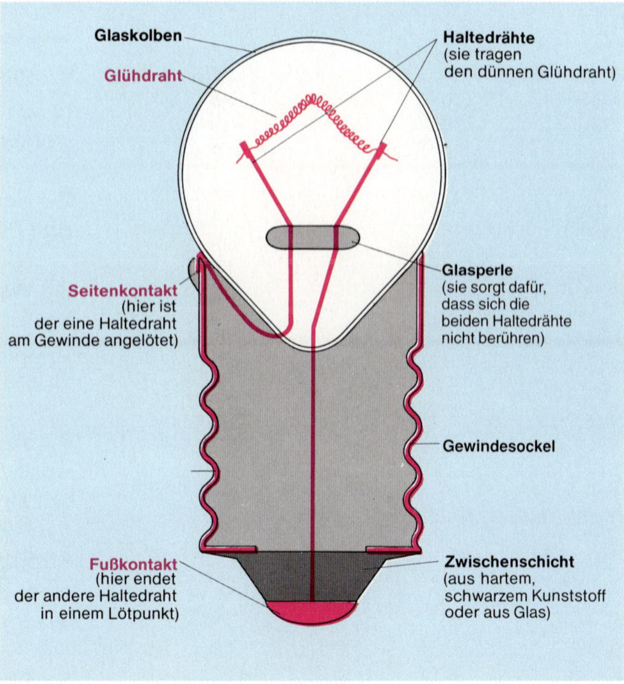

11

12

So sind Glühlampen aufgebaut:

In Bild 10 sind die wichtigsten Teile der Glühlampe bezeichnet. Bild 11 zeigt den Schnitt durch eine Glühlampe.

Statt des Gewindesockels können Glühlampen auch einen *Stecksockel* besitzen (Bild 12). Üblich sind solche Lampen z. B. bei der Autobeleuchtung.

In den Bildern 13 u. 14 siehst du Lämpchen mit ihren Fassungen.

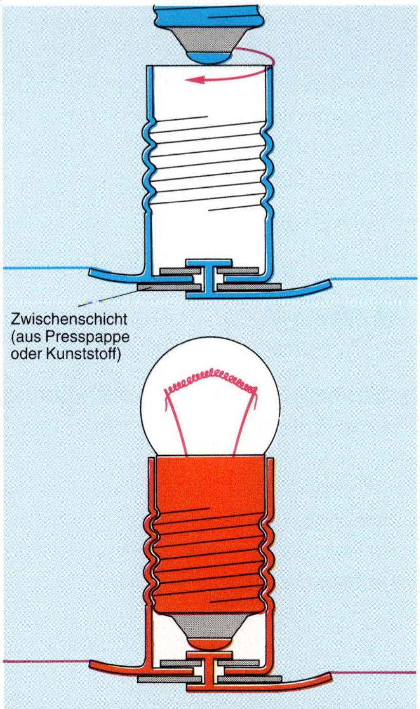

13 Schnitt durch die Fassung einer Fahrradlampe. Die Lampenfassungen von Zimmerleuchten sind genauso aufgebaut, aber größer.

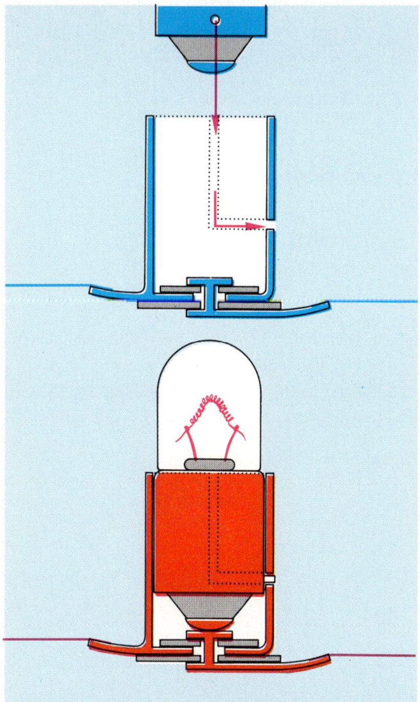
14 Schnitt durch eine Steckfassung. Die passende Glühlampe wird hineingesteckt und durch eine kleine Drehung „verriegelt" (nicht geschraubt!).

Aufgaben

1 Übertrage die Zeichnung der Glühlampe von Bild 11 in dein Heft.

a) Zeichne außerdem eine Batterie und zwei Drähte, die die Lampe mit den Batteriepolen verbinden.

b) Die Lampe leuchtet nur, wenn der Glühdraht mit beiden Polen der Batterie verbunden ist. Man spricht von einem **geschlossenen Stromkreis**. Markiere den gesamten Stromkreis mit einem Farbstift.

c) Beschreibe den Stromkreis. Beginne am Minuspol der Batterie und benutze die Begriffe von Bild 11.

2 Bei der Glühlampe von Bild 11 ist eine Zwischenschicht am Fußkontakt eingezeichnet. Warum darf diese Zwischenschicht nicht aus Metall bestehen?

Weshalb verwendet man eine *Glas*perle für die Haltedrähte?

3 Bei den Fassungen (Bilder 13 u. 14) bestehen die grau gezeichneten Teile aus Pappe oder Kunststoff. Warum wird kein Metall verwendet?

2 Schaltsymbole und Schaltskizzen

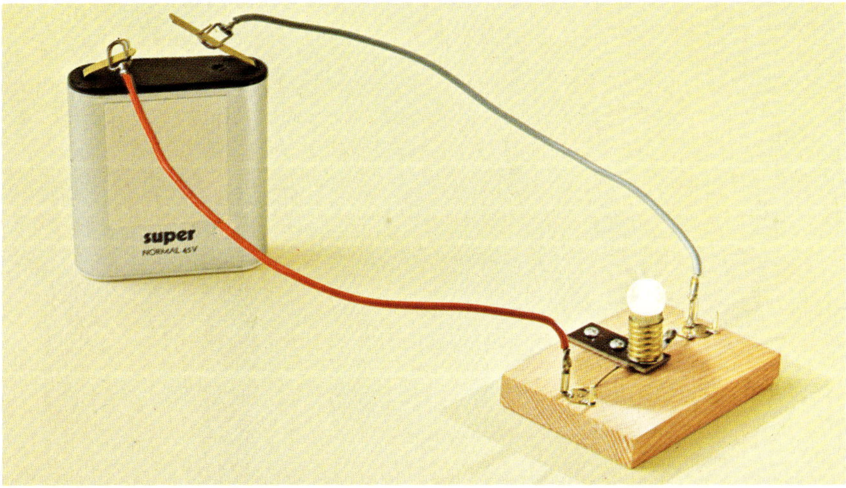

1

Fotografie eines einfachen elektrischen Stromkreises

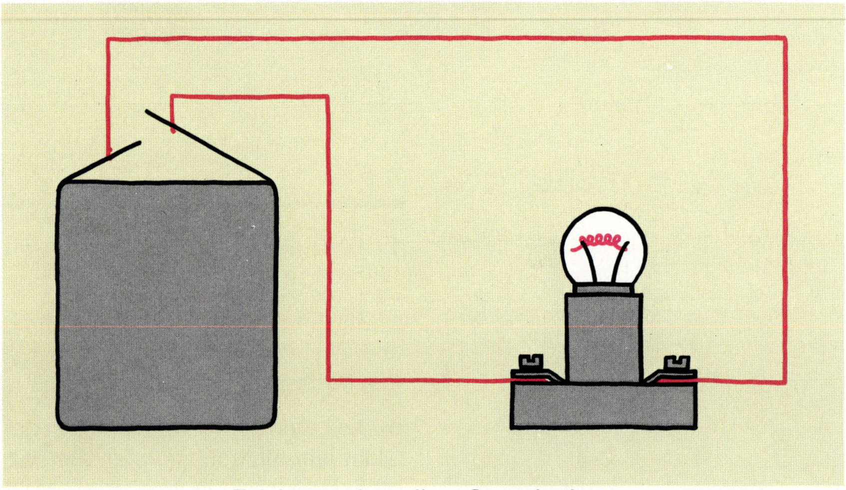

2

Zeichnung desselben Stromkreises

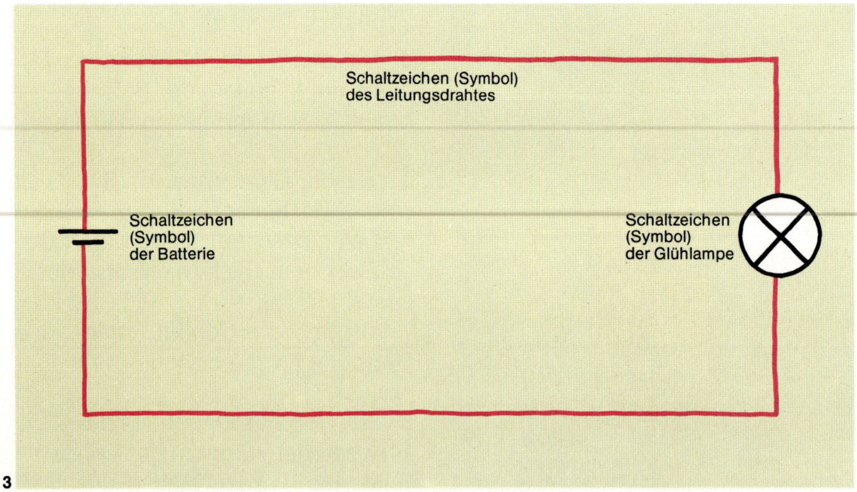

3

Schaltskizze (Schaltplan) desselben Stromkreises

Aufgaben

1 Sieh dir die drei Bilder dieser Seite an. Was haben sie gemeinsam, worin unterscheiden sie sich?

2 Nenne Vor- und Nachteile aller drei Darstellungsarten.

3 Welches Bauteil des Stromkreises wurde bei der *Schaltskizze* nicht berücksichtigt? Kannst du einen Grund dafür nennen?

4 Wenn du den Begriff *Stromkreis* wörtlich nimmst, müsste die Schaltskizze eigentlich ganz anders aussehen! Zeichne einmal einen solchen Strom*kreis*. Warum haben sich Techniker wohl auf die Darstellungsart wie im unteren Bild geeinigt?

5 Dass die drei Abbildungen einen *geschlossenen* Stromkreis zeigen, erkennst du am Foto: Die Glühlampe würde ja sonst nicht leuchten. Was musst du an der Schaltskizze ändern, wenn du jetzt einen *unterbrochenen* Stromkreis zeichnen willst?

6 Elektrotechniker kennen weitere *Schaltsymbole (Schaltzeichen),* mit denen sie Schaltskizzen anlegen. Du wirst einige davon auf den folgenden Seiten kennen lernen. (Im Anhang sind sie zusammengestellt.)

a) Zum Beispiel sieht das Symbol für eine beliebige elektrische Energiequelle so aus: –o o–

Weshalb ist man gerade auf dieses Schaltzeichen gekommen?

b) Suche auch nach einer Erklärung für das Schaltzeichen der Batterie.

7 Zeichne die Schaltskizze eines geschlossenen Stromkreises aus einem Netzgerät, einer Glühlampe und Leitungsdrähten.

8 Wie würdest du die Schaltskizze eines Stromkreises zeichnen, bei dem die Glühlampe einfach auf die beiden Pole einer Flachbatterie aufgesetzt wurde?

5632R

3 Leiter und Nichtleiter

V 5 Um Leitungen der Fahrradbeleuchtung zu überprüfen, benötigen wir eine Prüfschaltung.

a) Die Schaltung von Bild 4 ist noch nicht vollständig. Wie muss der Versuchsaufbau ergänzt werden?

b) Mit der verbesserten Prüfschaltung können die Drähte der Fahrradbeleuchtung überprüft werden.

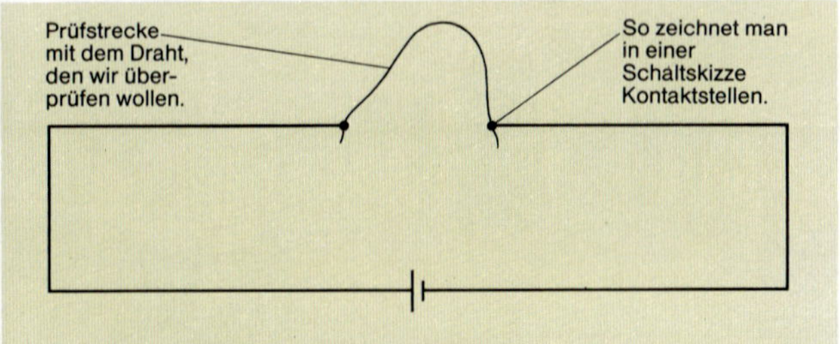

4 Prüfschaltung, die aber *so* noch nicht funktioniert.

V 6 Wir wollen herausfinden, welche Stoffe elektrische *Leiter* und welche *Nichtleiter* sind.

a) Setze Drähte aus verschiedenen Materialien (Stoffen) in die Prüfstrecke von Versuch 5 ein. Übertrage die Tabelle in dein Heft und notiere die Ergebnisse.

untersuchter Gegenstand (Körper)	Material (Stoff), aus dem der Körper besteht	Lampe leuchtet	Lampe leuchtet nicht
Draht	Kupfer	x	

b) Überprüfe auch Gegenstände (Körper), die nicht aus Metall sind. Nimm z. B. einen Kugelschreiber aus Kunststoff, eine Bleistiftmine, ein Stück Glas, ein Taschentuch oder ein Blatt Papier.

c) Unterstreiche in der Tabelle die *Leiter*, also die Stoffe, bei denen die Lampe aufleuchtet. Was fällt dir auf?

4 Der Stromkreis beim Fahrrad

5

Bei den Versuchen haben wir bisher *zwei* Drähte benötigt um das Lämpchen zum Leuchten zu bringen.

Beim Fahrrad führt doch aber nur *ein* Draht zum Scheinwerfer und auch nur *ein* Draht zum Rücklicht …

V 7 Leuchtet die Lampe im Aufbau nach Bild 6, wenn das Rad gedreht wird? Wo ist am Dynamo der zweite Pol?

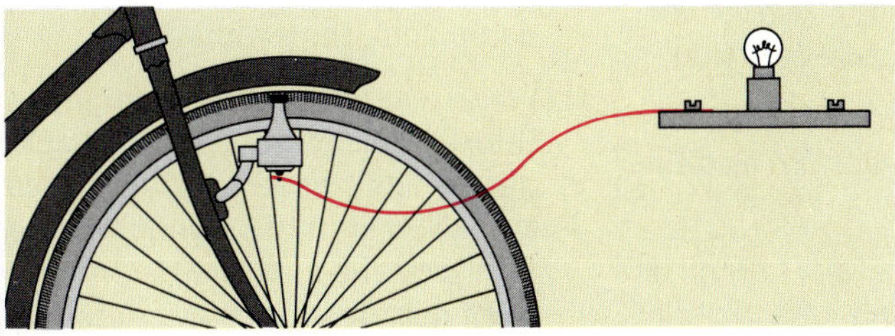

6

7

V 8 Der Fahrraddynamo wird jetzt durch eine Flachbatterie ersetzt (Bild 7). Du kannst statt der Batterie auch ein Netzgerät verwenden.

a) Was ist zu tun, damit die Lampe aufleuchtet?

b) Führe den Versuch auch mit dem Rücklicht durch. Zeichne die entsprechende Schaltskizze.

V 9 Bei diesem Versuch (Bild 8) soll die Lampe leuchten, obwohl du – wie beim Fahrrad – nur *einen* Draht benutzt!

a) Welcher Teil des Versuchsaufbaus entspricht dem Fahrradrahmen?

b) Wie erreichst du, dass das Lämpchen aufleuchtet?

c) Nicht alle Teile des Laubsägebügels sind geeignet um die Verbindung herzustellen. Worauf ist zu achten?

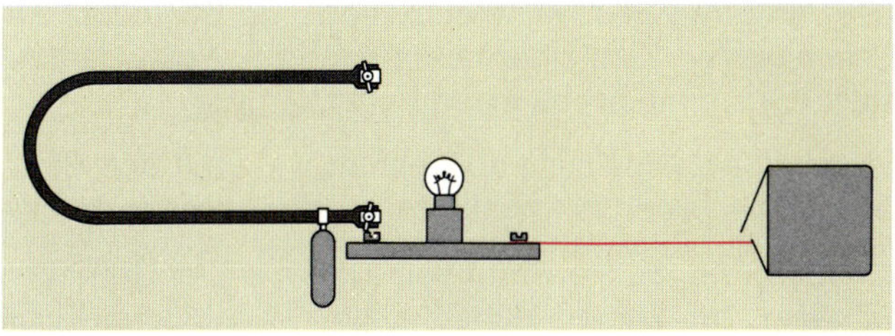

8

Aufgaben

1 Gib an, aus welchen Teilen der Stromkreis einer Taschenlampe besteht. Die Röntgenaufnahme und die Schnittzeichnung (Bilder 1 u. 2) helfen dir dabei.

1

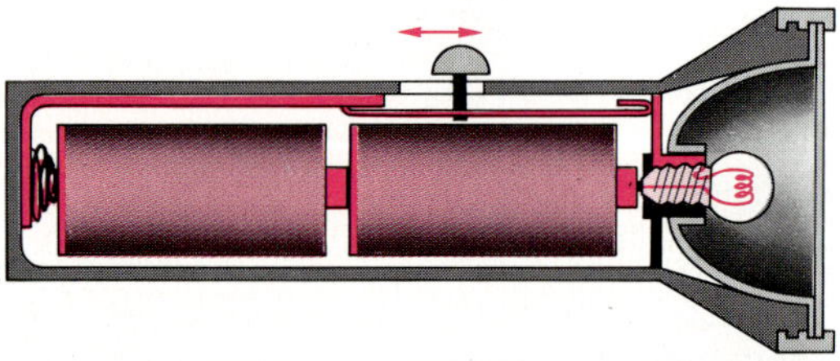
2

2 Bild 3 zeigt einen Blick unter die Motorhaube eines Autos. Ein Pol der Autobatterie ist mit der Karosserie verbunden. Welchen Grund gibt es dafür?

3

3 Straßenbahnen (Bild 4) und Elektroloks benötigen einen Fahrdraht (Oberleitung). Ihre Elektromotoren sind über diesen Draht nur mit *einem* Pol der Energiequelle verbunden. Wie wird der Stromkreis geschlossen?

Warum braucht ein Oberleitungsbus (Bild 5) zwei Fahrdrähte?

4

5

Aus Umwelt und Technik: **Checkliste für die Fahrradbeleuchtung**

Die Fahrradbeleuchtung ist nicht nur dazu da, um die Fahrbahn zu beleuchten. Sowohl Scheinwerfer als auch Rücklicht dienen vor allem dazu, gesehen zu werden. Sie sind also für deine Sicherheit wichtig!

Du solltest daher die Fahrradbeleuchtung regelmäßig kontrollieren: Klappe den Dynamo an und drehe das Vorderrad. Beobachte dabei den Scheinwerfer. Zum Überprüfen des Rücklichts brauchst du einen Helfer.

Wenn eine Lampe nicht aufleuchtet, hilft dir die folgende Checkliste.

① Überprüfe, ob der Draht vom Dynamo zur Lampe richtig angeklemmt ist. Sind die Kontaktstellen blank und frei von Rost? Mit einem Schraubenzieher kannst du den Belag abkratzen.

② Öffne den Scheinwerfer, schraube die Lampe heraus. Ist der Glühdraht in Ordnung? Sieht der Fußkontakt der Lampe blank aus?

③ Schraube die Lampe wieder ein. Achte darauf, dass sie fest sitzt.

④ Der Fußkontakt der Lampe muss auf den Blechstreifen im Scheinwerfer drücken.

⑤ Der Gewindesockel der Lampe ist über die Halterung des Scheinwerfers mit dem Fahrrad verbunden. Überprüfe die Stelle, wo die Lampe am Fahrrad befestigt ist. Auch hier kann Rost stören.

⑥ Wenn die Lampe immer noch nicht leuchtet, könnte der Draht irgendwo unterbrochen sein. Die Unterbrechung kann unter der Isolierung liegen. Du siehst sie dann nicht ohne weiteres.

⑦ Wenn weder Scheinwerfer noch Rücklicht leuchten, ist vielleicht der Dynamo defekt. Zur Kontrolle kannst du statt des Dynamos eine Flachbatterie anschließen. Vergiss nicht den Anschluss am Rahmen.

5634R

5 Auch Nichtleiter sind wichtig!

8

Es gibt viele Arten von Leitungen.
Drei sind hier abgebildet.
Alle haben etwas gemeinsam!

V 10 Bild 9 zeigt den Versuchsaufbau.

a) Die Lampe wird mit *blanken* Drähten an die Batterie angeschlossen. Die Drähte sollen sich *für kurze Zeit* berühren.
Was beobachtest du?

b) Wiederhole den Versuch mit Experimentierkabeln. Warum beobachtest du jetzt etwas anderes?

c) Die Experimentierkabel sind *isoliert*. Versuche das Wort zu erklären.

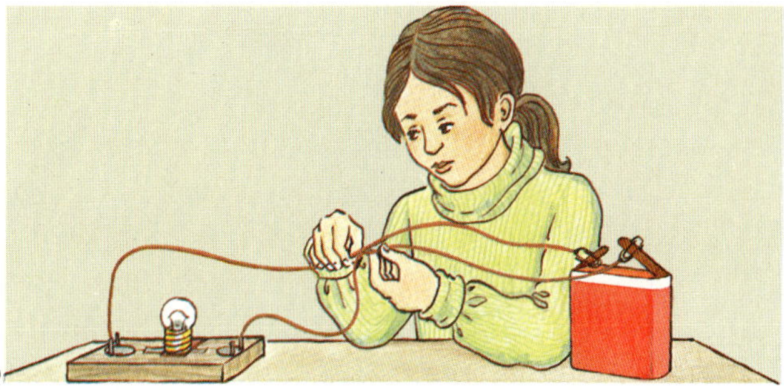

9

Aus der Geschichte: **Wie elektrische Leitungen früher isoliert wurden**

Noch vor 60 oder 70 Jahren, als deine Großeltern kleine Kinder waren, hatte man nur in den modernsten Wohnungen elektrisches Licht. Bei den meisten Familien wurde abends das Gaslicht angezündet und zum Kochen nahm man einen Kohle- oder Gasherd. Elektrische Kaffeemaschinen, Staubsauger oder gar Elektrorasierer waren noch unbekannt.

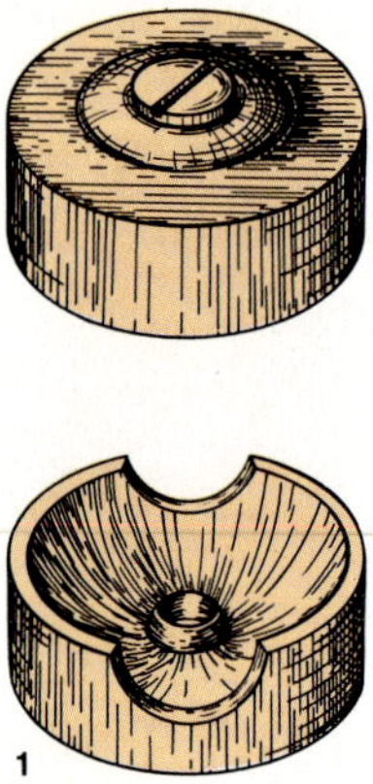
1

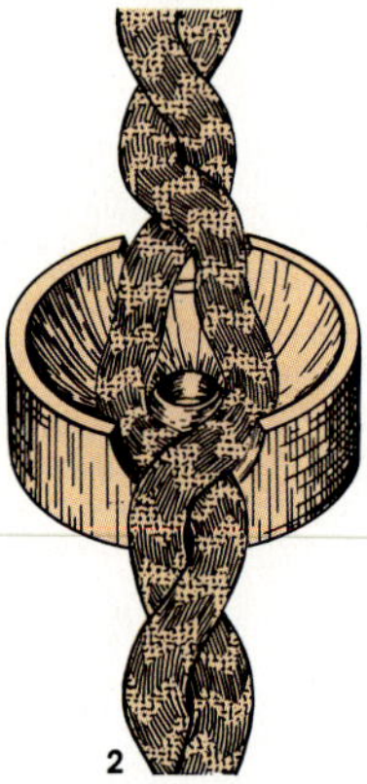
2

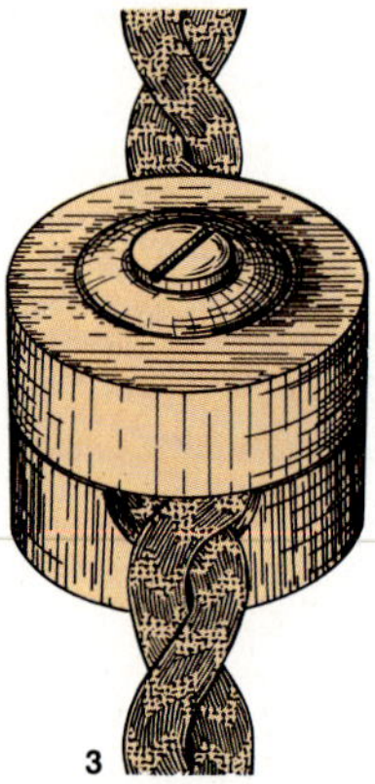
3

Damals wurde also die Elektrizität im Haushalt viel weniger eingesetzt als heute. Trotzdem kam es häufiger zu Schäden an den Leitungen! Was war der Grund dafür?

In jener Zeit wurden die Zimmerleuchten an *Glühlichtleitungen* angeschlossen. Diese Leitungen waren so an Decken oder Wänden befestigt, wie die Bilder 1–3 es zeigen. (Heute sind Leitungen meistens nicht mehr zu sehen; sie liegen *unter Putz.*)

Wenn eine vorhandene Gasbeleuchtung durch elektrisches Licht ersetzt werden sollte, führte man die Leitungen einfach durch die Gasrohre.

Die Leitungen bestanden innen aus Litzen, bei denen 20 und mehr sehr feine Kupferdrähte zusammengedreht waren. Die Litzen waren mit dünnen Baumwollfäden ein- oder zweimal dicht umwickelt; darauf folgte eine dünne Gummischicht. Ergänzt wurde diese Isolierung durch schmale Baumwollbänder, die um jede einzelne Leitung geflochten waren (Bilder 4 u. 5).

Mit der Zeit wurden sowohl die Baumwollfäden als auch die Gummischicht der Leitungen brüchig. Dort, wo die Leitungen stark geknickt waren, berührten sich die Litzen und es kam zu einem „Kurzschluss".

Besonders häufig wurde die Isolierung der Leitungen in der Nähe von Glühlampen schadhaft (Bild 6). Dort erwärmte sie sich stärker als an anderen Stellen des Stromkreises.

Wenn man die Glühlampe auswechselte, konnte es sein, dass man blanke Drähte berührte. Das führte zu lebensgefährlichen Unfällen.

4

5
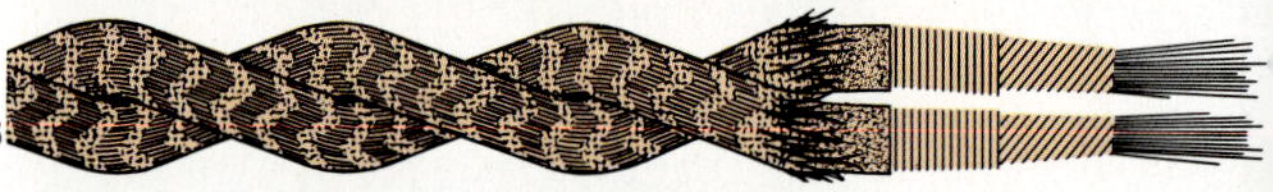

Heute sind elektrische Leitungen mit Spezialkunststoffen isoliert, die extra dafür entwickelt wurden. Sie sind hitzebeständig, elastisch und werden auch nach Jahren noch nicht brüchig.

Dass die Elektrizität heute so häufig eingesetzt werden kann, ist auch diesen **Nichtleitern** oder **Isolatoren** aus Kunststoff zu verdanken. Sie sind genauso wichtig wie die Metalle, die als **Leiter** des elektrischen Stromes benötigt werden!

6
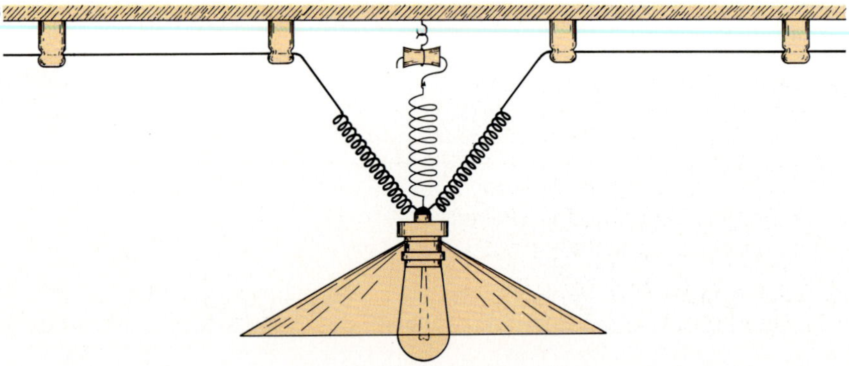

03R

Alles klar?

1 In einer Schaltung aus Batterie und Glühlampe (mit Fassung) leuchtet die Lampe nicht. Gib mögliche Gründe dafür an.

2 Wie kannst du am einfachsten überprüfen, ob eine Glühlampe in Ordnung ist?

3 Bei den Stromkreisen, die wir untersucht haben, führten stets zwei Leitungen von der Lampe zur Energiequelle. Bei der Tischlampe sieht man aber nur eine Leitung. Harry Schlaumeier behauptet: „Hier ist gar kein geschlossener Stromkreis erforderlich. Die funktioniert auch so.“ Was meinst du?

4 Im Stromkreis von Bild 7 ist kein Draht enthalten. Trotzdem muss er geschlossen sein, denn die Glühlampe leuchtet. Welche Erklärung hast du dafür?

7 Beim Bügeleisen ist das Anschlusskabel am Gerät durch ein biegsames Kunststoffrohr geschützt (Bild 10). Welche Aufgaben hat das Rohr?

8 Warum müssen die Kontaktstellen von Glühlampen und Fassungen stets blank sein?

9 Welche der Werkzeuge von Bild 11 könnte ein Elektriker gebrauchen?

10

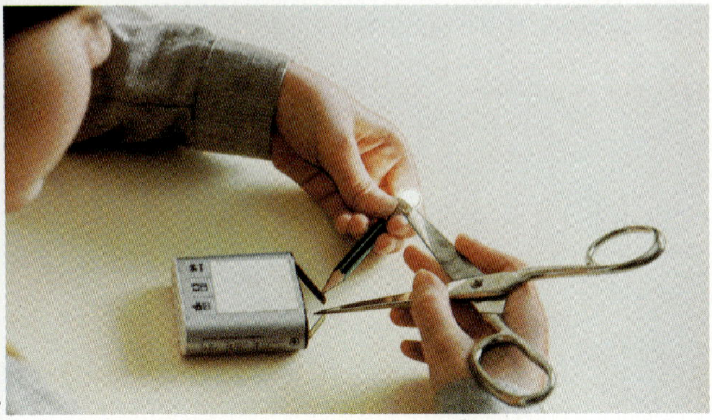
7

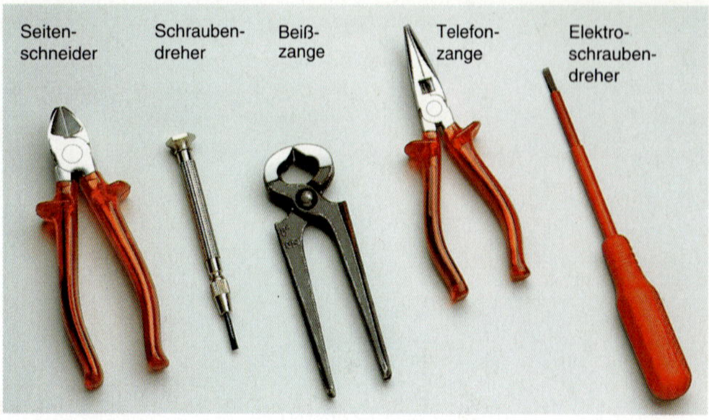

11

5 Zeichne die Schaltskizze für eine Prüfschaltung, mit der man die Drähte der Fahrradbeleuchtung überprüfen kann.

6 Die Leitungen der Fahrradbeleuchtung enthalten *Litzen*. Sie bestehen aus vielen feinen Drähten, die zusammengedreht und gemeinsam isoliert sind (Bild 8).

Warum werden nicht alle elektrischen Leitungen aus massiven Drähten hergestellt?

Tipp: Biege einen massiven Draht einmal hin und her, oder sieh dir Bild 9 an.

10 Erdkabel sind besonders gut isoliert. Warum ist die Isolierung überhaupt erforderlich? In der Erde können sie doch von niemandem berührt werden.

11 Wenn du ein Stück Kupferlackdraht in eine Prüfschaltung klemmst, leuchtet die Glühlampe nicht auf. Woran liegt das?

12 In den Bildern 12–15 siehst du verschiedene Schaltungen. Welches Lämpchen leuchtet, welches nicht? Begründe deine Antworten.

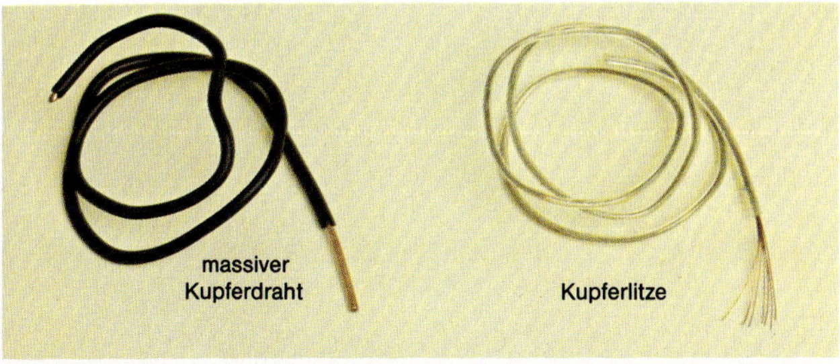

8

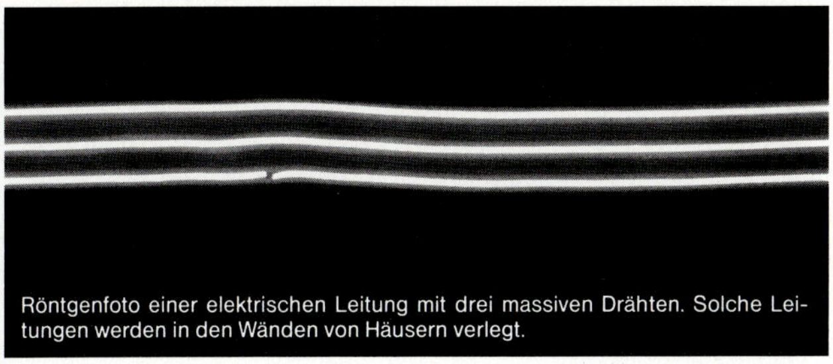
Röntgenfoto einer elektrischen Leitung mit drei massiven Drähten. Solche Leitungen werden in den Wänden von Häusern verlegt.
9

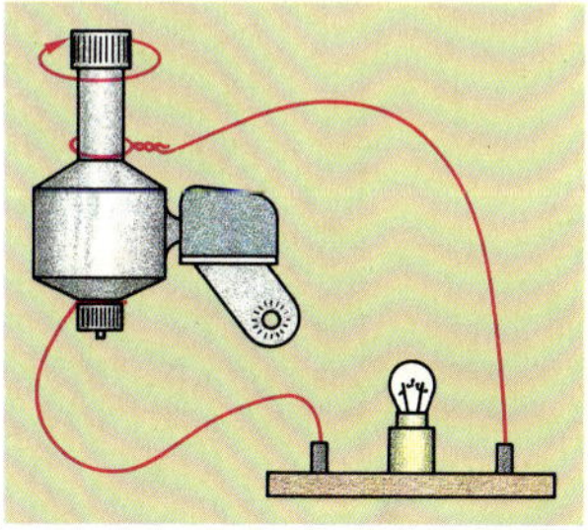
12

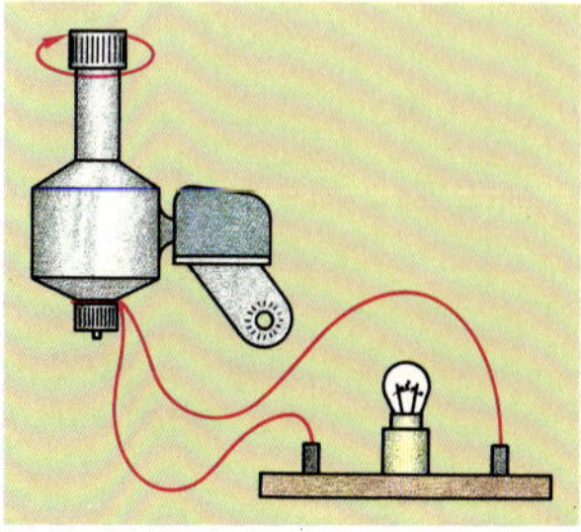
13

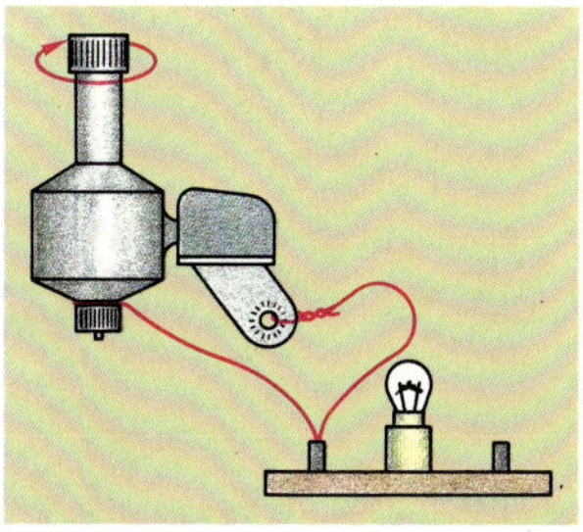
14

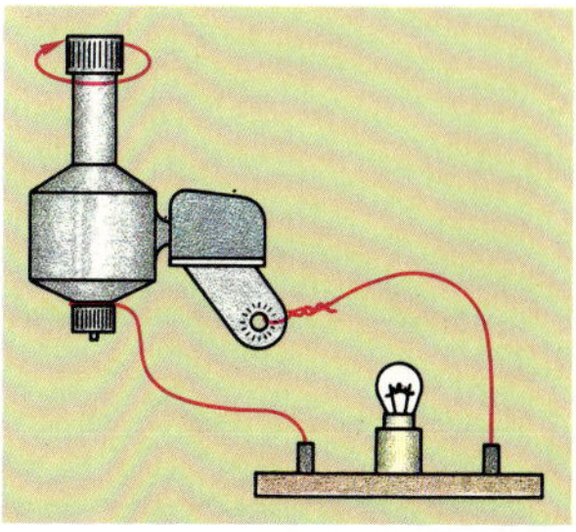
15

5636R

6 Zusammenfassung

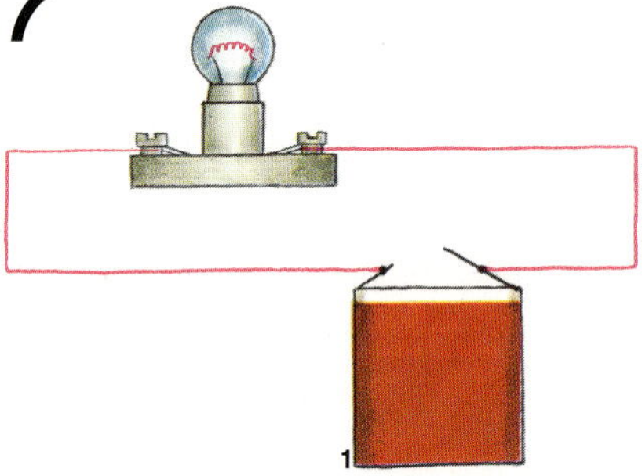
1

Geschlossene Stromkreise

Eine Lampe kann nur dann leuchten, wenn es mit *beiden* Polen der Energiequelle verbunden ist.

Damit ein Elektrogerät funktioniert, muss ein **geschlossener Stromkreis** vorhanden sein.

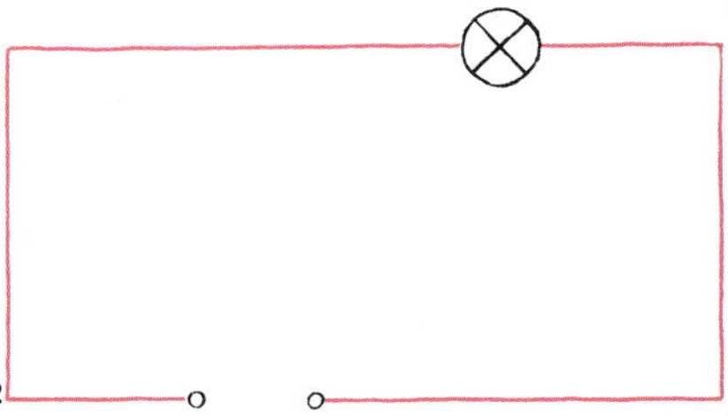
2

Energiequelle und Elektrogerät müssen nicht unbedingt durch zwei Drähte verbunden sein. Der Stromkreis kann auch z. B. über andere Metallteile geschlossen sein. Bei der Fahrradbeleuchtung ersetzt der Fahrradrahmen einen der Drähte.

Bei *unterbrochenem Stromkreis* leuchtet die Lampe nicht.

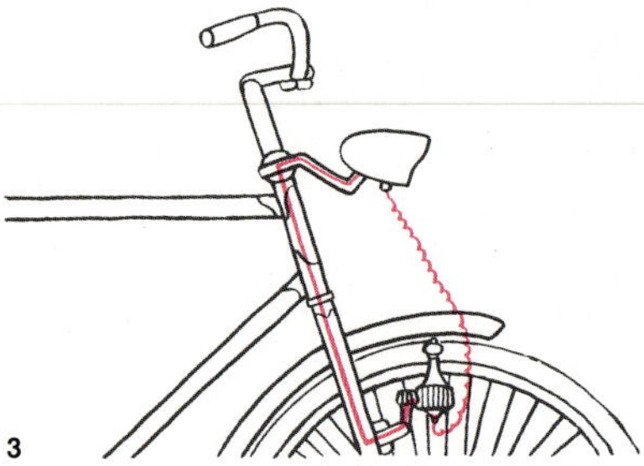
3

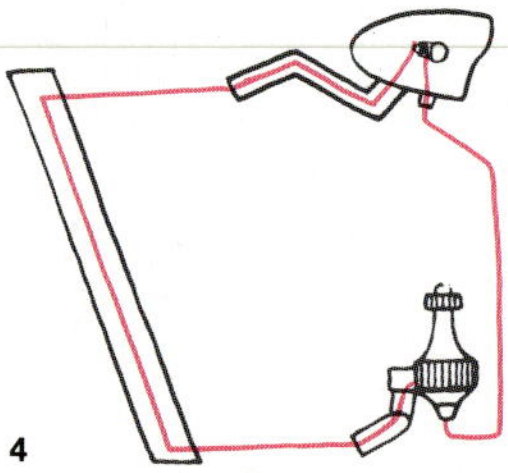
4

5

Die Bilder 6–11 zeigen mögliche Fehler der Fahrradbeleuchtung.

Wie beim Fahrrad wird auch beim Moped oder Auto ein Teil des Stromkreises durch den Rahmen (die Karosserie) gebildet.

6

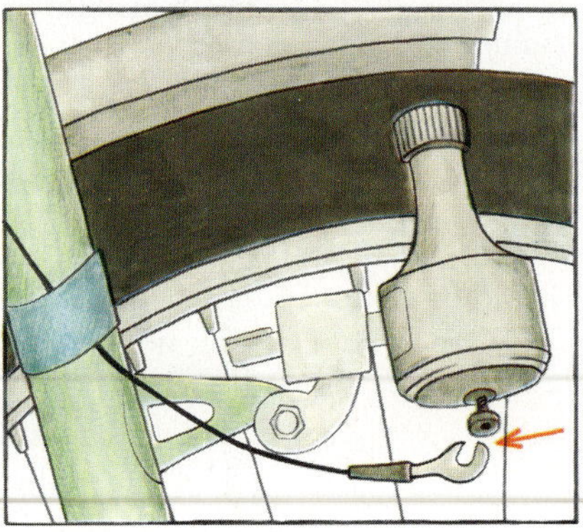
7

8

Ein Lämpchen leuchtet nur, wenn der Stromkreis geschlossen ist.

5637R

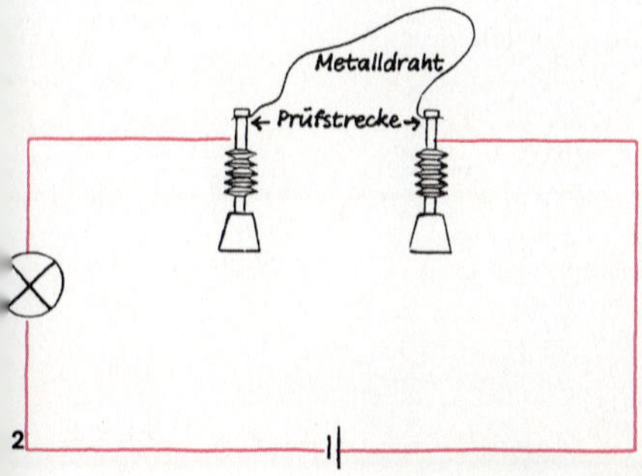

2

Leiter und Nichtleiter

Zu den *Leitern* des elektrischen Stromes gehört neben den Metallen auch der Kohlestab (Graphit).

Metalle und Kohlenstoff
leiten den elektrischen Strom.
Man bezeichnet sie als **Leiter.**

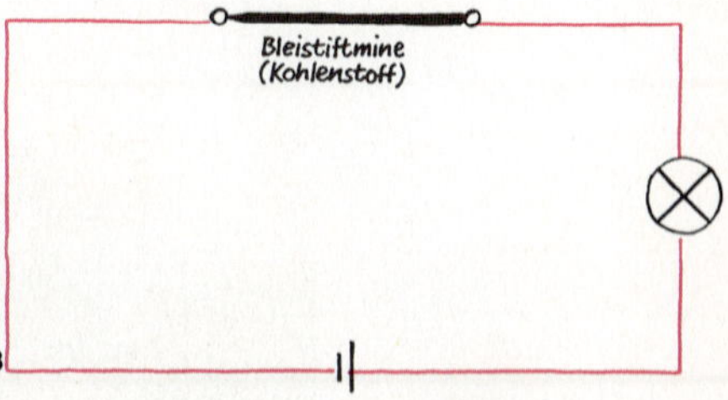

13

Die meisten anderen Stoffe (z. B. Holz, Kunststoff, Wolle, Leinen, Seide, Porzellan, Papier, Gummi, Glas) leiten den elektrischen Strom nicht. Sie werden *Nichtleiter* oder *Isolatoren* genannt.

Isolatoren heißen auch besonders geformte Körper aus isolierenden Stoffen. Zum Beispiel sind Überlandleitungen an solchen Isolatoren aus Porzellan befestigt.

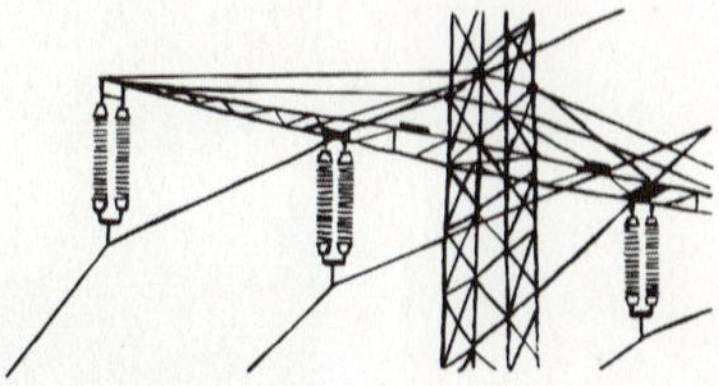
14

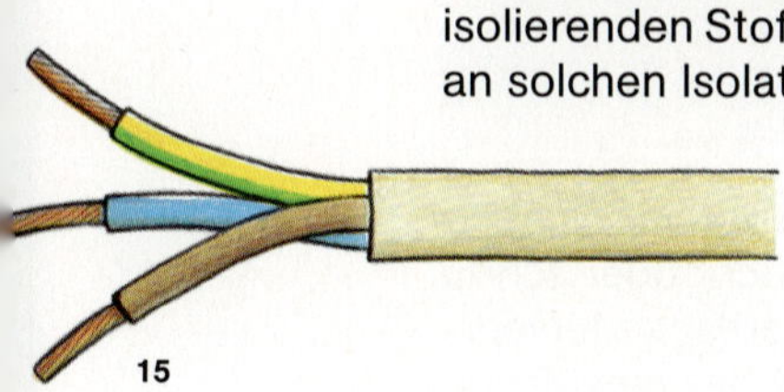
15

Unter den Nichtleitern sind die modernen Kunststoffe besonders wichtig. Sie werden zur Isolation der verschiedenen elektrischen Kabel verwendet. So kann man die Kabel gefahrlos berühren und der elektrische Strom fließt nicht von einer Leitung auf die andere über.

Fast alle festen Stoffe, die keine Metalle (und kein Kohlenstoff) sind, sind **Nichtleiter**.
Auch Nichtleiter (Isolatoren) spielen in der Technik eine wichtige Rolle.

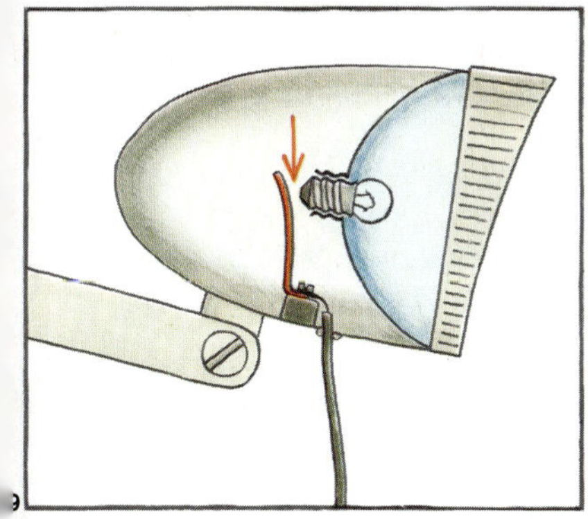
9

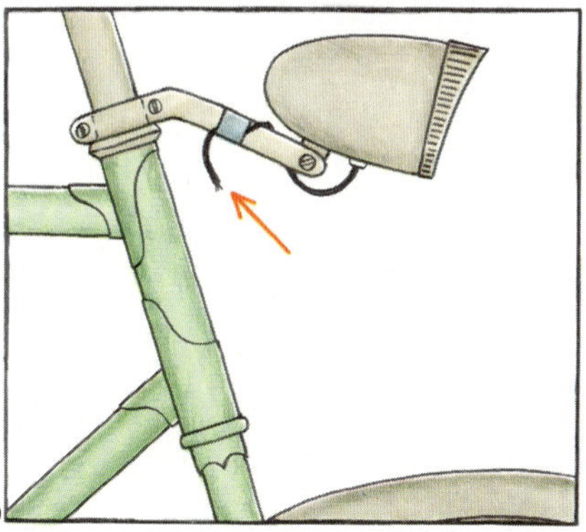
10

11

66R

Flüssigkeiten als elektrische Leiter

1 Ein Feuchtigkeitsanzeiger

1

Bei Topfpflanzen kommt es aufs richtige Gießen an! Es ist aber gar nicht so einfach, herauszubekommen, ob der Wurzelballen noch feucht oder schon trocken ist. Mit den Fingern können wir ja nur an seiner Oberfläche fühlen.

Wenn du „auf Nummer Sicher" gehen willst, kannst du dir das elektrische Anzeigegerät von Bild 1 bauen und damit die Blumenerde überprüfen.

V 1 Einen einfachen Feuchtigkeitsanzeiger kannst du auch mit einer Glühlampe und einem Netzgerät oder einer Flachbatterie aufbauen (Bild 2).

a) Beschreibe, wie der Feuchtigkeitsanzeiger funktionieren soll.

b) Probiere aus, ob du mit diesem Versuchsaufbau trockene Erde von feuchter unterscheiden kannst.

V 2 In den Stromkreis wird nun ein Strommesser eingebaut (Bild 3). Er ist ein viel empfindlicheres Anzeigegerät für elektrischen Strom als eine Glühlampe.

a) Was geschieht, wenn du die Stricknadeln *(Elektroden)* in trockene Erde steckst? Achte dabei auf den Strommesser.

b) Gieße langsam Leitungswasser in das Gefäß mit Erde. Was beobachtest du jetzt?

c) Beschreibe den Stromkreis. Was zeigt dieser Versuch?

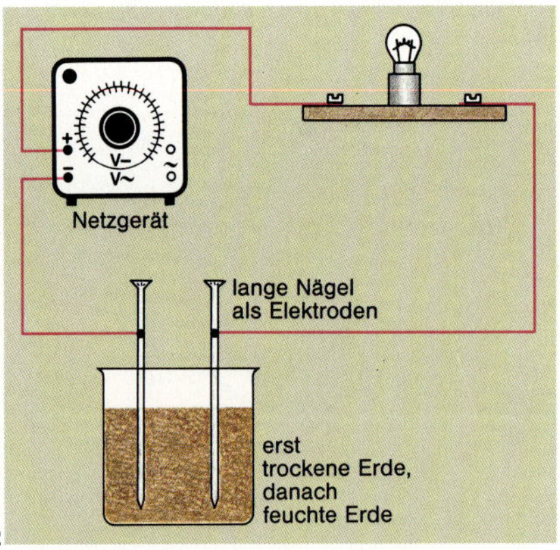

2

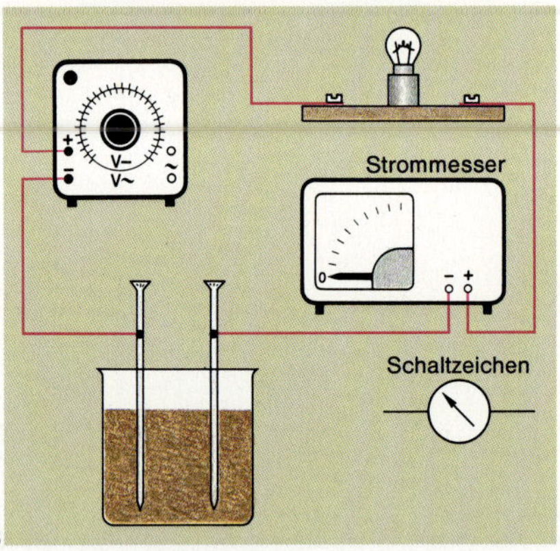

3

V 3 Untersuche einige Flüssigkeiten darauf, ob sie Leiter sind.

Überprüfe auch den Saft von Früchten, indem du die Elektroden einfach in die Früchte (oder in Scheiben davon) steckst.

Untersuche auch, ob ein nasser Bindfaden ein elektrischer Leiter ist.

V 4 Destilliertes Wasser ist besonders rein. Es wird z. B. für Dampfbügeleisen verwendet. Ob destilliertes Wasser ein Leiter ist?

a) Gieße destilliertes Wasser in ein gut gesäubertes Becherglas. Reinige dann sorgfältig die Elektroden und stelle sie hinein. Zeigt das Messgerät einen Strom an?

b) Gib nun Kochsalz in das Wasser – zunächst nur wenig, dann immer mehr. Rühre mit einem sauberen Glasstab um. Was beobachtest du?

Ergänze: „Je mehr Kochsalz im Wasser gelöst wird, desto ..."

c) Prüfe, ob trockenes Kochsalz ein Leiter ist.

5638R

2 Gefahren des elektrischen Stromes

Haartrockner im Bad brachte den Tod

39-Jähriger und 67-Jährige erlitten Stromstöße

Unvorstellbarer Leichtsinn beim Umgang mit Haartrockengeräten hat in den letzten Tagen zwei Menschen im Rhein-Main-Gebiet das Leben gekostet. Dies veranlasste die Kriminalpolizei und den Verband Deutscher Elektrotechniker (VDE), erneut auf die Gefahren des fahrlässigen Hantierens mit Haartrocknern in feuchten Räumen hinzuweisen.

Am Montag wurde in einer Wohnung in Frankfurt die Leiche eines 39 Jahre alten Mannes gefunden.

Der Mann lag in der gefüllten Badewanne; und der eingeschaltete und noch unter Strom stehende Haartrockner lag im Wasser.

Unter ähnlichen Umständen wurde am Mittwoch die Leiche einer 67 Jahre alten Frau in deren Bad Sodener Wohnung entdeckt.

Die Polizei stellte fest, dass die Geräte keine technischen Mängel aufwiesen. Der VDE bezeichnete die Gewohnheit sich in einer Badewanne die Haare zu trocknen als „möglichen Selbstmord".

Sobald der Haartrockner in die Badewanne rutscht, fließt nämlich ein starker Strom durch den Körper.

Es genügt auch schon, wenn man feuchte Stellen des Gerätes berührt und gleichzeitig in Kontakt mit einer Wasserleitung kommt.

Der Haartrockner hat also im Badezimmer nichts zu suchen!

Unwissenheit und Leichtsinn – Ursachen des Stromtodes

Über 200 Menschen sterben jährlich in der Bundesrepublik durch den elektrischen Strom. Häufig sind dabei Leichtsinn und Unwissenheit im Spiel: Oft werden Elektroreparaturen von Laien ausgeführt. Gefahr herrscht dort, wo Wasser und Strom einander begegnen! Die untersuchten Fälle deckten tödlichen Leichtsinn auf.

Der VDE forderte deshalb erneut zur Vorsicht beim Umgang mit Strom auf.

Er gab dazu diese Tipps:

- ○ Beim Kauf beachten, ob ein Gerät VDE-geprüft ist!
- ○ Nach Gebrauch des Gerätes den Stecker aus der Steckdose ziehen!
- ○ Elektrische Geräte nie mit Wasser reinigen!
- ○ Beim Reinigen von Deckenlampen die Sicherung herausschrauben!
- ○ Wenn kleine Kinder da sind, die Steckdosen durch einen Einsatz sichern!
- ○ Stecker nicht einfach an der Leitung aus der Steckdose ziehen!
- ○ Leitungen nicht unter Teppiche legen oder durch Türritzen quetschen!
- ○ Leitungen auch nicht in der Nähe von Heizungen verlegen!
- ○ Von der Badewanne aus keinen Haartrockner bedienen!
- ○ Auch Heizlüfter oder Nachttischlampen gehören nie ins Badezimmer!
- ○ Schadhafte Teile sofort vom Fachmann ausbessern lassen!

Fragen und Aufgaben zum Text

1 „Wo Wasser und Strom einander begegnen", dort ist es gefährlich. Beschreibe die in den Bildern 4–7 gezeigten Beispiele.

2 Suche nach VDE-Prüfzeichen auf Geräten (Bild 8).

3 Wie funktionieren Steckdoseneinsätze („Kindersicherungen"), die zum Schutz von Kleinkindern konstruiert wurden? Was sollen sie verhindern?

4 Warum kann eine elektrische Leitung beschädigt werden, wenn sie in der Nähe einer Heizung liegt?

4

5

8

6

VDE ist die Abkürzung von „**V**erband **D**eutscher **E**lektrotechniker".

Dieser Verband hat es sich zur Aufgabe gemacht die wichtigsten Sicherheitsbestimmungen für elektrische Anlagen und Geräte zu verfassen.

An Mustern von neu entwickelten Elektrogeräten prüft er, ob sie diesen Bestimmungen entsprechen.

7

Aus Umwelt und Technik: **Vorsicht vor elektrischem Strom!**

Beim Umgang mit elektrischem Strom musst du dich grundsätzlich vorsehen. *Versuche dürfen nur mit einer Batterie oder einem Netzgerät als Energiequelle durchgeführt werden.*

Du selbst kannst Teil eines Stromkreises werden, denn dein Körper ist ein elektrischer Leiter. Der menschliche Körper leitet zwar nicht so gut wie ein Metalldraht, aber er leitet – wie der **Versuch** von Bild 1 zeigt. (Als Energiequelle darf dabei nur eine Batterie verwendet werden!)

Auch ohne Strommesser kannst du nachweisen, dass dein Körper ein Leiter ist. Im Anhang findest du dazu die Bauanleitung für ein empfindliches Nachweisgerät.

Dass der menschliche Körper ein Leiter ist, lässt sich leicht erklären:

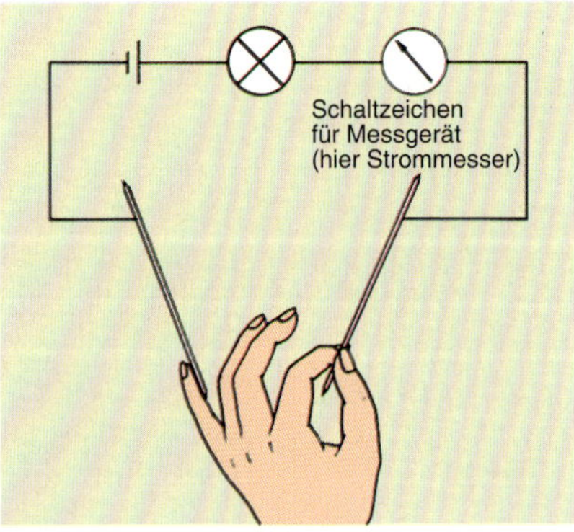

1

Der Mensch besteht zu fast zwei Dritteln aus salzhaltigem Wasser – und Salzwasser leitet.

Bei einem **Stromunfall** verkrampfen sich die Muskeln und das Herz kann nicht mehr ungestört arbeiten. Mögliche Folgen sind Bewusstlosigkeit und Kreislaufversagen. An den Kontaktstellen und im Körperinnern können Verbrennungen auftreten.

Wie schwer die Folgen sind, hängt unter anderem von der Dauer des „Stromschlags" ab.

Bei einem Unfall ist schnelle Hilfeleistung wichtig: Wenn sich der Verunglückte noch im Stromkreis befindet, darf er nicht berührt werden. Erst muss der Stromkreis unterbrochen werden (Sicherung, Not-Aus-Schalter, Hauptschalter).

Bei Atem- und Herzstillstand muss man sofort mit Wiederbelebungsmaßnahmen beginnen (künstliche Beatmung, Herzdruckmassage). Außerdem muss der Notarzt oder ein Rettungswagen gerufen werden.

Aus der Geschichte: **Flüssigkeiten schließen Stromkreise**

Wenn du ein Elektrogerät an das Stromnetz anschließen willst, hast du's recht einfach: Du steckst nur den Gerätestecker in die Steckdose. Der Kontakt zur elektrischen Energiequelle ist damit hergestellt.

Das Anschließen war aber nicht immer so bequem. Noch vor etwa 150 Jahren kannte man nämlich keine solchen Steckkontakte.

Wenn man in einem Experiment eine Drahtspule in einen Stromkreis einbeziehen wollte, musste man sie mit den Anschlüssen der Batterie verschrauben oder verlöten.

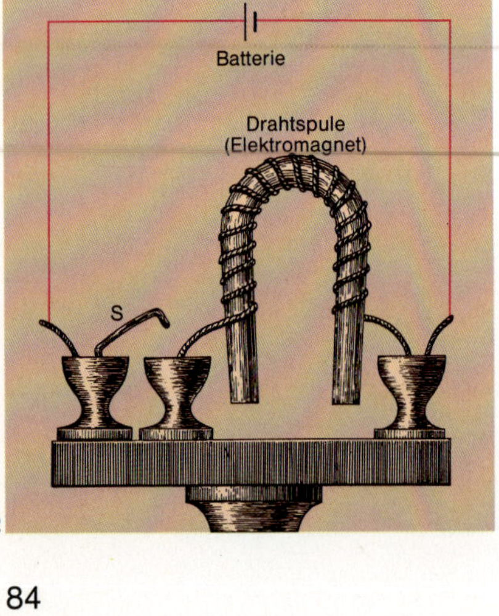

2

Dieses Verfahren war natürlich umständlich.

Viel leichter konnten Kontakte mit einer leitenden Flüssigkeit hergestellt werden – z. B. mit *Quecksilber*. Quecksilber ist ein Metall, das bei Zimmertemperatur flüssig ist.

Bild 2 stammt aus dem Jahr 1825 und zeigt eine solche Verbindung: Links in dem Bild erkennst du zwei Becher. Sie waren oben offen und mit Quecksilber gefüllt.

Um den Stromkreis zu schließen, tauchte man einfach das bewegliche Leiterstück des „Schalters" S in den zweiten Becher ein.

Das Ganze war keineswegs ungefährlich. Mit der Zeit verdampfte nämlich das Quecksilber – und Quecksilberdämpfe sind, wie man inzwischen weiß, sehr giftig.

Auch heute verwendet man noch Quecksilber als Kontaktflüssigkeit – jetzt allerdings sorgfältig verkapselt in *Neigungsschaltern.*

Als „Bewegungsmelder" werden sie zum Beispiel in Alarmanlagen eingebaut.

Bild 3 zeigt, wie diese Schalter funktionieren:

Im oberen Teil von Bild 3 liegt der Schalter waagerecht. Die beiden Elektroden haben Kontakt und der Stromkreis ist geschlossen.

Wenn man den Schalter „neigt", wird der Stromkreis unterbrochen.

Doch nicht nur Quecksilber wird heute als Kontaktflüssigkeit verwendet. So nimmt z. B. ein Arzt, der die Herzströme eines Patienten messen will, *Salzwasser* oder eine *leitende Salbe*. Damit feuchtet er die Kontakte an, die auf der Brust des Patienten angebracht werden.

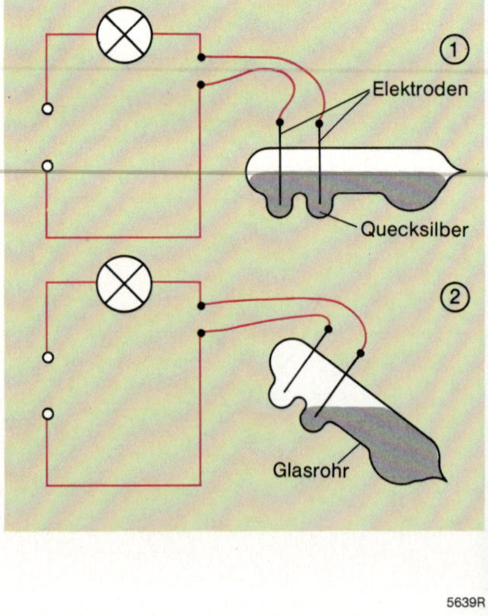

3

5639R

Alles klar?

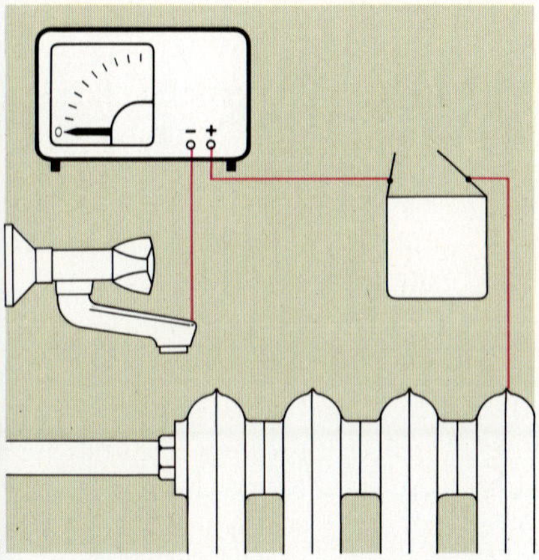

4

1 Bei Elektrounfällen liegen immer geschlossene Stromkreise vor. Solche Stromkreise können auf ungewöhnliche Art geschlossen sein.

Im **Versuch** nach Bild 4 wird ein solch ungewöhnlicher Stromkreis aufgebaut. (Die Lackschicht am Heizkörper leitet nicht, man muss ein blankes Metallteil an der Heizung suchen.)

Was kannst du aus dem Leuchten des Lämpchens schließen?

2 Man darf einen Drachen niemals in der Nähe einer Hochspannungsleitung steigen lassen, sonst bringt man sich in Lebensgefahr.

Erläutere diese Regel. (*Tipp:* Denke an das Ergebnis von Versuch 3.)

3 Die Anordnung von Bild 5 stellt einen geschlossenen Stromkreis dar. Das Messgerät zeigt einen Strom an, allerdings leuchtet die Lampe nicht.

a) Zeichne den Stromkreis in dein Heft.

b) Notiere darunter alle Leiter, aus denen dieser Stromkreis besteht.

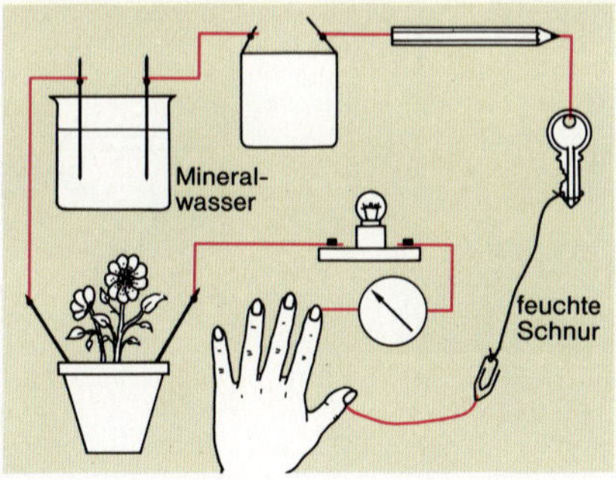

5

6

4 Tina macht's sich bequem (Bild 6). Wieso ist es gefährlich, den Stecker an der Leitung aus der Steckdose zu ziehen?

5 *Neigungsschalter* enthalten eine leitende Flüssigkeit (Bild 3).

Wieso sind solche Schalter als „Bewegungsmelder" geeignet?

6 Was muss man beim Umgang mit elektrischem Strom beachten?

3 Zusammenfassung

Flüssigkeiten als Leiter

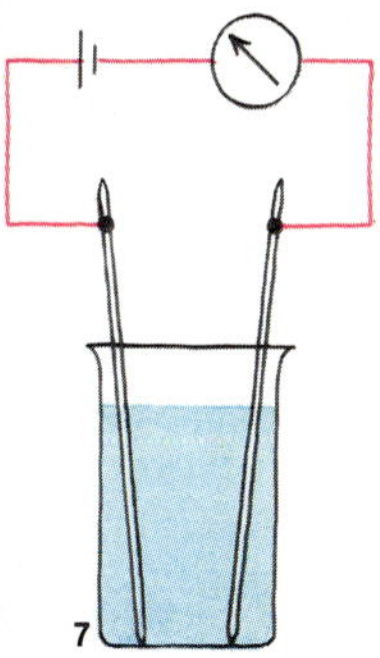

7

Um die elektrische Leitfähigkeit von Flüssigkeiten zu untersuchen, benötigt man ein Messgerät. Es ist ein viel empfindlicherer Stromanzeiger als eine Glühlampe.

Zu den **elektrischen Leitern** gehören z. B. Leitungswasser, Salzwasser, Essig, Fruchtsäfte. Diese Flüssigkeiten leiten nicht so gut wie Metalle.

Zu den **Nichtleitern** zählen unter anderem folgende Flüssigkeiten: Öl, Petroleum und Benzin.

Elektrischer Strom ist gefährlich

Der Körper des Menschen enthält Wasser, in dem geringe Mengen Kochsalz gelöst sind. Daher leitet er.

Der menschliche Körper ist ein elektrischer Leiter. Er kann Teil eines Stromkreises werden.

Schon bei sehr geringen Strömen besteht *Lebensgefahr*. Die Herztätigkeit wird gestört, es kommt zu Bewusstlosigkeit und Verbrennungen.

Achte darauf, dass die **Isolierung** elektrischer Kabel und Geräte nicht beschädigt ist. Eine gute Isolierung ist der beste Schutz gegen Elektrounfälle.

Benutze in der Badewanne keine elektrischen Geräte, auch keinen Haartrockner.

Bei einem Elektrounfall muss sofort der Stromkreis unterbrochen werden (Not-Aus-Schalter, Sicherung).

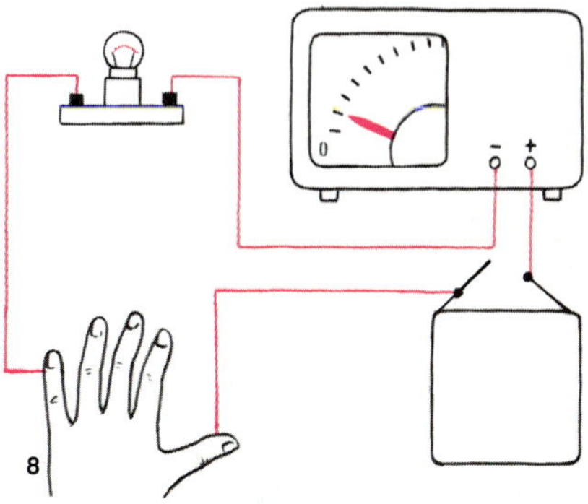

8

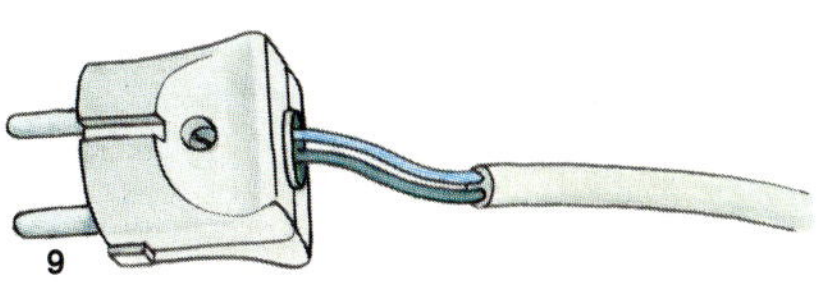

9

Verschiedene Schalter

Schalter und Taster

1

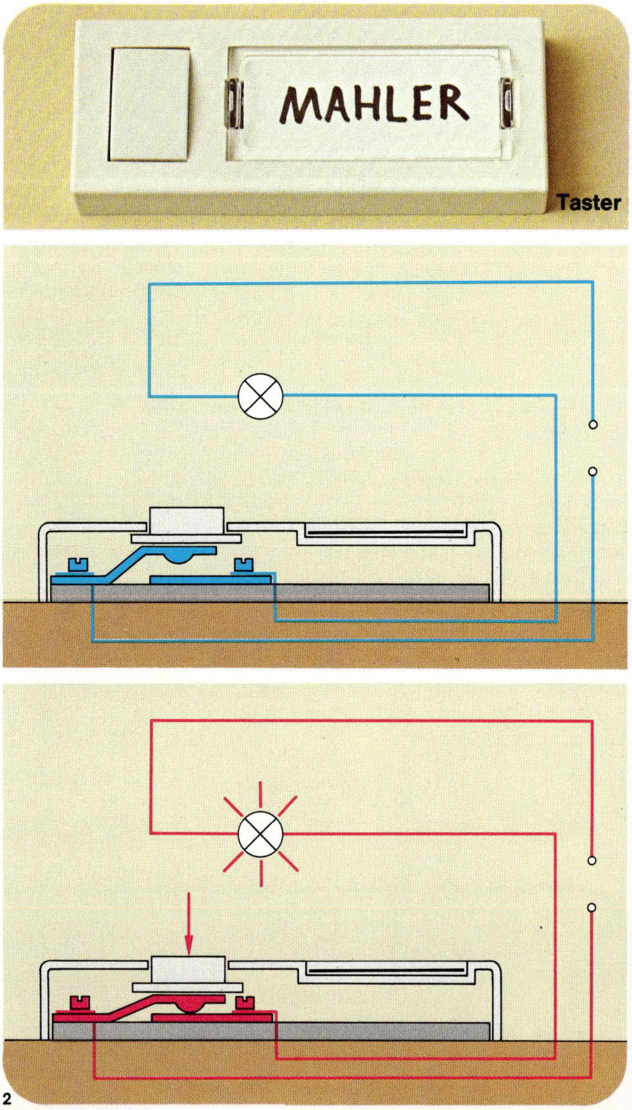

2

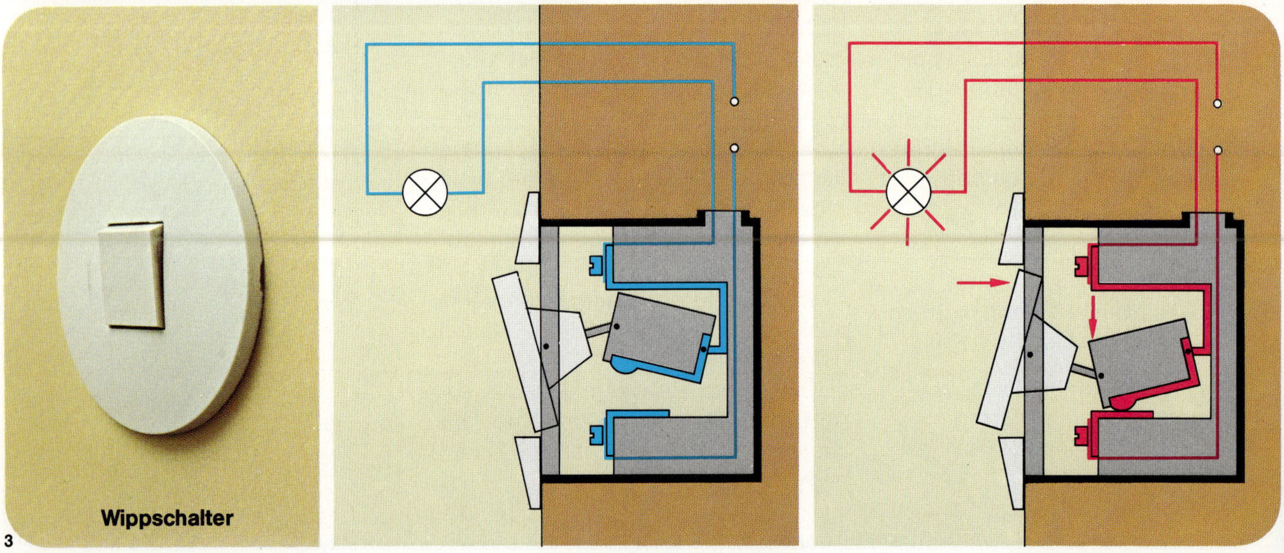

3

5641R

Aufgaben

1 „Der Schalter ist ein Gerät, das sowohl Leiter als auch Nichtleiter sein kann." Erläutere diese Aussage.

2 Übertrage die folgende Tabelle in dein Heft. Notiere jeweils, ob der Stromkreis geschlossen ist und ob die Glühlampe leuchtet.

Schalterstellung	Schaltzeichen	Stromkreis	Glühlampe
aus		?	?
ein		?	?

3 Die folgenden Beschreibungen sind *falsch*. Schreibe sie richtig auf.

a) *Schalterstellung „ein":* Der Schalter leitet. Der Stromkreis ist geschlossen. Die Lampe leuchtet nicht.

b) *Schalterstellung „aus":* Der Schalter leitet. Der Stromkreis ist unterbrochen. Die Glühlampe leuchtet.

4 Probiere in einem **Versuch** aus, ob der Schalter immer an einer bestimmten Stelle des Stromkreises eingebaut sein muss.

5 Skizziere den Stromkreis der Tischlampe von Bild 4 (mit Schalter).

6 Beim Kühlschrank wird die Beleuchtung mit einem Taster ein- und ausgeschaltet. Was ist das Besondere an diesem Taster?

7 In Bild 5 siehst du eine Schaltskizze. Welche Lampe leuchtet?

Welche Schalter *müssen* geschlossen sein, damit nur die Lampe A (B, C) leuchtet?

4

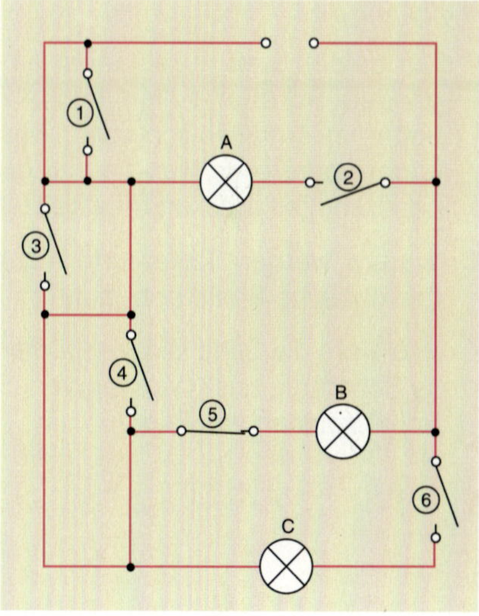

5

Aus der Geschichte: **Wie Lichtschalter früher aussahen**

Wenn wir heute ein Zimmer im Dunkeln betreten, wissen wir sofort, wo der Lichtschalter ist: Wir finden ihn fast immer in Griffhöhe neben der Tür.

Das war zu Beginn des 20. Jahrhunderts anders. Damals begann das elektrische Licht die Gasbeleuchtung zu verdrängen.

Wie bei der Gasbeleuchtung waren die Schalter noch an den Leuchten selbst angebracht (Bild 6). In Aussehen und Funktionsweise (Bilder 7 u. 8) hatten diese Schalter große Ähnlichkeit mit Gashähnen.

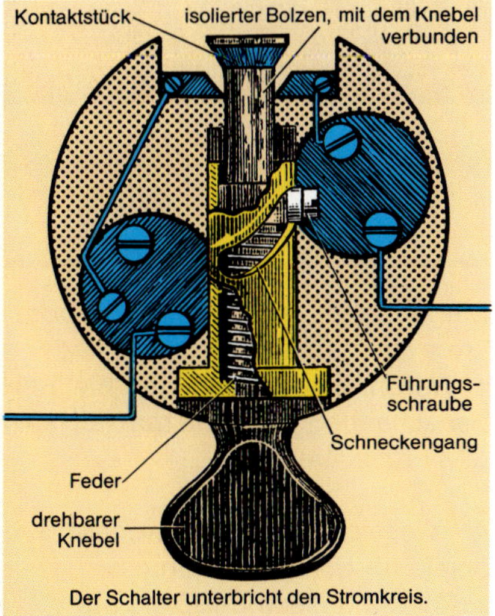

7 Der Schalter unterbricht den Stromkreis.

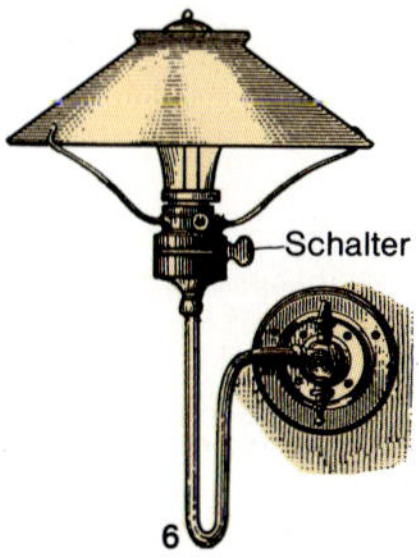

6

Fragen und Aufgaben zum Text

1 Die Bilder 7 u. 8 zeigen, wie ein Stromkreis von einem alten Lichtschalter unterbrochen und geschlossen wurde. Beschreibe, wie der Schalter funktionierte.

2 Mit welchen heutigen Schaltern sind diese Schalter zu vergleichen?

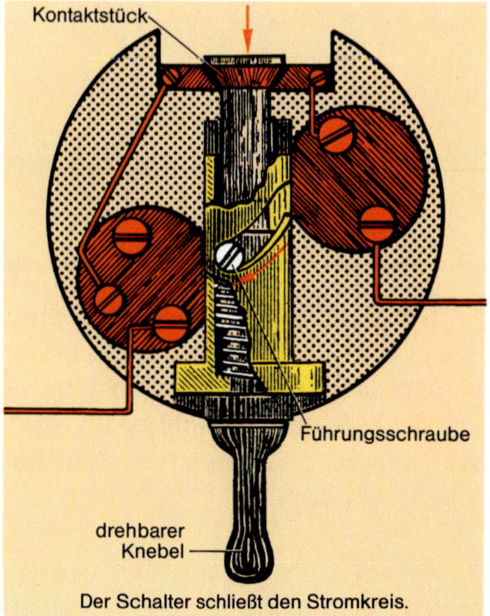

8 Der Schalter schließt den Stromkreis.

Schaltungen mit mehreren Schaltern

1 Schalter schützen vor Gefahren

Bild 1 zeigt eine Papier-Schneidemaschine, die über tausend Bogen Papier auf einmal schneidet.

Der Arbeiter, der die Maschine bedient, drückt mit beiden Händen gleichzeitig auf zwei Schalter (Taster), die rechts und links von ihm angebracht sind. Erst dann beginnt die Maschine zu arbeiten.

○ Die beiden weit auseinander liegenden Schalter sollen den Arbeiter vor Unfällen schützen. Was könnte paasieren, wenn er nur einen Schalter drücken müsste?

○ Warum werden Taster und nicht gewöhnliche Schalter benutzt?

○ Wie sieht die Schaltskizze für diese Schaltung aus? (Verwende das Schaltzeichen von Bild 2.)

2 Schaltzeichen des Motors

V 1 Baue die Sicherheitsschaltung der Schneidemaschine in einem Versuch nach.

Anstelle der Maschine nimmst du einen kleinen Motor (oder eine Glühlampe).

Notiere die Funktionsweise der Schaltung in einer Tabelle:

1. Taster	2. Taster	Motor
aus	aus	?
aus	ein	?
ein	aus	?
ein	ein	?

1

Aufgaben

1 Um eine elektrische Kaffeemühle einzuschalten, muss man den Taster drücken und gleichzeitig muss der Deckel fest geschlossen sein. Wie kommt das? Welchen Sinn hat diese Schaltung?

2 Für den Nachbau der Sicherheitsschaltung gibt es zwei Möglichkeiten: Carola fügt die beiden Schalter rechts und links neben das Netzgerät in den Stromkreis ein. Frank baut die Schalter nebeneinander in den Stromkreis ein. Wer von beiden hat es richtig gemacht?

3 Die Sicherheitsschaltung ist ein Beispiel für eine *Reihenschaltung*. Die Schalter werden ja im Stromkreis aneinander gereiht.

Warum bezeichnet man die Reihenschaltung von Schaltern auch als *UND-Schaltung*?

4 Vielleicht kennst du weitere Beispiele für UND-Schaltungen.

Schreibe diese Beispiele auf.

5643R

2 Zwei Schalter für die Wohnungsklingel

3

In einem Mehrfamilienhaus besitzt jede Wohnung zwei Klingelknöpfe (Taster): einen draußen an der Haustür und einen zweiten im Haus an der Wohnungstür (Bild 3).

Die Klingel läutet – egal, ob der Klingelknopf an der Haustür oder an der Wohnungstür gedrückt wird.

- Kann es sich um eine UND-Schaltung handeln?
- Wie sieht die Schaltskizze für diese Schaltung aus? (Bild 4 zeigt schon einen Teil der Schaltung.)

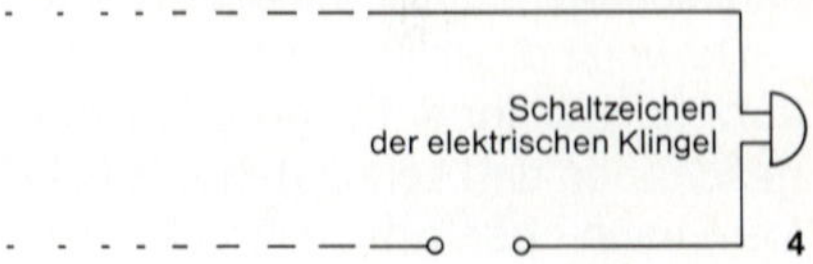

4

V 2 Zum Ausprobieren der Schaltung kannst du statt der Klingel eine Glühlampe verwenden.

Notiere die Funktionsweise der Schaltung in einer Tabelle:

1. Taster	2. Taster	Lampe
aus	aus	?
aus	ein	?
ein	aus	?
ein	ein	?

Aufgaben

1 Die Innenbeleuchtung von Autos wird meist durch Tastschalter an den Türrahmen betätigt (Bild 5): Öffnet man eine oder beide Vordertüren, so leuchtet im Wagen das Licht auf. Wenn beide Türen geschlossen werden, erlischt es wieder.

Wie sind die Schalter angeordnet? Fertige eine Schaltskizze an.

5

2 Bei der Klingelschaltung handelt es sich um eine *Parallelschaltung*.

Warum nennt man die Parallelschaltung von Schaltern oft auch *ODER-Schaltung*?

3 Zeichne die Schaltskizze einer ODER-Schaltung mit drei Schaltern. Wo könnte sie angewandt werden?

Aus Umwelt und Technik: **Verborgene Schalter**

Mit einem Fahrstuhl oder Aufzug zu fahren ist eine feine Sache: Ohne auch nur eine einzige Treppenstufe steigen zu müssen ist man im Nu in einem anderen Stockwerk.

Manchmal scheint der Fahrstuhl aber nicht richtig zu funktionieren – das ist dir vielleicht auch schon so ergangen:

Du stehst in der Kabine (Bild 1) und hast längst schon die Taste für das gewünschte Stockwerk gedrückt; die Außentür des Fahrstuhls ist zugegangen und auch die Innentür schließt sich – doch nichts geschieht!

Du weißt dir aber zu helfen: Einmal kurz an der Innentür gerüttelt oder geschoben und schon geht die Fahrt los – nach oben oder nach unten.

1

Fragen und Aufgaben zum Text

1 Warum müssen erst alle Fahrstuhltüren fest verschlossen sein bevor der Fahrstuhl zu fahren beginnt? Bedenke, was passieren könnte, wenn eine der Türen offen bleibt.

2 Die Stockwerkstaste, die vor der Fahrt gedrückt wird, ist deutlich als Tastschalter erkennbar. Offenbar sind aber noch weitere Schalter vorhanden.

Überlege, wo diese Schalter verborgen sein müssen.

3 Zeichne eine Schaltskizze der Schaltung, mit der diese „Fahrstuhlschaltung" zu vergleichen ist.

Handelt es sich deiner Meinung nach um eine UND-Schaltung oder um eine ODER-Schaltung?

Alles klar?

1 Die Spülmaschine in der Küche beginnt noch nicht zu arbeiten, wenn nur die „Ein"-Taste gedrückt ist. Erst muss noch die Tür fest verschlossen sein und der Wasserhahn muss aufgedreht werden.

a) Warum hat man hier diese drei „Schalter" eingebaut?

b) Ist hier eine UND- oder eine ODER-Schaltung gewählt worden?

2 Überlege, bei welchen anderen Geräten Schalter in einer UND- oder ODER-Schaltung eingebaut sein müssten.

3 Manche Haartrockner besitzen zwei Schalter: einen für den Ventilator (S_1 für Kaltluft) und einen für den Heizdraht, der die Kaltluft erhitzen soll (S_2 für Heißluft). Das zeigt die folgende Zeichnung.

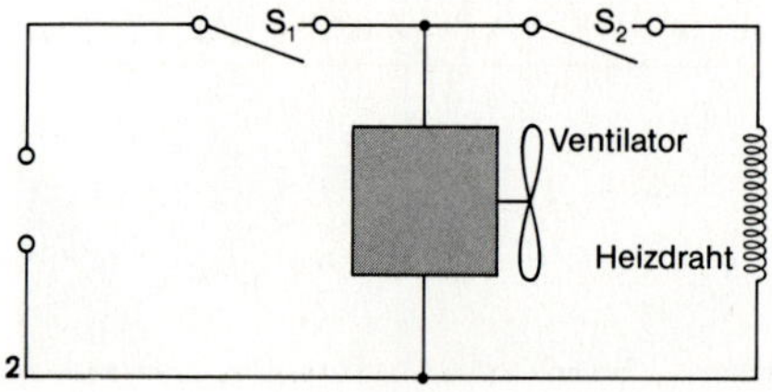

2

a) Was geschieht, wenn der Schalter S_1 eingeschaltet wird?

b) Was ändert sich, wenn zusätzlich der Schalter S_2 geschlossen wird?

c) Gibt der Haartrockner auch dann Heißluft ab, wenn nur S_2 geschlossen ist?

d) Könntest du mit dem Schalter S_2 das ganze Gerät abschalten?

e) Was unterscheidet diese Schaltung von denen, die wir bisher untersucht haben? Ist es eine Schaltung von der Art einer UND- oder einer ODER-Schaltung?

3 Zusammenfassung

Eine „Sicherheitsschaltung“

3

An Pressen und Schneidemaschinen kann es zu schweren Verletzungen kommen. Deshalb werden die Maschinen durch zwei weit auseinander liegende Schalter (Taster) in Gang gesetzt; beide müssen während des Arbeitsganges gedrückt sein. So ist der Arbeiter gezwungen seine Hände aus der Maschine zu nehmen, bevor diese zu arbeiten beginnt.

Die beiden Schalter sind **in Reihe** in den Stromkreis eingebaut.

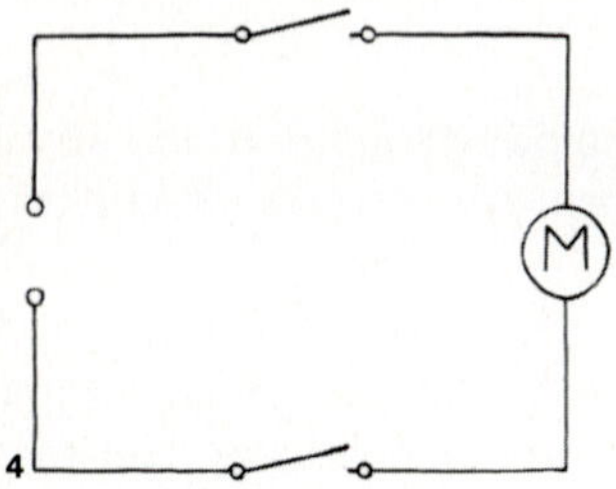

4

Diese Anordnung von Schaltern nennt man auch **UND-Schaltung**, weil Schalter 1 *und* 2 gleichzeitig auf „ein“ geschaltet sein müssen, wenn der Stromkreis geschlossen sein soll.

Arbeitet ein elektrisches Gerät erst dann,
wenn ein Schalter *und* ein zweiter (dritter, vierter . . .) betätigt werden,
so handelt es sich um eine **UND-Schaltung**.

Eine „Klingelschaltung“

5

Zwei Schalter finden wir auch bei der Wohnungsklingel. Sie kann durch den Klingelknopf (Taster) an der Haustür oder durch den Klingelknopf an der Wohnungstür betätigt werden.

Damit dies erreicht werden kann, müssen die beiden Schalter **parallel** zueinander in den Stromkreis eingesetzt werden.

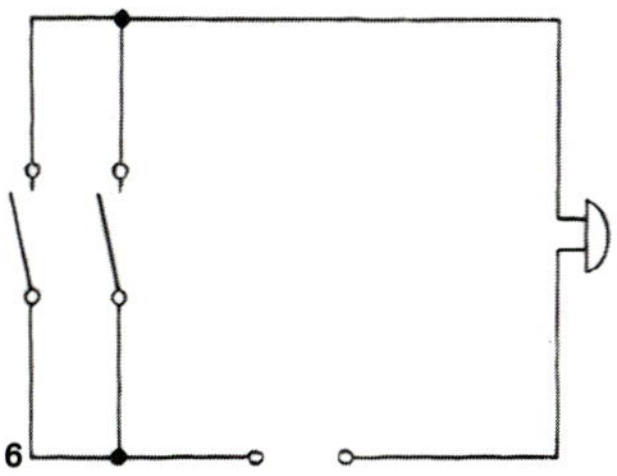
6

Auch diese Anordnung von Schaltern hat noch einen anderen Namen: Sie heißt **ODER-Schaltung**, weil hier der Stromkreis durch den einen *oder* den anderen Schalter geschlossen werden kann.

Lässt sich ein Elektrogerät von verschiedenen Stellen aus schalten
(also von einem *oder* einem anderen Schalter aus),
so handelt es sich um eine **ODER-Schaltung**.

Mehrere Geräte an einer Energiequelle

1 Wie Lampen geschaltet werden können

1 Nachts im Auto unterwegs. Beide Scheinwerfer sind in Ordnung. Der Fahrer kann auch den Straßenrand gut sehen und Fußgänger rechtzeitig erkennen.

2 Ein Scheinwerfer ist ausgefallen. Die Straße wird nur noch zum Teil beleuchtet. Spätestens an der nächsten Tankstelle muss die Lampe erneuert werden.

Beide Scheinwerferlampen sind an die gleiche elektrische Energiequelle angeschlossen. Wie sind sie geschaltet?

V 1 Versuche *zwei* Glühlampen an *ein* Netzgerät anzuschließen. Es gibt mehrere Möglichkeiten. Vielleicht findest du die Schaltung der Autoscheinwerfer, bei denen eine Lampe weiterleuchtet, wenn die andere ausfällt.

Aufgaben

1 Sieh dir die Schaltskizzen (Bilder 3–5) an. Was unterscheidet die drei Schaltungen voneinander? Was haben sie gemeinsam?

3 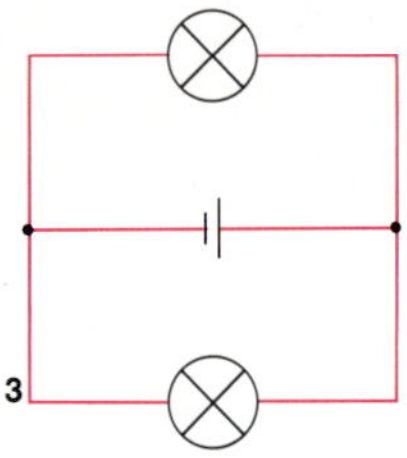

4 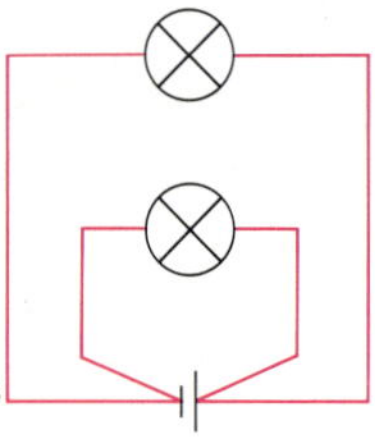

5 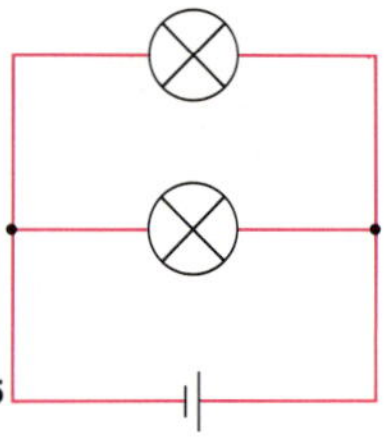

2 In den Schaltungen der Bilder 6 u. 7 sind jeweils *drei* Glühlampen an eine Energiequelle angeschlossen.

6 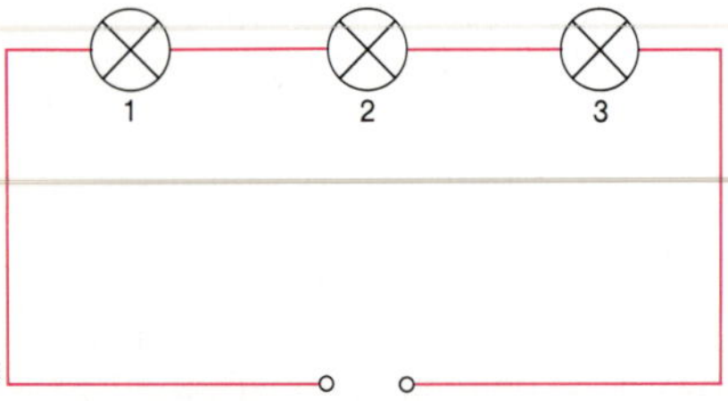

7 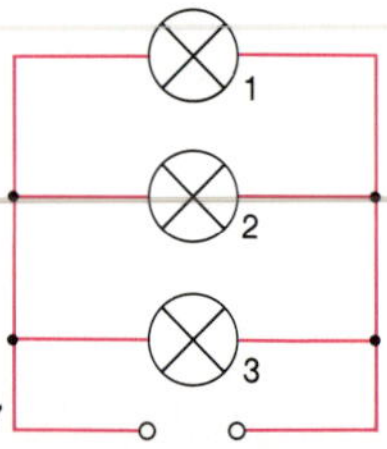

a) Was geschieht jeweils, wenn eine Glühlampe herausgeschraubt wird?

b) Eine der Schaltungen wird **Reihenschaltung** genannt, die andere **Parallelschaltung**. Ordne die Namen den Schaltskizzen zu.

3 Bei der Parallelschaltung spricht man von einem *verzweigten* Stromkreis. Man sagt, der Stromkreis hat mehrere „Zweige". Übertrage die Bilder 3, 4, 5 u. 7 in dein Heft und markiere die „Zweige" mit verschiedenen Farben.

4 Die Bilder 8 u. 9 zeigen eine Reihenschaltung und eine Parallelschaltung. An den gekennzeichneten Stellen könnte jeweils ein Schalter eingebaut werden.

a) Wohin muss bei der Reihenschaltung der Schalter, wenn man mit ihm beide Lampen gleichzeitig ein- und ausschalten will?

Überlege dir auch eine Begründung für deine Antwort.

b) Wo würdest du bei der Parallelschaltung einen Schalter einsetzen, mit dem beide Lampen gemeinsam ein- und ausgeschaltet werden können? Begründe.

c) Tina Pfiffig hat ihren Schalter in der Parallelschaltung bei C geplant. Was erreicht sie damit?

d) Was geschieht, wenn sie den Schalter bei B einbaut?

8 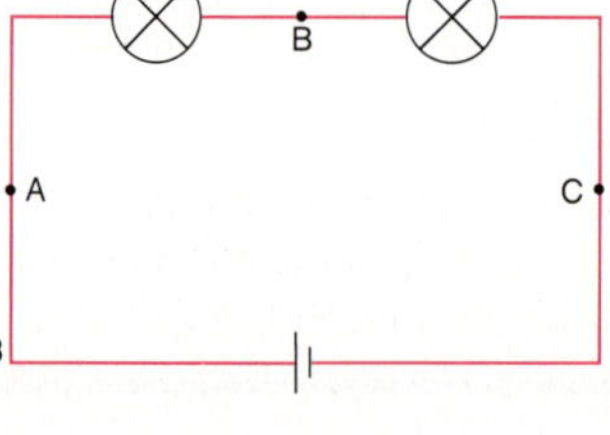

9 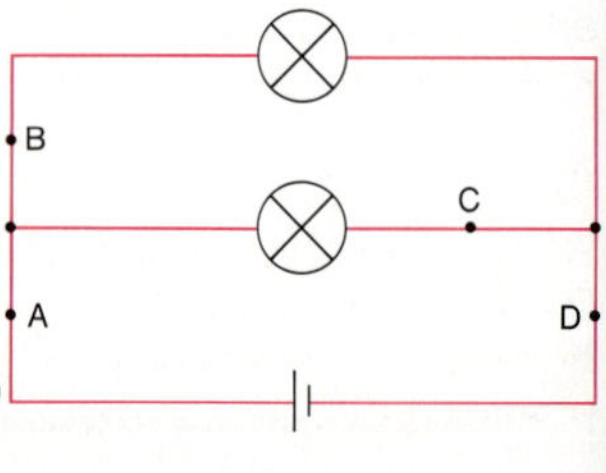

5645R

Aus der Geschichte: **Reihenschaltungen früher und heute**

Lampen in Reihe zu schalten ist ausgesprochen einfach – das hast du bestimmt inzwischen gemerkt. Aber doch gibt es nur selten Fälle, bei denen Lampen in Reihe geschaltet werden. Du kennst den Grund dafür:

Wenn du in einem Stromkreis mit in Reihe geschalteten Lampen auch nur eine Lampe herausdrehst, gehen alle anderen Lampen ebenfalls aus.

Früher – vor etwa 100 Jahren – waren Reihenschaltungen von Lampen viel häufiger als heute. Vor allem dort, wo große Flächen oder Säle zu beleuchten waren, wählte man die Reihenschaltung.

Das war z. B. bei der Beleuchtung von Bahnhöfen, Straßen und Hafenanlagen der Fall. Als in jener Zeit der Zentralbahnhof in Hannover gebaut wurde (der heutige Hauptbahnhof), mussten 20 große Lampen angeschlossen werden – beim Görlitzer Bahnhof in Berlin waren es sogar 24 Lampen (Bild 10, um 1910). Jede dieser Lampen strahlte so viel Licht ab wie ungefähr 40 moderne Glühlampen zusammen.

10

Sicherheitshalber schaltete man jedoch damals nicht alle 20 bzw. 25 Lampen in Reihe: Nur jeweils fünf wurden in einer Reihenschaltung zusammengefasst. So erreichte man wenigstens, dass beim Ausfall einer Lampe nur vier weitere erloschen. Die anderen leuchteten weiter.

Damals gab es übrigens noch keine Kraftwerke wie heute. Man stellte deshalb in einem Nebengebäude des Bahnhofs zwei bzw. drei Dampfmaschinen auf. Sie hatten die Aufgabe große Dynamos anzutreiben.

In gleicher Weise wurden um 1880 die Bahnhöfe von Düsseldorf, München, Salzburg und Wien beleuchtet.

Heute findet man Reihenschaltungen von Lampen eigentlich nur noch in zwei Fällen: bei der Weihnachtsbaumbeleuchtung und bei der Partybeleuchtung.

Für solche Lichterketten hat man inzwischen auch eine Möglichkeit gefunden den Nachteil der Reihenschaltung zu umgehen. Die einzelnen „Kerzen“ werden heute oft so gebaut, dass der Stromkreis automatisch wieder geschlossen wird, wenn einmal ein Glühdraht „durchbrennt“.

Fragen und Aufgaben zum Text

1 Zeichne einen einfachen Schaltplan der Beleuchtung des damaligen Bahnhofs von Hannover.

2 Wenn eine der 20 Lampen schadhaft wurde, erloschen nur vier weitere, die anderen aber leuchteten weiter. Begründe.

Aus Umwelt und Technik: **Elektrische Anlagen im Haushalt**

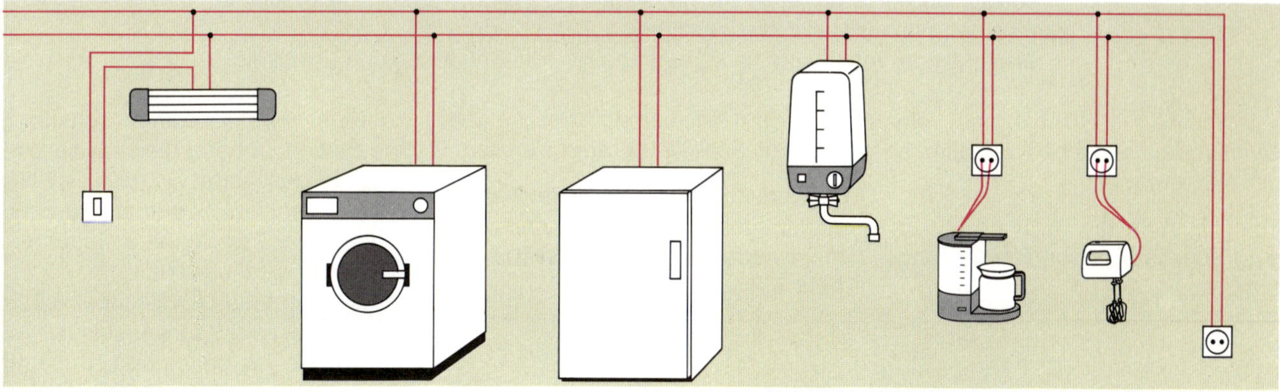

1

An die Zuleitungen, die zum Haus führen, sind nicht nur die Lampen angeschlossen, sondern viele weitere Elektrogeräte.

Allein in der Küche finden wir z. B. den Kühlschrank, die Waschmaschine und vielleicht den Heißwasserbereiter. Zusätzlich können eine Kaffeemaschine, ein Mixer und weitere Geräte über mehrere Steckdosen angeschlossen werden.

Die Leitungen in der Wohnung liegen „unter Putz“. Wir können also nicht sehen, wie sie geschaltet sind.

Wie diese Haushaltsgeräte angeschlossen sind, zeigt dir Bild 11. Um welche Schaltungsart es sich handelt, findest du sicher leicht heraus.

Fragen und Aufgaben zum Text

1 Was geschieht bei einer Reihenschaltung, wenn man ein Gerät abschaltet?

2 Gib an, welche Schaltungsart bei den Haushaltsgeräten vorliegt.

3 Übertrage Bild 11 (vereinfacht) in dein Heft. Markiere den Stromkreis der Waschmaschine und den des Mixers mit zwei verschiedenen Farben.

2 Eine „knifflige“ Schaltung

1

In vielen Wartezimmern von Ärzten oder Zahnärzten werden die Patienten durch „Lichtrufanlagen“ verständigt, wenn der nächste Patient ins Sprechzimmer kommen kann (Bild 1).

Hinter den Schildern „Bitte warten“ oder „Der Nächste bitte“ ist jeweils eine Lampe angebracht. Nur wenn die Lampe leuchtet, ist die Schrift zu lesen.

Das „Knifflige“ an der Schaltung dieser Lampen ist, dass die ganze Anlage *mit nur einem Schalter* bedient wird!

Bringst du es fertig, eine solche Schaltung zu entwerfen? Du brauchst dazu einen besonderen Hebelschalter ...

Die folgende Versuchsreihe kann dir helfen, die Schaltung zu entwickeln.

V 2 Schließe zunächst nur eine Glühlampe über einen Schalter an das Netzgerät an.

Zeichne auch die noch unvollständige Schaltskizze von Bild 2 ab und ergänze sie.

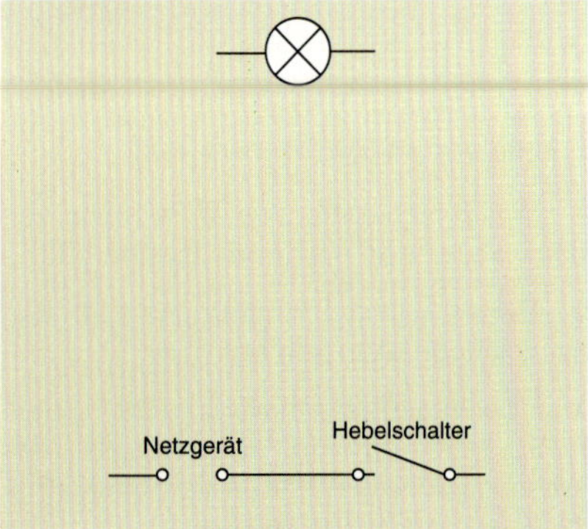

2

V 3 Die *zweite* Lampe muss mit dem gleichen Schalter betätigt werden.

a) Versuche nun die zweite Lampe einzubauen. Zuvor legst du am besten wieder eine Schaltskizze an (Bild 3).

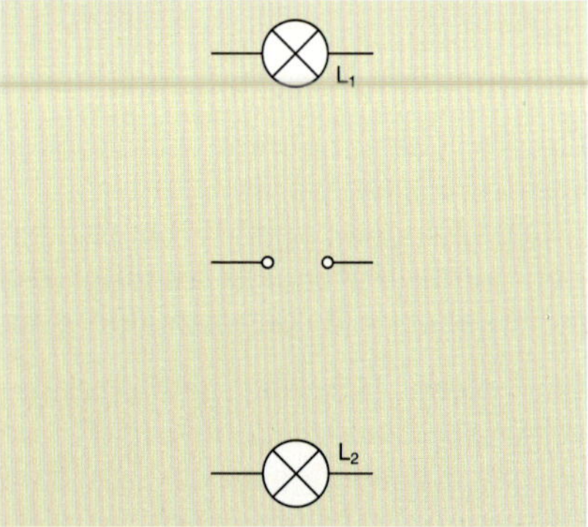

3

Hinweis: Falls in deiner Schaltung die beiden Lampen gleichzeitig ein- und ausgeschaltet werden, ist die Aufgabe noch nicht gelöst: Die zweite Lampe soll doch erst aufleuchten, wenn die erste erlischt.

Es kommt auf den Schalter an! Er muss einen weiteren Anschluss für die zweite Lampe haben. Schalter dieser Art heißen **Umschalter** (Bild 4).

b) Zeichne in deiner Schaltskizze die beiden „Zweige“ des Stromkreises in verschiedenen Farben.

4

5647R

3 Die Wechselschaltung

6

In den meisten Räumen wird die Deckenlampe durch einen einzigen Schalter ein- und ausgeschaltet. Er befindet sich meist neben der Tür. Weitere Schalter gibt es nicht.

Bei der Flurbeleuchtung ist es anders: Du kannst das Licht mit dem Schalter neben der Wohnungstür einschalten (Bild 5). Zum Ausschalten betätigst du den Schalter neben der Zimmertür (Bild 6).

Man kann jederzeit mit jedem der beiden Schalter das Licht ein- oder ausschalten.

Die Schaltung für die Flurbeleuchtung ist eine *Wechselschaltung.* Wie könnte sie funktionieren?

V 4 Wir verwenden zwei gewöhnliche Schalter.

a) In Bild 7 sind sie in Reihe geschaltet. Überlege, ob diese Schaltung als Wechselschaltung funktioniert.

b) Eignet sich eine Parallelschaltung (Bild 8) für die Flurbeleuchtung?

c) Wenn du unsicher bist, kannst du die Schaltungen aufbauen.

V 5 Verwende statt der einfachen Ein-Aus-Schalter zwei *Umschalter* (Bild 9).

Der Schalter S_1 entspricht dem Schalter neben der Wohnungstür, der Schalter S_2 dem neben der Zimmertür.

a) Überlege, wie die Schaltung aussehen muss. (*Tipp:* An jedem Schalter sind noch *zwei* Anschlüsse frei.)

Übertrage Bild 9 in dein Heft und vervollständige die Schaltskizze.

b) Bei welchen Schalterstellungen ist der Stromkreis unterbrochen, bei welchen ist er geschlossen? Lege eine Tabelle an.

Stellung der Schalter S_1	S_2	Stromkreis
1	1	?
1	2	?
2	1	?
2	2	?

c) Warum bezeichnet man die Schaltung mit den beiden Umschaltern als *Wechselschaltung*?

d) Wo findest du bei euch zu Hause Wechselschaltungen?

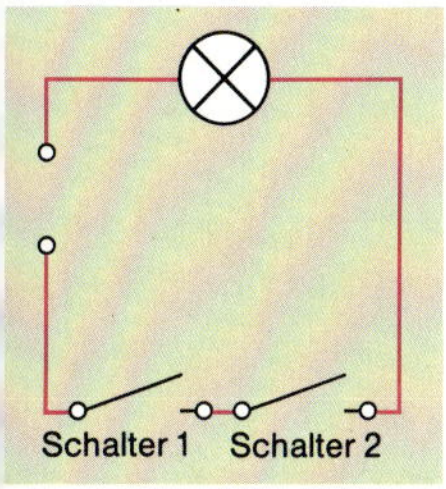

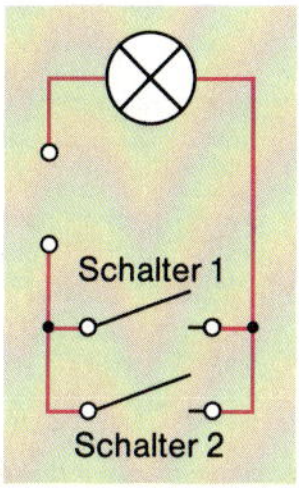

8

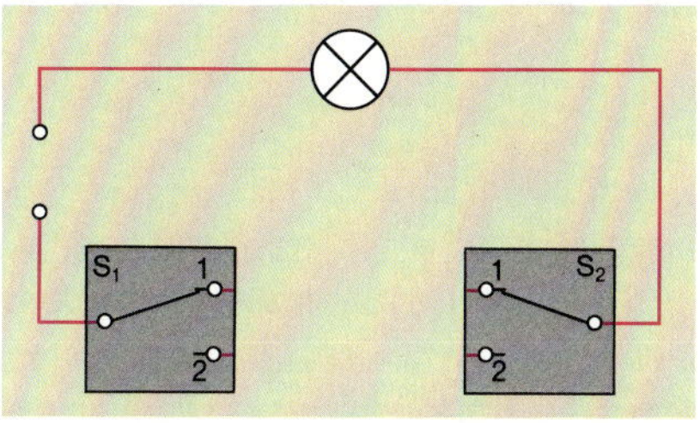

9

5648R

Alles klar?

1 Welche Schaltskizzen (Bilder 1 u. 2) gehören zu den Zeichnungen 3, 4 u. 5? Gib auch die Namen der Schaltungen an.

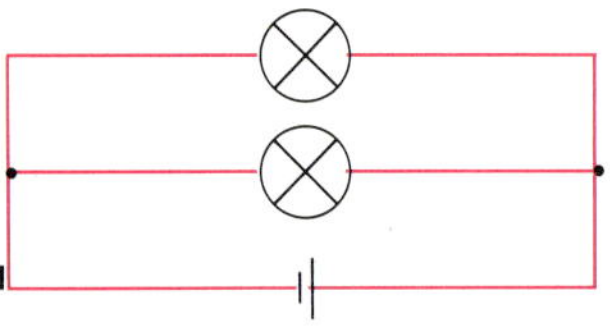
1

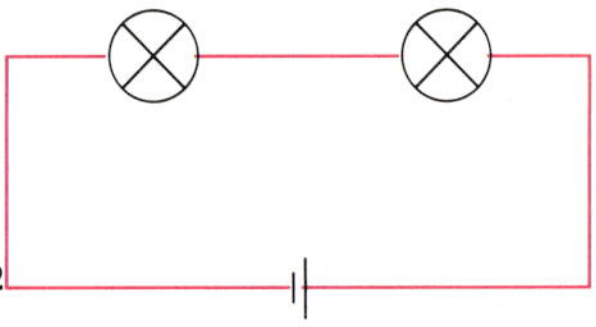
2

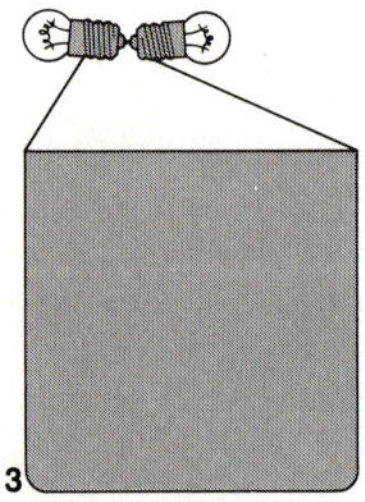
3

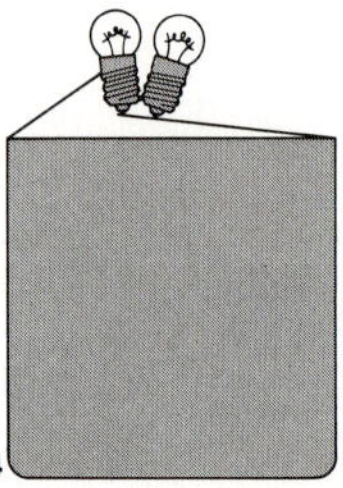
4

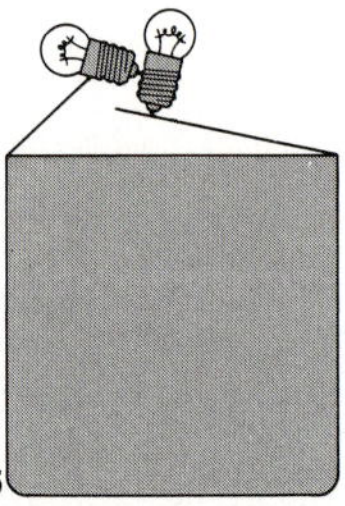
5

2 Welche Schaltungsart liegt bei der Fahrradbeleuchtung vor (Scheinwerfer *und* Rücklicht)? Zeichne den Schaltplan.

6

3 Eine elektrische Weihnachtsbaumbeleuchtung besteht aus mehr als zehn elektrischen „Kerzen" (Bild 6). Normalerweise hat sie aber einen Nachteil: Wenn eine Kerze herausgeschraubt wird, erlöschen die anderen ebenfalls. Wie sind die Kerzen geschaltet?

4 Um eine Glühlampe ausschalten zu können, wird ein Schalter in den Stromkreis eingefügt. Muss er parallel oder in Reihe mit der Glühlampe geschaltet werden?

5 Mit einem einzigen Umschalter will man nacheinander *drei* Lampen aus- und wieder einschalten können.

a) Erfinde einen neuen Schalter und versuche ihn zu zeichnen.

b) Zeichne die Schaltskizze. Verwende dabei verschiedene Farben für die Stromkreise der einzelnen Lampen.

6 Eine Glühlampe soll an zwei Stellen aus- und eingeschaltet werden. Wie heißt die Schaltung? Zeichne den Schaltplan.

7 Bild 7 zeigt eine „gemischte" Schaltung.

a) Welche Lampen sind in Reihe geschaltet, welche parallel?

b) Nimm an, die Lampe L_3 brennt durch. Welche Lampen leuchten dann weiter?

c) Was geschieht, wenn nur die Lampe L_5 durchbrennt?

d) Nur die Lampe L_6 soll abgeschaltet werden können. Wo muss der Schalter eingebaut werden?

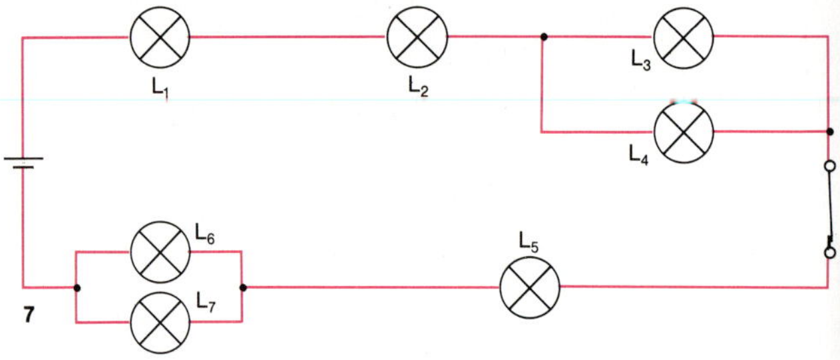

7

8 In welchen Räumen einer Wohnung werden Wechselschaltungen installiert?
Welchen Vorteil hat es, wenn eine Wechselschaltung vorhanden ist?

4 Zusammenfassung

Die Parallelschaltung

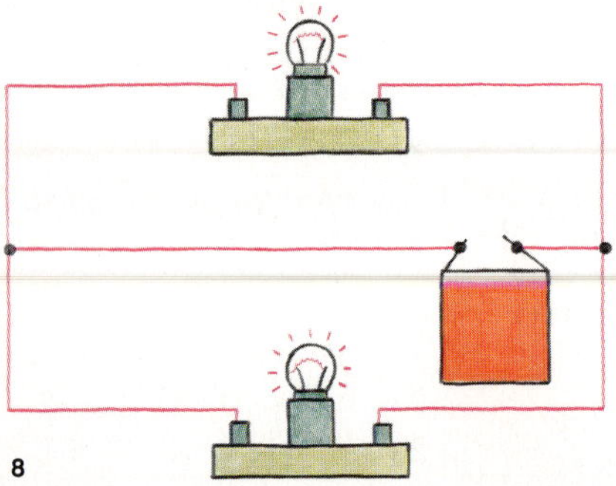
8

Die Lampen sind einzeln an eine Energiequelle angeschlossen. Eine solche Schaltung bezeichnet man als **Parallelschaltung**.

Die Reihenschaltung

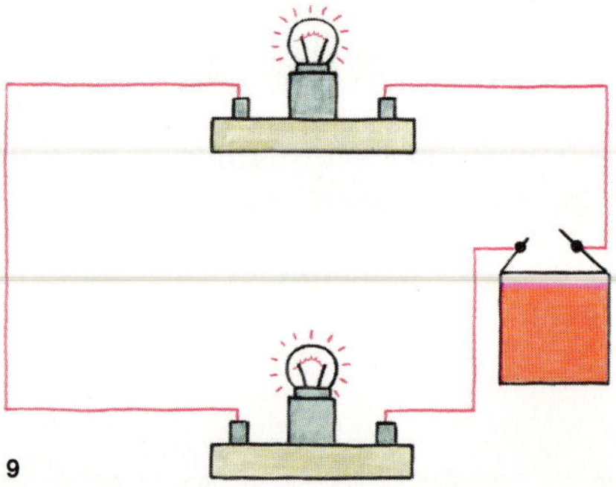
9

Die Lampen werden aneinander gereiht an die Energiequelle angeschlossen. Eine solche Schaltung bezeichnet man als **Reihenschaltung**.

5649R

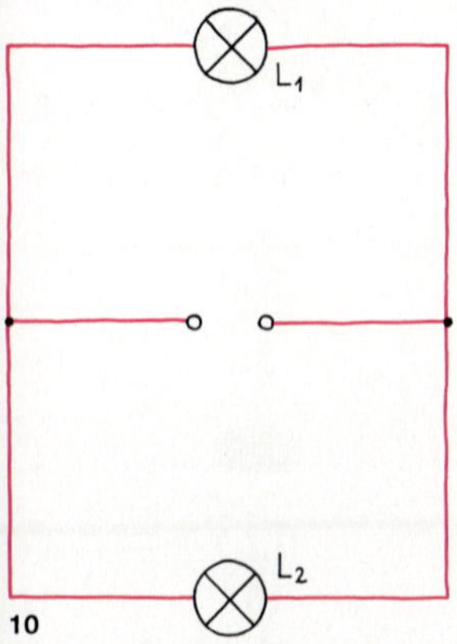

10

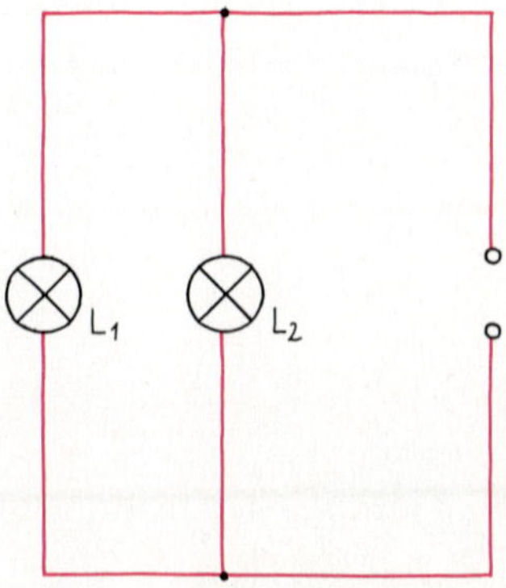

11

12

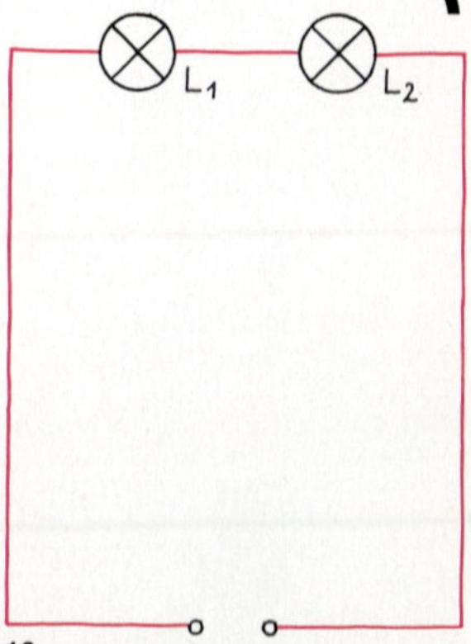

13

Hier siehst du Schaltskizzen einer **Parallelschaltung**.

Wenn z. B. die Lampe L_1 defekt ist, leuchtet die Lampe L_2 weiter, weil der Stromkreis von L_2 nicht unterbrochen ist.

Bei der Parallelschaltung entstehen mehrere Stromkreise, die voneinander unabhängig sind.

Hier siehst du Schaltskizzen einer **Reihenschaltung**.

Wenn z. B. die Lampe L_1 defekt ist, geht auch die Lampe L_2 aus, weil der Stromkreis dann bei L_1 unterbrochen ist.

Bei der Reihenschaltung sind mehrere Lampen Teil eines einzigen Stromkreises.

Nicht nur die Glühlampen, sondern auch alle Elektrogeräte und Steckkdosen im Haushalt sind *parallel* an die Stromleitung des Hauses angeschlossen.

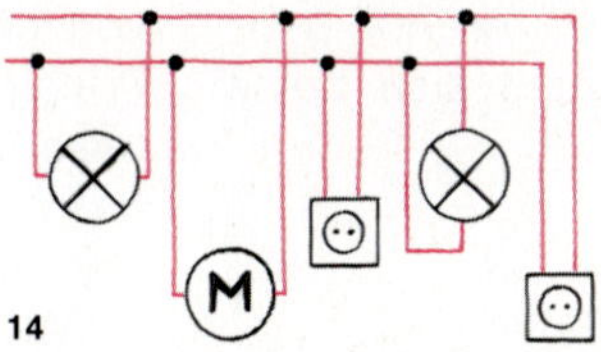

14

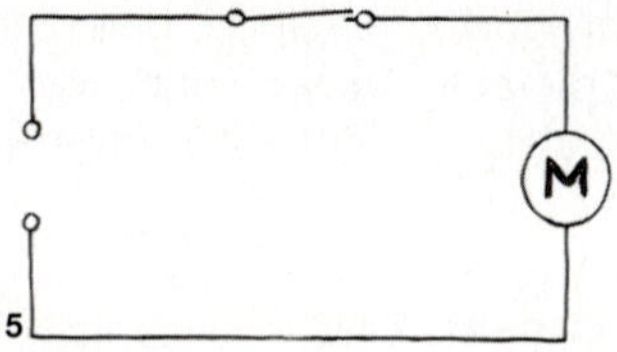

15

Schalter, mit denen Elektrogeräte ein- und ausgeschaltet werden, sind mit den Heizdrähten oder Elektromotoren der Geräte *in Reihe* geschaltet.

Die Wechselschaltung

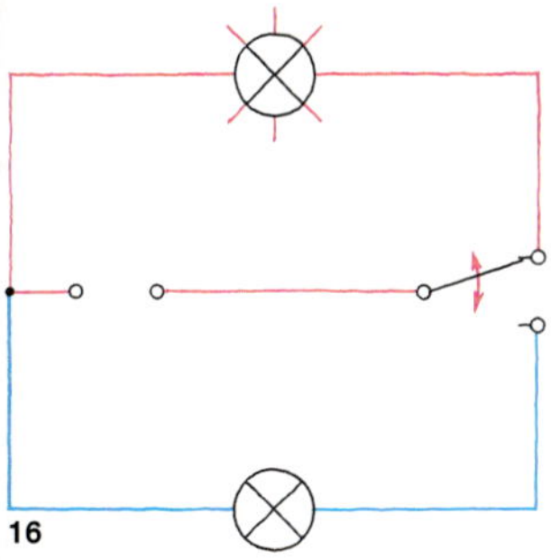

16

Mit Hilfe eines **Umschalters** kann man z. B. zwei Lampen abwechselnd mit ein und derselben Stromquelle verbinden. Dann leuchtet mal nur die *eine* und mal nur die *andere* Lampe.

Umschalter werden vor allem bei der **Wechselschaltung** als Schalter eingesetzt.

Bei der Wechselschaltung kann der Stromkreis sowohl durch den einen als auch durch den anderen Schalter (Umschalter) geschlossen bzw. unterbrochen werden.

Bei der Wechselschaltung müssen zwischen den beiden Umschaltern zwei Drähte verlaufen.

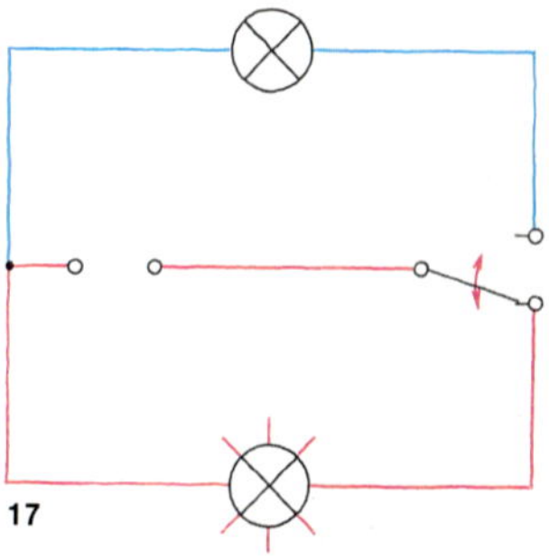

17

18

5650R

Elektromagnete

1 Die magnetische Wirkung des elektrischen Stromes

1

2

3

V 1 Mit etwas dünnem, lackiertem Kupferdraht (oder Klingeldraht) und einem Eisennagel kannst du dir einen Magneten bauen, der ähnlich wie auf den Fotos funktioniert.

Wickle den Draht auf den Nagel wie Garn auf eine Spule. Von den Enden musst du den Lack abkratzen, bevor du Büroklammern als Anschlüsse befestigst. Dann ist dein Elektromagnet einsatzbereit (Bild 4).

Achtung! Wenn du ihn einsetzt, dann schließe den Stromkreis nur ganz kurz. Sonst verbraucht sich deine Batterie zu schnell.

4

V 2 Ziehe den Nagel von Versuch 1 vorsichtig aus der Drahtspule heraus. Prüfe dann, ob auch die Spule allein (also ohne Nagel) magnetisch ist, das heißt, ob sie Nägel oder Büroklammern anzieht.

Wie könntest du die magnetische Wirkung deiner Spule sonst noch überprüfen? Überlege dir eine noch genauere Möglichkeit, die du ausprobieren könntest.

Bauanleitung: **Die tanzende Puppe**

Du benötigst:
1 Eisenschraube mit Mutter (4–6 cm lang und möglichst dick),
1 dünnen, lackierten Kupferdraht (5–6 m lang),
1 Batterie (4,5 V) oder 1 Eisenbahntrafo,
1 Tastschalter (→ Bauanleitung im Kapitel „Elektrizitätslehre"),
1 Pappschachtel,
dünnes Gummiband,
dicken Draht (oder Leisten) für das Traggestell der Puppe,
etwas Klebestreifen (z. B. Tesafilm®) und Kontaktkleber,
etwas dünne Pappe (zum Ausschneiden der Puppe),
10 Büroklammern.

So kannst du vorgehen:
Wickle den Kupferdraht sorgfältig auf die Schraube mit Mutter auf und achte darauf, dass ca. 30 cm des Drahtes frei bleiben. Du musst dabei immer in die gleiche Richtung wickeln; das heißt, wenn du am Ende der Schraube angekommen bist, wickelst du in gleicher Richtung die zweite Lage von hinten nach vorn, dann eine dritte Lage usw. (Bild 5).

Auch am Ende sollen etwa 30 cm Draht frei bleiben. Du klebst die letzte Drahtlage am besten mit einem Klebestreifen fest, damit sie sich nicht wieder abwickelt.

Die Puppe schneidest du aus der dünnen Pappe aus. Ihre Arme und Beine machst du aus Büroklammern.

Dann klebst du den Elektromagneten auf den Boden der Pappschachtel und führst die Anschlussdrähte nach außen. Bevor du die Drähte an den Tastschalter und die Batterie anschließt, musst du natürlich noch den Lack von den Drahtenden abkratzen. So, und nun kannst du dein Püppchen tanzen lassen (Bild 6)!

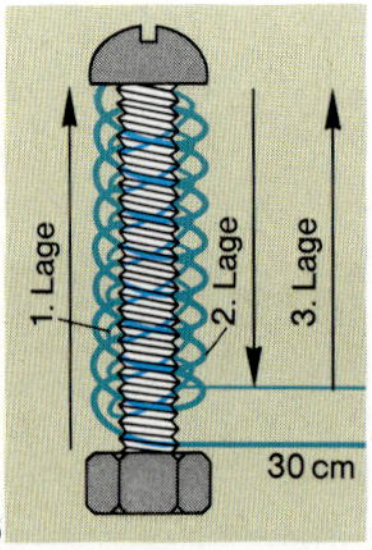

5

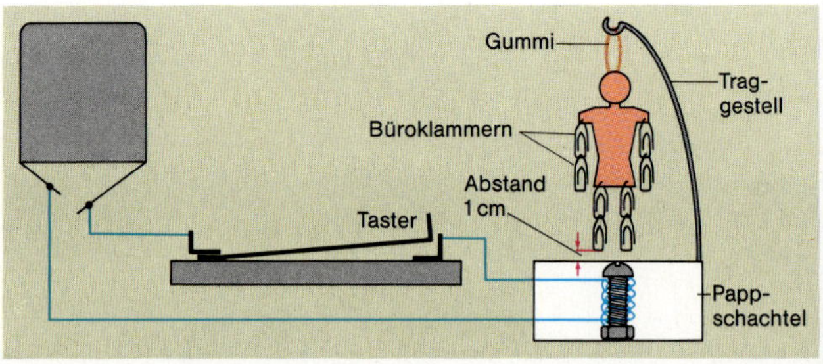

6

353R

2 Wir vergleichen Dauermagnet und Elektromagnet

Aufgaben

1 Es gibt zwei Arten von Magneten: **Dauermagnete** und **Elektromagnete** (Bild 7).

Warum nennt man die Magnete aus Stahl (und anderen magnetischen Stoffen) *Dauer*magnete?

2 Die Bilder 8–11 zeigen Eigenschaften von Dauermagneten.

a) Beschreibe die dargestellten Eigenschaften.

b) Plane **Versuche** um zu überprüfen, ob Elektromagnete die gleichen Eigenschaften haben. Dabei kannst du den selbst gebastelten Elektromagneten verwenden.

7

3 Auch die *Kompassnadel* ist ein Dauermagnet. Wenn man sie auf eine Nadelspitze setzt, weist ihr blau gefärbter Nordpol nach Norden. Beschreibe, wie du mit einer Magnetnadel feststellen kannst, welches der Süd- und welches der Nordpol eines Dauermagneten ist.

4 Einen Dauermagneten kann man nicht ohne weiteres umpolen. Man kann also nicht die Polung des Magneten verändern.

Prüfe in einem **Versuch** die Polung eines Elektromagneten mit einer Magnetnadel.

Vertausche dann die Anschlüsse an der Batterie (oder dem Netzgerät) und prüfe wieder.

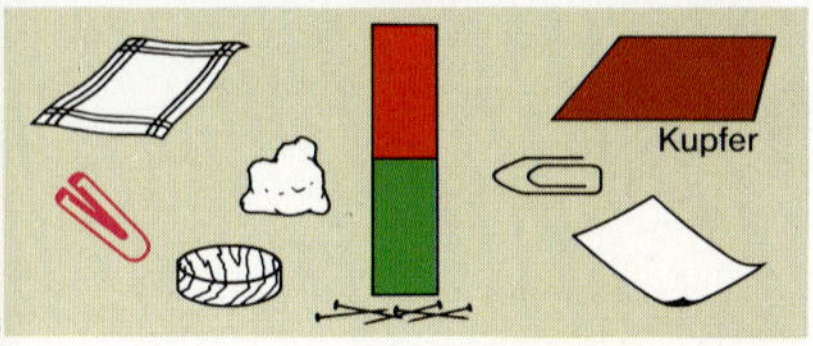

8

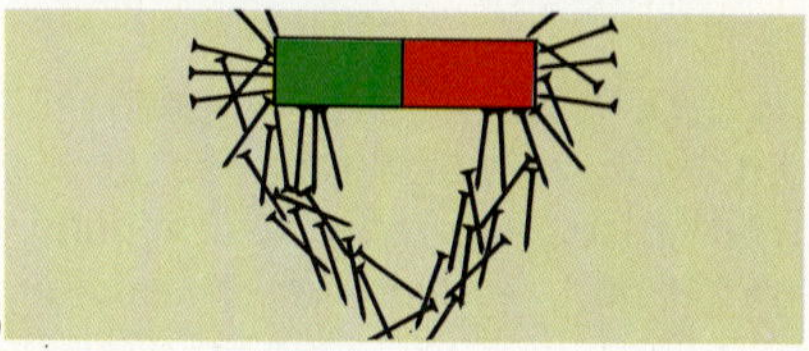

9

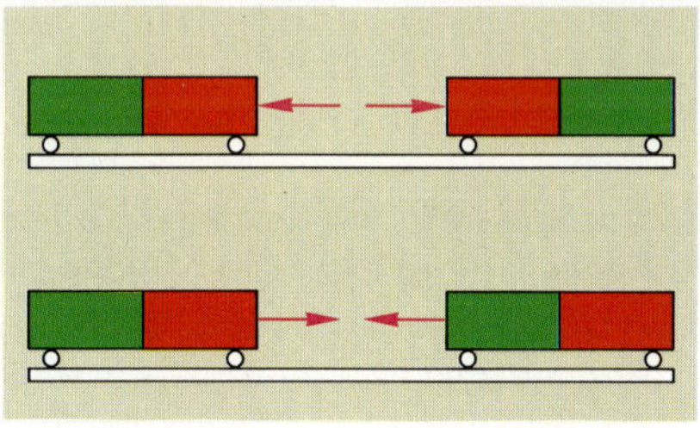

10

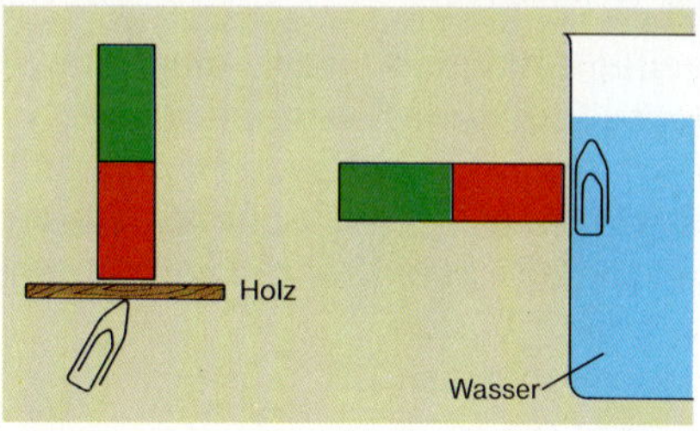

11

Aus Umwelt und Technik: **Der elektrische Gong**

In vielen Wohnungen gibt es heute keine Klingel mehr: Wenn man auf den Klingelknopf drückt, ertönt statt des Klingelns ein „Ging-gong".

Die Bilder 12 u. 13 zeigen, wie der elektrische Gong aufgebaut ist. In Bild 12 ist der Stromkreis unterbrochen, in Bild 13 ist er geschlossen.

Die beiden Töne entstehen dadurch, dass einmal die untere und einmal die obere Metallplatte angeschlagen wird.

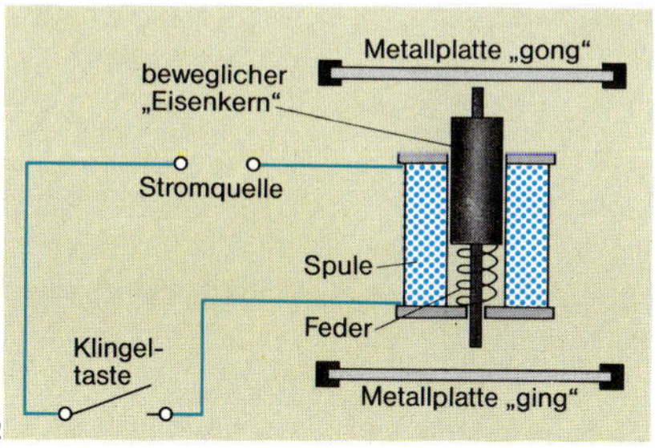

12

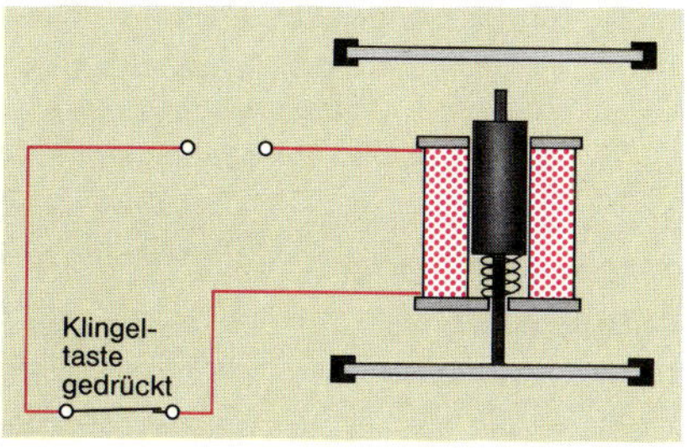

13

Fragen und Aufgaben zum Text

1 Welcher Teil des Gongs ist beweglich? Wie wird er bewegt?

2 Beschreibe, wie der elektrische Gong funktioniert. Du brauchst nur die folgenden Sätze in die richtige Reihenfolge zu bringen und zu ergänzen. Der erste und der letzte Satz stehen schon an der richtigen Stelle.

a) Jemand drückt zunächst auf die Klingeltaste.

b) Der bewegliche Eisenkern wird in die Spule hineingezogen; dabei schlägt er gegen …

c) Der Ton „ging" entsteht.

d) Der Stromkreis ist geschlossen und die Spule wird zum Magneten.

e) Die Klingeltaste wird wieder losgelassen.

f) Der Eisenkern wird durch die Feder aus der Spule herausgedrückt und schlägt gegen …

g) Der Stromkreis ist unterbrochen und die Spule verliert ihre magnetische Wirkung.

h) Der Ton „gong" entsteht.

Aus der Geschichte: **Nachrichtenübermittlung früher und heute**

Unfall auf dem Schulhof! Zwei Schüler sind zusammengeprallt. Einer hat eine tiefe Platzwunde am Auge.

Glücklicherweise ist schon 5 Minuten später der Unfallwagen der Feuerwehr da und bringt den verletzten Schüler ins Krankenhaus.

Woher wusste die Feuerwehr so schnell Bescheid? „Da hat jemand telefoniert“, wirst du sagen. „Er hat den Unfallwagen gerufen. Das ist doch selbstverständlich!“

So selbstverständlich war das aber lange Zeit nicht, dass man Nachrichten derart schnell weitergeben konnte. Vor etwa 100 Jahren konnte es ziemlich lange dauern, bis nach einem Unfall Hilfe da war: Es gab nämlich noch kein Telefon oder andere Möglichkeiten, eine Nachricht schnell zu übermitteln. Das schnellste war noch, dass jemand zu einem Arzt rannte. Wenn er Glück hatte und den Arzt sofort antraf, konnte er mit diesem zusammen im Pferdewagen an den Unfallort zurückkommen.

Im Jahr 1832 – also vor ungefähr 150 Jahren – führte der amerikanische Professor *Joseph Henry* seinen Freunden eine Aufsehen erregende Erfindung vor. Schon vier Jahre vorher hatte er die Aufmerksamkeit auf sich gelenkt, als er einen Elektromagneten vorführte, der eine 50 kg schwere Eisenlast heben konnte.

Auch bei seiner neuen Erfindung spielte ein Elektromagnet eine große Rolle. Das verriet er aber nicht.

In der Universität – etwa 2 km vom Hause Henrys entfernt – saß sein Freund Tom vor einem Schalter. Dieser war mit einer Stromquelle und zwei Drähten verbunden, die aus dem Gebäude herausführten.

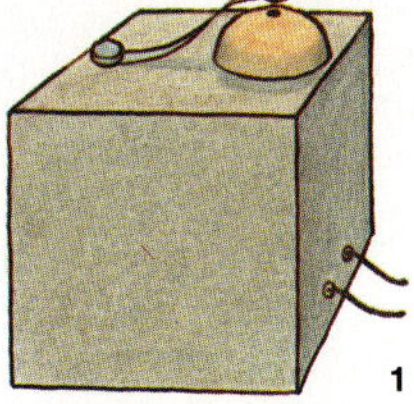
1

Im Haus von Professor Henry stand ein Holzkasten auf dem Tisch. Auf dem Kasten war ein federnder Eisenstab (Klöppel) mit einem Gong angebracht (Bild 1). In den Kasten hinein führten zwei Drähte. Professor Henry und seine Freunde beobachteten gespannt den Kasten.

Da, auf einmal bewegte sich der Klöppel auf dem Kasten wie von Geisterhand. In einem ganz bestimmten Rhythmus schlug er gegen den Gong.

Erstaunt und auch ein wenig erschrocken starrten Henrys Freunde auf den Kasten. Henry lauschte aufmerksam und rief schließlich voller Freude aus: „Es klappt! Ich habe verstanden, was Tom mir mitgeteilt hat!“ Alle schauten ihn verständnislos an. Sie wussten noch nicht, dass sie einen der ersten **Fernmelder** (Telegrafen) kennen gelernt hatten.

1847 stellte der Amerikaner *Samuel Morse* einen elektromagnetischen Schreibapparat vor (Bild 2). Mit ihm konnte man Nachrichten über weite Entfernungen „schriftlich“ übermitteln. Dafür wurde auch ein besonderes Alphabet entwickelt, das nur aus Punkten und Strichen bestand: das Morsealphabet.

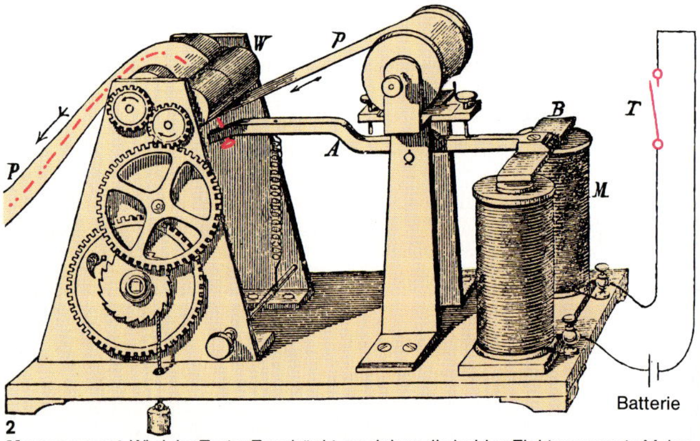

2

Morseapparat. Wird der Taster T gedrückt, so ziehen die beiden Elektromagnete M den Balken B an. Dadurch wird der Schreibstift (rot) am linken Ende des Schreibhebels A gegen den Papierstreifen P gedrückt, den die Walzen W langsam weiterziehen. Bei langem Druck auf den Taster entsteht ein Strich, bei kurzem Druck ein Punkt.

Morsealphabet				Morsezeichen			
A	· –	P	· – – ·	0	– – – – –	.	· – · – · –
B	– · · ·	Q	– – · –	1	· – – – –	:	– – – · · ·
C	– · – ·	R	· – ·	2	· · – – –	,	– – · · – –
D	– · ·	S	· · ·	3	· · · – –	?	· · – – · ·
E	·	T	–	4	· · · · –	(	– · – – ·
F	· · – ·	U	· · –	5	· · · · ·	)	– · – – · –
G	– – ·	V	· · · –	6	– · · · ·	'	· – – – – ·
H	· · · ·	W	· – –	7	– – · · ·	–	– · · · · –
I	· ·	X	– · · –	8	– – – · ·	+	· – · – ·
J	· – – –	Y	– · – –	9	– – – – ·	=	– · · · –
K	– · –	Z	– – · ·			„“	· – · · – ·
L	· – · ·	Ä	· – · –			/	– · · – ·
M	– –	Ö	– – – ·	Anfangszeichen	· – · – · –		
N	– ·	Ü	· · – –	Schlusszeichen	· · · – · –		
O	– – –			bitte warten	· – · · ·		

Morseapparate waren lange Zeit unentbehrlich für die schnelle Übermittlung von Nachrichten. Noch 1953 wurden sie bei der Deutschen Bundesbahn benutzt.

Ähnlich wie Morseapparate funktionieren die **Fernschreiber**. Auch bei ihnen spielen Elektromagnete eine Rolle.

Fragen und Aufgaben zum Text

1 In einem Buch über Joseph Henry ist zu lesen: „Henry verlieh dem elektrischen Strom *Kraft* und einen *langen Arm.*“ Wie verstehst du das?

2 Beschreibe, wie Henrys „Fernmelder“ funktionierte:
a) Was für ein Gerät war in dem Holzkasten verborgen?
b) Wohin führten die Drähte, die aus dem Kasten kamen?
c) Wie könnte man aus den folgenden Teilen einen einfachen „Fernmelder“ bauen? Zeichne deinen Vorschlag auf.

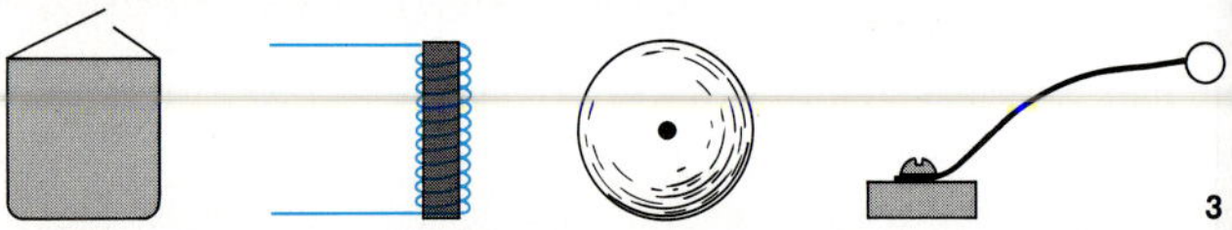
3

3 Versuche zu erklären, wie der Morseapparat funktioniert.
a) Wann schlägt der Schreibhebel gegen den Papierstreifen?
b) Welche Kraft zieht den Schreibhebel zurück?
c) Wie kann man Punkte oder Striche schreiben?
d) Wie wird der Papierstreifen bewegt?

4 Welche Möglichkeiten gab es *vor* Henrys Erfindung, um wichtige Nachrichten schnell zu übermitteln?

5 Wie werden *heute* Nachrichten schnell übermittelt?

188R

Aus Umwelt und Technik: **Lasthebemagnete**

Kräne auf Schrottplätzen und in Stahlwerken haben oft keinen Greifer. Sie halten ihre Last mit einem Elektromagneten (Bild 4). Bild 5 zeigt, wie ein moderner Lasthebemagnet aufgebaut ist. Zum Aufnehmen und Ablegen von Eisenteilen wird einfach nur der Stromkreis der Spule geschlossen oder unterbrochen; das Gehäuse aus Stahl ist dann entweder magnetisch oder nicht magnetisch. Ein solcher Magnet kann Lasten bis zu 30 Tonnen heben.

4

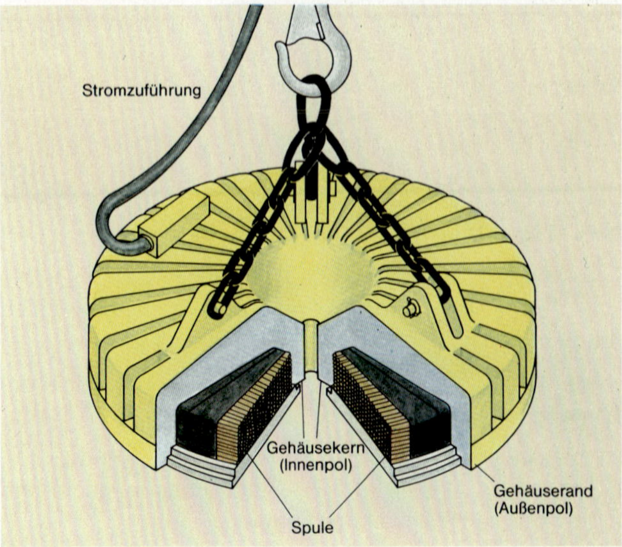

5

3 Zusammenfassung

Eine Spule, die an eine elektrische Energiequelle angeschlossen ist, zeigt eine magnetische Wirkung.
Die Wirkung lässt sich durch einen Eisenkern verstärken.
Wenn der Stromkreis unterbrochen wird, verliert die Spule ihre magnetische Wirkung; auch der Eisenkern wird wieder unmagnetisch.

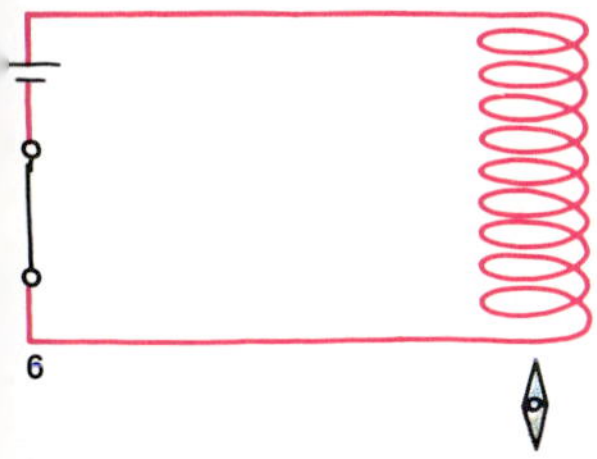
6

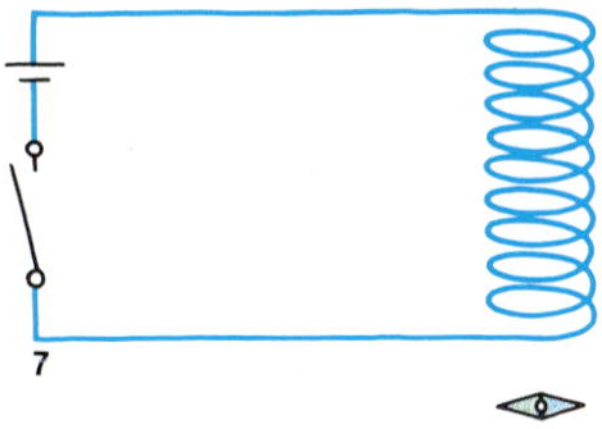
7

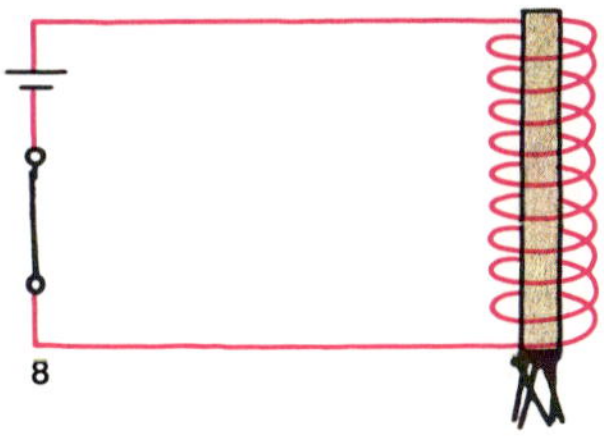
8

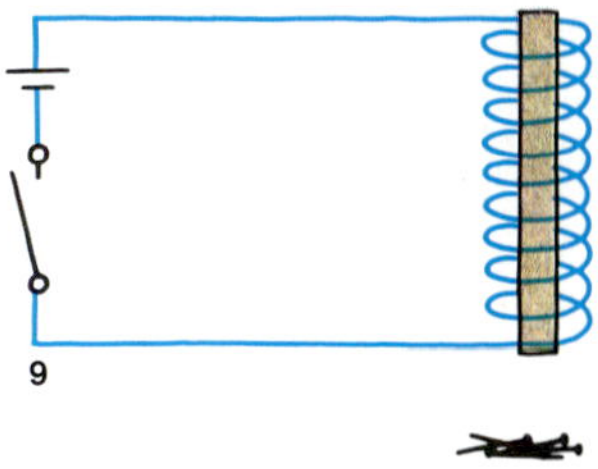
9

Unterschiede zwischen Dauermagnet und Elektromagnet

Dauermagnet	Elektromagnet
Er besteht aus Stahl (oder anderen magnetischen Stoffen).	Er besteht aus einer Drahtspule mit einem Eisenkern.
Seine magnetische Wirkung ist nicht abschaltbar.	Er wirkt nur bei geschlossenem Stromkreis, ist also abschaltbar.
Er lässt sich nicht umpolen.	Er lässt sich durch Vertauschen der Anschlüsse umpolen.

Gemeinsamkeiten

Dauermagnet/Elektromagnet
Sie ziehen nur magnetische Stoffe an. Die magnetische Wirkung ist an den Polen am größten.
Sie haben Nord- und Südpol. Gleichnamige Pole stoßen einander ab, ungleichnamige ziehen sich gegenseitig an.

Elektrische Energiequellen

1 Der Dynamo

Wie werden die Lampen jeweils zum Leuchten gebracht?

1

2

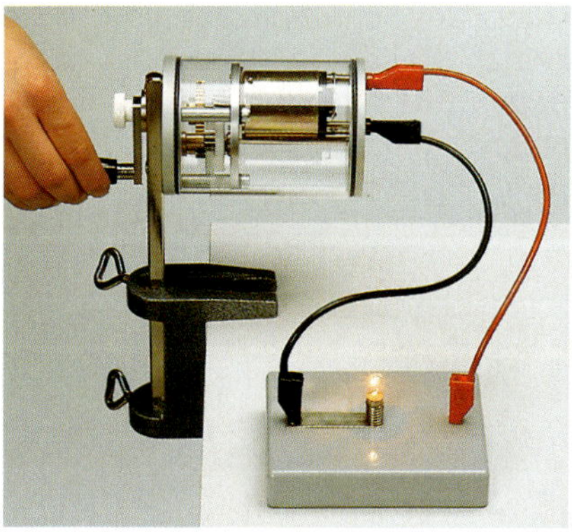
3

V 1 Für diesen und den folgenden Versuch eignet sich am besten ein „Tischdynamo" wie in Bild 3.

a) Drehe die Kurbel am Dynamo zunächst ohne ein Lämpchen anzuschließen.

b) Schließe jetzt eine Lampe (mit der Aufschrift „4 V; 0,6 A", „4 V; 1 A" oder „6 V; 5 A") an. Drehe langsam und achte auf die Helligkeit der Lampe.

c) Die Lampe bleibt angeschlossen. Was beobachtest du, wenn du die Kurbel schneller drehst?

V 2 Drehe die Kurbel am Dynamo *ohne* angeschlossene Lampe schnell und möglichst gleichmäßig. *Während du weiterdrehst*, wird zunächst eine Lampe angeschlossen. Dann wird eine zweite und schließlich eine dritte parallel geschaltet. Beschreibe, was dir dabei auffällt.

Elektrische Energie

Von alleine leuchtet keine Lampe. Die Lampen am Fahrrad (Bild 1) leuchten nur, wenn du fährst. Damit die Taschenlampe von Bild 2 leuchtet, muss der Handgriff betätigt werden. Du kannst eine Lampe auch zum Leuchten bringen, wenn du am „Tischdynamo" kurbelst (Bild 3).

Zum Leuchten benötigen die Lampen **elektrische Energie**.

Elektrische Energie kann von einem Ort zum anderen nur übertragen werden, wenn ein geschlossener Stromkreis vorhanden ist. Ein einzelner Leiter reicht nicht aus.

Der Dynamo liefert die Energie nicht „von selbst". Vielmehr muss ihm Energie zugeführt werden. Dies geschieht, wenn du in die Pedale trittst, den Griff drückst oder die Kurbel drehst.

Wenn zwei Lampen leuchten sollen, ist natürlich mehr elektrische Energie erforderlich als für eine. Du musst dann dem Dynamo auch mehr Energie zuführen – das Drehen geht schwerer. Je mehr Lampen leuchten sollen, desto mehr Energie muss zugeführt werden.

Die Energie, die du beim Drehen dem Dynamo zuführst, liefert dein Körper auch nicht „von alleine". Dein Körper erhält die Energie mit der Nahrung, die du zu dir nimmst.

Sowohl der Dynamo als auch dein Körper sind Energiewandler (Bild 4).

In der Glühlampe bewirkt die Energie, dass es hell wird und dass sich die Umgebung erwärmt. Auch die Glühlampe ist nichts anderes als ein Energiewandler: Die zugeführte Energie wird in Form von Licht und Wärme abgegeben. Die Energie verteilt sich auf einen großen Raum und führt in beiden Fällen zu einer kaum merklichen Temperaturerhöhung der Umgebung. Die Energie kann nicht weiter genutzt werden und ist völlig wertlos. Man sagt, sie ist verbraucht oder **entwertet**.

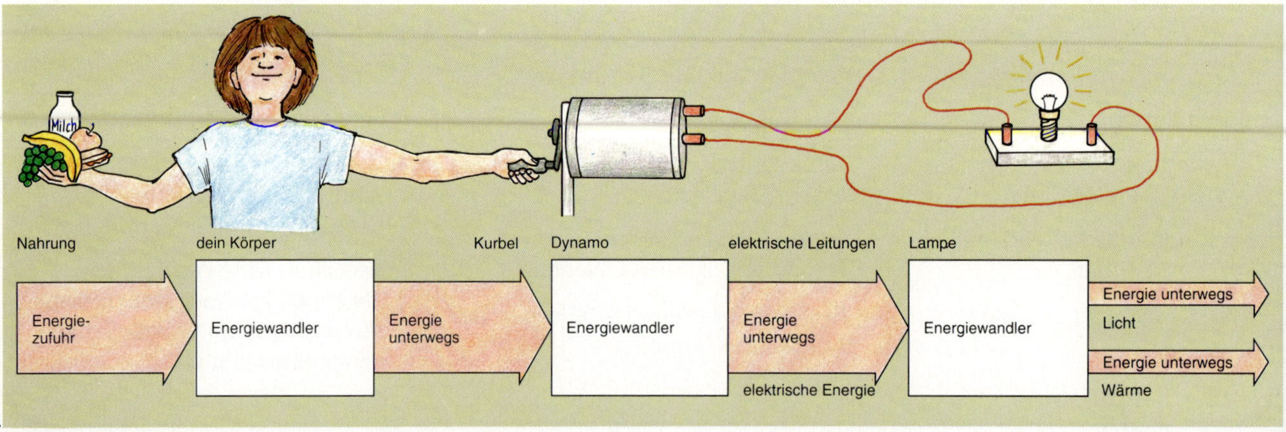

4

5651R

5

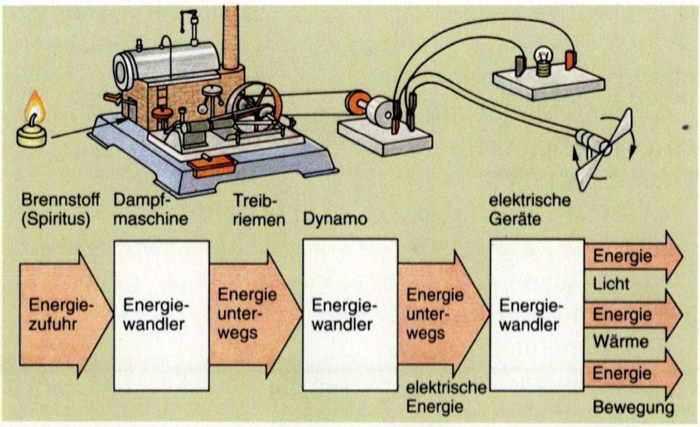

6

Beim Dynamo ist leicht einzusehen, dass Energie nicht „von selbst" entsteht. Auch die elektrische Energie, die man aus der Steckdose bezieht, entsteht nicht „von selbst". Verfolgt man ihren Weg zurück, gelangt man zum *Elektrizitätswerk*.

Wie ein **Elektrizitätswerk** funktioniert, zeigt stark vereinfacht der **Versuch** von Bild 5. In Bild 6 siehst du das zugehörige „Energie-Schaubild".

In Bild 7 ist ein Elektrizitätswerk schematisch dargestellt: Beim Verbrennen von Kohle wird Energie freigesetzt. Sie wird genutzt um im *Kessel* aus Wasser Dampf zu erzeugen. In der *Dampfturbine* strömt der Dampf gegen die Schaufeln großer Turbinenräder. Er treibt so die Dampfturbine an und gibt dabei Energie an sie weiter. An die Turbine ist ein *Generator (Dynamo)* gekoppelt, der die Energie in elektrische Energie umwandelt.

Sie wird über das Stromnetz in die Haushalte transportiert.

Elektrizitätswerke belasten die Umwelt: Beim Verbrennen entstehen Abgase. Nur ein Drittel der eingesetzten Energie wird in elektrische umgewandelt ...

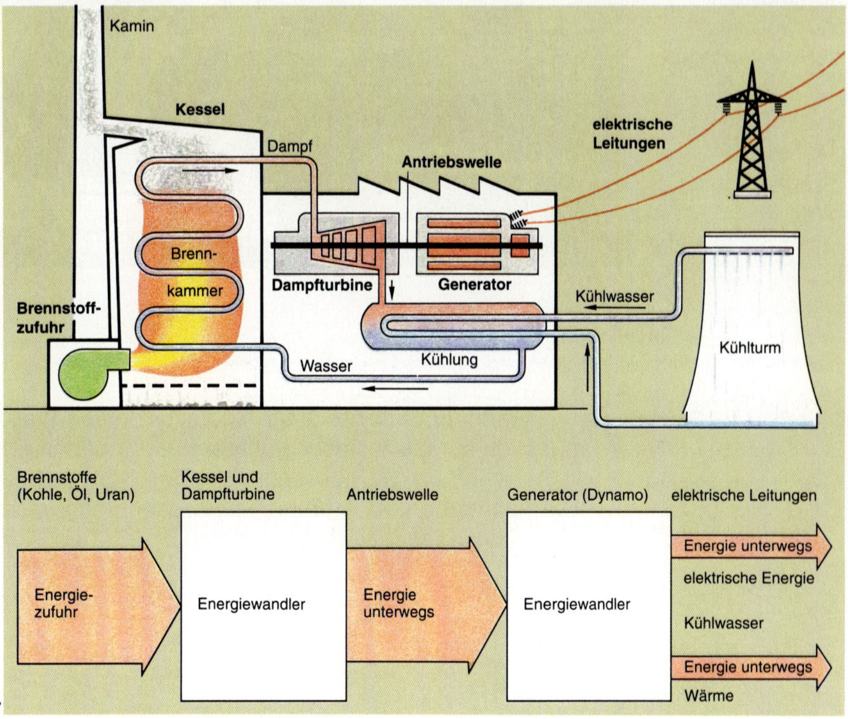

7

Aufgaben

1 In allen Elektrogeräten („Verbrauchern") wird elektrische Energie umgewandelt. Zum Beispiel wird in der Glühlampe elektrische Energie umgewandelt und in Form von Licht und Wärme abgegeben.

Überlege bei den folgenden Geräten, wo die Energie jeweils bleibt: Bügeleisen, Bohrmaschine, Toaster, Haartrockner, Rührgerät.

Wenn die Energie auf verschiedene Weisen abgegeben wird, unterstreiche die erwünschte Nutzungsart.

Beispiel: Glühlampe < Wärme / Licht

2 Warum muss man eigentlich für elektrische Energie Geld bezahlen? Schau dir Bild 6 an und nenne Gründe.

3 In jedem Haushalt gibt es viele „elektrische Helfer".

a) Notiere möglichst alle „Helfer", die ihr zu Hause habt. Welche Tätigkeiten führen sie für euch aus?

b) Auf welche Geräte könntet ihr verzichten, auf welche nicht?

c) Sicher habt ihr zu Hause eine elektrische Kaffeemühle. Vielleicht besitzt ihr auch noch eine alte Kaffeemühle mit Handkurbel. Dann kannst du im **Versuch** „am eigenen Leib spüren", wie nützlich die elektrischen Helfer sind.

Mahle mit beiden Mühlen jeweils die gleiche Menge Kaffee. Die nötige Energie ist in beiden Fällen gleich. Wer schafft es in der kürzeren Zeit?

Aus Umwelt und Technik: **Der Generator – ein riesiger Dynamo**

In Elektrizitätswerken gibt es riesengroße „Dynamos" (Bild 1). Solche **Generatoren** versorgen ganze Städte mit elektrischer Energie.

Obwohl die Generatoren so gewaltige Ausmaße haben, funktionieren sie im Prinzip genauso wie ein Fahrraddynamo:

In ihrem Innern muss ein mächtiger Magnet gedreht werden. Zum Antrieb verwendet man zum Beispiel Dampfturbinen, in denen Wasserdampf gegen die Schaufeln eines Turbinenrades strömt.

Der Generator ist über einige Zwischenstationen mit den Steckdosen in den Wohnungen verbunden. Man kann sagen: Die Pole der Steckdose sind die verlängerten Anschlüsse eines Generators.

Einen ganz wichtigen Unterschied zwischen Fahrraddynamo und Generator musst du aber kennen: Die Anschlussstellen des Fahrraddynamos kann man ohne Gefahr berühren, auch wenn sein Rädchen schnell gedreht wird. Gesundheitliche Schäden sind ausgeschlossen.

Im Gegensatz dazu darf man auf keinen Fall Kontakt zu den Polen einer Steckdose bekommen. Ein lebensgefährlicher Stromschlag wäre die Folge.

Deshalb darfst du niemals Versuche mit der Steckdose als Energiequelle durchführen!

1

2 Batterien und Akkus

Wenn du Batterien oder Akkus für deinen Walkman kaufst, musst du auf die *Spannung* achten: Die Spannung der Energiequelle muss mit der Betriebsspannung des Gerätes übereinstimmen. Die Spannung wird in Volt (V) gemessen und auf jeder elektrischen Energiequelle und auf jedem Elektrogerät angegeben.

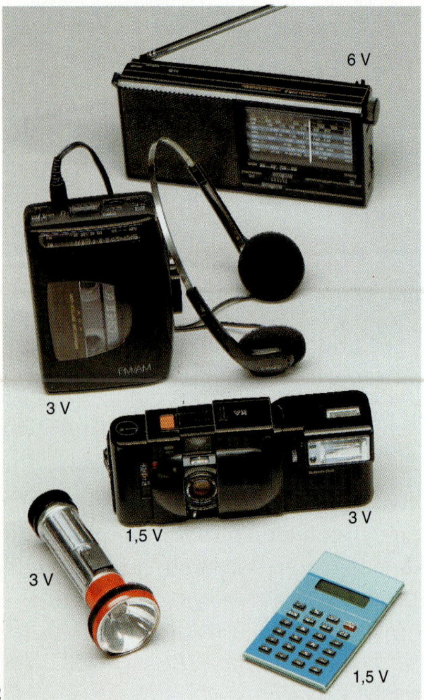

2

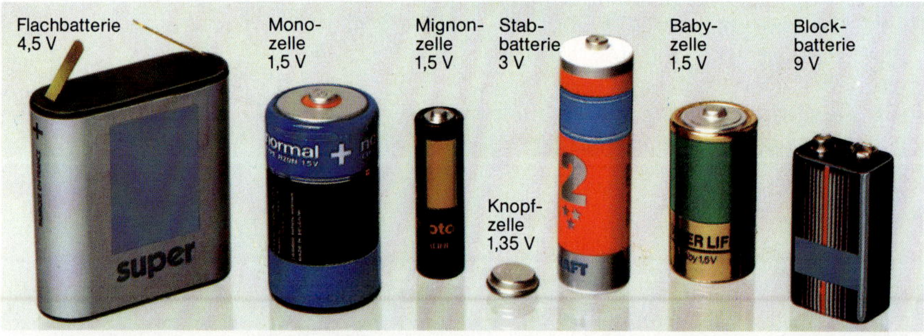

3

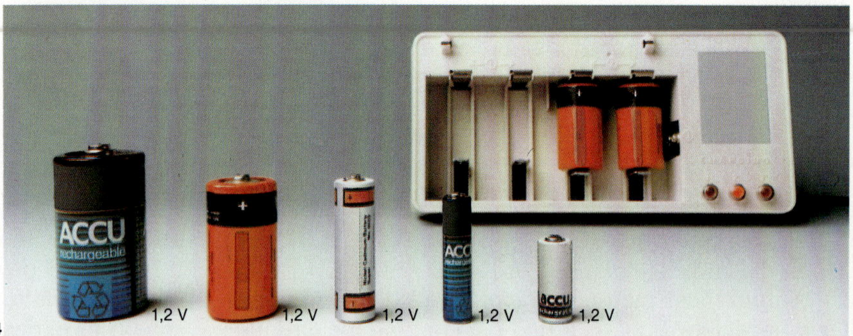

4

5653R

Aufgaben

1 Welche Geräte von Bild 2 könnte man direkt an eine der Energiequellen der Bilder 3 u. 4 anschließen?

2 Was passiert, wenn eine Fahrradlampe (Betriebsspannung: 6 V) an eine 1,5-V-Batterie angeschlossen wird? Was geschieht, wenn man eine Glühlampe (3,5 V) direkt mit einer 9-V-Batterie verbindet?

3 Das Radio von Bild 2 hat eine Betriebsspannung von 6 V. Keine Batterie von Bild 3 hat diese Spannung.

a) Wie hilft man sich?

b) Plane einen **Versuch**: Eine 6-V-Fahrradlampe soll hell leuchten. Zur Verfügung stehen 1,5-V-Batterien (oder entsprechende Akkus). Wie viel Batterien brauchst du? Wie musst du sie zusammenschalten?

c) Sieh im Batteriefach eines Elektrogerätes nach, wie dort die Batterien geschaltet sind.

4 Batterien mit 1,5 V Spannung gibt es in unterschiedlichen Größen. Welchen Vorteil haben die großen Batterien (und Akkus)?

Plane einen **Versuch**, mit dem du deine Vermutung überprüfen kannst. (Am besten benutzt du Akkus.)

5 Sieh dir verschiedene Elektrogeräte an, die an die Steckdose angeschlossen werden können. Du findest in der Regel Angaben über die Betriebsspannung.

5

6

Notiere diese Angaben. Lege dazu in deinem Heft eine Tabelle an.

Gerät	Spannung
?	? V

6 Erkundige dich nach den Preisen für eine 9-V-Batterie und einen 9-V-Akku. Bei richtiger Behandlung lässt sich ein Akku bis zu 1000-mal aufladen. Dazu benötigst du ein Ladegerät (für ca. 20 DM). Vergleiche die Kosten der beiden Energiequellen.

Welchen Vorteil hat der Akku gegenüber der Batterie, wenn du von den Kosten absiehst?

7 Bild 5 zeigt eine verbrauchte Batterie: Der Metallmantel der Batterie hat sich zersetzt. In Batterien und Akkus wandeln sich Stoffe um. Dabei wird Energie freigesetzt.

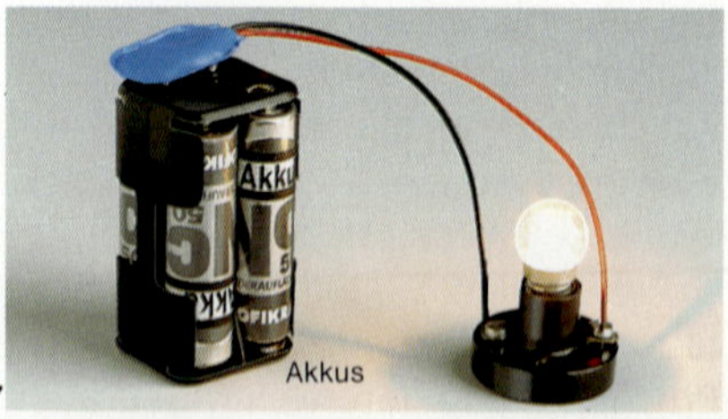

7

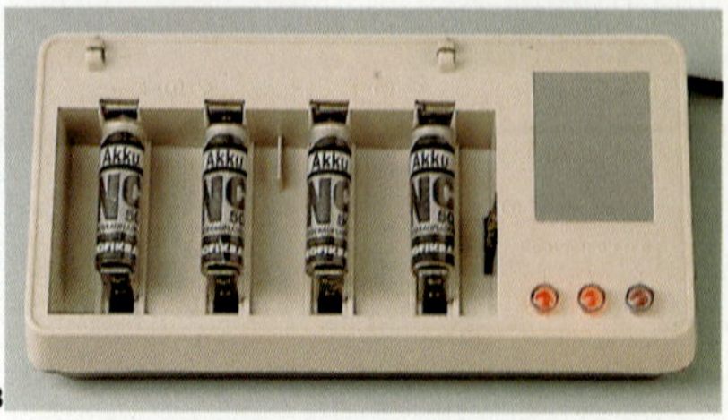
8

Die Bilder 6–8 zeigen drei Vorgänge. Zeichne dazu „Energie-Schaubilder" (wie auf der Vorseite beim Dynamo).

Trage folgende Texte ein: *Energiewandler, Energie unterwegs, Energie nimmt ab, Energie nimmt zu, Licht, Wärme, Energie ist „entwertet", Stoffe wandeln sich um.*

8 Diese einfachen „Batterien" (Bilder 9–11) kannst du in einem **Versuch** leicht selbst bauen.

a) Welche Gemeinsamkeiten erkennst du?

b) Probiere die Batterien aus.

Schau dir die Metallplatten genau an, wenn die Batterien keine Energie mehr liefern.

c) Säubere die Platten mit Schleifpapier. Baue die Stromkreise erneut auf.

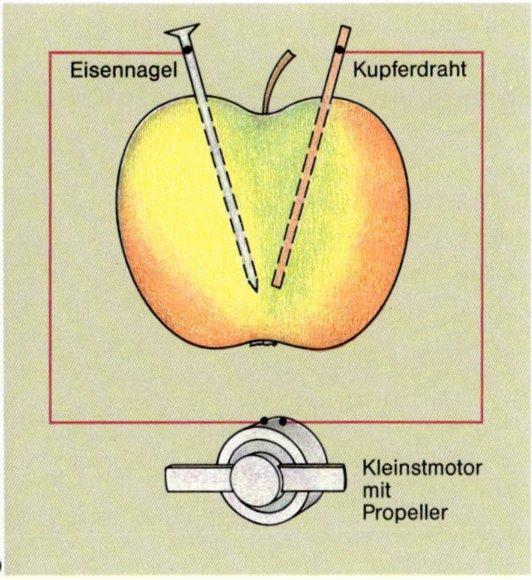

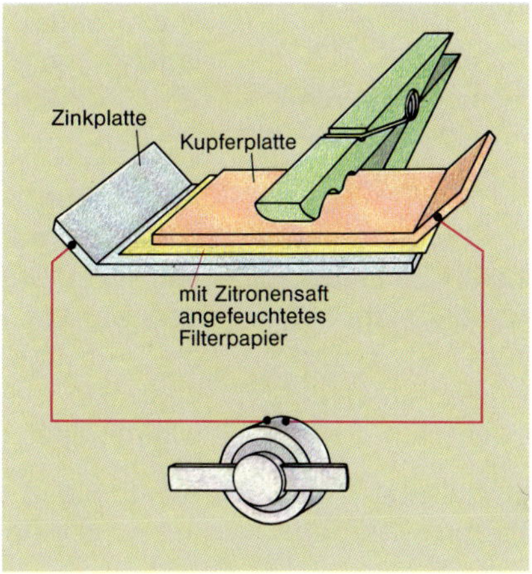

10

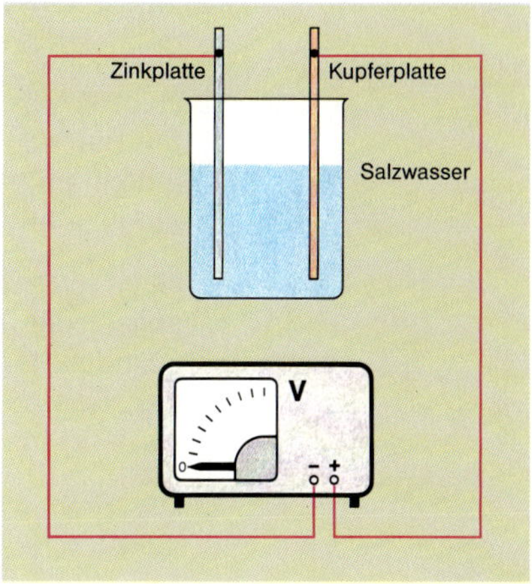

11

5654R

Aus Umwelt und Technik: **Batterie oder Akku?**

Bei einer Taschenlampe oder einem Walkman hat man die Wahl (Bild 1): Es gibt herkömmliche Batterien oder wiederaufladbare Akkus zu kaufen. Wofür soll man sich entscheiden?

Akkus sind ungefähr fünfmal so teuer wie herkömmliche Batterien. Pro Aufladung liefert ein Akku auch nicht ganz so viel elektrische Energie wie eine Batterie.

Da aber der Akku bis zu 1000-mal aufgeladen werden kann, lohnt sich die Anschaffung von Akkus – selbst wenn man die Anschaffungskosten des Ladegerätes berücksichtigt.

Akkus verringern auch die Umweltbelastung: Statt eines Akkus müsste man mehrere hundert Batterien kaufen – und nach Gebrauch wegwerfen. Mit Akkus werden unsere Müllberge entlastet.

Wenn der Akku jedoch nach 1000 Lade- und Entladevorgängen unbrauchbar geworden ist, muss er als Sondermüll behandelt werden. Ein Akku enthält nämlich ungefähr 5 g des hochgiftigen Metalls Cadmium.

Ein weiteres Problem des Akkus ist seine „Pflegebedürftigkeit“. Akkus sollen niemals vollkommen entladen und auch nicht übermäßig lange aufgeladen werden *(→ Regeln zum Umgang mit Akkus)*.

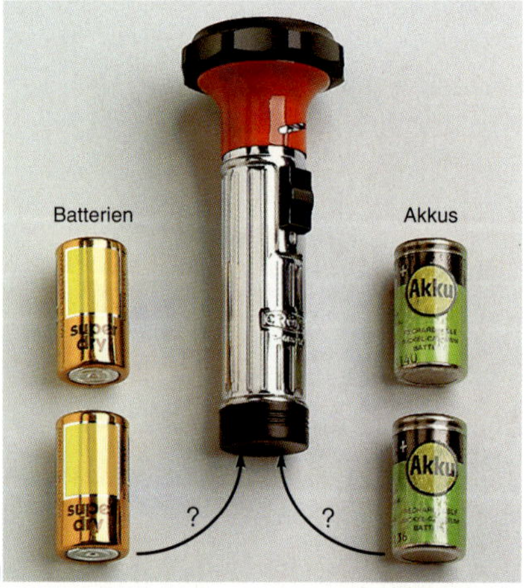

1

Akkus sind nicht für alle Anwendungen sinnvoll – vor allem dann nicht, wenn wenig Energie gebraucht wird.

So werden z. B. moderne Fotoapparate mit teuren *Lithium-Batterien* ausgestattet. Ihre Spannung bleibt über lange Zeit gleich (konstant). Sie speichern mehr Energie als herkömmliche Batterien und sind – bei normaler Benutzung der Kamera – erst nach mehreren Jahren verbraucht.

Lithium-Batterien haben einen weiteren wichtigen Vorzug. Sie enthalten keine Schadstoffe. (Lithium ist ein Metall. Es kommt in der Erde und in Mineralwasser in geringen Mengen vor.)

In den letzten Jahren wurde der Gehalt an Schadstoffen bei den meisten Batterien erheblich gesenkt. Trotzdem solltest du verbrauchte Batterien in die dafür vorgesehenen Behälter werfen.

Batterien mit einem besonders hohen Gehalt an Schadstoffen sind durch drei Pfeile gekennzeichnet, die einen Kreislauf andeuten (Bild 2). Zu diesen Batterien gehören die meisten Knopfzellen, weil sie das giftige Metall Quecksilber enthalten.

Solche Batterien gehören auf keinen Fall in den Hausmüll. Sie werden vom Händler zurückgenommen. Die in ihnen enthaltenen Schadstoffe werden wiederverwendet.

Auch Akkus sind mit diesem Symbol versehen und sollten unbedingt zurückgegeben werden.

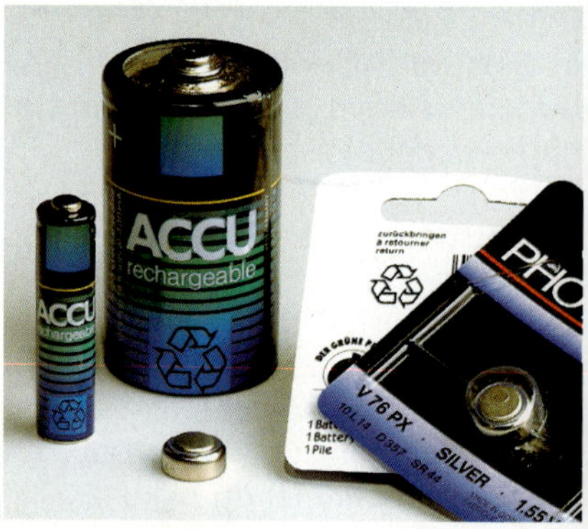

2

Regeln zum Umgang mit Akkus

- Vergewissere dich vor dem Aufladen, ob du wirklich einen Akku vor dir hast. Batterien dürfen nämlich nicht aufgeladen werden – sie könnten explodieren.
- Neue Akkus müssen vor der ersten Benutzung rund 20 Stunden mit einem passenden Ladegerät aufgeladen werden.
- Nach jeder normalen Entladung sollen die Akkus ungefähr 14 Stunden lang aufgeladen werden. Das Aufladen kann man etwa 1000-mal wiederholen.
- Der Akku sollte möglichst nicht vollständig entladen werden. Vergiss also nicht das Gerät auszuschalten, das vom Akku mit Energie versorgt wird.
- Nach einer vollständigen Entladung muss der Akku wieder 20 Stunden lang aufgeladen werden.
- Auch wenn Zellen mehrere Monate nicht benutzt wurden, müssen sie 20 Stunden lang aufgeladen werden. Erst nach zwei bis drei Auf- und Entladungen speichern sie wieder so viel Energie wie möglich.
- Akkus nie in den Hausmüll werfen – sie gefährden die Umwelt.

5655R

3 Solarzellen und Solarbatterien

Aus Umwelt und Technik: **Elektrische Energie aus Sonnenenergie**

Die Energie der Sonnenstrahlung kann mit Solarzellen direkt in elektrische Energie umgewandelt werden.

In Deutschland gibt es mehrere Elektrizitätswerke, die die Sonnenenergie nutzen. Jedes dieser **Sonnenkraftwerke** kann aber nur rund 100 Einfamilienhäuser mit Energie versorgen.

Eines der ersten Sonnenkraftwerke wurde auf der Nordseeinsel *Pellworm* errichtet (Bild 3).

3

Es ist mit mehr als 350 000 Solarzellen ausgestattet. Jede einzelne Solarzelle ist 10 cm · 10 cm groß. Für die Aufstellung der Solarzellen benötigt man ein Gelände von der Größe zweier Fußballfelder.

Jeweils 20 Solarzellen sind zu einer Einheit zusammengefasst (Bild 4). Jede Einheit erzeugt bei Sonnenschein eine Spannung von 7 V.

- Jeweils 50 Einheiten sind *in Reihe* geschaltet. So erhält man eine **Solarbatterie**, die eine genügend hohe Spannung erzeugt.
- Im Sonnenkraftwerk sind 366 dieser Batterien *parallel* geschaltet. So kann man gleichzeitig viele Haushalte mit Energie versorgen.

Zwei riesige Akkus sorgen dafür, dass dieses Sonnenkraftwerk auch in der Nacht und bei trübem Wetter Energie liefern kann.

4

Obwohl Sonnenenergie nichts kostet, ist die Energie aus einem Solarkraftwerk heute noch zehnmal so teuer wie die aus Kohlekraftwerken.

Einer der Gründe dafür sind die hohen Anschaffungskosten für die Solarzellen. Ihre Herstellung erfordert viel Energie, deshalb sind die Solarzellen recht teuer.

An der Oberfläche einer Solarzelle wird ein Teil des auftreffenden Lichtes reflektiert, ein anderer Teil erwärmt die Solarzelle. Nur ein Zehntel der auftreffenden Energie wird in elektrische Energie umgewandelt.

Aufgaben

1 Führe mit einem Solarspielzeug wie in Bild 5 einen **Versuch** durch: Welchen Einfluss hat es auf die Energiegewinnung, ob viel oder wenig Licht auf die Solarzelle trifft?

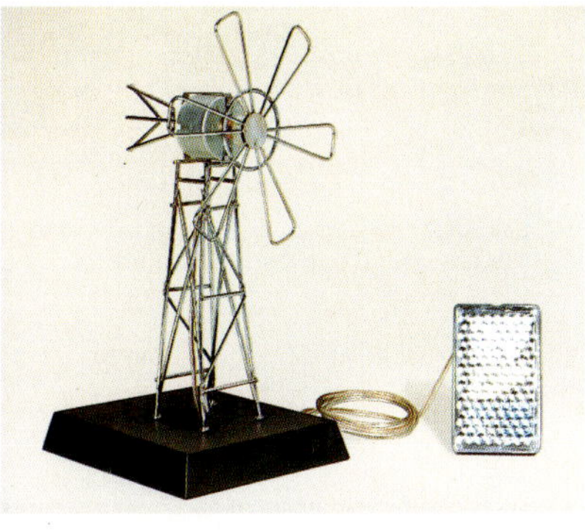
5

2 Welche Geräte kennst du, die mit Sonnenenergie betrieben werden?

3 In Bild 6 siehst du eine Fahrradlampe mit Solarzellen. In dem Kasten unter den Solarzellen ist ein Akku verborgen.

6

a) Beschreibe, wie die Lampe funktioniert.

b) Zeichne zwei „Energie-Schaubilder": eines für den Betrieb der Anlage bei Helligkeit und eines für den Betrieb bei Dunkelheit.

Benutze dabei folgende Ausdrücke: *Sonnenenergie, elektrische Energie, Energiewandler (Solarzelle, Akku, Lampe), Energie ist entwertet, Energie nimmt ab, Energie nimmt zu, Licht, Wärme.*

Alles klar?

1 Die Spannung einer Batterie muss ungefähr mit der Betriebsspannung des Gerätes übereinstimmen.

Welche Ergebnisse sind bei diesen Beispielen (Bilder 1 u. 2) zu erwarten?

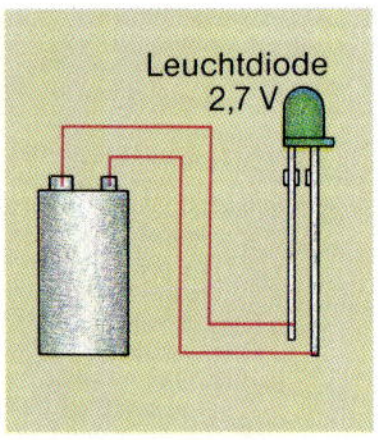

1

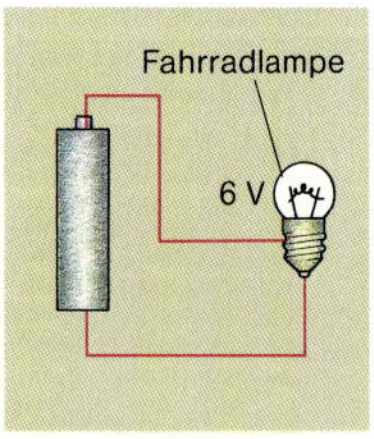

2

2 Vergleiche Akkus und herkömmliche Batterien. Nenne Vorteile und Nachteile.

3 Das Radio von Bild 3 hat drei verschiedene Energiequellen.

a) Im Gerät sind Akkus untergebracht. Welches sind die beiden anderen Energiequellen?

b) Wann würdest du das Radio mit welcher Energiequelle betreiben?

c) Fertige „Energie-Schaubilder“ an.

4 In den Bedienungsanleitungen von Elektrogeräten steht: „Batterien aus dem Gerät nehmen, wenn es längere Zeit nicht benutzt wird.“ Begründe.

5 Was zeigt Bild 4? Beschreibe, was mit der eintreffenden Energie geschieht.

6 Peter hat in sein Taschenradio drei neue Akkus eingesetzt. Nun funktioniert es plötzlich nicht mehr. Was könnte Peter falsch gemacht haben?

7 In Bild 5 siehst du einen elektrischen Feuchtigkeitsmesser für Topfpflanzen. Er besteht aus einem Fühler, der in die Blumenerde gesteckt wird, und einem Messgerät. Das Gerät soll ohne Energiequelle funktionieren …

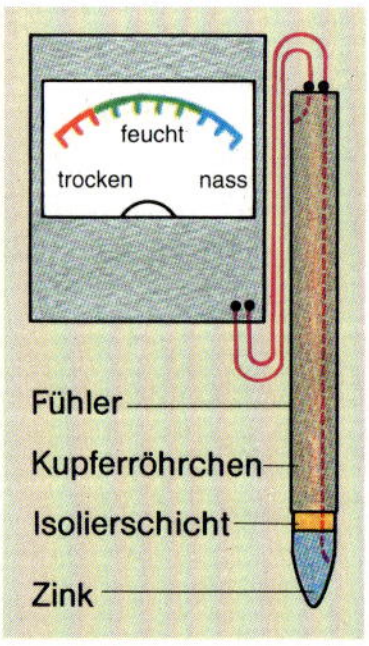

5

8 Wer eine Plombe im Zahn hat, spürt manchmal ein Kribbeln im Mund, wenn er versehentlich auf Schokoladenpapier beißt.

Versuche zu erklären, wie es zu diesem Kribbeln kommt.

3

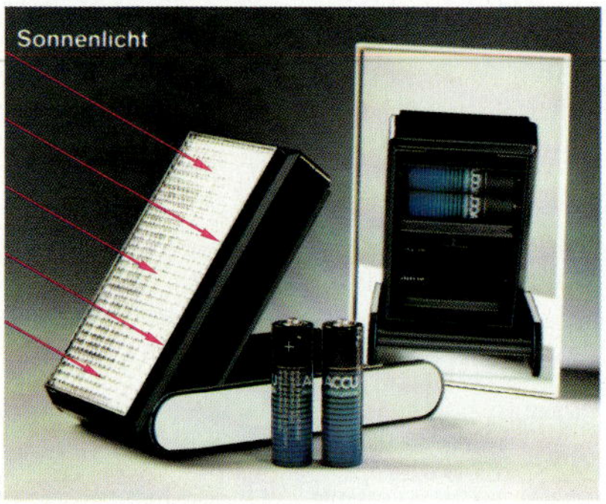

4

4 Zusammenfassung

Dynamos (Generatoren)

Der Dynamo liefert uns **elektrische Energie**.
Damit er Energie abgibt, muss ihm durch Drehen Energie zugeführt werden.

Wenn man die Kurbel am Dynamo schneller dreht, wird mehr Energie zugeführt, und die Lampe leuchtet heller. Wenn mehrere Lampen angeschlossen sind, ist mehr Energie erforderlich. Das Drehen geht dann schwerer.

In Elektrizitätswerken wird Energie mit riesigen **Generatoren** in elektrische Energie umgewandelt.

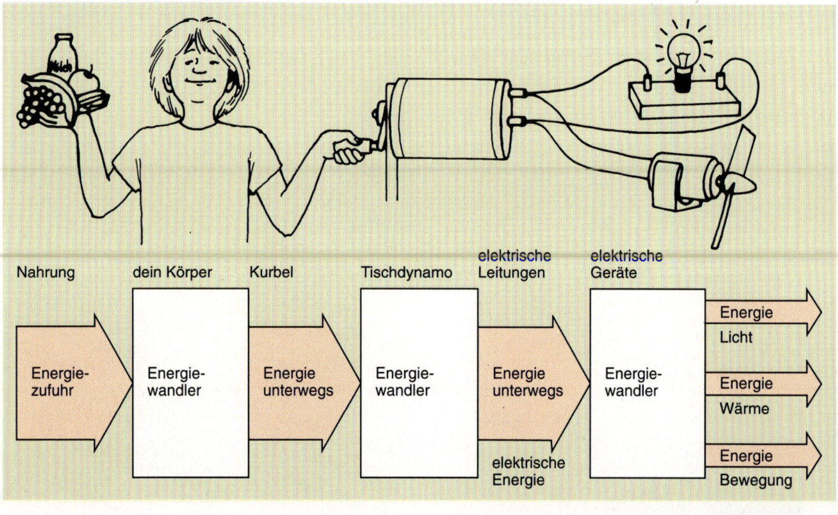

6

5657R

7
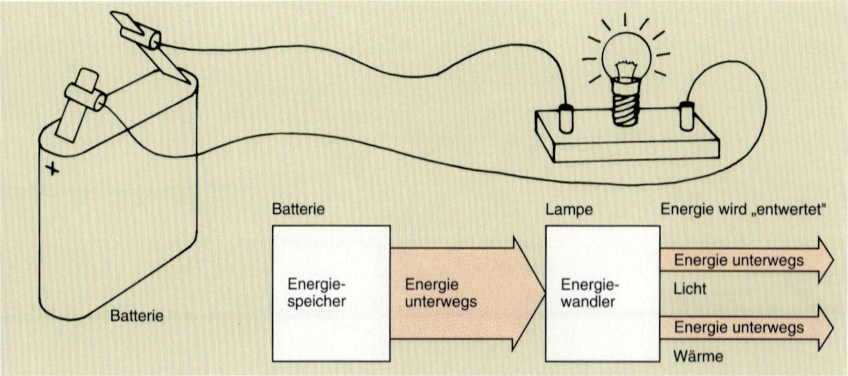

8
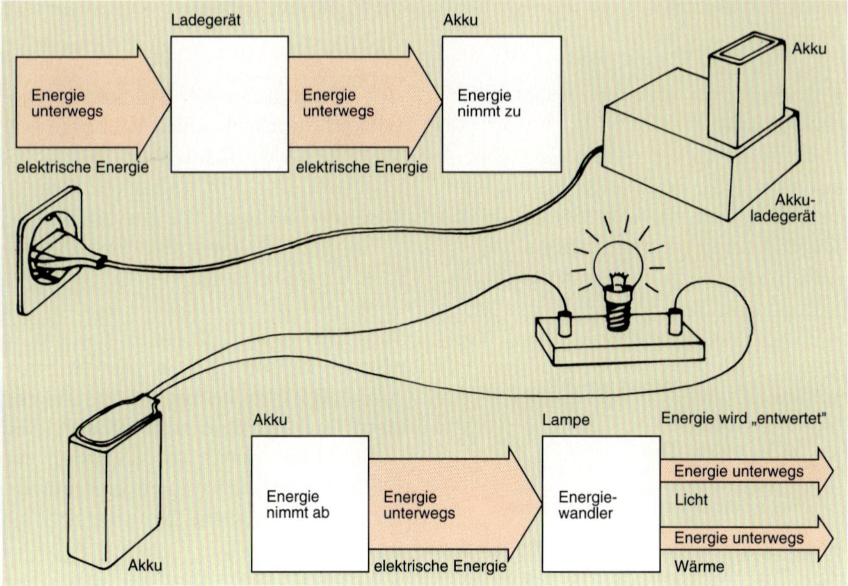

9
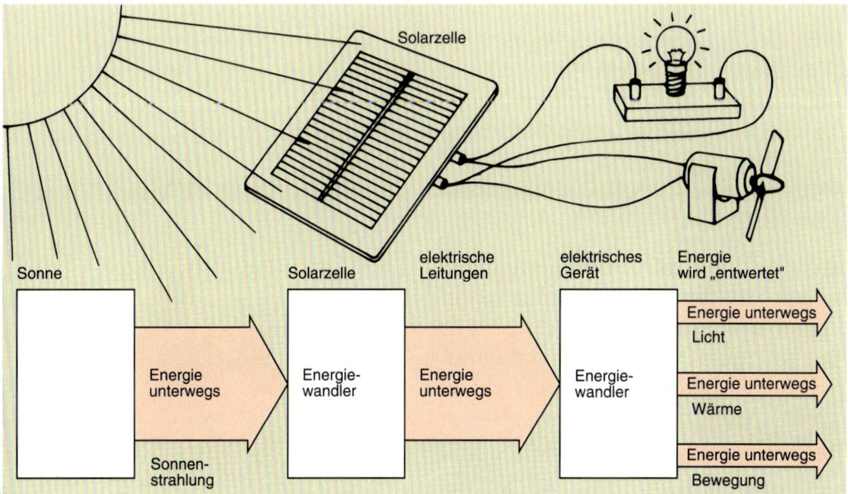

Batterien und Akkus

Batterien und Akkus speichern Energie. Die Energie wird dadurch freigesetzt, dass sich in der Batterie oder im Akku Stoffe umwandeln.

Es gibt Batterien und Akkus mit unterschiedlichen Spannungen. Die Spannung wird in Volt (V) angegeben.

Batterien: 1,5 V, 3 V, 4,5 V, 9 V, …
Akkus: 1,2 V, 6 V, 9 V, …

Schaltet man zwei oder drei 1,5-V-Batterien in Reihe, ergibt sich eine Spannung von 3 V bzw. 4,5 V.

Auf jedem Elektrogerät ist die erforderliche Betriebsspannung angegeben (Typenschild).

Die Spannung der elektrischen Energiequelle muss mit den angegebenen Betriebsspannungen der Elektrogeräte ungefähr übereinstimmen. Sonst wird das Gerät zerstört oder funktioniert nicht richtig.

Batterien können nur so lange verwendet werden, bis sie verbraucht sind.

Akkus kann man immer wieder aufladen und erneut verwenden.

Solarzellen

Solarzellen wandeln die Energie des Sonnenlichtes direkt in elektrische Energie um.

Wenn viel Licht auf die Solarzelle fällt, wird viel elektrische Energie erzeugt. Der Motor läuft dann besonders schnell.

Bei der Umwandlung von Sonnenenergie in elektrische Energie entstehen keine Schadstoffe, die die Umwelt belasten.

Wärme und Licht durch elektrische Energie

1 Hier geht's heiß her

1 Mit dem Messer lässt sich Styropor schlecht schneiden.

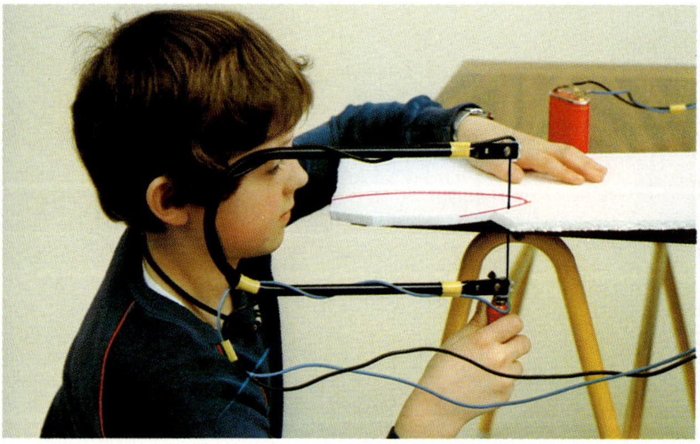

2 So geht es viel besser.

V 1 Dieser Versuch zeigt, wie der Styroporschneider funktioniert.

Spanne einen 50 cm langen Konstantandraht (0,2 mm ∅) zwischen zwei Isolierstiele. Konstantan ist ein Gemisch aus Nickel und Kupfer.

Als Energiequelle verwendest du ein Netzgerät. Stelle es so ein, dass der Draht gerade zu glühen beginnt.

Schätze die Temperatur des Drahtes anhand seiner Farbe.

Farbe des Drahtes	Temperatur
dunkelrot	700 °C
kirschrot	850 °C
hellrot	1000 °C
gelb	1100 °C
weiß	1500 °C

V 2 Ob sich die Anschlussdrähte erhitzen? Bild 3 zeigt den Aufbau.

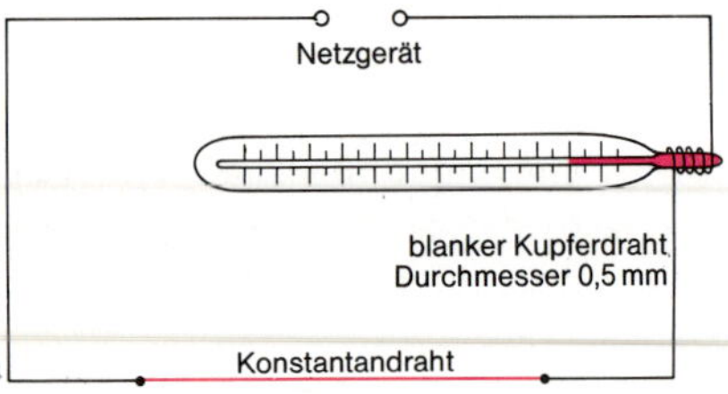

3

Notiere die Temperatur vor dem Einschalten. Stelle dann das Netzgerät so ein, dass der Konstantandraht gerade zu glühen beginnt (700 °C). Welche Temperatur hat der Anschlussdraht nach einer Minute?

V 3 Liegt es vielleicht am *Material* der Drähte, dass sich Heiz- und Anschlussdrähte unterschiedlich stark erwärmen?

Baue den Stromkreis von Bild 4 auf. Die drei Drähte müssen gleich dick sein. Welche Aufgabe haben die Kügelchen aus Kerzenwachs?

Formuliere das Versuchsergebnis.

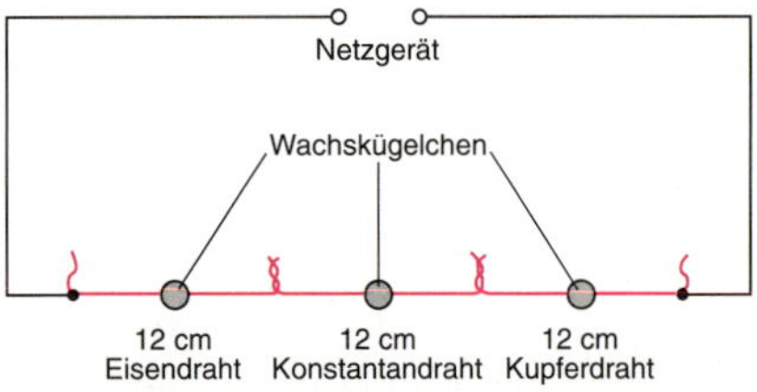

4

V 4 Überprüfe, ob auch die *Dicke* des Drahtes Einfluss auf die Erwärmung hat. Plane dazu einen Versuch. Verwende dabei Konstantandrähte.

V 5 Der Glühdraht einer Haushaltsglühlampe ist *gewendelt.*

Erläutere, was man darunter versteht. Schau dir dazu den Glühdraht mit einer Lupe an.

Untersuche, warum Glühdrähte gewendelt sind:

a) Schließe einen Konstantandraht an ein Netzgerät an und setze einen Papierreiter darauf (Bild 5). Stelle das Netzgerät so ein, dass der Draht noch nicht glüht, das Papier aber zu qualmen beginnt. Die Drahttemperatur liegt dann unter 700 °C.

b) Die Einstellung am Netzgerät wird nicht verändert, es wird nur ausgeschaltet. Nach dem Abkühlen wird der Draht auf eine Stricknadel gewickelt, sodass eine Wendel entsteht (Bild 6). Dann wird der Draht wieder in den Stromkreis eingesetzt und das Netzgerät eingeschaltet.

Schätze anhand der Farbe, welche Temperatur die Wendel erreicht.

V 6 Stelle eine Wendel aus einem 15 cm langen Stück Konstantandraht (0,2 mm ∅) her. Bringe sie mit dem Tischdynamo zum Glühen.

Schließe statt der Wendel die Glühlampe eines Fahrradscheinwerfers an. Kurble am Dynamo, bis sie hell leuchtet.

Wozu ist mehr Energie nötig? Begründe deine Antwort.

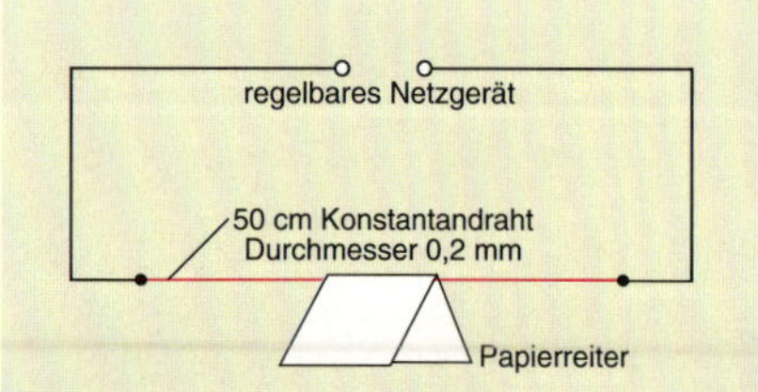

5

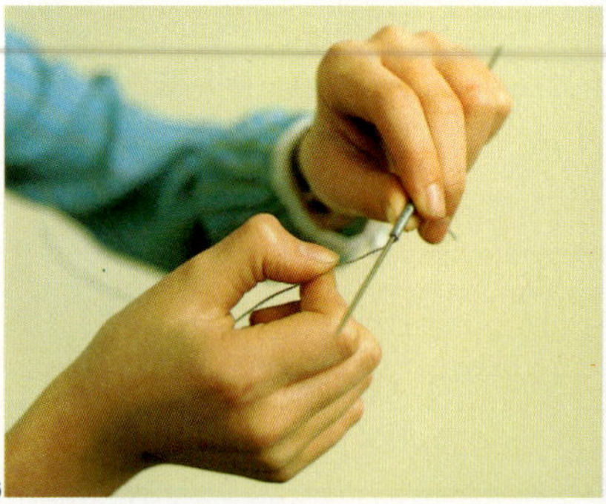

6

Wir verwenden täglich viele Geräte, die mit elektrischer Energie betrieben werden. Die Geräte im Haushalt nutzen die elektrische Energie vor allem zum Erwärmen und Beleuchten.

Wie viel Energie elektrische Geräte in einer bestimmten Zeit aufnehmen und abgeben, darüber gibt die Wattzahl Auskunft. Sie ist auf jedem Elektrogerät angegeben (Bild 7). Das Zeichen für Watt ist W.

Die 100-Watt-Lampe benötigt in einer Stunde viermal so viel Energie wie die 25-Watt-Lampe.

Für den Toaster (800 W) wäre in der gleichen Zeit achtmal so viel Energie erforderlich wie für die 100-Watt-Lampe, für die Elektroheizung sogar 20-mal so viel.

Zum Heizen ist sehr viel elektrische Energie nötig.

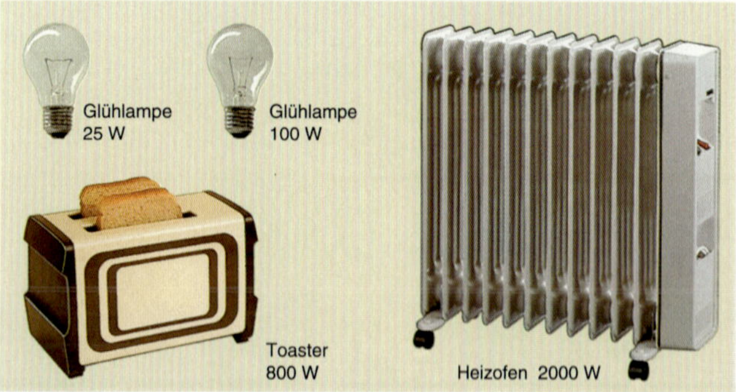

7

Aus Umwelt und Technik: **Elektrische Heizgeräte**

Das wichtigste Teil eines elektrischen Heizgerätes ist nichts anderes als ein Stück Draht (Bild 8).

Die Drähte eines Toaster glühen kirschrot. Sie haben eine Temperatur von etwa 850 °C. So hohe Temperaturen müssen Drähte in elektrischen Heizgeräten oft stundenlang aushalten. Nicht jeder Draht ist dafür geeignet. Auch Metalldrähte können schmelzen oder verbrennen.

Heizdrähte werden nicht aus reinen Metallen hergestellt. Man nimmt vielmehr *Legierungen*, das sind Gemische von Metallen. Oft werden Chromnickeldrähte verwendet. Sie bestehen aus einer Legierung, bei der Chrom, Nickel und Eisen zusammengeschmolzen sind.

Natürlich müssen die Heizdrähte so eingebaut sein, dass man sie nicht berühren kann und dass sie keinen Kontakt mit dem Metallgehäuse des Gerätes haben.

Beim Bügeleisen sind die Heizdrähte mit feuerfester Keramik ummantelt. Im Toaster und im Haartrockner sind die Heizdrähte auf Isolatoren gewickelt.

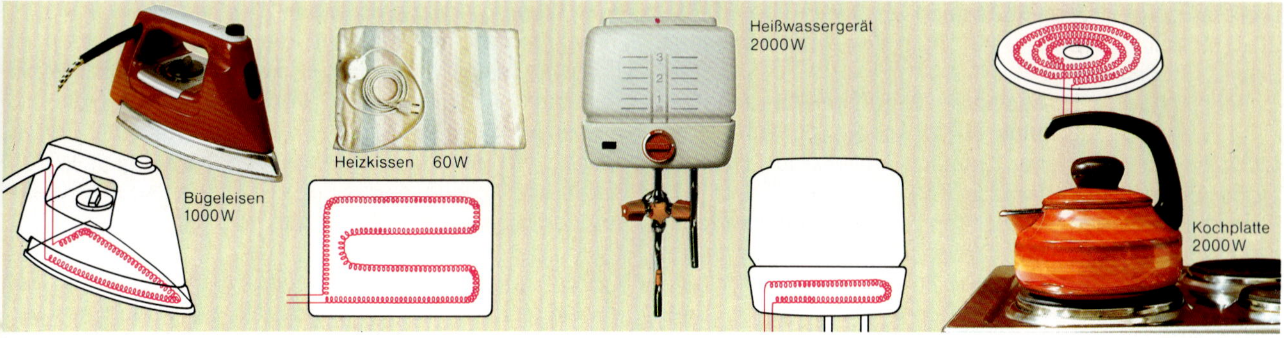

Aus der Geschichte: **Die ersten elektrischen Haushaltsgeräte**

Die „elektrische Küche" war noch um die Jahrhundertwende eine Seltenheit. Elektroherde wie heute gab es nicht. Vielmehr waren jeder Topf und jede Pfanne mit eigenen Heizdrähten ausgestattet (Bild 9).

Die Heizdrähte wurden damals aus Platin gefertigt, das etwa so teuer wie Gold ist.

Der „elektrische Herd" war einfach nur ein hölzerner Tisch mit mehreren Anschlussleitungen (Bild 10).

Auch das Bügeln mit dem elektrischen Bügeleisen war damals gar nicht so einfach. Steckdosen gab es noch nicht. Das Anschlusskabel des Bügeleisens besaß keinen Stecker, sondern ein Gewinde, wie wir es von Glühlampen kennen (Bild 11).

10

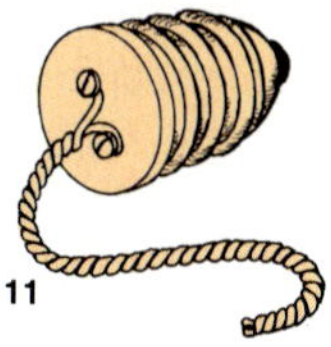
11

Um das Bügeleisen anzuschließen, musste man zunächst die Glühlampe aus der Fassung schrauben. Dann konnte man zwar bügeln – aber man hatte kein elektrisches Licht mehr ...

Das Anschließen des Bügeleisens war nicht ungefährlich.

Aus der Geschichte: **1979 hatte die Glühlampe ihren 100. Geburtstag**

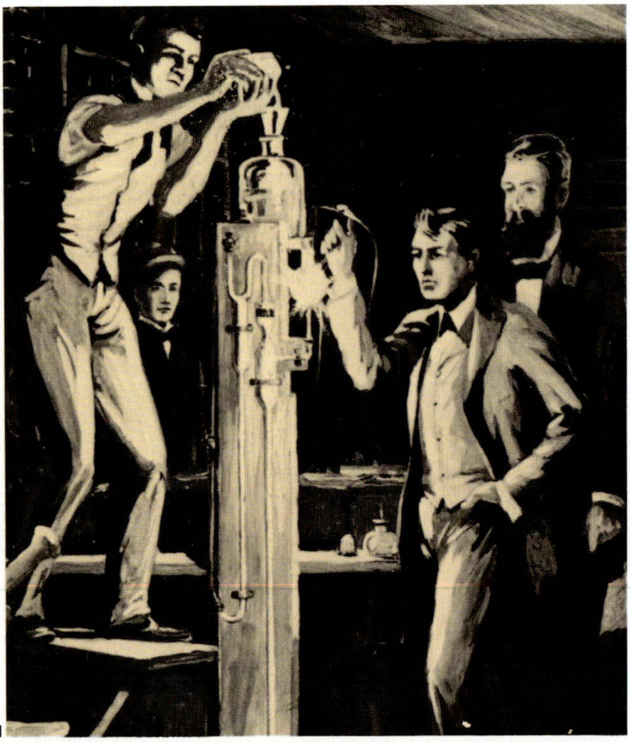

1

Die erste brauchbare Glühlampe leuchtete vom 19. bis 21. Oktober 1879 im Laboratorium des amerikanischen Erfinders Edison (Bild 1).

Doch schon vor Edison hatten sich Techniker und Physiker mit dem Bau eines „elektrischen Glühlichts" befasst, so vor allem der Deutsch-Amerikaner *Heinrich Göbel*. Er pumpte Parfümflaschen luftleer und brachte in ihnen mit Hilfe des elektrischen Stromes einen verkohlten Faden zu heller Glut. Diese „leuchtenden Flaschen" wurden überall bestaunt (Bild 2). Aber sie konnten sich nicht durchsetzen. Es fehlte noch eine elektrische Quelle, die die Energie für eine größere Zahl von Lampen liefern konnte. Und auch ein Kabelnetz gab es noch nicht.

Da begann *Thomas Alva Edison* im September 1878 sich in seinem Laboratorium in Menlo Park bei New York mit den Problemen des elektrischen Lichtes zu beschäftigen. Er wusste, dass zuerst geeignetes Material für den Glühfaden gefunden werden musste.

Monatelang experimentierte er ohne rechten Erfolg mit verschiedenen Metallfäden. Andere Forscher vor ihm hatten recht brauchbare Ergebnisse mit verkohlten Pflanzenfasern erzielt. Edison verfolgte auch diese Spur.

Ermutigend waren Versuche mit Nähgarn, das verkohlt wurde und einen dünnen Kohlefaden ergab. Dieser glühte hell auf, wenn er vom Strom durchflossen wurde; außerdem brach er nicht so leicht ab.

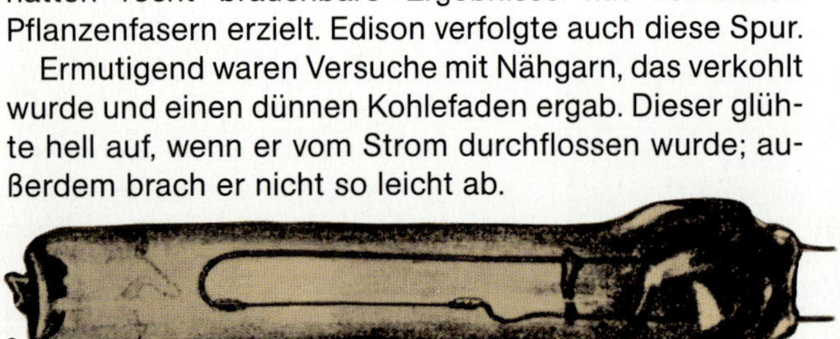

2

Nach mehr als einjähriger Arbeit – nach Fehlschlägen, Enttäuschungen und sogar Anfeindungen – war es endlich so weit. Darüber berichtet ein Mitarbeiter Edisons:

„Am 19. Oktober 1879, einem Sonntag, hatte man in Melo Park wieder einmal eine Lampe mit einem verkohlten Faden aus Nähgarn an die Pumpe angeschlossen. Die Luft sollte jetzt aus dem Glaskolben abgesaugt werden. Nach etwa fünf Stunden war die Luft in der Lampe schon so dünn geworden, dass wir es wagten, die Lampe an die Batterie anzuschließen: Der Kohlefaden strahlte in hellem Licht. Dennoch wurde – bei eingeschalteter Lampe – noch weitere fünf Stunden lang gepumpt, bis das Glasrohr zur Pumpe schließlich zugeschmolzen wurde.

Nun galt es, nur noch abzuwarten, bis der Kohlefaden durchbrennen würde. Er wurde genau beobachtet und jede Unregelmäßigkeit musste sorgfältig aufgeschrieben werden. Doch nichts geschah. Als wir am Montagmorgen abgelöst wurden, leuchtete die Lampe noch immer so hell wie in der ersten Stunde. Sie leuchtete auch noch den Tag über ohne Störung. Ja, die Dauer von 24 Stunden wurde sogar überschritten.

Unsere Begeisterung steigerte sich von Stunde zu Stunde. Als dann die Lampe auch die folgende Nacht hindurch hell und ruhig leuchtete, war Edison überzeugt. Er wusste, dass er jetzt endlich eine solide Grundlage für die elektrische Beleuchtung geschaffen hatte.

Ununterbrochen leuchtete die Lampe auch noch am Dienstag, dem 21. Oktober. Es war gegen 14 Uhr. Sie hatte nun mit 45 Stunden eine Brenndauer erreicht, die man nie zuvor bei einer Glühlampe beobachtet hatte. Erst als Edison jetzt den Strom erhöhte, brannte sie durch. Wir öffneten den Kolben, sodass der Glühfaden sehr sorgfältig mit der Lupe untersucht werden konnte."

Edison war mit diesem Erfolg noch nicht zufrieden. Noch in der gleichen Woche wurde ein Glühfaden aus verkohlter Pappe ausprobiert. Und der erreichte sogar eine Brenndauer von 170 Stunden!

Edisons *„Kohlefadenlampe"* war zwar nicht die erste Lampe dieser Art, sie hatte aber einen großen Vorteil. Mit ihrem Glühfaden, der fein wie ein Menschenhaar war, benötigte sie einen so geringen Strom, dass man sie gleich vielfältig einsetzen konnte.

Schon um die Jahrhundertwende wurden die „Kohlefadenlampen" durch *„Metallfadenlampen"* ersetzt. Da war es nämlich gelungen, aus dem spröden und harten Wolfram-Metall einen dünnen, noch dauerhafteren Glühdraht zu fertigen.

Heute werden jährlich weltweit etwa 7 Milliarden Glühlampen hergestellt, davon 2 Milliarden Autolampen. Das ist eine unvorstellbar große Zahl. Wenn du einmal annimmst, dass eine Glühlampe durchschnittlich 10 cm lang ist, dann könnte man aus diesen 7 000 000 000 Lampen eines Jahres eine Lampenkette bilden, die am Äquator fast 18-mal um die Erde gelegt werden kann!

236R

Aus Umwelt und Technik: **Glühlampen sind „Energieverschwender"**

In einer **Haushaltsglühlampe** wird das Licht wird von einem Glühdraht ausgestrahlt. Glühdrähte sind gewendelt (Bild 3).

Sie haben die Form einer Einfachwendel oder einer Doppelwendel (Bild 4). Die Windungen heizen sich gegenseitig auf. Der Glühdraht erreicht eine Temperatur von 2600 °C.

Deshalb muss der Glühdraht aus einem schwer schmelzbaren Metall hergestellt sein. Man verwendet das Metall *Wolfram*, das erst bei einer Temperatur von 3380 °C schmilzt.

Der Glühdraht einer 40-Watt-Lampe ist etwa 70 cm lang, durch das Wendeln ist er auf 5,5 cm verkürzt. Er ist dünner als ein Haar.

Die Glaskolben der Glühlampen sind nicht – wie früher üblich – luftleer. Sie enthalten Stickstoff, weil der Glühdraht in Luft verbrennen würde.

Eine 40-Watt-Glühlampe ist nur mit rund 2 Watt Lichtquelle – mit 38 Watt wird geheizt! Glühlampen sind also eher „Öfen" als Lampen.

Haushaltsglühlampen haben eine durchschnittliche Lebensdauer von 1000 Betriebsstunden.

Auch in **Halogenlampen** (Bild 5) wird Licht von einem Glühdraht erzeugt. Der Kolben ist mit gasförmigem Brom gefüllt. (Brom gehört wie Chlor und Fluor zu den *Halogenen*.)

Bei allen Glühlampen verdampft im Laufe der Zeit etwas Metall von der Glühwendel. Durch die Bromfüllung geht das Verdampfen langsamer vor sich. Halogenlampen halten daher zwei- bis dreimal so lange wie gewöhnliche Glühlampen.

Mit Halogenlampen spart man aber kaum Energie. Die Umwandlung elektrischer Energie in Licht ist nicht viel besser als bei Haushaltsglühlampen: Eine 40-Watt-Halogenlampe ist nur mit 3 Watt Lichtquelle.

3

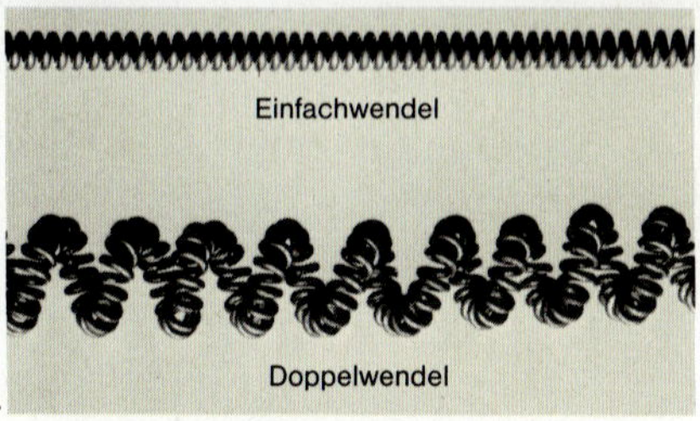

4

Die meisten Halogenlampen kann man nicht direkt an eine 230-Volt-Steckdose anschließen. Man benötigt zusätzlich einen Trafo.

Bei **Energiesparlampen** (Bilder 6 u. 7) geht das Licht nicht von einem Glühdraht aus. Vielmehr enthalten die Lampen kleine Leuchtstoffröhren. Mit Hilfe der elektrischen Energie wird ein Gas in der Röhre angeregt unsichtbare Strahlung auszusenden. Ein Leuchtstoff auf der Innenseite der Röhre wandelt die Strahlung in Licht um. Zum „Zünden" der Lampen ist ein Vorschaltgerät nötig.

6

Energiesparlampen geben immerhin ein Fünftel bis ein Viertel der zugeführten Energie als Licht ab. Die Lampe von Bild 6 hat nur 15 Watt, sie leuchtet aber etwa so hell wie eine 75-Watt-Glühlampe. Ein weiterer Vorteil ist die lange Lebensdauer. Sie beträgt rund 8000 Stunden.

Fragen und Aufgaben zum Text

1 In Bild 8 sind die Vorteile von Energiesparlampen gegenüber Glühlampen dargestellt. Beschreibe diese Vorteile.

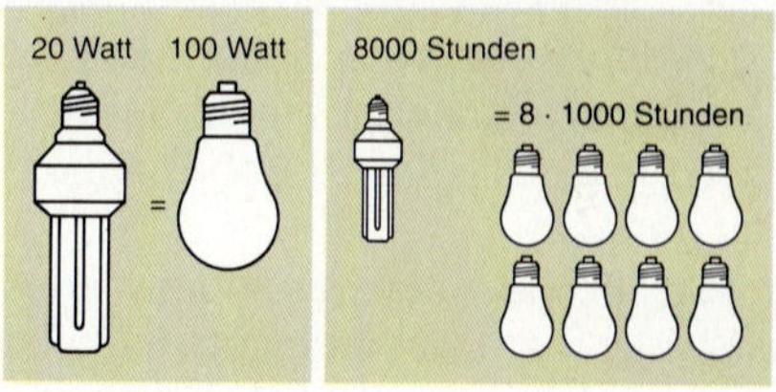

8

2 In einem Büroraum sind zehn 100-Watt-Glühlampen am Tag durchschnittlich 10 Stunden lang eingeschaltet. Die Energie dafür kostet 2,50 DM pro Tag.

a) Wie hoch sind die jährlichen Energiekosten (250 Arbeitstage)?

b) Wie hoch wären die Energiekosten für Energiesparlampen am Tag (im Jahr)?

c) Nach wie vielen Tagen (Jahren) müssten die Glühlampen bzw. die Energiesparlampen ausgewechselt werden?

d) Erkundige dich nach den Preisen von Glühlampen und Energiesparlampen.

Vergleiche die jährlichen Gesamtkosten für die Beleuchtung.

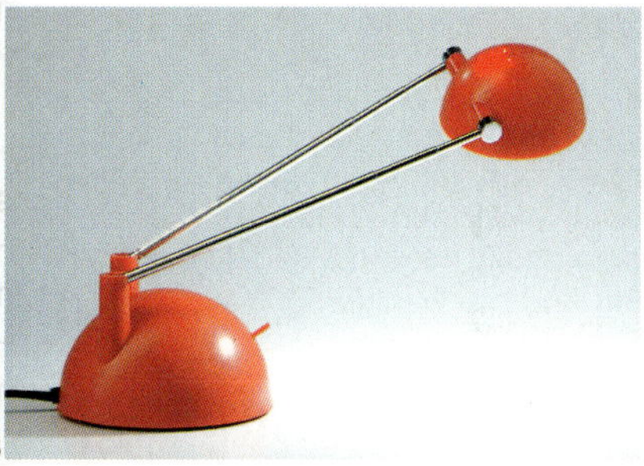

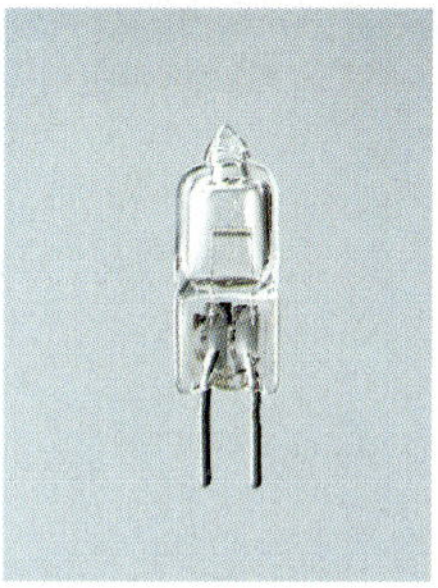

7
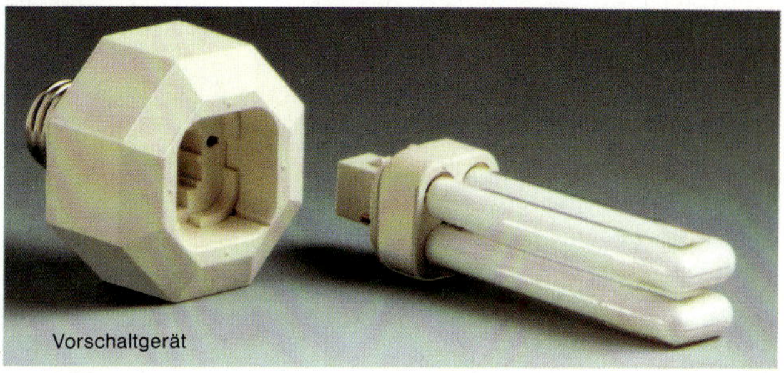

Aus Umwelt und Technik: **Ein Bimetallschalter regelt die Temperatur**

1

2

In jedem modernen Bügeleisen ist ein **Bimetallschalter** eingebaut (Bilder 1 u. 2). Oft wird er auch *Thermostat* genannt.

Dieser Schalter verhindert, dass sich das Bügeleisen zu stark aufheizt und beim Bügeln den Stoff versengt.

Außerdem würde die Sohle des Bügeleisens bei dauerndem Heizen glühen oder gar schmelzen. Dadurch könnte es zu Bränden kommen.

Durch den Bimetallschalter wird der Stromkreis mit den Heizdrähten automatisch geschlossen und unterbrochen.

Ob der Bimetallschalter gerade auf „ein" oder „aus" steht, kannst du an der Kontrolllampe erkennen.

Wenn der Schalter geschlossen ist, heizen die Drähte und die Lampe leuchtet.

Ist die eingestellte Temperatur erreicht, unterbricht der Schalter den Stromkreis. Die Heizdrähte kühlen ab und die Lampe erlischt.

Außerdem hört man ein Klicken, wenn der Bimetallschalter das Bügeleisen ein- und ausschaltet.

In den Bildern 3 u. 4 siehst du einen **Versuch**. Er hilft dir zu verstehen, wie ein Bimetallschalter (Thermostat) funktioniert.

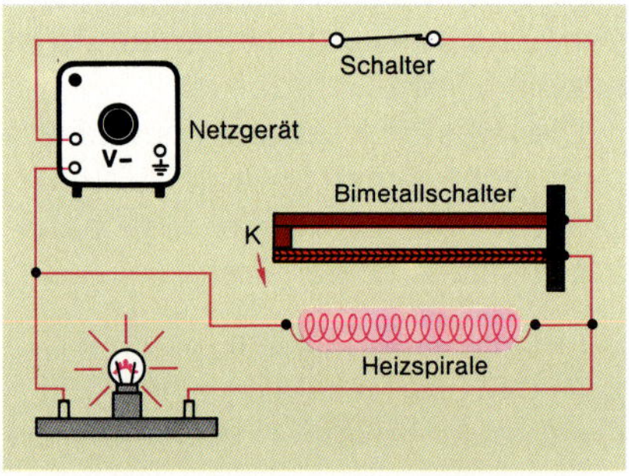

3

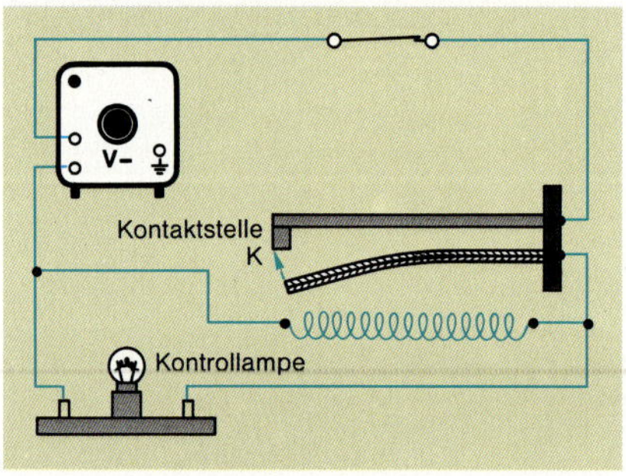

4

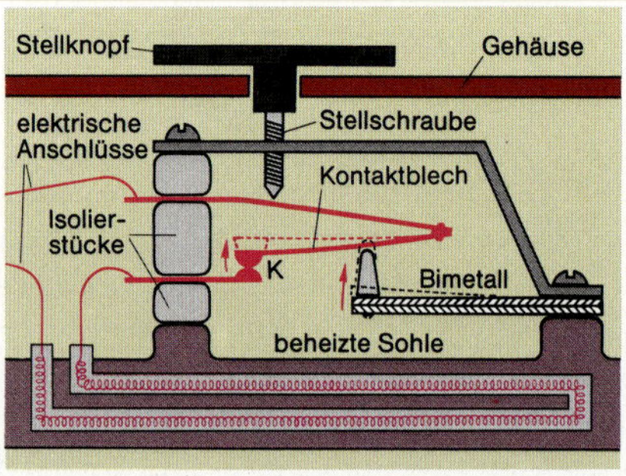

5

Fragen und Aufgaben zum Text

1 Beschreibe den Stromkreis von Bild 3. Beginne beim Netzgerät.

2 Was geschieht, wenn der Schalter geschlossen wird?

Du erhältst die Antwort, wenn du die folgenden Sätze in die richtige Reihenfolge bringst. (Der erste und der letzte Satz stehen bereits richtig.)

a) Der Schalter wird geschlossen.
b) Das Bimetall biegt sich nach unten.
c) Das Bimetall wird wieder kalt und biegt sich zurück.
d) Der Stromkreis ist geschlossen.
e) Der Stromkreis wird an der Kontaktstelle unterbrochen.
f) Das Bimetall wird warm.
g) Die Lampe leuchtet und die Heizspirale erhitzt sich.
h) Die Lampe erlischt und der Heizdraht kühlt sich ab.
i) Der Stromkreis wird wieder geschlossen.

3 Welche Vorteile haben Bügeleisen mit Bimetallschaltern?

4 Mit dem Stellknopf des Bügeleisens kann man den Abstand zwischen dem Bimetall und dem Kontaktblech vergrößern oder verkleinern (Bild 5). Wie erreicht man damit, dass das Bügeleisen mal heißer und mal weniger heiß wird?

5 Worin unterscheidet sich die Schaltung des Bimetallstreifens von Bild 3 und Bild 5?

5662R

Alles klar?

1 Wenn ein Diaprojektor eingeschaltet ist, hört man ein Motorgeräusch. Gib dafür eine Erklärung.

2 Harry Schlaumeier behauptet: „Der Glühdraht einer Lampe ist nur deshalb gewendelt, weil er sonst nicht in den Lampenkolben passt." Was meinst du dazu?

3 Bei einer durchgebrannten Glühlampe ist immer der Glühdraht unterbrochen; er ist durchgeschmolzen.

Warum schmilzt nie einer der Haltedrähte durch, die auch Teil des Stromkreises sind?

4 Die Glühdrähte der Lampen werden aus Wolfram hergestellt. Warum verwendet man dafür nicht Eisendraht, der viel einfacher und billiger herzustellen wäre?

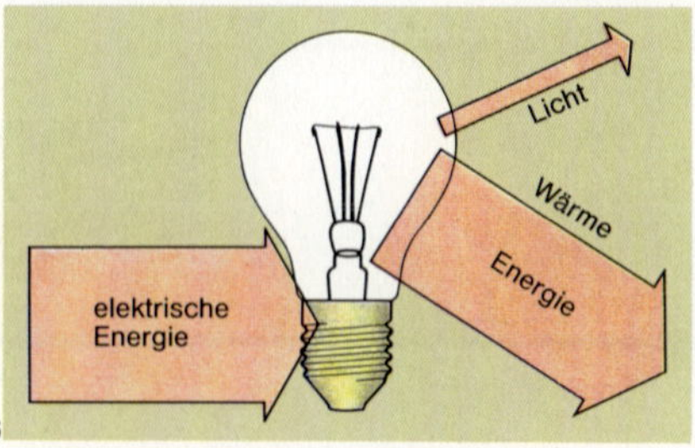

6

5 Erkläre anhand von Bild 6, warum man gewöhnliche Haushaltsglühlampen als Energieverschwender bezeichnet.

Welche Lampen nutzen die Energie besser?

6 Auf elektrischen Geräten findest du verschiedene Zahlenangaben.

a) Welche Angabe gibt dir Auskunft darüber, ob das Gerät in einer bestimmten Zeit viel oder wenig Energie benötigt?

b) Sieh dir bei euch zu Hause die Elektrogeräte an. Notiere die Geräte, die besonders viel Energie benötigen.

2 Zusammenfassung

Elektrische Energie zum Erwärmen

7

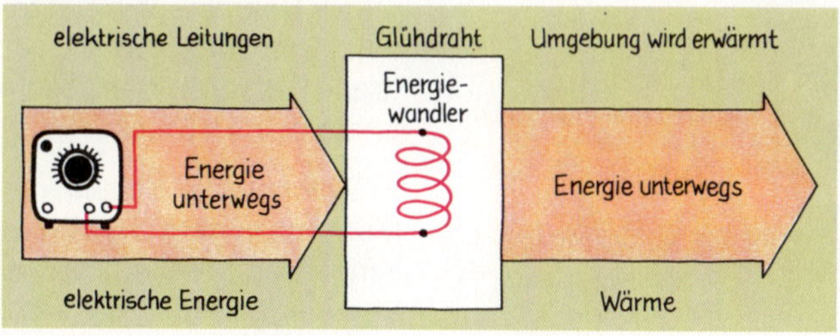

8

Vom Netzgerät strömt elektrische Energie zum Heizdraht.
Der Draht wird heiß und gibt Energie an die Umgebung ab, die sich dadurch erwärmt.

Der Heizdraht besteht aus einer Legierung von Metallen (z. B. Chromnickel oder Konstantan). Solche Metallgemische halten hohe Temperaturen über längere Zeit aus.

Während der dünne Heizdraht glüht, erwärmt sich die Zuleitung aus dickem Kupferdraht kaum.

Zum Heizen ist viel elektrische Energie erforderlich.

Elektrische Energie zum Beleuchten

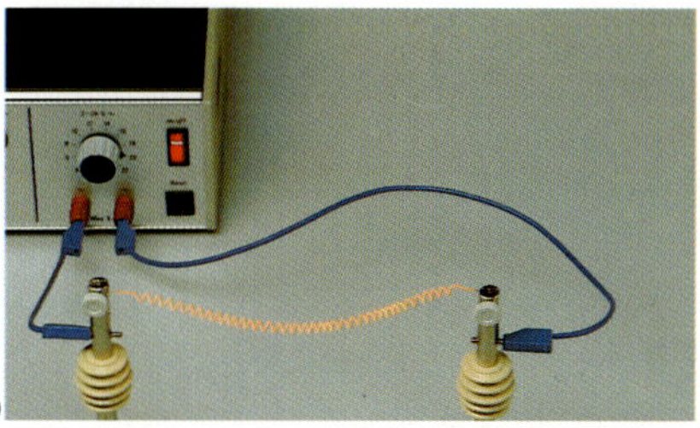
9

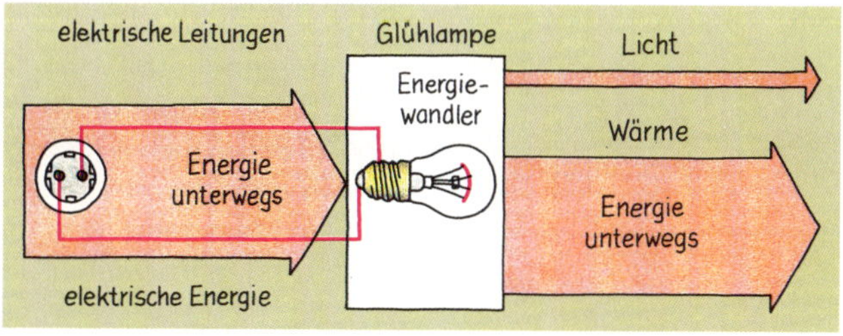

10

Wenn ein Heizdraht stark erhitzt wird, glüht er auf und sendet Licht aus.

In Glühlampen wird auf diese Weise Licht erzeugt. Der Glühdraht in der Lampe hat die Form einer Wendel. Die einzelnen Windungen des Drahtes heizen sich dadurch gegenseitig auf.

In der Glühlampe wird nur ein kleiner Teil der Energie in Form von Licht abgegeben. Der größte Teil der Energie (mehr als $\frac{9}{10}$ erwärmt nur die Umgebung. Glühlampen sind also „Energieverschwender".

Die Sicherung

1 Kurzschluss!

1

V 1 Von einem **Kurzschluss** spricht man, wenn die beiden Anschlüsse einer elektrischen Energiequelle durch sehr gute Leiter miteinander verbunden sind.

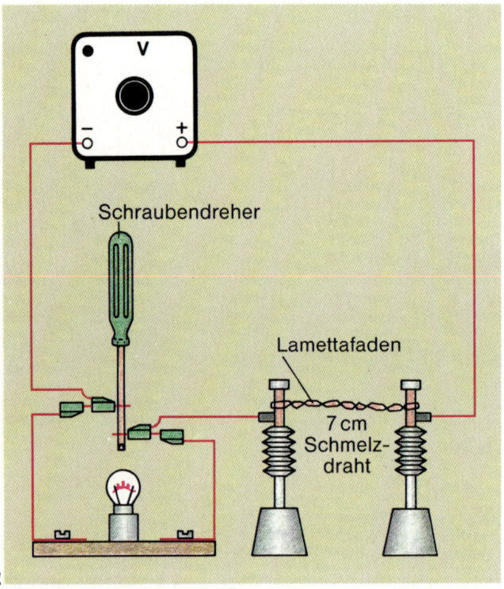

2

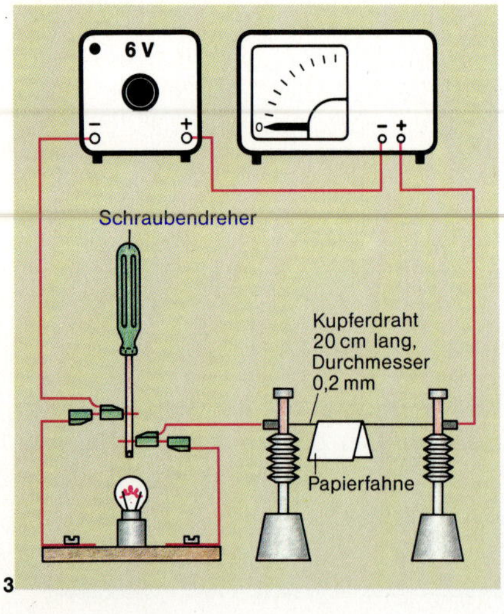

3

Wir wollen die Situation von Bild 1 nachbauen und herausfinden, warum der Strom ausgeschaltet wurde.

a) Bild 2 zeigt den Versuchsaufbau.

Die Bohrmaschine wird durch einen Schraubenzieher (Schraubendreher) ersetzt. Was geschieht, wenn er die beiden Stecker verbindet?

b) Zeichne die Schaltskizze für den Moment, in dem die Verbindung zwischen den Steckern hergestellt wird. Verwende für den Lamettafaden das Schaltzeichen der Sicherung. Ziehe den Kurzschluss-Stromkreis farbig nach.

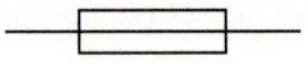
Schaltzeichen einer Sicherung

c) Warum bleibt die Lampe dunkel, wenn man den Schraubenzieher wieder entfernt?

V 2 Warum schmilzt der Lamettafaden in Versuch 1 eigentlich durch?

a) Verwende statt des Lamettafadens einen Kupferdraht mit Papierfahne (Bild 3). Das Messgerät zeigt an, wie groß der Strom ist. Beobachte das Messgerät und den Draht, wenn du den Kurzschluss herstellst.

b) Erkläre jetzt, warum der Lamettafaden durchschmilzt.

c) Was hätte passieren können, wenn in Versuch 1 keine „Sicherung" eingebaut worden wäre?

V 3 In den Bildern 4–6 siehst du verschiedene *Schmelzsicherungen*.

a) Du sollst überprüfen, ob Sicherungen noch in Ordnung sind. Überlege dir dazu den Versuchsaufbau (Schaltskizze).

Als Energiequelle darfst du natürlich nur ein Netzgerät oder eine Batterie verwenden.

b) Bild 7 zeigt einen vereinfachten Schnitt durch eine Haushaltssicherung. An dem Signalplättchen kann man erkennen, ob der Schmelzdraht durchgebrannt ist. Wie ist das möglich?

Das Innere der Sicherung ist mit Sand gefüllt. Welche Aufgabe hat er?

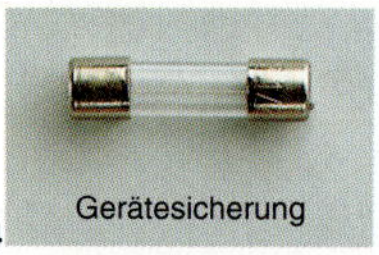
4 Gerätesicherung

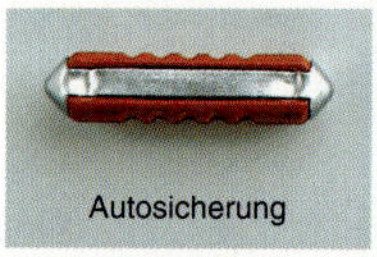
5 Autosicherung

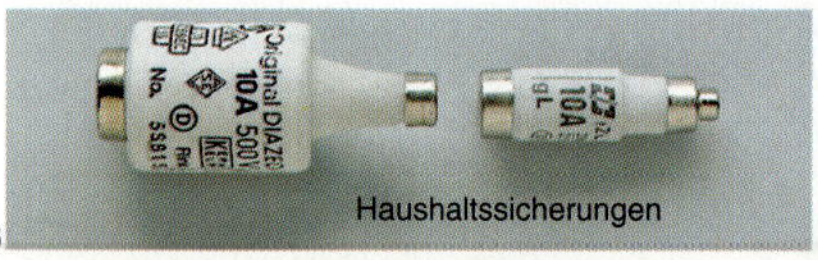

6 Haushaltssicherungen

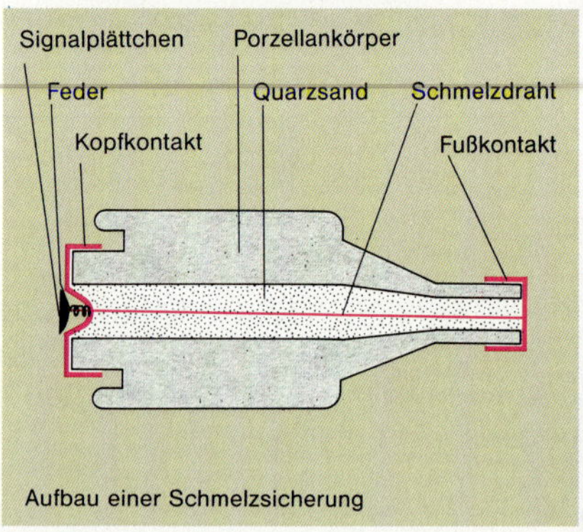

7 Aufbau einer Schmelzsicherung

5664R

2 Brandgefahr durch Überlastung

Die Verwendung elektrischer Energie ist mit Brandgefahren verbunden.

8

V 4 *(Lehrerversuch)* Die Schaltung von Bild 8 wird aufgebaut.

a) Zunächst wird nur eine Glühlampe mit dünnen isolierten Drähten (Litzen) an die elektrische Energiequelle angeschlossen.

Der Stromkreis wird nun *überlastet.* Dazu schalten wir weitere Lampen parallel …

b) Als Sicherung soll ein kleines Stück Kupferdraht (Durchmesser: 0,2 mm) eingebaut werden. Fertige dazu eine Schaltskizze an.

V 5 Auch mit dem Aufbau von Bild 9 lässt sich die Überlastung eines Stromkreises vorführen.

a) An das Netzgerät werden nacheinander mehrere Lampen in Parallelschaltung angeschlossen.

Beobachte dabei das Messgerät.

b) Zusätzlich wird ein Stück Eisendraht (Länge: 7 cm, Durchmesser: 0,5 mm) parallel geschaltet. Es soll den Heizdraht eines elektrischen Heizgerätes darstellen. Achte auf das Messgerät.

c) Die Lampen werden in ihren Fassungen gelockert, der Eisendraht wird abgeklemmt. Das Messgerät ersetzen wir durch einen 7 cm langen Lamettafaden als Sicherung.

Was geschieht, wenn die Lampen nacheinander festgedreht werden und schließlich der Eisendraht angeschlossen wird?

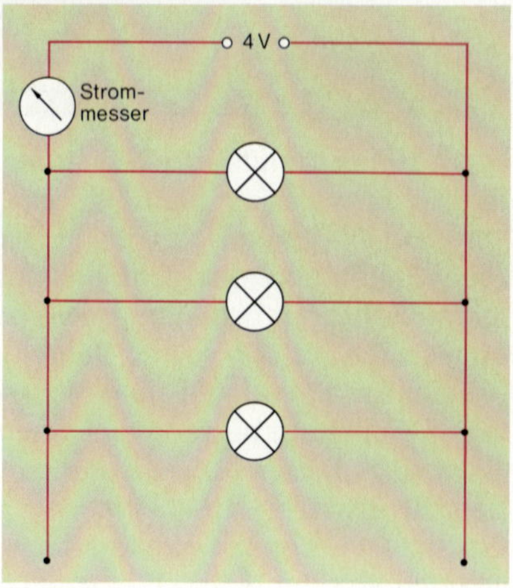

9

So schützt die Sicherung bei Überlastung und Kurzschluss

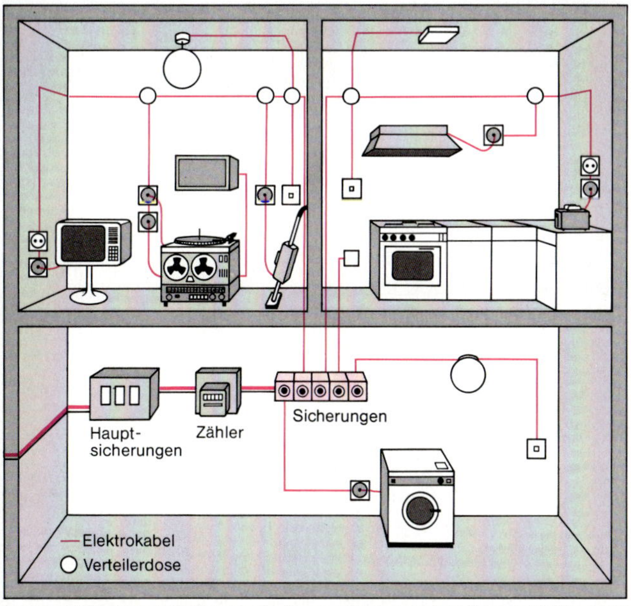

Um die Zeichnung übersichtlich zu halten, wurden die beiden Leiter eines Stromkreises durch *eine* Linie dargestellt.

10

Im Haushalt sind die verschiedenen Elektrogeräte parallel geschaltet. Über ein und dieselbe Leitungen werden oft viele Geräte mit elektrischer Energie versorgt. Wenn zu viele Elektrogeräte parallel geschaltet sind, sind die Ströme sehr groß und die Leitungen können sich stark erhitzen. Man spricht dann von **Überlastung** des Stromkreises. Es besteht Brandgefahr.

In allen elektrischen Anlagen sind daher die einzelnen Stromkreise mit einer Sicherung versehen. In Bild 10 siehst du zum Beispiel die elektrische Anlage eines Hauses. Eine Sicherung für jeden Stromkreis ist vorgeschrieben.

Die Sicherung ist ein Überlastungswächter. Sie stellt die „schwächste Stelle" eines Stromkreises dar und unterbricht ihn, bevor die Leitungen heiß werden.

Auch bei einem **Kurzschluss** besteht Brandgefahr, weil sich die Leitungen erhitzen. Ein Kurzschluss kommt z. B. zustande, wenn die beiden Leitungsdrähte eines Elektrogerätes einander berühren. Auch bei einem Kurzschluss unterbricht die Sicherung den Stromkreis.

Fragen und Aufgaben zum Text

1 Welche Aufgabe hat die Sicherung in einem Stromkreis?

2 Wie viele Stromkreise und wie viele Sicherungen sind in Bild 10 zu sehen? Wie kannst du herausbekommen, wie viele Stromkreise in eurer Wohnung installiert sind?

Aus der Geschichte: **Von der Bleisicherung zum Sicherungsautomaten**

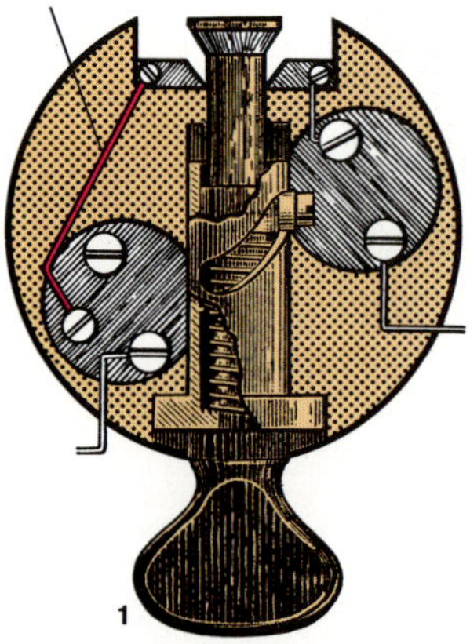

1

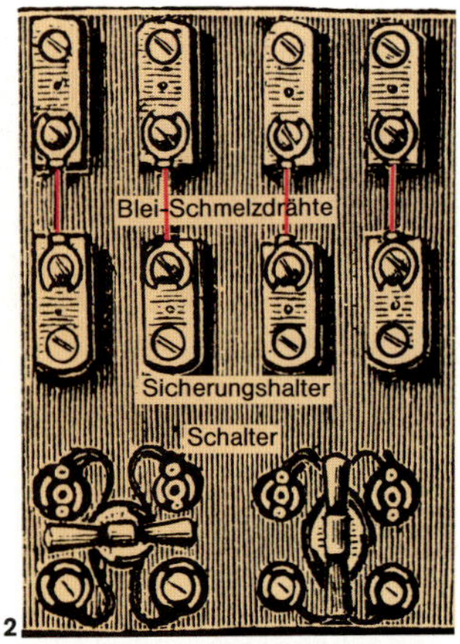

2

Nicht immer konnte man Sicherungen so leicht und gefahrlos auswechseln wie heute. Die Sicherungen, die es vor rund 90 Jahren gab, waren nicht in einem Sicherungskasten untergebracht. Vielmehr befanden sie sich in den Schaltern der Steh- oder Tischlampen, die damit abgesichert werden sollten. Jeder Leuchter hatte also in seinem Schalter eine eigene Sicherung.

Die Sicherung bestand aus einem kurzen Stück *Bleidraht* (Bild 1). Ihre Aufgabe war es, die teuren Glühlampen zu schützen. Die Spannung der Generatoren im Elektrizitätswerk schwankte nämlich erheblich. War sie zu hoch, so schmolz der Bleidraht im Schalter durch, ehe die Kohlefäden in den Glühlampen durchbrannten.

Wenn der Bleidraht einmal durchgeschmolzen war, konnte man ihn nicht einfach gegen einen anderen auswechseln. Man musste dafür extra einen Elektriker rufen, der den Schalter öffnete.

Mit dem Absichern der Lampen war es aber bald nicht mehr getan. Gerade die Leitungsdrähte waren damals noch schlecht isoliert und deshalb besonders anfällig für Kurzschlüsse. Man brauchte also Sicherungen, die die Leitungen mit absicherten.

Deshalb ging man allmählich dazu über, die Bleisicherungen auf ein *Sicherungsbrett* zu montieren. Von dort aus führten die Leitungen zur Lampe, sodass die Leitungsdrähte in den Schutz mit einbezogen waren.

Im *Schaltkasten* (Bild 2) waren die Sicherungen aller Stromkreise der Wohnung untergebracht. Jede Sicherung bestand aus zwei Sicherungshaltern, zwischen denen der Bleidraht in den Stromkreis geklemmt war. Wenn er durchschmolz, konnte er nun leichter als zuvor gegen einen anderen ausgewechselt werden. Vorher musste man aber den Stromkreis mit einem Schalter unterbrechen um den Bleidraht gefahrlos einsetzen zu können.

Noch einfacher und schneller geschieht das Auswechseln von Sicherungen, seit die *Schmelzsicherung* in Gebrauch ist. In einer solchen „Sicherungspatrone" ist der Schmelzdraht von einer Porzellanhülle umgeben. An der „Trickaufnahme" von Bild 3 siehst du deutlich, dass die Sicherungspatrone nach dem Einschrauben berührungssicher abgedeckt ist (durch die Schraubkappe).

Eine weitere Verbesserung stellt der *Sicherungsautomat* dar, der heute vielfach verwendet wird (Bild 4). Diese Sicherung braucht überhaupt nicht mehr ausgewechselt zu werden. Sie funktioniert wie ein Schalter, der den Stromkreis bei Kurzschluss oder Überlastung automatisch unterbricht. Wenn der Fehler behoben ist, braucht man nur einen kleinen Schalthebel zu betätigen und der Stromkreis ist wieder geschlossen.

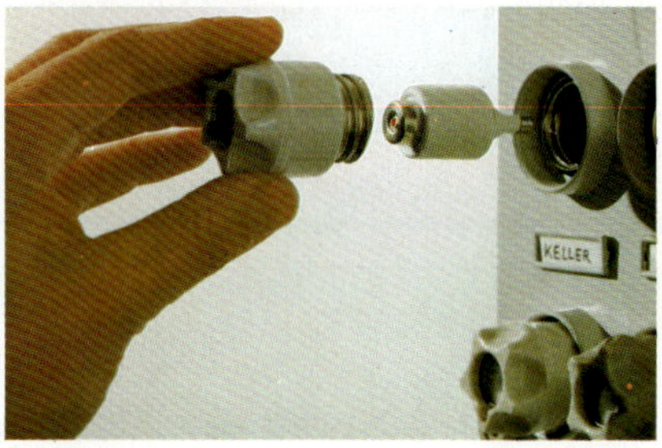

3

4

Aus Umwelt und Technik: **Sicherungen dürfen nie „geflickt" werden!**

Kurzschluss – und schon schmilzt der Schmelzdraht in der Sicherungspatrone (Bild 6). Kurzschlüsse durch schadhafte Isolierung sind allerdings – dank der guten Isoliermaterialien – selten geworden. Häufiger schon sprechen Sicherungen wegen **Überlastung** an.

Der Stromkreis ist dann unterbrochen und es funktioniert keines der angeschlossenen Geräte mehr.

Wenn die Wohnung mit **Sicherungsautomaten** ausgestattet ist, kann der Schaden schnell behoben werden; man braucht nur wieder den Sicherungshebel zurückzuklappen (Bild 4). Vorher muss allerdings das Gerät, das die Überlastung verursacht hat, abgeschaltet werden.

Was aber ist zu tun, wenn der Stromkreis mit einer **Schmelzsicherung** abgesichert war und keine Ersatzpatrone zur Hand ist? Dann könnte es schon sein, dass man übers Wochenende im Dunkeln sitzt.

Vielleicht hat jemand, der sich „clever" vorkommt, folgende Idee: „Ich setze einfach einen Leitungsdraht statt des Schmelzdrahtes in die Sicherung ein – und schon ist die Sicherung geflickt."

Clever wäre das aber gar nicht, sondern ausgesprochen dumm! Der eingezogene neue „Schmelzdraht" würde nämlich niemals rechtzeitig durchschmelzen und somit einen überlasteten Stromkreis unterbrechen können. Die Brandgefahr wäre damit riesengroß!

Wer *so* einen Brand verursacht, ist ein Brandstifter. Außerdem kommt keine Versicherungsgesellschaft für den entstandenen Schaden auf.

202R

Alles klar?

1 Von einem Kurzschluss ist oft nicht der gesamte Haushalt betroffen: In manchen Räumen fällt die Beleuchtung aus, in anderen leuchten die Lampen noch.
Gib dafür eine Erklärung.

2 Welchen Sinn hat die Versuchsanordnung von Bild 5?

5

3 Woran erkennst du eine durchgebrannte Schmelzsicherung?

4 Sicherungen brennen bei Überlastung oder bei Kurzschluss durch. Nenne die gemeinsame Ursache.

5 Bei welcher der Schaltungen (Bilder 6 u. 7) brennt die Sicherung durch? Begründe deine Antwort.

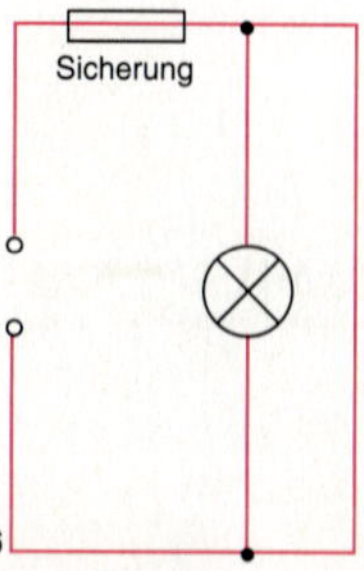

6

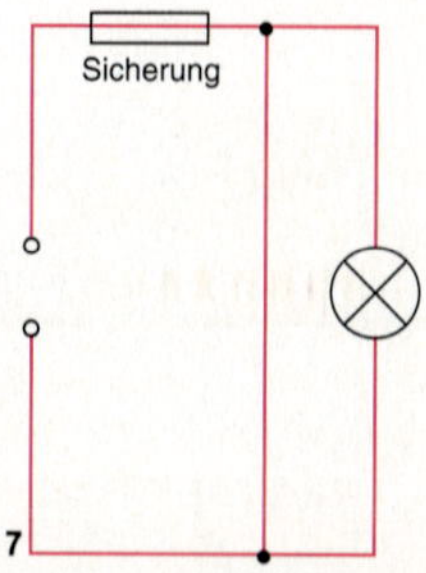

7

3 Zusammenfassung

Kurzschluss und Überlastung

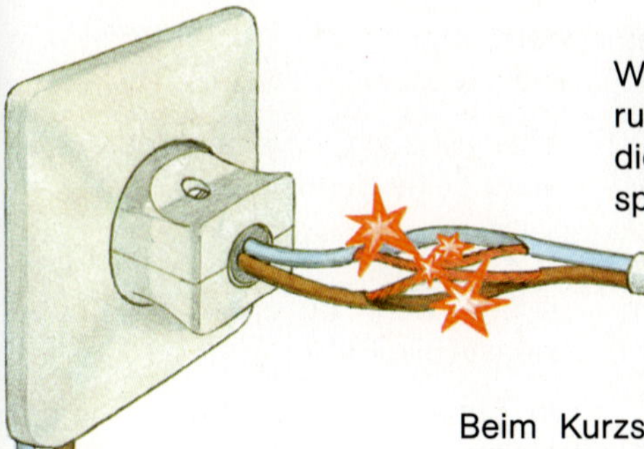

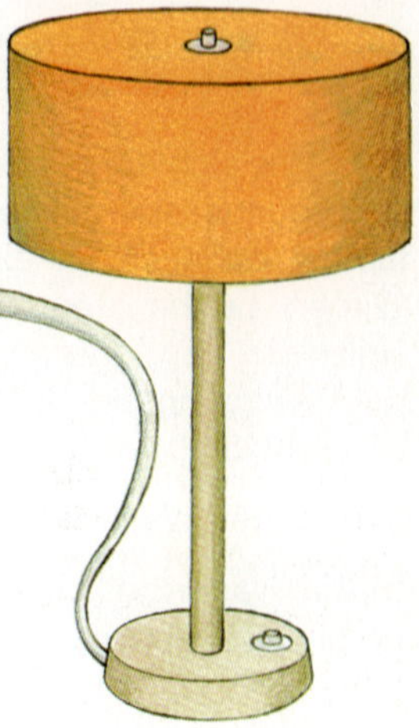

Wenn in einem Stromkreis die Isolierungen schadhaft sind, können sich die blanken Drähte berühren. Man spricht von einem **Kurzschluss**.

Beim Kurzschluss sind die beiden Anschlüsse einer Energiequelle durch gut leitende Drähte direkt verbunden. Die Ströme sind groß und die Leiter werden heiß.

Auch bei **Überlastung** eines Stromkreises werden die Leiter heiß. Zur Überlastung kommt es, wenn zu viele Elektrogeräte parallel geschaltet werden.

Die Rolle der Sicherung

Um Brandgefahren durch Kurzschluss oder Überlastung abzuwenden, muss der Stromkreis durch eine **Schmelzsicherung** oder einen *Sicherungsautomaten* rechtzeitig unterbrochen werden.

Bei der Schmelzsicherung ist der Schmelzdraht die „schwächste Stelle" des Stromkreises. Bei Gefahr schmilzt er durch und verhindert so, dass sich die Leitungsdrähte erhitzen.

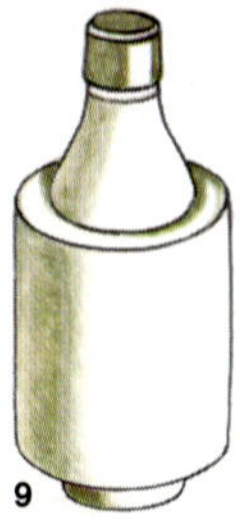
9

Aufgabe einer Sicherung ist es, den Stromkreis zu unterbrechen, bevor die Leitungen so heiß werden, dass ein Feuer ausbrechen kann.

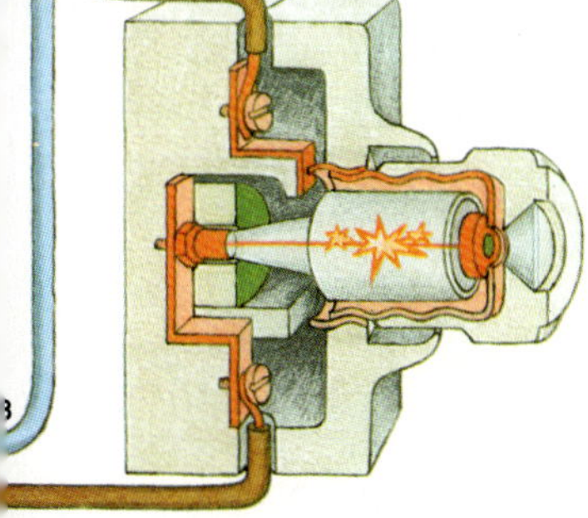
8

Bevor man einen Sicherungsautomaten wieder einschaltet oder eine neue Schmelzsicherung einsetzt, muss erst der Kurzschluss oder die Überlastung beseitigt werden. Sicherungen dürfen auf keinen Fall „geflickt" werden.

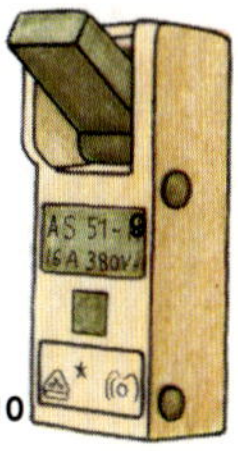
10

Trägheit und Kraft

1 Körper sind träge

1

2

3

Drei verschiedene Situationen! – Erkennst du Gemeinsamkeiten?

V 1 Wie sich Körper bei plötzlichen Bewegungsänderungen verhalten, kannst du auch an einem flachen Wagen beobachten, auf dem ein Holzklotz liegt. Beschreibe jeweils die Bewegung des Wagens und die des Klotzes.

a) Lass den Wagen schnell anfahren.

b) Der Wagen soll gegen ein Hindernis prallen. Führe den Versuch einmal ohne und einmal mit „Sicherheitsgurt" für den Klotz durch (Bild 4).

c) Ziehe den Wagen mit dem Klotz zuerst möglichst gleichförmig geradeaus – und lass ihn dann um eine enge Kurve fahren.

V 2 Überlege zunächst, was passieren wird, wenn du hier (Bild 5) das Brettchen rasch zur Seite wegziehst.

V 3 Ein Blatt Papier wird unter einen Becher gelegt, der möglichst nahe am Tischrand steht.

Gelingt es dir, das Papier wegzuziehen, ohne dass der Becher umkippt oder vom Tisch fällt? Versuche es sowohl mit einem gefüllten Becher als auch mit einem leeren. Erkläre deine Beobachtung.

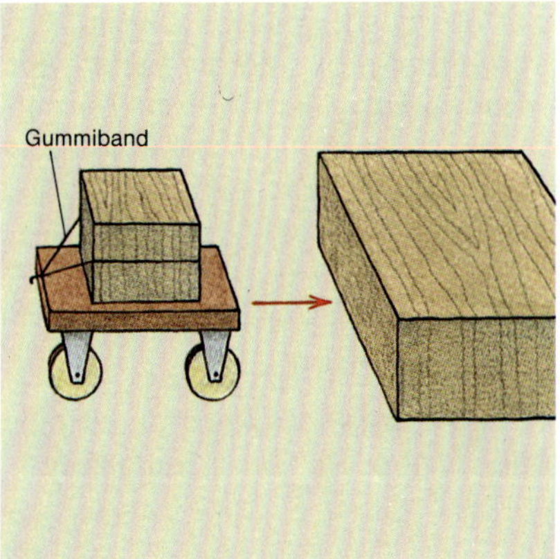

4

V 4 Welcher Faden wird wohl reißen, wenn du unten am Knebel ziehst (Bild 6)?

a) Ziehe dabei einmal ruckartig und einmal langsam und vorsichtig.

b) Ersetze den unteren Wollfaden durch einen Bindfaden.

c) Wiederhole den Versuch nun mit einem Styroporblock anstelle der Zuckertüte.

V 5 Zwei unterschiedliche Kugeln werden mit gleicher Kraft weggestoßen (Bild 7).

Welche der beiden Kugeln wird dadurch stärker beschleunigt? Findest du eine Erklärung dafür?

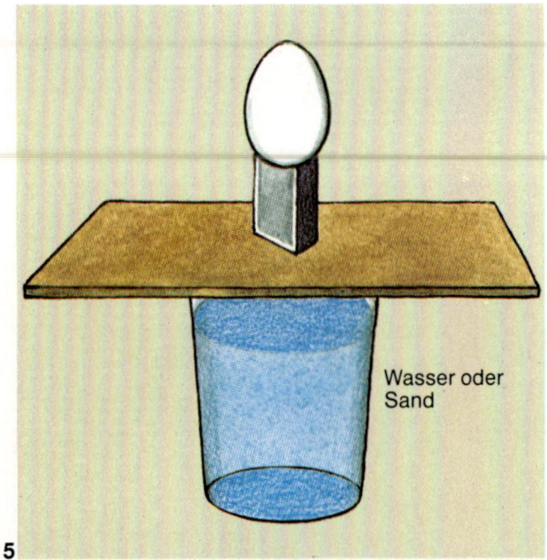

5

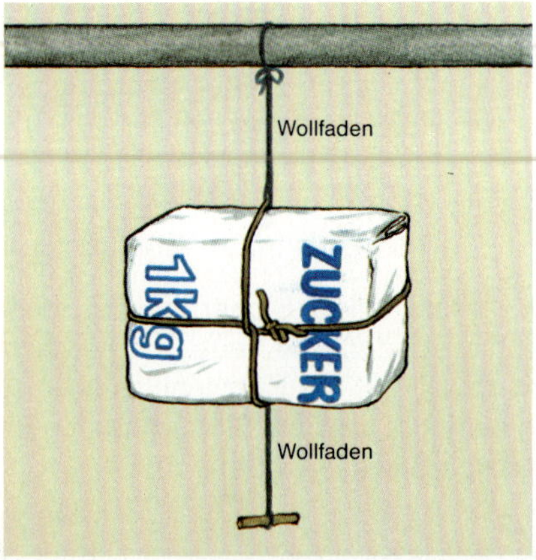

6

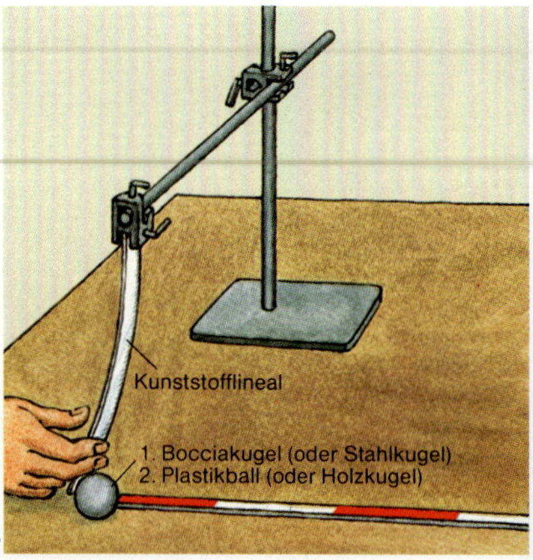

7

5092R

Trägheit und Masse

In den Beispielen und Versuchen spielen plötzliche *Bewegungsänderungen* eine Rolle. Meist geht es um die gleichzeitige Bewegungsänderung zweier Körper. Dabei zeigt sich, dass der eine Körper die Bewegungsänderung des anderen nicht mitmacht:

- Das Abschleppseil reißt, weil das hintere Auto nicht ruckartig auf die gleiche Geschwindigkeit kommen kann wie das vordere. Das hintere Auto bleibt stehen, wo es bisher stand.
- Wenn man schnell eine Kurve fährt, fällt schlecht befestigtes Gepäck vom Autodach (Bild 2): Die Kiste geht nicht – wie das Auto – in die Kurve, sondern „fliegt" geradeaus weiter.
- Prallt ein Fahrzeug gegen ein Hindernis, bewegt sich der Fahrer zunächst mit unverminderter Geschwindigkeit geradeaus weiter (Bild 3).

Wir können also beobachten, dass sich Körper Geschwindigkeits- und Richtungsänderungen widersetzen.

8

9

Jeder Körper behält seine Geschwindigkeit und seine Bewegungsrichtung, sofern keine Kräfte auf ihn einwirken. (Das Gleiche gilt bei Kräftegleichgewicht.)

Diese Eigenschaft, die alle Körper haben, nennt man **Trägheit**. Man kann also sagen: *Jeder Körper ist träge.*

Nicht alle Körper sind in gleichem Maße träge. Zum Beispiel lässt sich ein Blatt Papier unter einem gefüllten Glas problemlos wegziehen, bei einem leeren Kunststoffbecher gelingt es kaum. **Die Trägheit eines Körpers hängt nämlich von seiner Masse ab** (Bilder 8 u. 9).

Dabei gilt:
- große Masse → große Trägheit (Bild 8),
- kleine Masse → kleine Trägheit (Bild 9).

Wir können auch umgekehrt von der Trägheit eines Körpers auf die Masse des Körpers schließen:
- große Trägheit → große Masse,
- kleine Trägheit → kleine Masse.

Die Einheit der Masse

Die Einheit der Masse (m) ist das **Kilogramm** (kg). Sie ist festgelegt durch einen Vergleichskörper, das **Urkilogramm** (Bild 10). Die Masse 1 kg entspricht der Masse 1 Liter Wasser bei +4 °C.

Das Urkilogramm ist ein Zylinder aus Platin-Iridium mit einem Durchmesser und einer Höhe von je 39 mm. Es wird im Internationalen Büro für Maße und Gewichte bei Paris aufbewahrt. Alle Staaten, in denen das Kilogramm als Einheit der Masse eingeführt ist, besitzen eine genaue Nachbildung des Urkilogramms.

10

Für die Bundesrepublik Deutschland befindet sie sich in der *Physikalisch-Technischen Bundeanstalt* in Braunschweig.

Man gibt größere Massen in **Tonnen (t)** oder **Megatonnen** (Mt) an, kleinere in **Gramm** (g) oder **Milligramm** (mg):

1 Mt = 1 000 000 t; 1 kg = 1000 g;
1 t = 1000 kg; 1 g = 1000 mg.

Die Masse von Edelsteinen (z. B. Diamanten) und Perlen wird in **Karat** (Kt; international ct, von *Carat*) angegeben:
1 Kt = 0,2 g.

Aufgaben

1 Zwanzig Münzen sind übereinander gestapelt (Bild 11). Die unterste soll entfernt werden, ohne dass man den Stapel anhebt oder umkippt …

Wenn der Stapel aber kleiner ist, wirst du es kaum noch schaffen. Warum nicht?

2 Stehende Fahrgäste müssen sich in Bussen gut festhalten. Kannst du das physikalisch begründen?

3 Wenn bei einem Hammer der Kopf nur noch lose auf dem Stiel sitzt, dann stößt man den Stiel kräftig auf den Boden – und schon ist der Schaden behoben …

11

4 Zusammenstöße von größeren Schiffen haben – auch bei niedrigen Geschwindigkeiten – verheerende Folgen. Weshalb?

5 Warum zerbricht eigentlich ein Teller, der zu Boden fällt?

6 Eisenbahnzüge haben Bremswege von bis zu 700 m. Weshalb?

Aus Umwelt und Technik: **Sicherheitsgurt und Airbag**

1

2
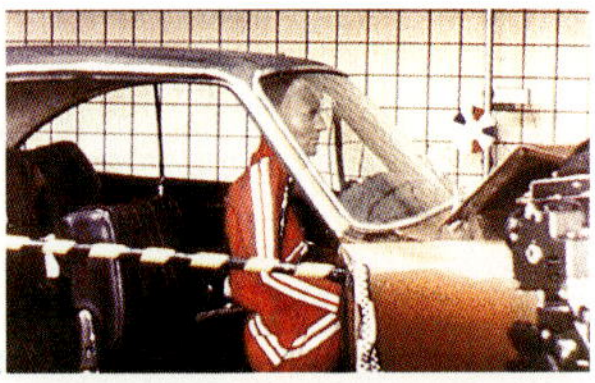
3

4

5

6

7

8

Wie wichtig der Sicherheitsgurt ist, zeigen Untersuchungen aus dem Jahr 1983: In jener Zeit wären in der Bundesrepublik Deutschland pro Tag durchschnittlich fünf Menschen *weniger* im Straßenverkehr getötet (und 170 weniger verletzt) worden, wenn sich *alle* Autoinsassen angeschnallt hätten. Damals fuhren sehr viele Autofahrer ohne Gurt – „Gurtmuffeln" drohte noch kein Bußgeld.

Auch heute sterben Menschen, weil sie den Sicherheitsgurt nicht benutzen. So mancher Autofahrer glaubt nämlich, vor allem im Stadtverkehr auf den Gurt verzichten zu können. „Bei den geringen Geschwindigkeiten in der Stadt kann man sich doch notfalls am Lenkrad oder am Armaturenbrett abstützen", sagen sie.

Stimmt diese Annahme? Was bewirken **Sicherheitsgurte** überhaupt?

Die beiden Bildreihen oben zeigen den Vorteil von Sicherheitsgurten: In beiden Fällen prallt ein Auto mit einer Geschwindigkeit von 50 km/h auf ein Hindernis.

In den Bildern 1–4 ist die Versuchspuppe nicht angeschnallt. Sie bewegt sich aufgrund ihrer **Trägheit** zunächst einfach weiter – und zwar mit der Geschwindigkeit von 50 km/h. Mit dieser Geschwindigkeit prallt sie dann gegen die Windschutzscheibe – und wird von der Scheibe schlagartig abgebremst. (Anschließend wird sie dann durch den Aufprall zurückgeschleudert.)

Das Fahrzeug selbst kommt nicht plötzlich zum Stehen. Die „Knautschzone" bewirkt, dass das Auto auf einer Strecke von immerhin etwa 0,5 m abgebremst wird.

Für die Versuchspuppe ist das ein Vorteil – wenn der Sicherheitsgurt angelegt ist. Sie ist dann mit dem Fahrzeug verbunden und wird „allmählich" verzögert, während sich die Knautschzone verformt (Bilder 5–8). Zusätzlich dehnt sich dabei der Sicherheitsgurt. So können Sicherheitsgurte schwere, ja tödliche Verletzungen verhindern.

9

Nun könnte man meinen, ein Autoinsasse hätte – im Gegensatz zur Puppe – die Möglichkeit, sich bei einem Auffahrunfall noch rechtzeitig abzustützen.

Das stimmt aber nicht, denn wenn die Fahrzeuggeschwindigkeit beim Aufprall nur 15 km/h beträgt, müsste man sich schon mit einer Kraft von ca. 5000 N abstützen! Man müsste also in der Lage sein, eine Masse von 500 kg (1/2 t) zu stemmen – doch das kann selbst der stärkste Gewichtheber nicht. Bei einer Geschwindigkeit von 50 km/h müsste man sich mit einer Kraft von 25 000 N abstützen. Die gleiche Kraft wäre erforderlich um zwei bis drei Autos auf einmal anzuheben!

Ganz abgesehen davon, dass kein Mensch diese Kraft ausüben könnte, wäre auch niemand in der Lage, schnell genug zu reagieren: Die Reaktionszeit eines Menschen beträgt etwa 1 s, der Aufprall dauert aber nur rund 0,1 s.

Selbst bei einem Aufprall mit niedriger Geschwindigkeit „fliegen" also Personen, die nicht angeschnallt sind, unweigerlich weiter gegen die Windschutzscheibe und das Armaturenbrett.

Heute werden Autos zusätzlich mit **Airbags** (engl. *air:* Luft; *bag:* Tasche, Sack) ausgerüstet. Auf der Fahrerseite stecken sie im Mittelteil des Lenkrades.

Bei einem Aufprall des Fahrzeugs wird der Airbag innerhalb von 0,03 s aufgeblasen (Bild 9). Zusätzlich zum Sicherheitsgurt bremst der Airbag Kopf und Brust der Insassen ab und verringert so die Verletzungsgefahr.

Fragen und Aufgaben zum Text

1 Beschreibe, wie Sicherheitsgurte die Autoinsassen schützen können. Verwende dabei auch das Wort *Trägheit.*

2 Warum müssen Sicherheitsgurte nach Unfällen erneuert werden?

3 Auch **Kopfstützen** dienen der Sicherheit, selbst bei einem Auffahrunfall in Fahrtrichtung. Erkläre!

Bei welcher Art von Unfällen sind Kopfstützen besonders wirkungsvoll?

6224R

2 Kräfte

Im August 1977 wurde die Raumsonde *Voyager 2* (Bild 10) gestartet. Vier Jahre später, im August 1981, flog sie am Planeten Saturn vorbei, der etwa 1,5 Milliarden Kilometer von der Erde entfernt ist. Noch einmal gut vier Jahre später passierte sie im Januar 1986 den Planeten Uranus. Seine Entfernung von der Erde beträgt rund drei Milliarden Kilometer. Im August 1989 erreichte Voyager 2 den 4,5 Milliarden Kilometer entfernten Neptun.

Seit dieser Zeit bewegt sich die Raumsonde hinaus in die Weiten des Weltalls.

Die unvorstellbar großen Entfernungen legte die Raumsonde ohne Antrieb zurück! Treibstoff wurde nur benötigt, um sie mit Hilfe einer Rakete zu starten und um ihre Bewegungsrichtung durch Steuerungsmanöver zu verändern.

Das Auto (Bild 11) ist mit leerem Tank stehen geblieben. Als der Treibstoff ausging, hatte es eine Geschwindigkeit von 100 km/h – aber weit ist es nicht mehr gekommen.

11

Warum bewegt sich die Raumsonde ohne Antrieb immer weiter, während das Auto ohne Treibstoffzufuhr zum Stillstand kommt?

V 6 Bringe zwei Spielzeugautos auf die gleiche Geschwindigkeit, indem du sie auf einer glatten Tischplatte mit einem Bleistift gemeinsam anschiebst (Bild 12). Nimm dann den Bleistift weg und vergleiche, wie weit die Autos noch rollen. Führe den Versuch auch mit einer Stahlkugel oder einer Glaskugel durch.

a) Beschreibe die Bewegung der Autos (bzw. Kugeln) vom Start bis zum Stillstand möglichst genau. „Die Autos bewegen sich nicht, dann …“

b) Durch welche Kraft werden die Autos in Bewegung gesetzt?

c) Durch welche Kraft werden sie gebremst?
In welchem Augenblick beginnt das Abbremsen?

V 7 Bild 13 zeigt die Anordnung für drei verschiedene Messungen.

a) Welche Versuchsbedingungen sind bei allen drei Messungen gleich, welche ändern sich?

b) Miss, wie weit das Auto auf den verschiedenen Unterlagen rollt.

c) Versuche zu erklären, warum die Autos unterschiedlich weit rollen.

d) Was würde geschehen, wenn auf die Autos nach dem Anstoßen *keine* Kräfte mehr wirkten. (*Tipp:* Lies den Text über die Raumsonde *Voyager* oben auf dieser Seite durch.)

V 8 Mit Hilfe eines Dauermagneten soll die Bewegung einer Stahlkugel verändert werden. Bild 14 zeigt dafür *eine* Möglichkeit, es gibt aber noch andere.

Beschreibe, wie sich die Bewegung der Kugel jeweils ändert.

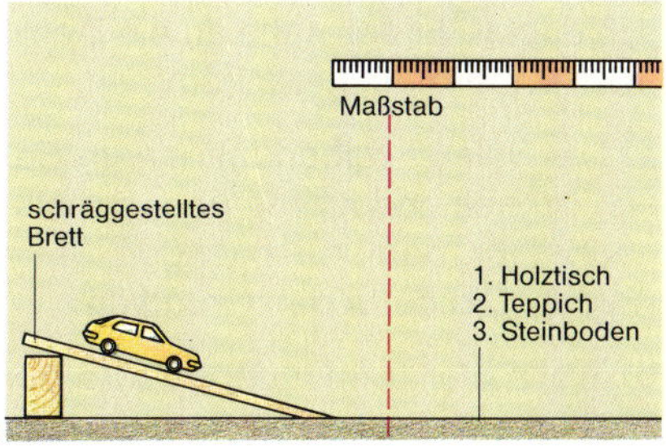

13

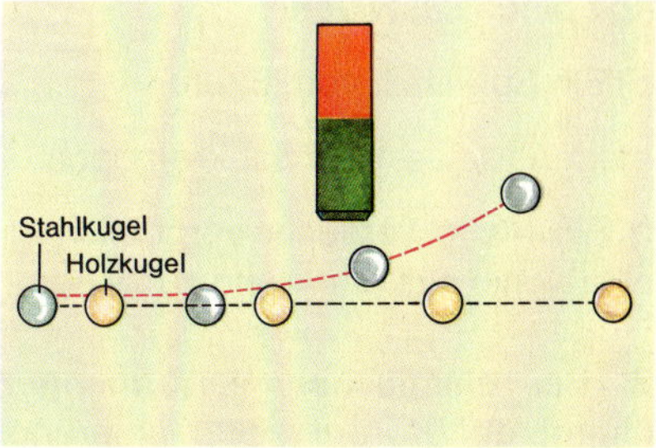

14

Was man in der Physik unter *Kraft* versteht

Das Wort ***Kraft*** kommt in der *Umgangssprache* in unterschiedlichen Zusammenhängen vor. Man spricht z. B. von *Ausdruckskraft,* wenn sich jemand sprachlich klar äußern kann. Als *Sehkraft* bezeichnet man die Fähigkeit zu sehen. Oder man redet von *Magnetkraft,* wenn ein Magnet z. B. ein Stück Eisen anzieht.

In der *Physik* hat der Begriff **Kraft** eine ganz bestimmte Bedeutung. Die Bilder 1–7 zeigen Beispiele, bei denen **physikalische Kräfte** wirken. Allerdings kann man die Kräfte selbst nicht sehen; man erkennt sie aber an ihren Wirkungen.

In den Bildern 1–4 bewirken Kräfte, dass sich die *Geschwindigkeit der Körper ändert*: Sie werden *beschleunigt* oder *verzögert.* In Bild 5 bewirkt eine Kraft, dass sich die *Bewegungsrichtung ändert.* **Immer wenn sich die Geschwindigkeit oder die Bewegungsrichtung eines Körpers ändert, wirkt auf den Körper eine Kraft.**

1

2

3

4

5

In den Bildern 6 u. 7 sind Beispiele dargestellt, bei denen Änderungen der Geschwindigkeit oder Bewegungsrichtung keine Rolle spielen.

Vielmehr ändert sich hier unter der Einwirkung von Kräften die jeweilige *Form* eines Körpers. **Immer wenn sich die Form eines Körpers ändert, wirkt auf ihn eine Kraft.**

6

7

Aufgaben

1 In welchen der folgenden Situationen spielen physikalische Kräfte eine Rolle? Begründe deine Antwort.

a) Ein Schlitten fährt einen Hang hinunter und kommt auf einem gestreuten Gehweg zum Stehen.

b) „Lanin hat starke Waschkraft."

c) Ein Autofahrer gibt Gas und überholt einen Lastwagen.

d) Ein Apfel fällt vom Baum.

e) Im Alter lässt die Sehkraft nach.

f) Ein Mann versucht vergeblich einen Nagel aus der Wand zu ziehen.

2 Bei **elastischen Verformungen** nimmt der Körper seine ursprüngliche Form wieder an, wenn keine Kraft mehr wirkt. **Plastische Verformungen** bleiben auf Dauer erhalten.

Nenne Beispiele für die Verformung durch Kräfte. Gib jeweils an, ob die Verformung plastisch oder elastisch ist.

3 Beim Curling wird ein blank polierter „Stein" über ein Eisfeld geschleudert. Er soll nahe an ein Ziel in 35 m Entfernung herankommen.

a) Die Spieler reiben mit einem Besen schnell und kräftig über die Eisfläche vor dem rutschenden Stein (Bild 8). Gib dafür den Grund an.

b) Trotz aller Bemühungen wird der Stein immer langsamer und kommt schließlich zur Ruhe. Hier müssen also Kräfte wirken. Welche sind es?

c) Die Schuhe der Curlingspieler haben Sohlen mit besonders gutem Profil. Warum?

8

6226R

3 Wir messen Kräfte

V 9 So könnt ihr die Kräfte *vergleichen*, die eure Muskeln ausüben (Bild 9).

Achtung, Verletzungsgefahr! Der Expander muss gut befestigt werden, damit er nicht abrutschen kann. Beim Fahrradschlauch nimmst du das Ventil am besten zwischen die Finger.

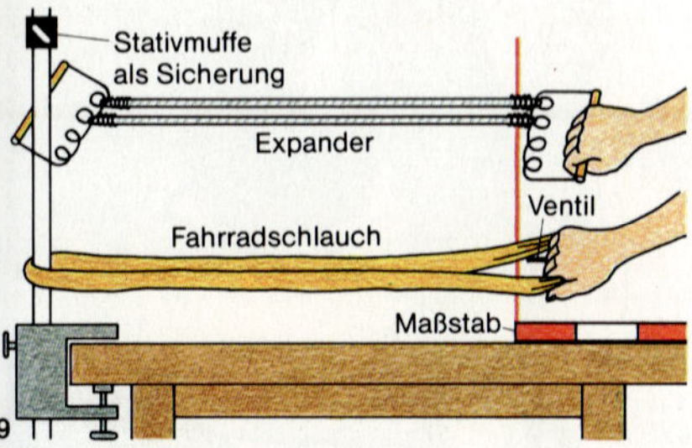

9

a) Welche Eigenschaft des Expanders (Schlauches) wird genutzt?

b) In welcher Einheit könnte man hier die Kräfte messen? Beurteile, ob diese Einheit sinnvoll wäre.

c) Welche Kräfte wirken auf den Griff des Expanders?

V 10 Überprüfe an Gummibändern und an Schraubenfedern die folgenden Behauptungen: doppelte Kraft → doppelte Verlängerung; dreifache Kraft → dreifache Verlängerung usw.

a) Benutze gleiche Wägestücke (Bild 10). Miss für jede Kraft die *Verlängerung* der Feder. Lege eine Tabelle an.

b) Fertige ein Diagramm an (*waagerechte Achse:* Zahl der Wägestücke; *senkrechte Achse:* Verlängerung).

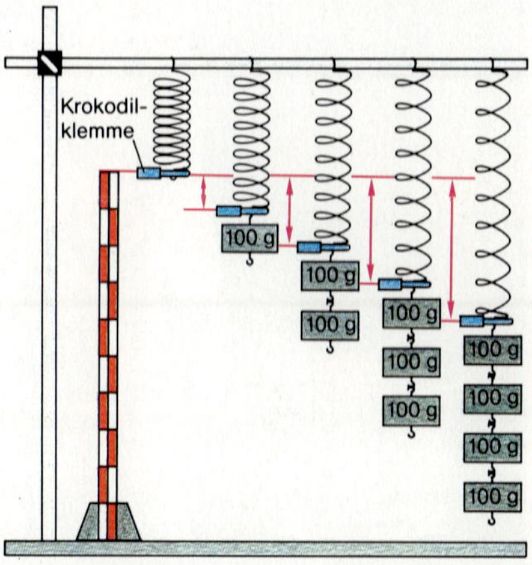

10

So werden Kräfte gemessen

Um physikalische Größen zu messen, braucht man ein **Messgerät** und eine **Einheit**. Man benutzt z. B. für die Größe *Zeit* als Messgerät eine Uhr, die Einheit ist 1 Sekunde (1 s). Auch zum Messen von *Kräften* wird ein Messgerät und eine Einheit benötigt.

Messgerät für Kräfte
Kräfte werden mit **Kraftmessern** gemessen. In seinem Gehäuse enthält der Kraftmesser eine Schraubenfeder, die durch die wirkende Kraft verformt wird (→ Bauanleitung im Anhang).

Sehr kleine und sehr große Kräfte kann man nicht mit demselben Messgerät messen. Man benutzt Kraftmesser mit verschiedenen Messbereichen. Zum Beispiel hat der Kraftmesser von den Bildern 11 u. 12 eine dickere Feder. Sie dehnt sich bei kleinen Kräften kaum. Man sagt, die Feder ist „hart“. Ihr Messbereich ist z. B. 0 N … 10 N.

Die Feder in Bild 13 dagegen ist sehr dünn. Sie dehnt sich schon bei kleinen Kräften. Diese Feder ist „weich“. Ihr Messbereich ist z. B. 0 N … 1 N.

Der Messbereich gibt an, welche Kräfte gemessen werden können. Zu große Kräfte können das Messgerät zerstören.

Vor dem Messen müssen viele Kraftmesser genau auf null eingestellt („justiert“) werden. Dazu dient der Nullpunktschieber oder eine Stellschraube.

11

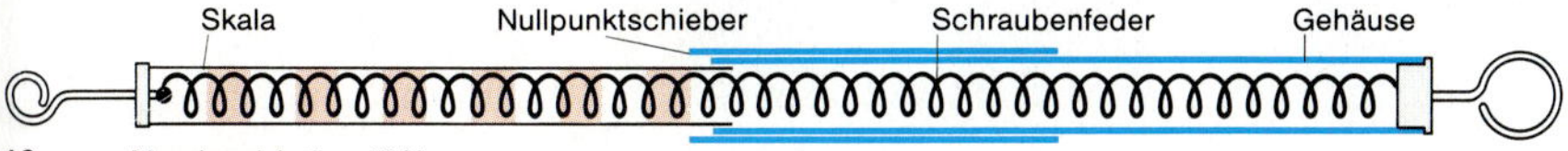

12 Messbereich: 0 … 10 N

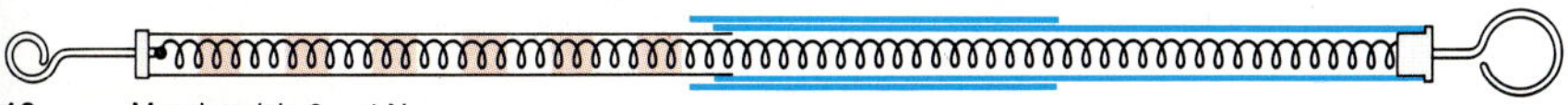

13 Messbereich: 0 … 1 N

Einheit für Kräfte
Die Einheit der Kraft ist **1 Newton** (1 N). Sie ist nach dem englischen Physiker *Isaac Newton* (1643–1727) benannt.

Wie groß die Kraft 1 N etwa ist, macht ein Beispiel deutlich (Bild 14): Bei einer 100-g-Tafel Schokolade messen wir eine Gewichtskraft von 1 N.

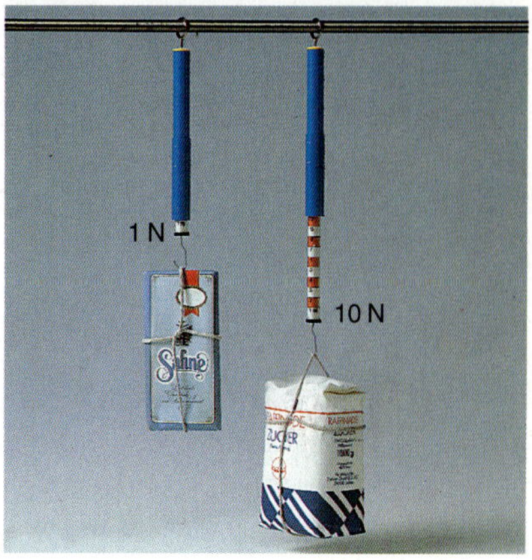

14

Fragen und Aufgaben zum Text

1 Wie viel Newton zeigt der Kraftmesser an, wenn man folgende Körper anhängt: 1 Stück Butter (250 g), 1 Tüte Salz (500 g), 1 Flasche Limonade (1,5 kg)?

2 Die Tabelle zeigt die Verlängerungen von Schraubenfedern und einem Gummiband bei verschiedenen Kräften.

a) Um wie viel Zentimeter sind die Federn bzw. das Gummiband bei der schrittweisen Erhöhung der Kraft jeweils länger geworden?

b) Stelle die Messwerte grafisch dar. Vergleiche die Kurven.

c) Warum verwendet man keine Gummibänder zum Bau von Kraftmessern?

Kraft in N	Verlängerung in cm			
	Feder 1	Feder 2	Feder 3	Gummiband
0	0	0	0	0
1	12	2,8	5,5	2,5
2	24	5,6	11	5,8
3	36	8,4	16,5	9,8
4	48	11,2	22,0	13,6

4 Wir unterscheiden Masse und Gewichtskraft

1

2

Die Ausrüstung der Astronauten wiegt so viel wie ein erwachsener Mann: 84 kg!

Wir vergleichen Gewichtskräfte auf dem Mond und auf der Erde

Stell dir vor, wir könnten auf der Erde und auf dem Mond die gleichen Versuche mit Balkenwaage und Kraftmesser durchführen. Wir kämen dann zu folgenden Ergebnissen (Bilder 3–6):

Auf der Erde:
Die Tüte Zucker wiegt **1 Kilogramm**.

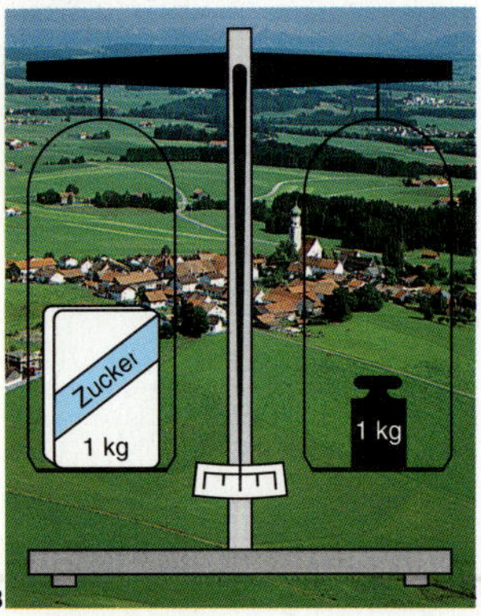

3

Auf dem Mond:
Die Tüte Zucker wiegt **1 Kilogramm**.

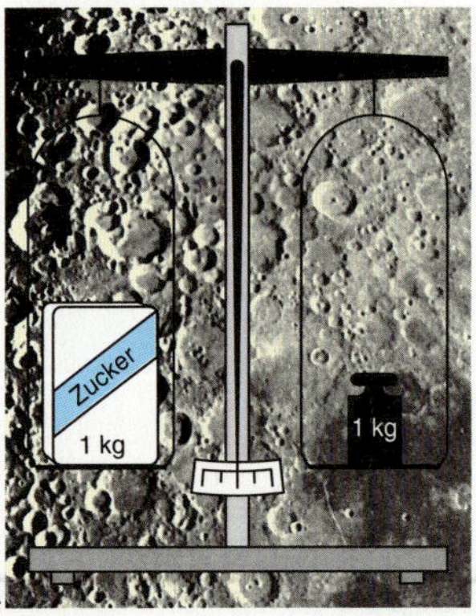

4

Auf der Erde:
Auf die Tüte wirkt eine Gewichtskraft von **10 Newton**.

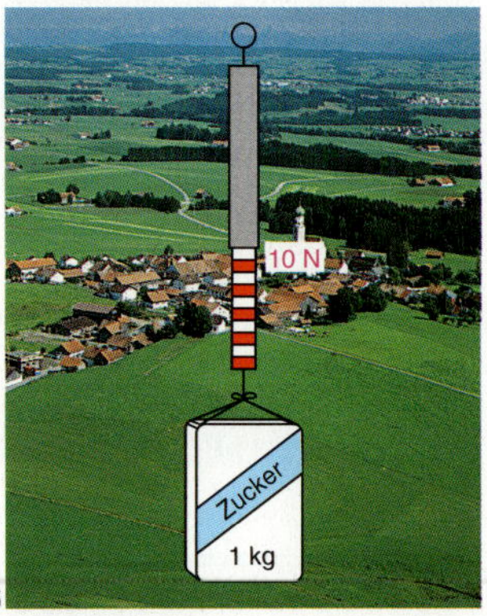

5

Auf dem Mond:
Auf die Tüte wirkt eine Gewichtskraft von **1,6 Newton**.

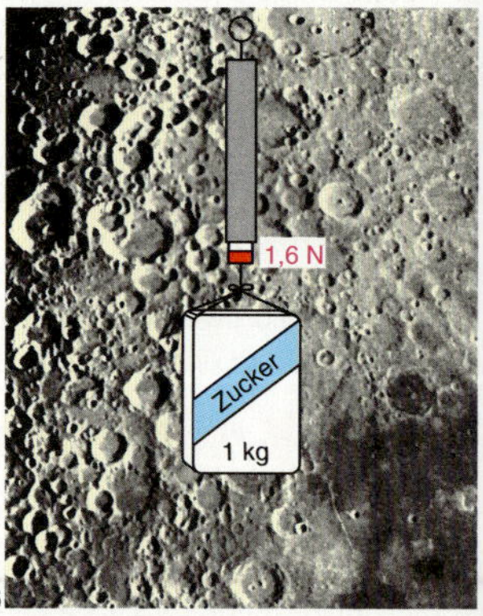

6

Die Zuckertüte wiegt auf dem Mond genauso viel wie auf der Erde. Auf der Reise zum Mond haben sich die Zuckertüte und ihr Inhalt ja nicht verändert. Es wurde kein Zucker herausgenommen und keiner hinzugefügt.

In der Fachsprache der Physik sagt man: Die Masse des Zuckers ist auf dem Mond genauso groß wie auf der Erde.

Diese Aussage können wir auf alle Körper übertragen:

Die Masse eines Körpers ist an allen Orten gleich groß; sie ist unveränderlich.

Als Messgerät für die Masse benutzt man die **Balkenwaage**. Die Einheit der Masse ist **1 Kilogramm** (1 kg).

1 kg = 1000 g.

Auf der Erde würden wir eine größere Gewichtskraft messen als auf dem Mond. Wir können diesen Unterschied so erklären:

Die Gewichtskraft auf die Zuckertüte ist die Kraft, mit der die Tüte von der Erde oder vom Mond angezogen wird. Die Anziehungskraft zwischen zwei Körpern ist aber umso größer, je größer ihre Massen sind (bei gleichem Abstand der Körper).

Da die Erde eine viel größere Masse als der Mond hat, zieht sie die Zuckertüte erheblich stärker an als der Mond.

Die Gewichtskraft auf einen Körper hängt von dem Ort ab, an dem er sich befindet; sie ist also veränderlich.

Das Messgerät für die Gewichtskraft ist der **Kraftmesser**. Wie jede Kraft hat die Gewichtskraft die Einheit **1 Newton** (1 N).

6228R

Aus der Geschichte: **Die Entdeckung der Massenanziehung**

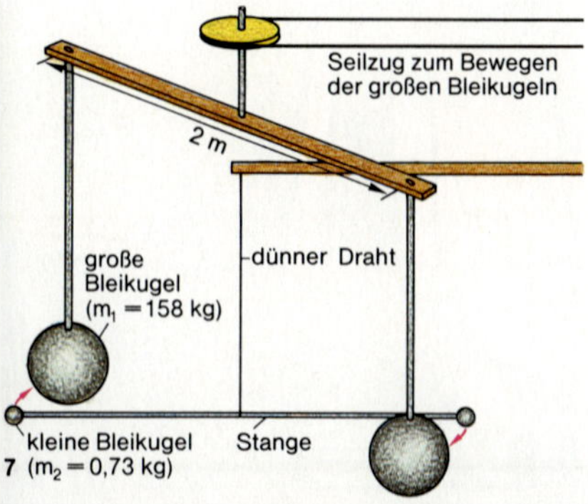

7

Mit der Frage, wie es zu Gewichtskräften kommt, beschäftigte sich vor etwa 300 Jahren der berühmte englische Naturforscher *Isaac Newton*. Er fand dabei unter anderem heraus: **Alle Körper ziehen einander an.**

Ein Apfel fällt z. B. vom Baum, weil er von der Erde angezogen wird.

Aber nicht nur solch riesige Körper wie die Erde und der Mond üben Anziehungskräfte aus – auch Körper mit sehr kleinen Massen ziehen einander an. Das konnte etwa hundert Jahre später der englische Chemiker *Henry Cavendish* nachweisen. Er befestigte zwei kleine Bleikugeln an einer Stange und hängte diese an einem Draht auf (Bild 7). Dann näherte er diesen beiden Kugeln zwei große Bleikugeln. Und tatsächlich: Die Stange mit den kleinen Bleikugeln drehte sich jetzt geringfügig. Die kleinen Kugeln hatten sich also auf die großen Kugeln zubewegt. Damit war bewiesen: *Alle* Körper üben Anziehungskräfte aufeinander aus – selbst wenn ihre Massen sehr klein sind. Diese Erscheinung nennt man **Massenanziehung** oder **Gravitation** (lat. *gravis:* schwer).

Je größer die Massen der Körper sind, desto größer sind auch die Anziehungskräfte, die sie aufeinander ausüben. Daher wirken auf den gleichen Körper auf Erde und Mond unterschiedliche Gewichtskräfte.

Wie groß die Anziehungskraft zwischen zwei Körpern ist, hängt aber nicht nur von ihren Massen ab, sondern auch von ihrem Abstand: **Je weiter die Körper voneinander entfernt sind, desto geringer sind die Anziehungskräfte.**

Wie demzufolge die Gewichtskraft mit der Höhe abnimmt, zeigt Bild 8.

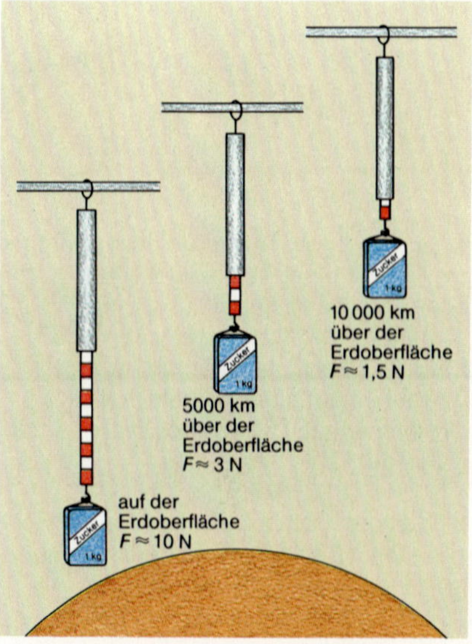

8

Aufgaben

1 Wo musst du eine größere Kraft ausüben um eine Tüte Zucker anzuheben – auf der Erde oder auf dem Mond? Begründe deine Antwort.

2 Die Ausrüstung eines Astronauten wiegt 84 kg.

a) Wie groß ist die Gewichtskraft, die wir auf dem Mond messen würden?

b) Wie groß ist die Gewichtskraft auf der Erde?

c) Wie groß ist die Kraft, die auf der Erde zum Tragen der Ausrüstung nötig ist? Wie groß ist die erforderliche Kraft auf dem Mond?

3 Stell dir vor, die Erde würde keine Anziehungskräfte ausüben. Was würde geschehen, wenn du …

… einen Ball hochwirfst?

… Hochsprung machst?

… ein Tablett mit Geschirr, das du trägst, loslässt?

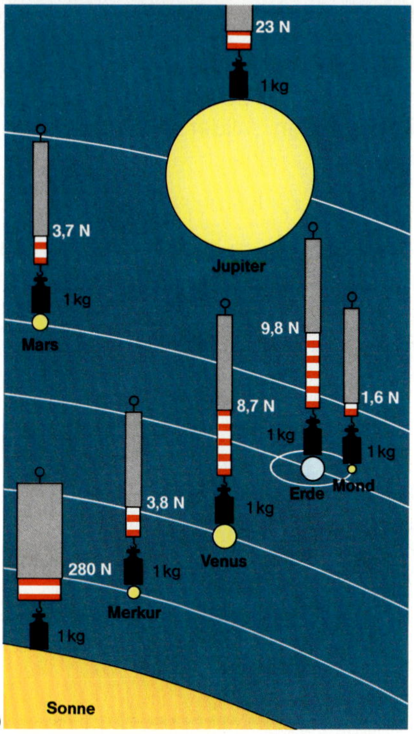

9

4 Angenommen man würde einen Gegenstand auf die Oberfläche verschiedener Himmelskörper bringen. Die Anziehungskräfte (Gewichtskräfte), die auf ihn wirken würden, wären unterschiedlich groß (Bild 9).

a) Auf welchem der Himmelskörper müsstest du die größte *Kraft* ausüben um eine 4 kg schwere Tasche zu heben? Auf welchem wäre die kleinste Kraft erforderlich?

b) Welche *Masse* hätte dieselbe Tasche auf dem Mond (Jupiter)?

5 Ein Gewichtheber stemmt eine Hantel mit einer Masse von 180 kg.

a) Wie groß ist die Gewichtskraft?

b) Wie groß ist die Kraft, die der Gewichtheber auf die Hantel ausüben muss, um sie hochzustemmen?

c) Welche Gewichtskraft würden wir auf dem Mond messen?

Alles klar?

1

1 In einem Wagen mit einem Drahtgestell hängt eine Metallkugel (Bild 1). Wie bewegt sich die Kugel, …

a) wenn der Wagen angestoßen wird?
b) wenn er sich gleichförmig bewegt?
c) wenn er auf ein Hindernis prallt?
d) wenn er nach links (nach rechts) in die Kurve geht?

2 Ist eine Kraft nötig um ein Paket hochzuhalten? Das Paket ist doch in Ruhe, es ändert sich weder Geschwindigkeit noch Bewegungsrichtung. Auch die Form bleibt gleich. Begründe deine Antwort.

3 „Bei einer Tafel Schokolade (100 g) misst man eine Gewichtskraft von 1 N." Wie muss dieser Satz richtig lauten?

Bei wie vielen Tafeln würde der Kraftmesser auf dem Mond eine Kraft von ungefähr 1 N anzeigen?

4 Woran erkennt man in Bild 2, dass Kräfte wirken?

5 Ein Auto fährt auf ebener Strecke. Plötzlich geht der Motor aus. Das Auto wird langsamer und schließlich steht es – obwohl der Fahrer nicht bremst. Welche Kraft brachte es zum Stehen?

2

Was wäre passiert, wenn es diese Kraft nicht gäbe?

Wovon hängt es ab, wie weit ein Auto noch ohne Antrieb weiterfährt?

5 Zusammenfassung

Trägheit und Masse

Für einen Körper, auf den *keine Kraft* wirkt oder der im *Kräftegleichgewicht* ist, gilt Folgendes:

Wenn der Körper ruht, bleibt er in Ruhe.

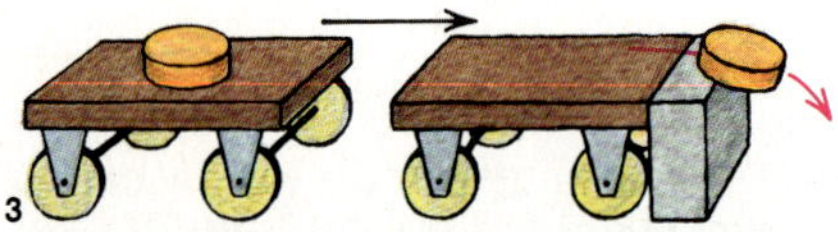
3

Wenn sich der Körper bewegt, behält er seine Geschwindigkeit bei und bewegt sich geradeaus weiter.

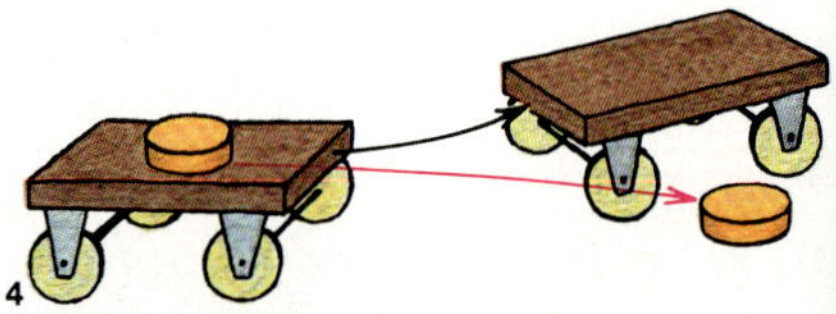
4

Jeder Körper setzt dem Versuch, seine Geschwindigkeit oder seine Bewegungsrichtung zu ändern, einen „Widerstand" entgegen. Diese Eigenschaft der Körper heißt **Trägheit**.

Jeder Körper ist träge.

Die Trägheit eines Körpers ist davon abhängig, wie groß seine Masse *(m)* ist: Je größer die Masse eines Körpers ist, desto größer ist seine Trägheit.

5

Die Masse ist eine Eigenschaft eines jeden Körpers:

Jeder Körper hat eine Masse.

Sie ist *unabhängig* davon, wo sich der Körper gerade befindet.

Die Masse wird in der Einheit **Kilogramm** (kg) gemessen.

Beispiel: Eine Tüte Zucker, die auf der Erde 1 kg Masse hat, hat auch auf dem Mond (und überall sonst) eine Masse von 1 kg.

6

6230R

Kräfte und ihre Wirkungen

In der Physik sagt man:

Das Wirken einer **Kraft** *F* erkennt man daran, dass …

… ein Körper verformt wird

… oder dass ein Körper beschleunigt, verzögert oder in seiner Bewegungsrichtung verändert wird.

7 Der Expander wird durch eine Kraft **verformt**.

8 Durch eine Kraft wird der Schlitten **beschleunigt**. Durch eine Reibungskraft wird er **verzögert**.

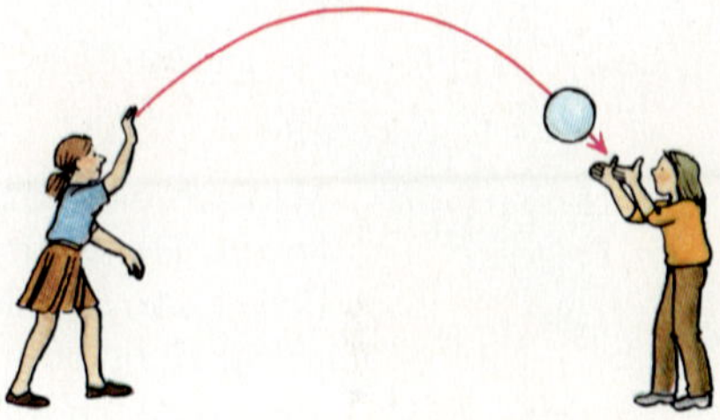

9 Die Anziehungskraft der Erde **verändert die Bewegungsrichtung** des Balls.

Kräfte können gemessen werden

Das Messgerät für Kräfte ist der **Kraftmesser**.

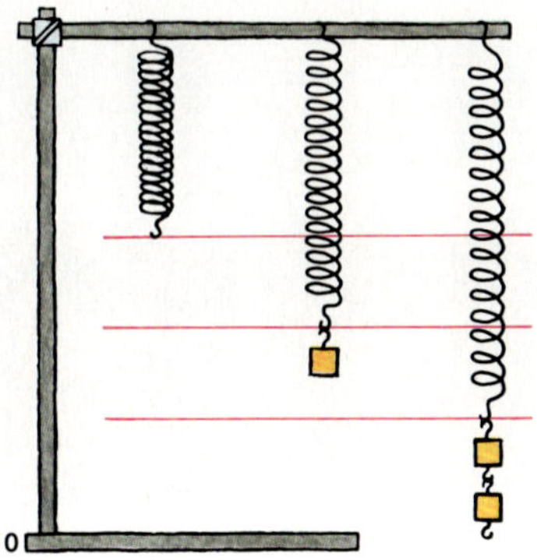

10

Je länger die Schraubenfeder auseinandergezogen wird, desto größer ist die Kraft. Die doppelte Kraft bewirkt die doppelte Verlängerung der Feder. Die dreifache Kraft bewirkt die dreifache Verlängerung.

Die Einheit der Kraft ist **1 Newton** (1 N).
1 N ist ungefähr die Gewichtskraft, die auf eine 100 g schwere Tafel Schokolade auf der Erde wirkt.

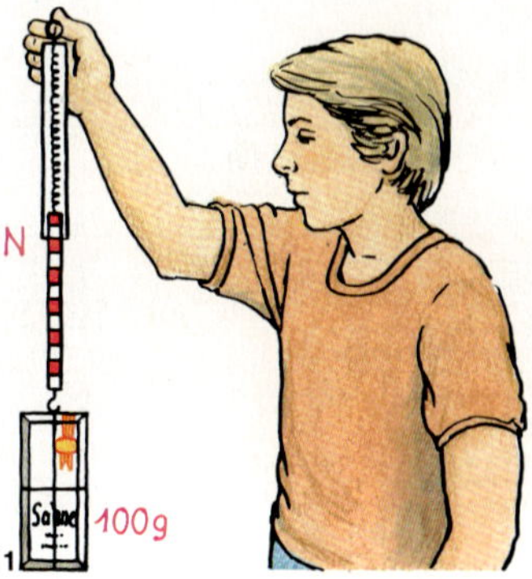

11

Massenanziehung und Gewichtskraft

12

Die Gewichtskraft ergibt sich durch die **Massenanziehung (Gravitation)** zweier (oder mehrerer) Körper.

Die Gewichtskraft (F_G), die ein Körper erfährt, hängt davon ab, *wo* sich der Körper befindet. Sie ist also *keine* Eigenschaft eines einzelnen Körpers.

Beispiel: Auf dem Mond erfährt eine Tüte Zucker eine wesentlich geringere Gewichtskraft als auf der Erde. Der Grund dafür ist, dass die Massenanziehungskräfte zwischen *Mond* und Zuckertüte kleiner sind als die zwischen *Erde* und Zuckertüte.

13

Länge und Zeit

1 Längenmessungen früher und heute

1

Man schreibt das Jahr 1750. Ein Hamburger Kaufmann reist erstmals nach Berlin um Geschäfte zu machen. Neben einigen anderen Waren will er einen Ballen von **50 Ellen** feinsten englischen Tuches verkaufen.

Der Schneider, der ihm das Tuch abkaufen will, misst den Stoff mit seiner Elle nach: nur **43 Ellen**!

„Das ist doch unmöglich!", ruft der Kaufmann aus. „Sollte ich mich *so* geirrt haben?" Noch einmal misst er den Stoff nach – mit seiner eigenen Hamburger Elle. Und siehe da: **50 Ellen** misst er wieder – und keine Elle weniger …

Aufgaben

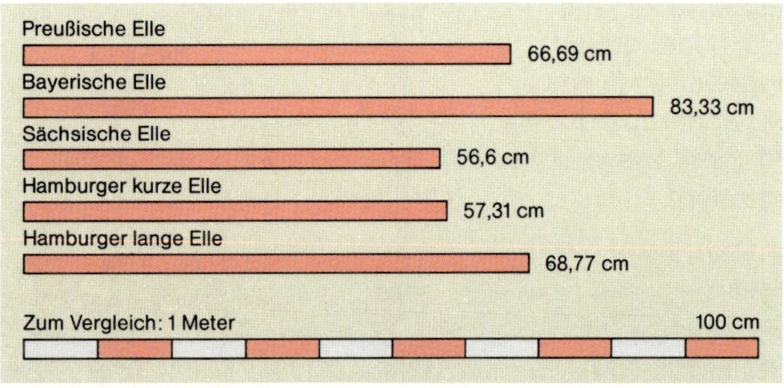

2

4

1 Wie konnte es zu diesem peinlichen Zwischenfall kommen? Bild 2 gibt dir einen Hinweis darauf, weshalb der Hamburger Kaufmann und der Berliner Schneider so unterschiedliche Messergebnisse erhielten.

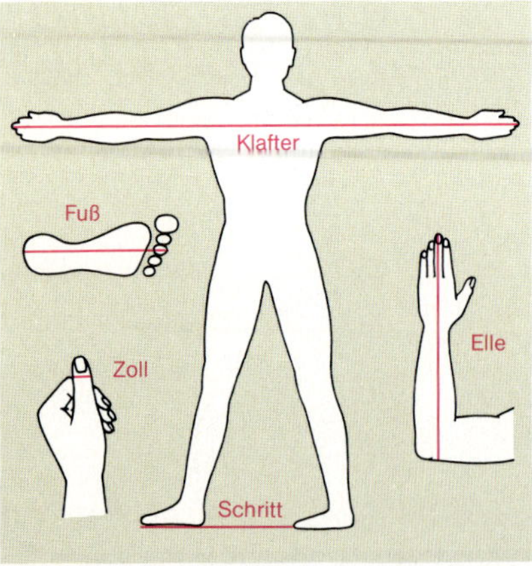

3

2 Das Längenmaß *Elle*, das damals gebräuchlich war, hat seinen Namen von einem Teil des Armes (Bild 3). Vergleiche die Länge deiner (Arm-) Elle mit der deines Nachbarn.

3 Im Jahr 1584 wurde der Vorschlag gemacht das Längenmaß *Fuß* zu ermitteln (Bild 4). Beschreibe, wie das gemacht werden sollte.

4 Beschreibe genau, wie heutzutage ein langes Stück Stoff abgemessen wird (Bild 5).

5 Wie oft müsste die Verkäuferin von Bild 5 ihren langen Messstab anlegen um den Stoffballen des Hamburger Kaufmanns zu messen?

(Der Kaufmann hatte mit einer *Hamburger kurzen Elle* gemessen.)

6 „Messen heißt Vergleichen!" Begründe das mit einem Beispiel.

7 Warum ist es zweckmäßig, dass man sich inzwischen auf die Einheit (Maßeinheit) *1 Meter* geeinigt hat?

5

405R

Das Meter – eine vereinbarte Längeneinheit

Im Jahr 1875 einigten sich in Paris 17 Staaten darauf, künftig als **Einheit der Länge** nur noch **1 Meter** (1m) gelten zu lassen. Seither werden bei uns Längen in Metern gemessen.

Als **Symbol** für die **physikalische Größe** ***Länge*** wird der Buchstabe **s** verwandt (von lat. *spatium*: der Raum, die Länge).

Neben dem Meter sind heute Bruchteile oder Vielfache des Meters zugelassen, z. B. **1 Millimeter** (1 mm), **1 Zentimeter** (1 cm), **1 Dezimeter** (1dm) und **1 Kilometer** (1 km).

1 Meter = 1000 Millimeter
1 m = 1000 mm

1 Meter = 100 Zentimeter
1 m = 100 cm

1 Meter = 10 Dezimeter
1 m = 10 dm

1 Kilometer = 1000 Meter
1 km = 1000 m

Damit die Länge *1 Meter* jederzeit überprüft werden kann, wurde das sog. **Urmeter** hergestellt. Das ist ein Stab aus einer Legierung (Metallmischung) von Platin und Iridium mit Markierungen in genau 1 m Abstand. Alle Staaten, die die Einheit *1 Meter* eingeführt haben, bekamen Nachbildungen davon.

(Heute – im Zeitalter der elektronischen Messungen – hat man das Meter noch genauer festgelegt: Seit 1960 gilt als Länge des Meters das Vielfache einer Lichtwellenlänge.)

Seit dem 1. 1. 1978 ist bei uns der Gebrauch anderer Längeneinheiten nicht mehr erlaubt. Trotzdem wirst du bestimmt schon von den folgenden Längeneinheiten gehört haben:

- Klempner messen den Durchmesser von Rohren in **Zoll** ("). engl. **Inch** (in): z. B. 1/2 Zoll (1/2") und 3/4 Zoll (3/4"). Umrechnung: 1 Zoll (1") = 2,54 cm (Bild 6).
- In der Schifffahrt gibt man Entfernungen in **Seemeilen** (sm) an. Umrechnung: 1 Seemeile (1 dm) = 1,852 km = 1852 m.
- In Amerika werden Entfernungen in **Meilen** (mi) angegeben. Umrechnung: 1 Meile = 1,609 km = 1609 m (Bild 7).

6

7

V 1 Bei Fahrrädern unterscheidet man z. B. 26er- und 28er-Räder. Man meint damit den Durchmesser der Räder in Zoll. Miss nach, was du für ein Rad hast.

V 2 Die Größe von Papierblättern wird in sogenannten „DIN"-Werten angegeben, z. B.

DIN A3 = 297 mm x 420 mm,
DIN A4 = 210 mm x 297 mm,
DIN A5 = 148 mm x 210 mm.

a) Miss nach, welche Größen deine Hefte und Zeichenblöcke haben?

b) Haben auch deine Bücher DIN-Formate?

V 3 Miss verschiedene Gegenstände zweimal ab, z. B. aus deiner Schultasche. Lege dazu eine Tabelle nach diesem Muster an:

Gegenstand	1. Messung	2. Messung
...	...	...

Die 2. Messung nimmst du erst *später* vor. Decke aber vorher die Ergebnisse deiner 1. Messung ab!

V 4 Bei Fernsehgeräten wird die Größe des Bildschirms in cm angegeben. Man spricht z. B. von einer 38er-Röhre; außerdem gibt es 43er-, 47er-, 51er-, 56er- und 66er-Röhren. Versuche am Bildschirm eures Fernsehgerätes herauszubekommen, welche Länge damit gemeint ist.

V 5 Miss mit einem Lineal oder Geodreieck die Länge, die Breite und die Dicke deines Physikbuches. Gib dabei die Messergebnisse auf den Millimeter genau an.

a) Wenn du deine Messergebnisse mit denen deiner Mitschüler vergleichst, wirst du vielleicht enttäuscht sein: Du wirst feststellen, dass ihr nicht alle dieselben Ergebnisse habt. Überlege, wodurch unterschiedliche Ergebnisse zustande kommen können.

b) Errechne aus mehreren Messergebnissen den Mittelwert (Durchschnitt). Dabei kannst du so verfahren:

Messergebnis von Uli:	26,0 cm
Messergebnis von Claudia:	26,6 cm
Messergebnis von Astrid:	26,0 cm
Messergebnis von Nino:	26,3 cm
Messergebnis von Christa:	26,1 cm
	131,0 cm

Die Messungen ergeben zusammen 131,0 cm. Der Mittelwert (Durchschnitt) der fünf Messungen beträgt dann: 131,0 cm : 5 = 26,2 cm.

V 6 Überprüft, ob die folgenden Durchschnittsgrößen für eure Tischgruppe (Klasse) zutreffend sind:

Jahre	Größe der Mädchen	Größe der Jungen
11	142,0 cm	141,5 cm
12	147,5 cm	146,0 cm
13	153,0 cm	151,0 cm
14	157,5 cm	157,0 cm

Aus Umwelt und Technik: **Geräte zur Längenmessung**

Auf dieser Seite sind einige Geräte abgebildet, die zur Längenmessung eingesetzt werden (Bilder 1–6). Sie unterscheiden sich nicht nur in ihrer Form, sondern auch in ihrem *Messbereich*. Der Messbereich eines Gerätes geht aus der ersten und der letzten Marke seiner Skala hervor. Der Zollstock (eigentlich „Gliedermaßstab“) in Bild 1 hat z. B. einen Messbereich von 1 mm bis 2 m.

Vom Messbereich hängt es auch meistens ab, welches Messgerät man zum Messen einer Länge wählt. Sicherlich wirst du z. B. beim Weitsprungmessen kein Geodreieck nehmen und zum Messen der Dicke einer Buchseite suchst du dir bestimmt kein großes Bandmaß aus.

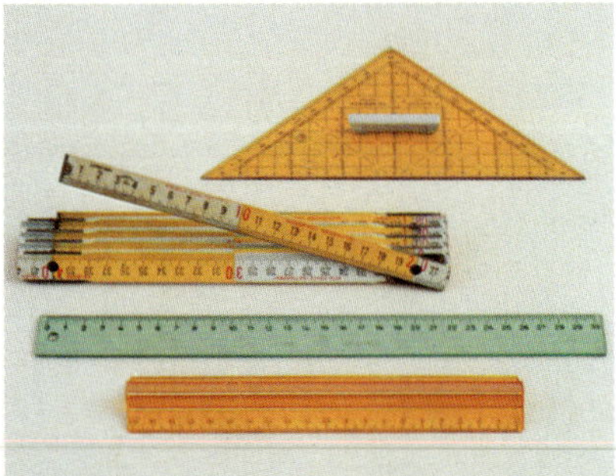

1 Stabmaße:
Geodreieck (Messbereiche 1 mm bis 14 bzw. 20 cm), Zollstock (Gliedermaßstab; Messbereich 1 mm bis 2 m), Lineale (Messbereiche 1 mm bis 20 bzw. 30 cm).

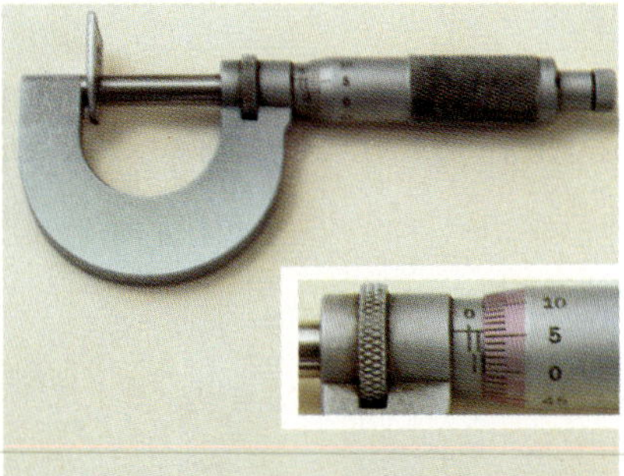

2 Mikrometerschraube (Messbereich 0,01 mm bis 25 mm). Hauptskala: oben volle, unten halbe Millimeter; Trommelskala (rot): jeder Teilstrich entspricht 0,01 mm. Anzeige: 1,56 mm.

3 Bandmaße:
Kleines Bandmaß (Messbereich 1 mm bis 150 cm), großes Bandmaß (Messbereich 1 cm bis 20 m).

4 Kilometerzähler am Fahrradtachometer (fünf Ziffern unterhalb der Geschwindigkeitsanzeige; Messbereich 100 m bis 9999,9 km).

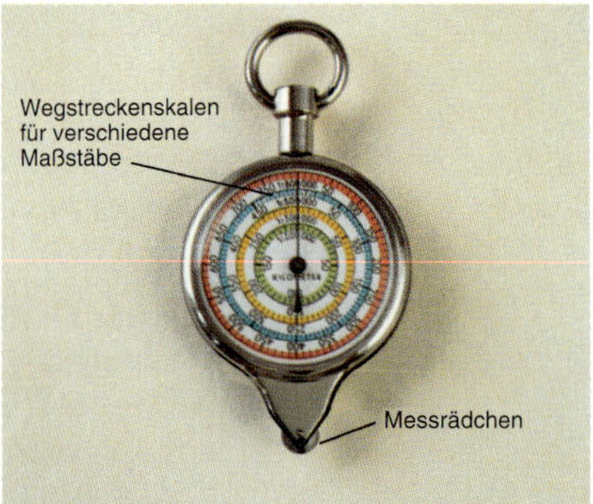

5 Kurvenmesser zum Messen von Wegstrecken auf Landkarten mit unterschiedlichen Maßstäben.

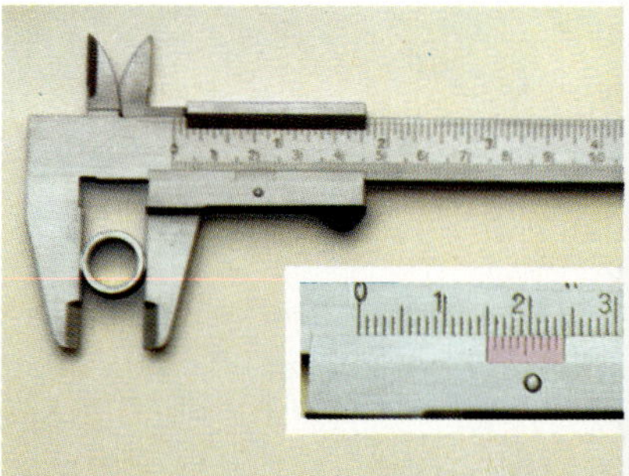

6 Schiebelehre (Messbereich 0,1 mm bis 16 cm.) Angezeigt werden auf der Hauptskala 15 mm. Mit dem Nonius (rot) könnte man darüberhinausgehende Zehntelmillimeter ablesen.

Fragen und Aufgaben zum Text

1 Gib an, was mit den im Bild 1 gezeigten Messgeräten gemessen werden kann. Wer könnte sie benutzen?

Beispiel: Den Zollstock benutzen der Maurer, der Zimmermann und der Heimwerker zum Messen von Wandlängen, Balkenlängen und Bretterlängen.

2 Mit welchen Messgeräten würdest du die folgenden Längen messen?

Esstischlänge, Entfernung Schule–Wohnung, Dicke einer Schraube, Laufbahnlänge, Weitsprunglänge, Rocklänge, Haardicke, Ringgröße.

3 Auf Landkarten ist immer ein Maßstab angegeben (z. B. 1:50000). Das bedeutet: 1 cm auf der Landkarte ≙ 50000 cm (= 500 m = 0,5 km) in der Wirklichkeit.
a) Wie viel m (km) sind dann 3 cm auf einer solchen Karte?
b) Wie weit ist es vom Ort A zum Ort B (Luftlinie) in Bild 7?

7

4 Wie genau sollten deiner Meinung nach die Messwerte in Aufgabe 2 angegeben werden – auf km, m, cm, mm, $\frac{1}{10}$ mm oder $\frac{1}{100}$ mm genau? Wie genau sollte man die Entfernungen Köln–Berlin und Erde–Mond angeben?

5 Welchen Weg legst du mit einem Fahrrad zurück, wenn sich das Vorderrad 10-mal dreht? Beschreibe kurz wenigstens *eine* Möglichkeit, wie du das herausbekommen könntest.

6 Rechne um:
a) 2,50 m (in Dezimetern und Millimetern);
b) 2,5 km; 2,347 km; 0,505 km; 0,05 km (in Metern);
c) 6 mm; 35 mm; 1 mm; 2000 mm (in Zentimetern).

406R

Aus der Geschichte: **Landmesser im alten Ägypten**

Die **Landmesser** (sie wurden auch **Seilspanner** genannt) waren im alten Ägypten hoch angesehene Beamte. Nach ihren Angaben mussten die Bauern ihre Steuern an den Pharao entrichten.

Jahr für Jahr vermaßen sie mit ihren Sklaven die fruchtbaren Felder am Nil (Bild 8). Der Nil trat nämlich regelmäßig über die Ufer und spülte dabei die Grenzsteine weg oder überzog sie mit Schlamm.

8

Vielleicht fragst du dich, weshalb die Landmesser auch *Seilspanner* hießen. Nun, dieser Name ist von ihren Messgeräten abgeleitet: Sie benutzten lange **Seile**, die durch eine Reihe von **Knoten** unterteilt waren. Vermutlich waren solche Seile 100 ägyptische Ellen lang (ca. 50 m).

Aus der Geschichte: **So „entstand" das Meter**

Noch vor rund 200 Jahren wurden in den meisten Ländern *unterschiedliche* Längenmaße benutzt ... sogar von Stadt zu Stadt waren sie manchmal verschieden. Das war vor allem für die Kaufleute, die viel herumreisten, oftmals sehr unangenehm. Sie forderten deshalb immer wieder ein Längenmaß, das möglichst *überall* gültig sein sollte.

Endlich – im Jahr 1791 – schaffte man es, in Paris eine Kommission zu bilden. Sie hatte die schwierige Aufgabe ein Längenmaß zu finden, das überall auf der Erde benutzt werden konnte.

Verschiedene Vorschläge waren schon vorher eingereicht worden. Aus ihnen wählte die Kommission schließlich den folgenden aus: Die neue Längeneinheit sollte der zehnmillionste Teil eines Viertelmeridians sein (Bild 9).

Zu jener Zeit kannte man schon die Länge eines Erdmeridians; man hatte sie durch Messungen und Berechnungen festgestellt. Um möglichst genaue Werte zu erhalten, beschloss aber die Kommission noch einmal nachmessen zu lassen. Sie veranlasste, dass wenigstens das Stück zwischen Dünkirchen (Nordfrankreich) und Barcelona (Spanien) neu vermessen wurde. Das dauerte allein *sieben Jahre*!

Danach waren 26 europäische Wissenschaftler noch fast *zwei Jahre* lang damit beschäftigt, die Messergebnisse auszuwerten!

1799 legte die Kommission endlich einen neuen Maßstab vor: Er bestand aus einem Stab aus Platin (einem Metall), dessen Länge genau den zehnmillionsten Teil eines Viertelmeridians betrug. Die neue Längeneinheit nannte man **1 Meter** (griech. *métron*: das Maß).

Es dauerte nun aber noch etwa *75 Jahre*, bis (im Jahr 1875 auf einer Konferenz) 17 Staaten die neue Längeneinheit anerkannten. Die Konferenz fand in Paris statt und unter den Teilnehmerstaaten befand sich auch Deutschland.

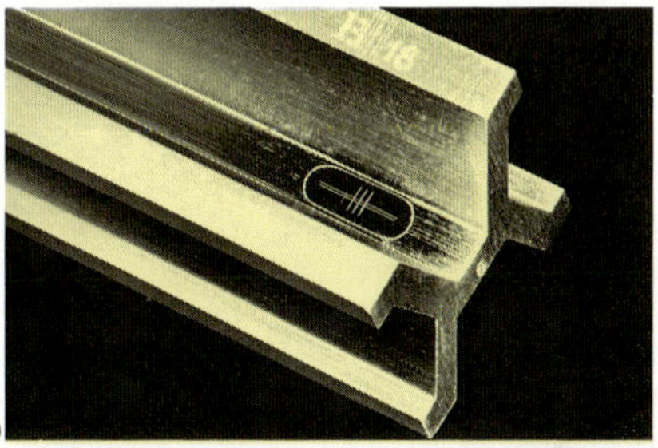

10

Das sogenannte **Urmeter**, das genau nach dem 1799 vorgelegten Maßstab angefertigt wurde, wird bis heute in der Nähe von Paris aufbewahrt. Sein Aufenthaltsort ist ein gut gesicherter Tresor, der in einem Bunker 8 m tief unter der Erde liegt. In diesem Bunker wird die Temperatur immer auf demselben Wert gehalten.

Viele Länder, so auch Deutschland, bekamen Kopien dieses Urmeters. Die deutsche Kopie liegt in der Physikalisch-Technischen Bundesanstalt in Braunschweig (Bilder 10 u. 11).

Fragen und Aufgaben zum Text

1 Warum forderten vor allem Kaufleute ein einheitliches Längenmaß?

2 Warum dauerte es nach der Bildung der Kommission noch 75 Jahre, bis sich die 17 Staaten auf die Einheit *1 Meter* einigen konnten?

3 Wie viel m (km) beträgt die Länge eines Erdmeridians?

4 England nahm 1875 nicht an der Konferenz in Paris teil. Das ist sicherlich ein Grund dafür, dass heute in England (und Amerika) noch andere Längenmaße gültig sind. Kennst du einige?

5 Das Urmeter wird in einem Raum aufbewahrt, in dem immer dieselbe Temperatur herrscht. Warum wohl?

Ein Viertelmeridian entspricht einem Viertel des über die Pole gemessenen Erdumfangs; das sind 10 000 000 m.

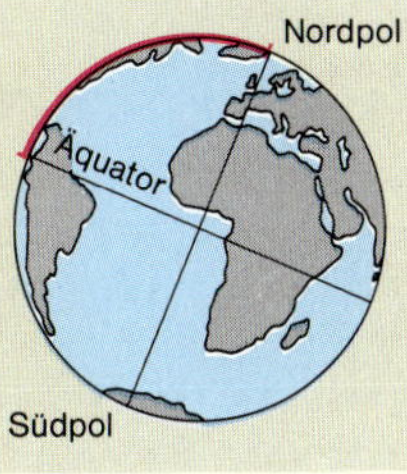

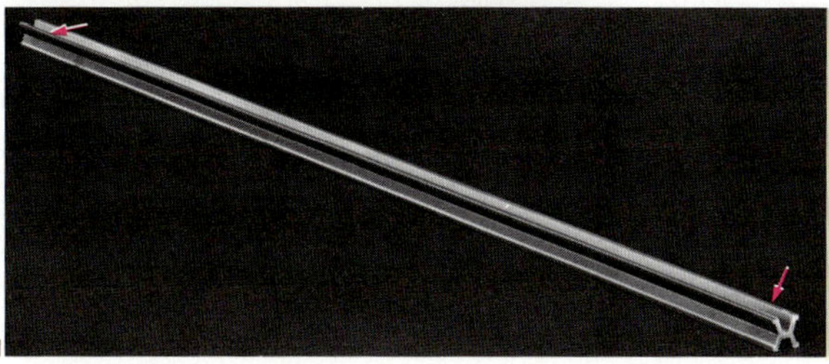

11

Das Urmeter der Bundesrepublik Deutschland:
1 m ist gleich dem Abstand zweier Strichmarken (Pfeile). Bild 10 zeigt eine solche Strichmarke, deren Mittelstrich das eine Ende des Meters markiert. (Seit 1960 wird die Längeneinheit 1 m auf eine bestimmte unveränderliche Eigenschaft des Lichts bezogen, weil das Urmeter für heutige Ansprüche zu ungenau ist.)

2 Die Zeitmessung

1

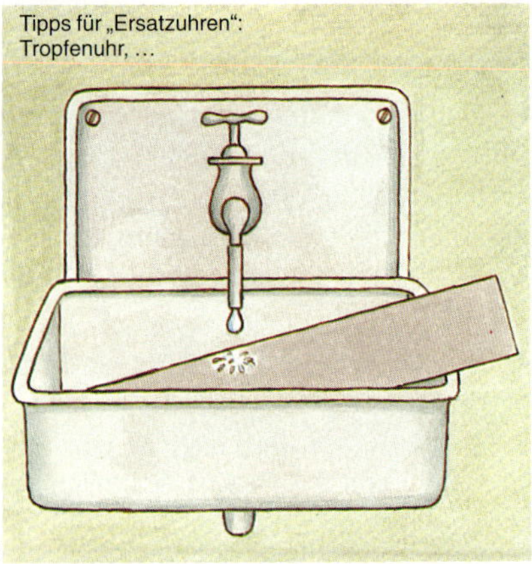
Tipps für „Ersatzuhren“: Tropfenuhr, …
2

Pulsuhr …
3

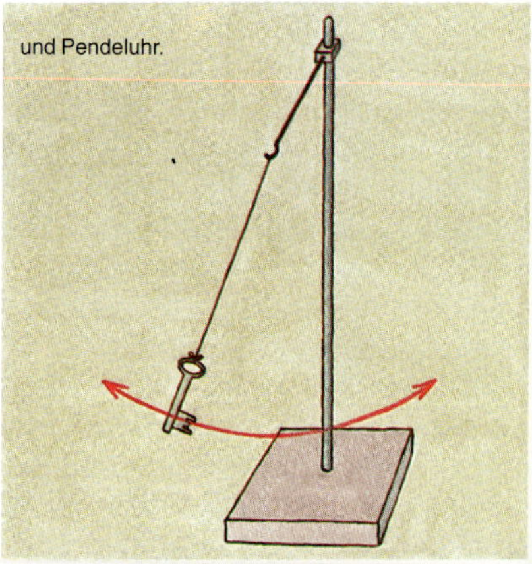
und Pendeluhr.
4

V 7 Messt mit Hilfe der abgebildeten „Ersatzuhren“, wer am schnellsten 10-mal auf einen Stuhl springen kann. Denkt euch auch noch andere Tätigkeiten aus, ebenso andere „Uhren“. Eure Messwerte tragt ihr dann in eine solche Tabelle ein:

Tätigkeit	„Ersatzuhr“	Einheit	Messung
Stuhlspringen	Tropfenuhr Pulsuhr Pendeluhr …	1 Tropfen	19 Tropfen

V 8 Jetzt messen wir mit einer Stoppuhr (Bild 5), die du vom Sport her kennst.

a) Lass jemanden abstoppen, wie lange bei dir 10 Pulsschläge dauern.

b) Wie lange dauern sie, nachdem du 10 Kniebeugen gemacht hast?

c) Wie lange brauchst du um den Satz „Fischers Fritz fischt frische Fische“ dreimal hintereinander fehlerlos zu sprechen?

5

407n

Die Einheit (Maßeinheit) der Zeit

Zum **Messen** der physikalischen Größe **Zeit** kann eigentlich jeder Vorgang herangezogen werden, der sich **in stets gleichen Zeitabständen** immerzu **wiederholt**. Wenn du messen willst, wie lange irgendeine Tätigkeit dauert, brauchst du sie nur mit einem solchen Vorgang zu **vergleichen**. Das heißt, du musst nur einfach feststellen, wie oft sich der Vorgang während der Tätigkeit wiederholt.

Der **Wechsel von Tag und Nacht** ist solch ein Vorgang, der sich in gleichen Zeitabständen wiederholt.

Wie du sicher weißt, entstehen Tag und Nacht dadurch, dass sich die Erde immer um ihre eigene Achse dreht (Bild 6). Dadurch ist die Stelle der Erde, auf der du dich gerade befindest, mal der Sonne zugewandt (Tag) und mal von der Sonne weggewandt (Nacht). Ein **Tag** ist vergangen, wenn sich die Erde einmal vollständig um ihre eigene Achse gedreht hat.

Auch die **Bewegung der Erde um die Sonne** (Bild 7) ist ein Vorgang, der sich ständig in gleichen Zeitabständen wiederholt. Wenn sich die Erde einmal vollständig um die Sonne herumbewegt hat, ist ein **Jahr** vergangen.

Du siehst also deutlich: Sowohl der Tag als auch das Jahr wären als Einheiten der Zeit geeignet.

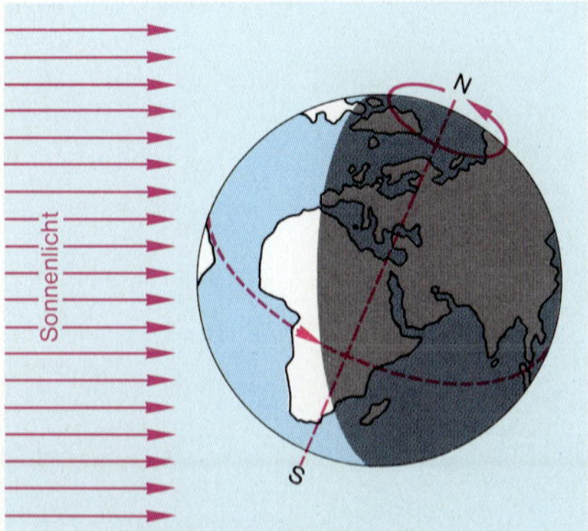

6 Eine Erdumdrehung ≙ 1 Tag

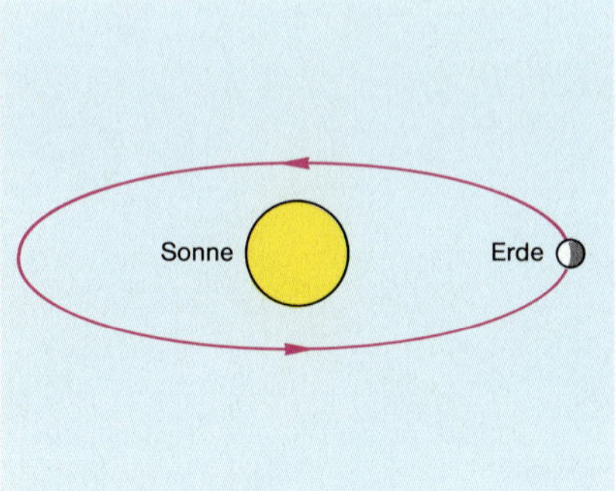

7 Ein Erdumlauf ≙ 1 Jahr

Nun wäre es aber äußerst unpraktisch, die Dauer irgendwelcher Tätigkeiten in solch großen Einheiten wie *Tag* und *Jahr* zu messen.

Wie sollte man zum Beispiel die Dauer eines einzelnen Pulsschlages in der Einheit *1 Tag* ausdrücken?

Man hat deshalb das Jahr und den Tag in kleinere Zeitabschnitte unterteilt, mit denen man leichter umgehen kann. Du kennst sie sicherlich schon.

1 Jahr = 365 1/4 Tage
(1 a = 365 1/4 d)

1 Tag = 24 Stunden
(1 d = 24 h)

1 Stunde = 60 Minuten
(1 h = 60 min)

1 Minute = 60 Sekunden
(1 min = 60 s)

(a von lat. *annum*: das Jahr;
d von lat. *dies*: der Tag;
h von lat. *hora*: die Stunde)

Als Einheit der Zeit wurde **1 Sekunde** (1 s) festgelegt; das ist der 86 400ste Teil eines Tages.

Auch ein **Symbol** wurde für die Zeit eingeführt: der Buchstabe ***t*** (von lat. *tempus*: die Zeit).

Aufgaben

1 Vergleiche die in Versuch 7 benutzten „Ersatzuhren" mit einer Stoppuhr. Welche Vor- und Nachteile findest du?

2 Welches gemeinsame Merkmal ist bei all diesen „Ersatzuhren" vorhanden?

3 Welche „Ersatzuhr" hältst du für die beste? Begründe!

4 Welche der folgenden Vorgänge würden sich zur Zeitmessung eignen? Begründe deine Auswahl!

Ebbe und Flut, Blinken einer Warnleuchte, gleichmäßiges Zählen, Atmen, Sonnenaufgang und Sonnenuntergang, Wechsel von Sonnenschein und Regen, Blinklicht eines Autos, Vogelmutter füttert ihre Jungen, Umschalten einer Ampel von Rot auf Grün, Herzschlag.

5 Im Jahr 1972 fanden die Olympischen Spiele in der Bundesrepublik Deutschland (vor allem in München) statt. Dabei wurden bei einigen Laufwettbewerben in der Leichtathletik die folgenden Siegerzeiten gestoppt (Frauen: F, Männer: M):

100 m (M): *Borzov;* 10,14 s
100 m Hürden (F): *Ehrhardt*; 12,59 s
400 m (M): *Matthews*; 44,66 s
800 m (M): *Wottle*; 1:45,9 min
1500 m (F): *Bragina*; 4:01,4 min
10 000 m (M): *Viren*; 27:38,4 min
Marathon (M): *Shorter*; 2:12:19,8 h

a) Was bedeuten diese Zeitangaben?

b) Schreibe sie um, z. B. so:
10,14 s = 10 s + 14/100 s.

c) Versuche durch Nachschlagen einige der heute gültigen Weltrekorde auf diesen Laufstrecken herauszubekommen.

d) Berechne dann jeweils den Zeitunterschied zwischen dem Weltrekordlauf und dem Siegeslauf von München.

6 Rechne aus:
a) Wie viele Minuten hat ein Tag?
b) Wie viele Sekunden hat ein Tag?
c) Und wie viele Sekunden hat eine Stunde?

7 Rechne um:

a) 1 Jahr (in Tage, Stunden, Minuten und Sekunden)

b) 1 h; 1 h 30 min; 2:20 h; 3 h 5 min; 1:02 h (in Minuten)

c) 10 min; 1:15 min; 2:05,3 min (in Sekunden)

d) 140 s = ? min; 12 min = ? s; 4:3,0 min = ? s; 345 h = ? d und ? h; 2520 min = ? h

3 Die Geschwindigkeit

1

Ob Harrys Lok wirklich *schneller* ist? Er hat sie zu Frank mitgebracht und nun wollen sie's ausprobieren. Aber – zu dumm – sie hat eine andere Spurbreite und passt gar nicht auf Franks Schienen!

Da ist guter Rat teuer …

Für die folgenden Versuche benötigst du jeweils *zwei Messgeräte*: ein **Bandmaß** und eine **Stoppuhr**. Die Wegstrecken werden in **Metern** (m) gemessen, die Zeiten in **Sekunden** (s).

V 9 In welcher Zeit läufst du eine Strecke von 75 m und eine von 100 m? Wenn du es nicht mehr weißt, probiere es aus!

Trage diese und die nächsten Versuchsergebnisse in eine Tabelle folgenden Musters ein:

Versuch	Weg	Zeit
V 9	75 m	… s
	100 m	… s

V 10 Wie schnell ist ein Radfahrer auf der 100-m-Strecke? Vergleiche seine Zeit mit deiner Laufzeit.

V 11 Wie schnell fliegt ein Handball oder Fußball? Bild 2 zeigt, wie du das feststellen kannst.

2

V 12 Wer kann bei einem solchen „Autorennen" (Bild 3) ein Spielzeugauto am schnellsten fahren lassen?

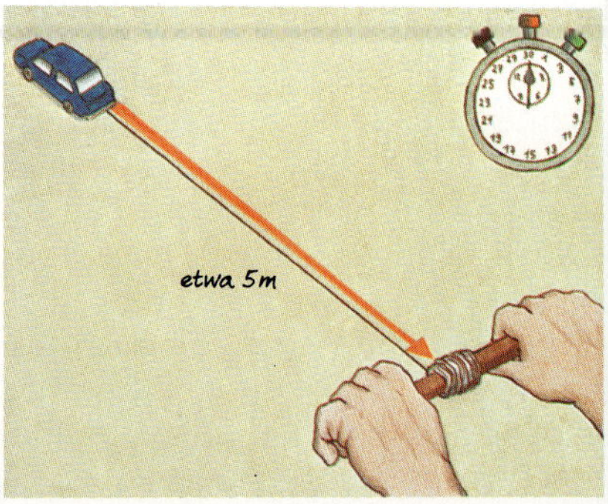

3

408R

4

V 13 Dieser Versuch gelingt am besten mit einem Wagen auf einer Messstrecke (Bild 4) oder mit einem Elektro-Spielzeugauto (Bild 5).

a) Miss die Zeit, die der Wagen für 1 m, 2 m, 3 m, 4 m, 5 m braucht. Trage die Messwerte dann in eine solche Tabelle ein:

Weg	Zeit	Geschwindigkeit
1 m	… s	… m/s

b) Versuche herauszubekommen, ob der Wagen immer mit gleicher Geschwindigkeit gefahren ist.

5

Was bedeutet *Geschwindigkeit?*

Jens und Heiko sind beim letzten Sportfest in unterschiedlichen Gruppen gestartet: Jens ist 100 m in 15 s gelaufen, Heiko 75 m in 12,5 s. Nun möchten sie aber beide wissen, wer *schneller* gelaufen ist.

Das kann man aus den Ergebnissen nicht ohne weiteres ablesen, denn sowohl die Strecken als auch die Zeiten waren *unterschiedlich*. Wenn sie herausbekommen wollen, wer schneller war, müssen sie **gleiche Strecken** oder **gleiche Zeiten** miteinander vergleichen können.

Sie können zum Beispiel ausrechnen, **wie viel Meter** sie **in einer Sekunde** gelaufen sind:

Jens: In 15 s lief er 100 m,
in 1 s also 100 m: 15 = 6,66 m.
Heiko: In 12,5 s lief er 75 m,
in 1 s also 75 m : 12,5 = 6 m.

Man sagt dazu: Die **durchschnittliche Geschwindigkeit** von Jens betrug 6,66 m/s (sprich: *Meter durch Sekunde*); Heiko dagegen hatte eine durchschnittliche Geschwindigkeit von 6 m/s. Jens lief also *schneller* als Heiko; seine **Geschwindigkeit** war *größer* (**Symbol** der Geschwindigkeit: v, von lat. *velocitas*).

Die Geschwindigkeit eines Körpers kann man **berechnen**:

$$\textbf{Geschwindigkeit} = \frac{\textbf{Weg}\text{ (gemessen in m)}}{\textbf{Zeit}\text{ (gemessen in s)}}. \qquad v = \frac{s}{t}.$$

Heiko hatte eine Geschwindigkeit von 6 m/s; das heißt, er lief in 1 s eine 6 m lange Strecke. – Kann man das überhaupt in dieser Weise sagen? Sieh dir dazu Bild 6 an!

Heikos **Geschwindigkeit** war also während des Laufes **nicht immer gleich groß**. Am Anfang (beim Start) war sie geringer als 6 m/s, in der Mitte wurde sie etwas größer und am Schluss dann wieder geringer. Seine Geschwindigkeit betrug nur *im Durchschnitt* (durchschnittlich) 6 m/s.

In unseren Versuchen haben wir die Geschwindigkeit immer in **Metern durch Sekunde** (m/s) gemessen. Oft (z. B. bei Autofahrten) wird die Geschwindigkeit auch in **Kilometern durch Stunde** (km/h) angegeben.

Diese Einheiten können wir ineinander **umrechnen**:

$$1\,\frac{\text{m}}{\text{s}} = \frac{60\text{ m}}{1\text{ min}} = \frac{3600\text{ m}}{1\text{ h}} = \frac{3{,}6\text{ km}}{1\text{ h}} = 3{,}6\,\frac{\text{km}}{\text{h}}$$

$$1\,\frac{\text{km}}{\text{h}} = \frac{1000\text{ m}}{60\text{ min}} = \frac{1000\text{ m}}{3600\text{ s}} = \frac{1\text{ m}}{3{,}6\text{ s}} = \frac{1}{3{,}6}\,\frac{\text{m}}{\text{s}} = 0{,}277\,\frac{\text{m}}{\text{s}}$$

Es gilt also:
Geschwindigkeit in m/s · **3,6** → Geschwindigkeit in km/h;
Geschwindigkeit in km/h : **3,6** → Geschwindigkeit in m/s.

Beispiel:
Wie groß ist Heikos Geschwindigkeit von 6 m/s, wenn wir sie in km/h angeben?
Wir rechnen: 6 m/s · **3,6** → 21,6 km/h.
Heikos Geschwindigkeit beträgt also 21,6 km/h .

Am Anfang lief Heiko noch langsam. — Danach wurde er schneller. — Am Schluss wurde er wieder langsamer, weil er schon etwas schlapp war.

398R

Die Geschwindigkeit kann man auch zeichnerisch darstellen

Ulrike hat in einem Versuch gemessen, welche Zeiten ein Spielzeugauto benötigt um bestimmte Strecken zurückzulegen. Dabei ist sie zu folgenden Messergebnissen gekommen.

Weg	Zeit
1 m	2,1 s
2 m	4,0 s
3 m	5,9 s
4 m	8,2 s
5 m	10,0 s

Diese oder ähnliche **Messergebnisse** von **Weg und Zeit** können auch gezeichnet werden. Man sagt: Sie lassen sich in einem **Weg-Zeit-Diagramm** darstellen.

Am besten nimmt man dazu Millimeterpapier (oder Karopapier) und zeichnet darauf eine waagerechte und eine senkrechte Linie (die *Achsen*). Wo beide Linien sich treffen, ist der *Nullpunkt*. Auf den Achsen werden nun vom Nullpunkt aus gleichmäßige Abschnitte für Weg und Zeit eingetragen (Bild 1).

In dieses Diagramm können jetzt die Messergebnisse, die man erhalten hat, eingetragen werden, z. B. 1 m für den Weg und 2,1 s für die Zeit.

Zieht man dann durch die 1-m-Marke und durch die 2,1-s-Marke je eine Linie, die parallel zur jeweils anderen Achse ist, so treffen sich beide Linien schließlich im Punkt P_1, (Bild 2).

Durch die so ermittelten Punkte wird dann noch vom Nullpunkt aus eine Verbindungslinie gezogen (Bild 3).

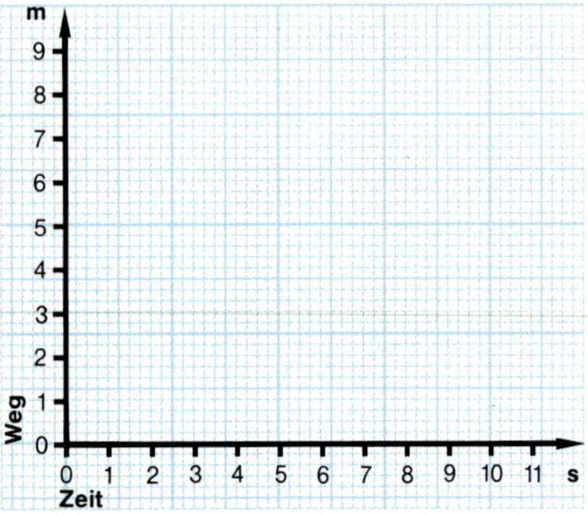

1

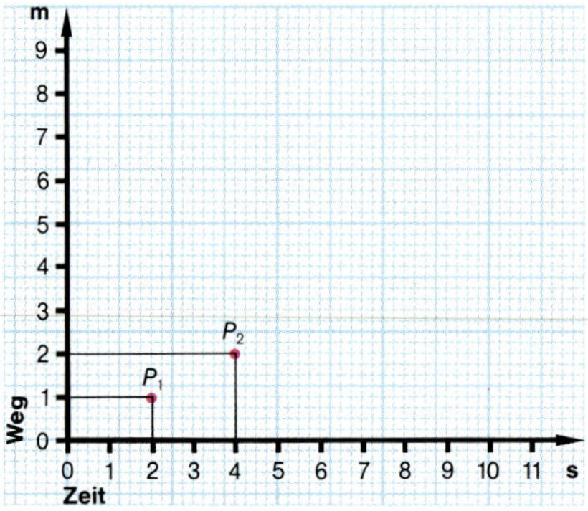

2

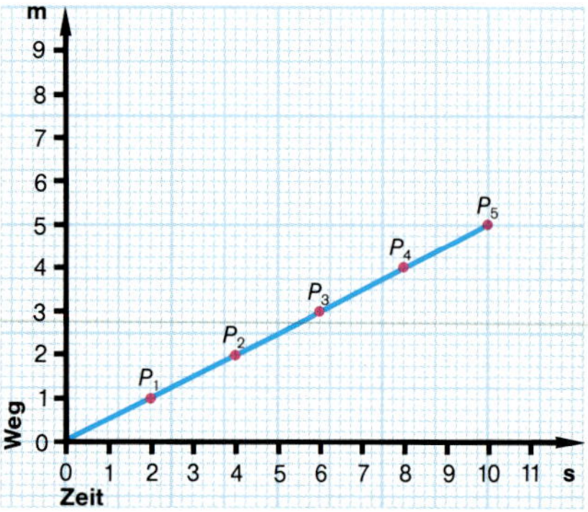

3

Aufgaben

1 Gerd hat für das Sportfest geübt und ist mehrmals die 100-m-Strecke gelaufen. Dabei wurden folgende Zeiten gemessen: 16,5 s, 16,0 s, 15,8 s, 15,5 s und 16,2 s.

a) Wie viel Zeit brauchte er durchschnittlich?

b) Wie groß war seine durchschnittliche Geschwindigkeit in m/s?

2 In einer Klasse wurden bei den Versuchen 9–12 (Schüler, Radfahrer, Fußball und Spielzeugauto) die folgenden Ergebnisse notiert:

Versuch	Weg	Zeit	Geschwindigkeit
V 9	100 m	15 s	… m/s
V 10	100 m	12 s	… m/s
V 11	20 m	2 s	… m/s
V 12	3 m	3 s	… m/s

a) *Schätze* zuerst, in welchem dieser Versuche die größte Geschwindigkeit erreicht wurde.

b) *Berechne* dann die jeweilige Geschwindigkeit in m/s.

3 In Bild 4 sind die Messergebnisse von zwei Versuchen zeichnerisch dargestellt worden. Lies aus diesem Diagramm ab:

a) Welcher Wagen war schneller?

b) Wie viel Meter fuhr der schnellere Wagen in 1 s (1 ½ s, 2 s, 2 ½ s, 3 s, 4 s)?

c) Wie viele Sekunden hat er für 2 m (5 m, 7 m, 10 m) gebraucht?

d) Löse die Aufgabenteile b und c auch für den langsameren Wagen.

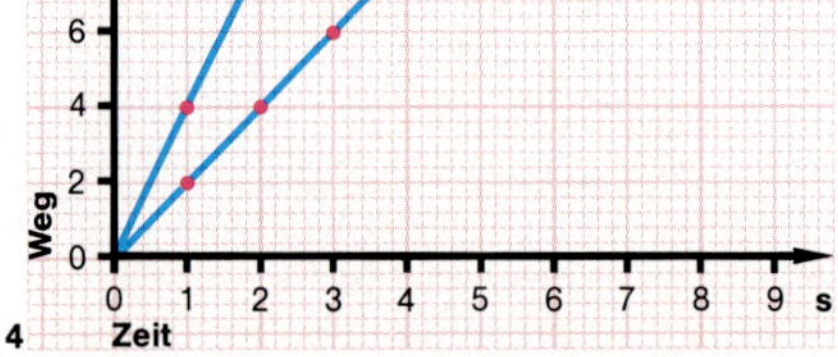

4

4 Die folgenden beiden Sätze sind unvollständig. Ergänze sie!

a) Je schneller ein Auto fährt, desto … ist die Zeit, die es für eine Strecke von 200 km benötigt.

b) Je langsamer ein Auto fährt, desto… ist der Weg, den es in einer Stunde zurücklegt.

5 Im Auto kann man die Geschwindigkeit direkt vom Tachometer ablesen: Zum Beispiel steht die Tachonadel auf der 70. Was bedeutet das eigentlich?

6 Ein Autofahrer liest beim Start den Kilometerstand ab: 16485 km. Nach vierstündiger Fahrt zeigt der Kilometerzähler 16733 km an. Wie groß war die durchschnittliche Geschwindigkeit in km/h?

7 Nimm einmal an, ein Auto sei auf der Autobahn mit einer gleichmäßigen Geschwindigkeit von 80 km/h gefahren. Wie weit ist es dann nach 2 ½ Stunden gekommen?

409R

Aus Umwelt und Technik: **Verschiedene Geschwindigkeiten**

Geschwindigkeiten im Verkehr

Verkehrsteilnehmer	Geschwindigkeit
Fußgänger	ungefähr 5 km/h
Radfahrer	ungefähr 15 km/h
Mofa	25 km/h (zugelassene Höchstgeschwindigkeit)
Autos (Motorräder)	50 km/h (zugelassene Höchstgeschwindigkeit in Ortschaften) 100 km/h (zugelassene Höchstgeschwindigkeit auf Landstraßen) 130 km/h (Richtgeschwindigkeit auf Autobahnen)
Schnellzug (IC)	bis zu 200 km/h
„TGV“ (train de grande vitesse; zur Zeit schnellster Zug in Frankreich)	bis zu 280 km/h
Düsenflugzeug (Verkehrsmaschine)	bis zu 980 km/h

Geschwindigkeiten in der Natur

	Geschwindigkeit
Schnecke	ca. 1 mm/s
mäßiger Wind (Stärke 4)	7 m/s
Schwalbe	ca. 17 m/s
Rennpferd	ca. 25 m/s
Falke	ca. 28 m/s
Gepard	ca. 34 m/s
Orkan (Windstärke 12)	60 m/s
Schall (in Luft)	330 m/s
Licht	300 000 km/s

Geschwindigkeiten im Weltall

Alle Himmelskörper (z. B. Sterne, Planeten, Monde usw.) bewegen sich mit hoher Geschwindigkeit durch den Weltraum. Auch die Erde steht nicht still.

Die Erde dreht sich um ihre eigene Achse. Für eine Umdrehung benötigt sie 24 Stunden (1 Tag).

Wie schnell dreht sich die Erde um ihre Achse? Stell dir einmal vor, du stehst irgendwo am Äquator, z. B. am Punkt x (Bild 5). Dann legst du mit diesem Punkt der Erdoberfläche in 24 Stunden eine Strecke von 40 000 km zurück. Deine Geschwindigkeit beträgt also

$$\frac{40\,000 \text{ km}}{24 \text{ h}} = 1667 \text{ km/h}.$$

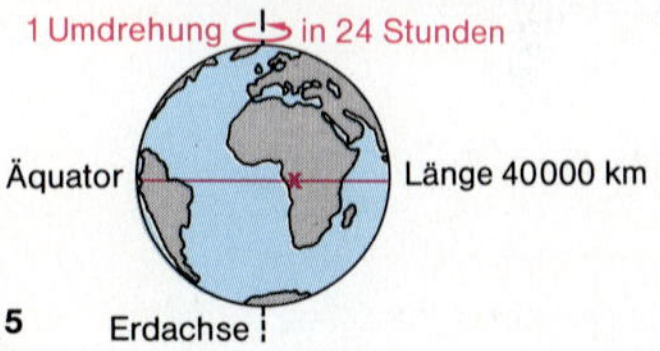

5

Die Erde bewegt sich um die Sonne (Bild 6). Dazu benötigt sie 1 Jahr (365 Tage). Um diese gewaltige Strecke von 937 000 000 km in einem einzigen Jahr zu bewältigen, rast sie mit einer Geschwindigkeit von etwa 107 000 km/h durch das Weltall!

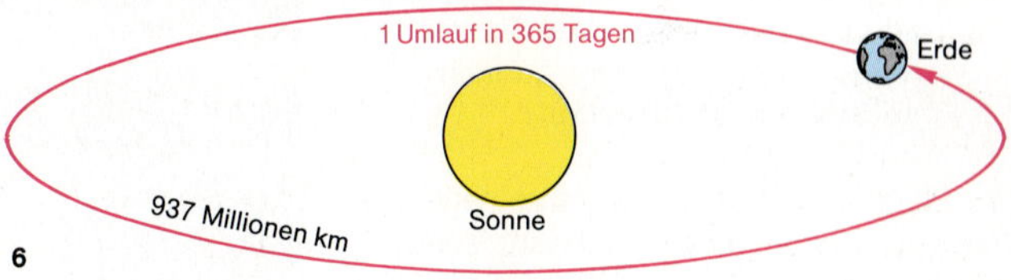

6

Der Mond bewegt sich um die Erde (Bild 7). Dazu benötigt er etwa einen Monat (27 Tage). Seine Geschwindigkeit beträgt dabei 3600 km/h.

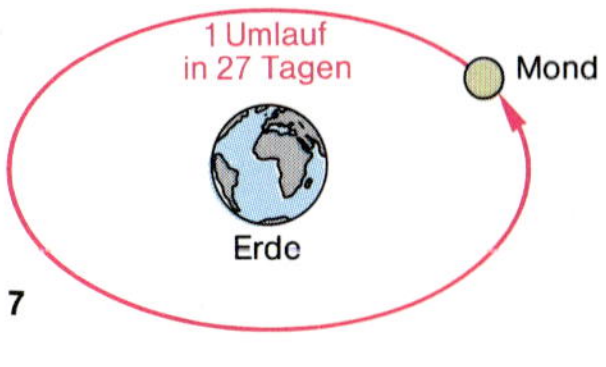

7

Fragen und Aufgaben zum Text

1 Im Straßenverkehr gibt es Geschwindigkeitsbegrenzungen. Sie sind durch Gesetze festgelegt worden. Nenne Beispiele und Gründe für Geschwindigkeitsbegrenzungen.

2 Für diese Aufgabe brauchst du Werte aus den Geschwindigkeitstabellen.
a) Rechne alle Geschwindigkeiten, die in m/s angegeben sind, in km/h um.
b) Wer ist schneller: ein Schnellzug oder ein Falke?
c) Wie viel Zeit braucht eine Schnecke für eine Wegstrecke von 1 m?

3 Die Lichtgeschwindigkeit wird in km/s angegeben (s. o).
a) Berechne, welche Strecke das Licht in 1 Minute (1 Stunde) zurücklegt.
b) Der Mond ist von der Erde ungefähr 400 000 km entfernt. Wie lange braucht das Licht ungefähr für diese Strecke?
c) Stell dir vor, ein Auto könnte eine solche Strecke ohne Pause mit 100 km/h fahren. Wie lange würde es dafür unterwegs sein?
d) Die Sonne ist fast 150 000 000 km von der Erde entfernt. Wie lange braucht wohl Sonnenlicht um die Erde schließlich zu erreichen?

4 Hier geht es noch einmal um große Zahlen:
a) Stell dir vor, rund um die Erde verliefe eine Straße – genau am Äquator entlang. Wie lange würde ein Auto brauchen um die Erde auf dieser Straße zu umfahren? Dabei soll die Geschwindigkeit des Autos gleichmäßig 80 km/h betragen.
b) Die Erde benötigt 1 Jahr um die Sonne auf einer ganz bestimmten Bahn zu umkreisen. Wie lange würde ein Düsenflugzeug für dieselbe Strecke brauchen?
c) Und wie lange brauchte dafür eine Weltraumrakete (Höchstgeschwindigkeit 40 000 km/h)?

Alles klar?

1 Wie kann man die durchschnittliche Dicke einer Buchseite auch ohne Mikrometerschraube herausbekommen?

2 Stefan misst mit dem Lineal die Länge seines Bleistiftes. Er sagt dann, es seien 10,33 cm. Was hältst du von diesem Messergebnis?

3 Wulf spielt mit Freunden auf einer Wiese Fußball. Die Tore sollen 15 „Fuß" breit sein. Wulf und Frank messen jeweils ein Tor aus.

„Mensch, euer Tor ist ja viel kleiner!", schreit Wulf empört. „Niemals", antwortet Frank beleidigt, „es ist genau 15 Fuß!"

a) Wer hat wohl Recht?

b) Wie könnten sie die Tore „gerecht" ausmessen?

4 Finde mit Hilfe einer Landkarte heraus, wie weit es von deinem Wohnort (der nächsten Stadt) bis Berlin (Hamburg, München ...) ist. Beachte dabei den Maßstab! Miss der Einfachheit halber die *Luftlinie* zwischen den Städten.

5 Das Rad eines Autos und ein Rad des Fahrrades drehen sich jeweils 20-mal.

Welches Fahrzeug hat danach die größere Strecke zurückgelegt?

6 Herr Jensen will im Garten einen Plattenweg anlegen. Er soll 15 m lang sein; 80 Platten (30 cm x 30 cm) hat er zur Verfügung. Kommt er damit aus, wenn der Weg 60 cm breit sein soll?

7 Wie heißen diese Messgeräte? Nenne jeweils zwei Dinge, die du damit messen könntest.

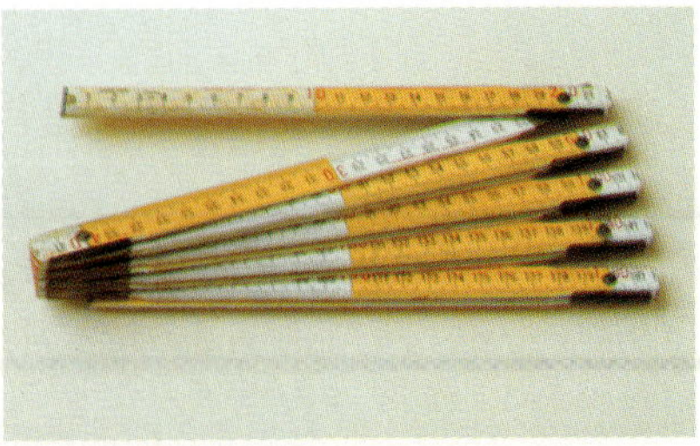

1

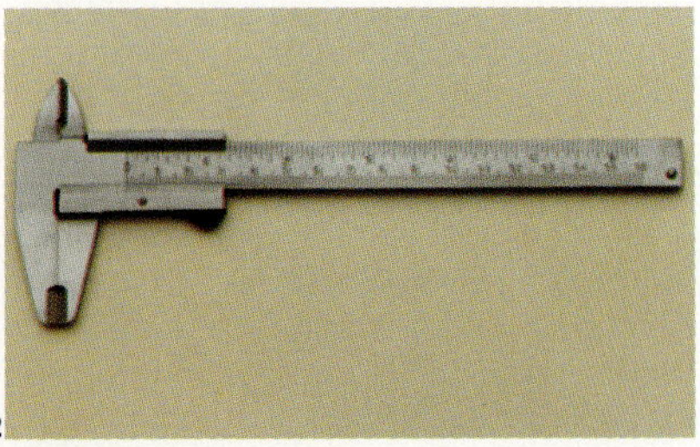

2

8 In welchen Einheiten gibt man die folgenden Zeiten am günstigsten an?

Alter der Erde, Alter eines Erwachsenen, Alter eines Säuglings, Dauer der Ferien, Dauer eines Arbeitstages, Belichtungszeiten bei Fotoapparaten, Zeiten für 100-m-Läufe, Zeiten für 10 000-m-Läufe, Dauer eines Handballspiels.

9 Als man bei internationalen Laufwettbewerben noch Handstoppuhren benutzte, mussten immer *mehrere* Zeitnehmer *einen* Läufer stoppen.

3

a) Welchen Grund hatte das?

b) Warum saßen die Zeitnehmer übereinander und nicht nebeneinander?

c) Welche Zeit wurde wohl schließlich für einen Läufer genannt, wenn zum Beispiel der erste Zeitnehmer 21,3 s gemessen hatte, der zweite 21,3 s und der dritte 21,2 s?

10 Bei wichtigen sportlichen Wettbewerben werden die Zeiten heute *elektronisch* gestoppt, also nicht mehr mit Handstoppuhren. Dabei wird auf Hundertstelsekunden genau gemessen.

Bringe die folgenden elektronisch gemessenen Zeiten in die richtige Reihenfolge: 10,01 s; 10,10 s; 10,11 s; 10,09 s; 10,00 s.

11 Bei allen Uhren wiederholt sich ein Vorgang immer wieder. Welcher Vorgang ist dies bei einer Taschenuhr, bei einer Sonnenuhr, bei einer Quarzuhr?

12 Was bedeuten diese drei Verkehrszeichen? Sind sie „physikalisch richtig" beschriftet?

4

13 Harry Schlaumeier behauptet: „Ich komme als Läufer schneller ans Ziel als ein Radfahrer!" Unter welchen Bedingungen kann er das tatsächlich schaffen?

14 Ein Auto hat im Kühler ein Loch, aus dem Wassertropfen fallen. Der Fahrer will schnell zur Tankstelle. Zunächst muss er aber hinter einem langsamen Traktor herfahren, dann hat er freie Fahrt.

Welche der folgenden Tropfenspuren könnte bei der geringen Geschwindigkeit entstanden sein, welche bei der höheren? Begründe deine Meinung!

5
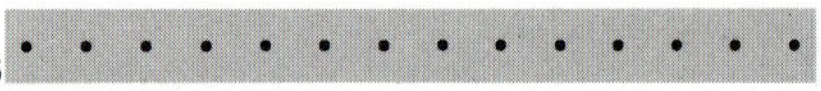

6

15 Ein Reporter bei einem Autorennen: „Die Wagen kommen mit 230 *Stundenkilometern* auf die Zielgerade!" Was meint er damit? Wie müsste es richtig heißen?

16 Auf manchen Straßen sind für die verschiedenen Verkehrsteilnehmer unterschiedliche Wege angelegt.

Welche Wege erkennst du auf diesem Foto? Warum macht man das überhaupt?

7

17 Frank hat für seine elektrische Eisenbahn 4 m Schienen. Für diese Strecke braucht die Lok 8 s.

Wie groß ist die Geschwindigkeit der Lok in m/s (km/h)?

18 Ein Auto legt in 3 h eine Strecke von 225 km zurück. Wie groß ist seine durchschnittliche Geschwindigkeit?

410R

4 Zusammenfassung

Die Längenmessung

Die Länge einer Strecke wird gemessen, indem man sie mit einer festgelegten Längeneinheit vergleicht. Die **Einheit** der physikalischen Größe **Länge** ist bei uns **1 Meter (1 m)**. Sie ist heute in den meisten Staaten gültig.

Neben dem Meter sind Bruchteile oder Vielfache dieser Einheit zugelassen, z. B. Kilometer (km), Dezimeter (dm), Zentimeter (cm) und Millimeter (mm).

1 km = 1000 m

1 m = 10 dm = 100 cm = 1000 mm

1 dm = 10 cm = 100 mm

1 cm = 10 mm

Die Zeitmessung

Zeiten werden durch Vergleichen mit einer bestimmten Zeiteinheit gemessen. Die **Einheit** der physikalischen Größe **Zeit** ist **1 Sekunde (1 s).**

Außer der Sekunde sind einige Vielfache dieser Zeiteinheit gebräuchlich:

1 Minute (1 min) = 60 s

1 Stunde (1 h) = 60 min = 3600 s

1 Tag (1 d) = 24 h = 1440 min = 86 400 s

Die Geschwindigkeit

Wenn man unterschiedlich schnelle Bewegungen vergleichen will, muss man zwei physikalische Größen messen: die **Länge** des Weges und die **Zeit**. Aus Weg und Zeit lässt sich dann die Geschwindigkeit berechnen:

$$\textbf{Geschwindigkeit} = \frac{\textbf{Weg}\text{ (gemessen in m)}}{\textbf{Zeit}\text{ (gemessen in s)}}$$

Die **Einheiten** der Geschwindigkeit sind:

$1 \frac{\textbf{Meter}}{\textbf{Sekunde}} \left(1 \frac{m}{s}\right)$ und, oftmals in der Technik: $1 \frac{\textbf{Kilometer}}{\textbf{Stunde}} \left(1 \frac{km}{h}\right)$.

Schallerzeugung und Schallausbreitung

1 Wie entsteht der Schall?

1

2

Musik, eine Stimme, das Summen einer Mücke, der Lärm einer Baustelle, Mopedknattern – *alles,* was du hören kannst, wird in der Physik als **Schall** bezeichnet. Und alles, was Schall aussendet, bezeichnet man als **Schallquelle**.

V 1 Erzeuge Schall mit folgenden Gegenständen: Lineal, Kamm, Joghurtbecher, Gummiband, Sprudelflasche usw. Achte dabei auf die jeweilige Schallquelle.

V 2 Presse ein Ende einer Stricknadel fest auf den Tisch. Das freie Ende der Nadel zupfst du dann mit dem Finger an.

V 3 Ziehe ein Stück Styropor® an einer Fensterscheibe entlang. (Wenn du vorher gegen die Scheibe hauchst, funktioniert die Nervensäge noch besser.)

V 4 Fülle etwas Wasser in ein dünnwandiges Weinglas. Tauche deinen Zeigefinger ein und fahre mit ihm langsam auf dem Glasrand entlang (Bild 3).

V 5 Blase einen Luftballon prall auf und ziehe die Öffnung auseinander. So entsteht ein Spalt, durch den die Luft ausströmen kann …

V 6 Viele Musiker stimmen ihre Instrumente mit Hilfe einer Stimmgabel (Bild 4). Sie erzeugt nämlich immer den gleichen Ton.

Man kann kaum erkennen, wie der Ton der Stimmgabel entsteht. Überlege dir deshalb eine Möglichkeit, mit der du beweisen kannst, dass die *Zinken* den Schall erzeugen.

V 7 Eine Trommel (oder ein großes Tamburin) wird mit Sand bestreut und am Rand angeschlagen. Was geschieht?

V 8 Erzeuge unterschiedliche Töne mit einem Gummiband.

V 9 Halte ein langes Lineal so am Tisch fest, dass der größte Teil frei schwingen kann.

Untersuche, wovon die *Lautstärke* des Tones abhängt. Versuche die *Tonhöhe* zu verändern.

V 10 Fülle zunächst mehrere gleiche Flaschen unterschiedlich hoch mit Wasser. Vergleiche die Tonhöhen, wenn du die Flaschen mit einem Stab anschlägst oder wenn du flach über die Flaschenränder bläst.

V 11 In einem Radio oder Tongenerator wird der Schall elektrisch erzeugt: Ein Elektromagnet bewegt die Membran des Lautsprechers hin und her (Bild 5). Lege Papierkügelchen in den Membrantrichter des offenen Lautsprechers. Beobachte sie bei lauter und leiser Musik.

3

4

5

5020R

Aufgaben

1 Ergänze: „Ein Körper wird zur Schallquelle, wenn …“

2 Vergleiche die Schwingungen einer Schaukel und die einer Schallquelle miteinander.

3 Nach der Art der Schallerzeugung unterscheidet man Schlag-, Zupf-, Blas- und Streichinstrumente. Nenne jeweils mehrere Beispiele.

4 Bild 6 zeigt eine Stimmgabel, an der eine „Schreibzinke“ befestigt ist. Wie ist die Spur auf der mit Ruß geschwärzten Platte entstanden? Probiere es in einem **Versuch** aus.

5 Nach der Art der Schwingungen unterscheidet man mehrere Arten von Schall:

Schwingt die Schallquelle gleichmäßig hin und her, hören wir einen **Ton** oder **Klang** (Stimmgabel).

Von einem **Knall** sprechen wir, wenn die Schallquelle nur einmal stark angestoßen wird und wenn die Schwingungen gleich wieder aufhören (Schuss).

Ein **Geräusch** entsteht, wenn die Schallquelle unregelmäßig schwingt (Reißen von Papier).

Suche mehrere Beispiele für die Schallarten *Ton, Geräusch* und *Knall*. Ordne sie in einer Tabelle an.

6 Wodurch werden bei den sechs Saiten einer Gitarre verschieden hohe Töne erzeugt?

7 Die Gitarren werden nach dem Stimmgabelton gestimmt. Was verrät dir Bild 7 über diesen *Kammerton a'*?

8 Die Stimmbänder im Kehlkopf können durch Muskeln straffer gespannt werden. Was lässt sich dadurch erreichen?

9 „Der Orgelton war sehr laut und sehr tief.“ Was kannst du über Frequenz und Amplitude dieser Schallschwingung sagen (→ Info unten)?

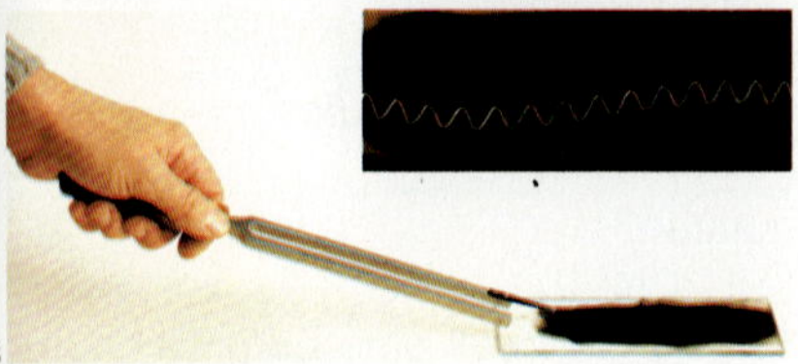

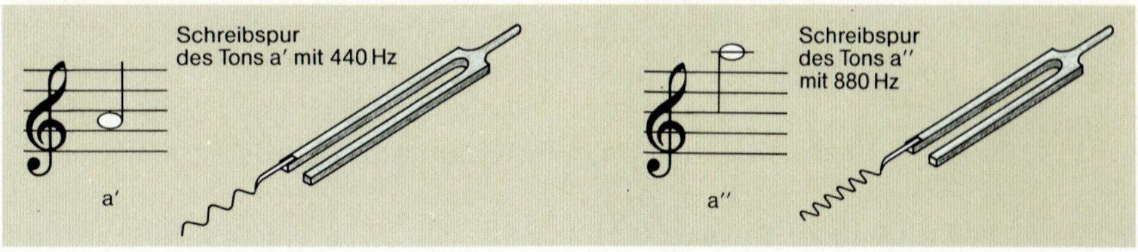

7

Schallschwingungen genauer betrachtet: Amplitude und Frequenz

Wie du Schall erzeugen kannst, weißt du bereits: Du musst einen Körper in schnelle **Schwingungen** versetzen (z. B. eine Gitarrensaite).

Schwingungen können wir bei einer Schaukel genauer betrachten, weil sie dort langsamer ablaufen (Bild 8):

Zunächst ist die Schaukel in *Ruhelage*. Wenn sie angestoßen wird, bewegt sie sich bis zum ersten Umkehrpunkt, dann zurück zur Ruhelage und über diese hinaus bis zum zweiten Umkehrpunkt.

Der Weg, den die Schaukel zwischen der Ruhelage und einem der Umkehrpunkte zurücklegt, heißt **Amplitude** (oder *Schwingungsweite*).

Schaukeln schwingen umso weiter, je stärker man sie anstößt. Starke Schwingungen haben also eine große Amplitude, schwache Schwingungen eine kleine.

Amplituden von Schallschwingungen zeigt Bild 9. Wird eine Saite stark angezupft, schwingt sie mit großer Amplitude – wir hören einen lauten Ton. Wird sie schwach angezupft, ist die Amplitude klein – wir hören einen leisen Ton. Beide Töne haben aber die gleiche Tonhöhe. Wir können daher sagen:

Je größer die Amplitude einer Schallschwingung ist, desto lauter hören wir den Schall.

Wenn man die Saite *verkürzt* (oder *stärker spannt*) und dann anzupft, erklingt ein höherer Ton als zuvor. Die Saite schwingt nun schneller als vorher.

Es gilt also: **Je schneller eine Schallquelle schwingt, desto höher ist der Ton, den wir hören.**

Die Anzahl der Schwingungen in einer Sekunde nennt man *Schwingungszahl* oder **Frequenz** der Schallquelle.

Die Einheit der Frequenz ist **1 Hertz** (1 Hz) – nach dem deutschen Physiker *Heinrich Hertz* (1857–1894).

Schwingt z. B. ein Pendel in einer Sekunde einmal vor und zurück (Bild 10), so hat es die Frequenz 1 Hz. Durch diese Schwingung wird kein Schall erzeugt.

Erst Schwingungen oberhalb von 16 Hz können wir hören.

Der Testton zum Fernsehtestbild hat genau 1000 Hz. Der Lautsprecher führt dann also in jeder Sekunde 1000 Schwingungen aus. Diese Frequenz nennt man auch 1 Kilohertz (1 kHz).

1 kHz = 1000 Hz.

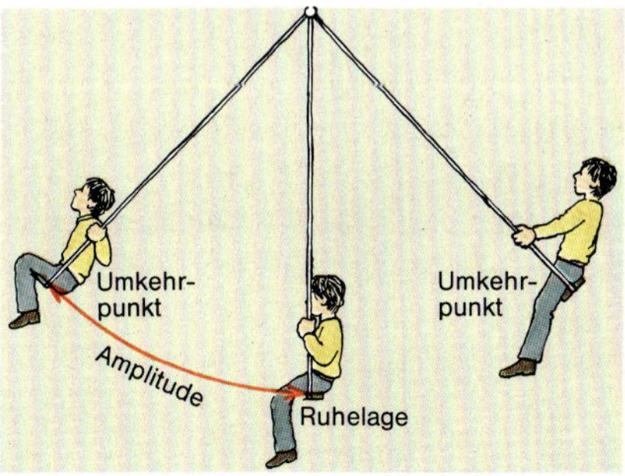

8

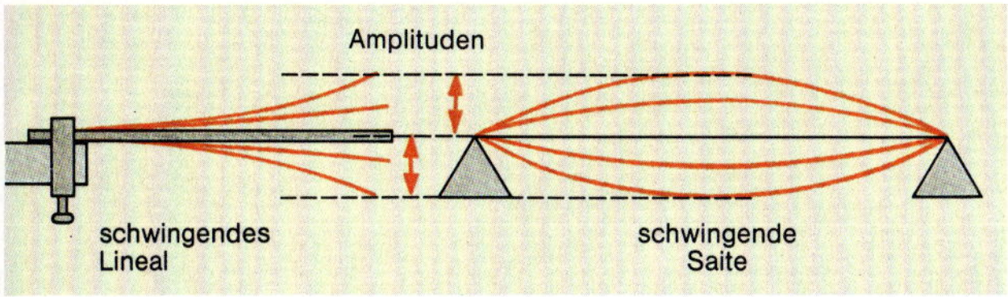

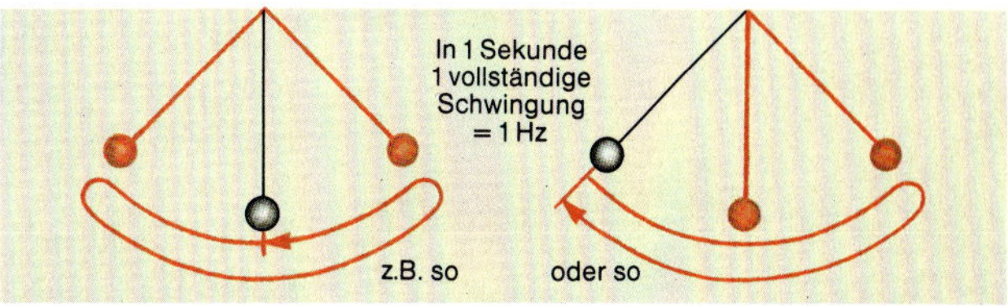

10

2 Schallwellen und Schallausbreitung

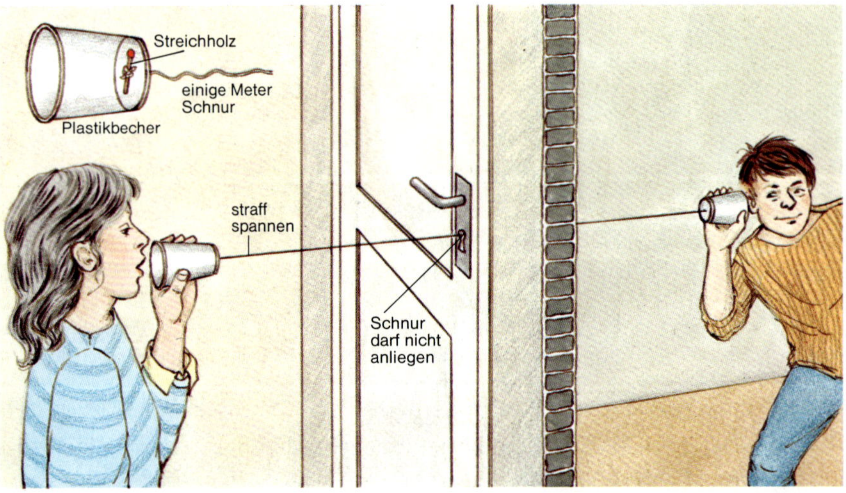

1

1667 beschrieb der englische Physiker *Robert Hooke* das **Fadentelefon**.
Er behauptete, der Schall laufe im Faden schneller als in Luft.
Im 18. Jahrhundert gab es diese Vorrichtung als „Liebestelefon" auf Jahrmärkten zu kaufen.
Wie funktioniert das Fadentelefon?
Kann man den Bindfaden durch ein Gummiband ersetzen?

V 12 In der Mitte eines etwa 1,50 m langen Bindfadens wird eine Gabel festgeknotet. Halte dir die Ohren zu und drücke dabei die Enden des Fadens gegen die Ohren. Was hörst du, wenn du die Gabel gegen eine Tischkante schlagen lässt?

Versuche zu erklären, was du gehört hast.

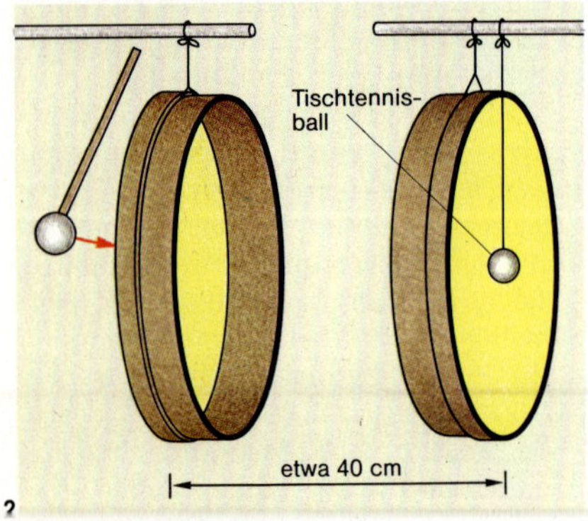

2

3

V 13 Ob man auch unter Wasser hören kann? Probiere es aus.

V 14 Kannst du durch eine Stativstangen hindurch hören? Plane einen Versuch und führe ihn durch.

V 15 Was wird wohl geschehen, wenn jemand das linke Tamburin anschlägt (Bild 2)?

V 16 Was passiert, wenn man die linke Kugel loslässt (Bild 3)?

Was könnte dieser Versuch mit der Schallausbreitung zu tun haben?

V 17 „Im Weltall ist es ganz still. Morgens kann man nicht vom Läuten eines Weckers erschreckt werden."

Dieser Satz aus einem Science-fiction-Roman soll überprüft werden. Plane dazu mit den Geräten von Bild 4 einen Versuch.

V 18 Bitte einen Freund oder eine Freundin sich in etwa 100 m Entfernung aufzustellen und dort eine aufgeblasene Papiertüte zu zerschlagen. Was fällt dir dabei auf?

V 19 Stelle eine laut tickende Uhr in ein hohes, oben offenes Glas. Unten im Glas soll eine Lage Schaumstoff liegen. In einiger Entfernung vom Glas kannst du das Ticken der Uhr nicht mehr hören (Bild 5).

Wie kannst du erreichen, dass du die Uhr von derselben Stelle aus hören kannst? (Sowohl die Uhr als auch das Glas sollen dabei unverändert an ihrem Ort bleiben.)

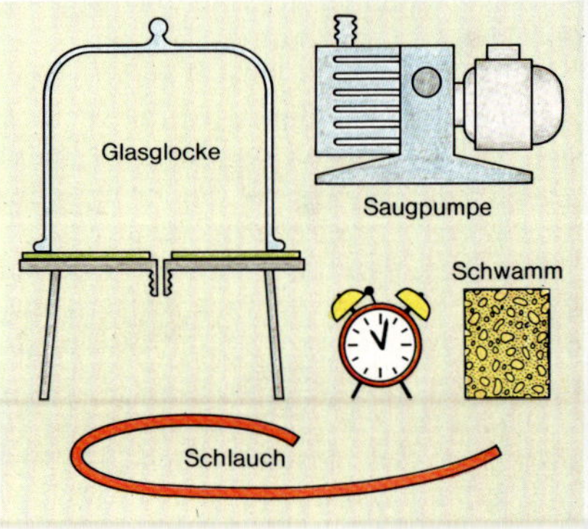

4

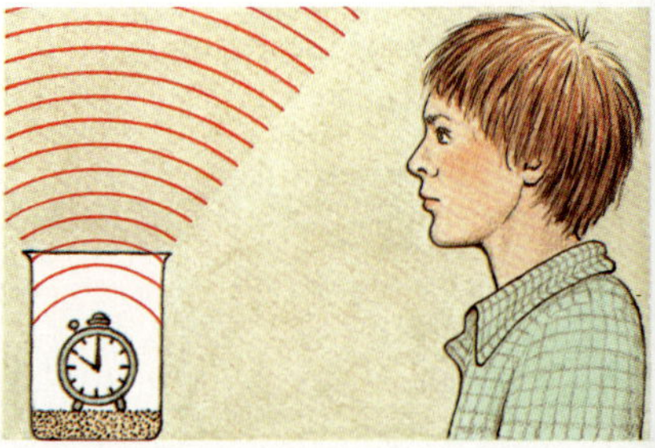
5

5022R

Wenn sich ein Gegenstand (z. B. eine Schaukel) *langsam* durch die Luft bewegt, weichen die Luftteilchen vor ihm aus; sie strömen um ihn herum und treffen hinter ihm wieder zusammen.

Schlägt man auf eine Trommel, wird die Membran *schnell* eingedrückt: Die Luftteilchen können nicht ausweichen; sie werden hinter der Membran zusammengepresst. So entsteht dort für kurze Zeit ein Raum mit sehr vielen Teilchen – eine **Luftverdichtung**.

Die zusammengedrückten Luftteilchen stoßen ihrerseits benachbarte Teilchen an. Diese werden dadurch ebenfalls dichter zusammengepresst. Auf diese Weise breitet sich die Luftverdichtung aus.

Gleich nach dem Anschlagen der Trommel schwingt die Membran ebenso schnell zurück. Jetzt entsteht hinter der Membran ein Raum mit weniger Luftteilchen, also eine **Luftverdünnung**.

Die Luftverdichtungen und -verdünnungen wechseln einander ständig ab (Bild 6). Wir nennen die sich ausbreitenden Luftverdichtungen und -verdünnungen **Schallwellen**. Die Schallwellen wandern, während die Luftteilchen am gleichen Ort bleiben und sich nur geringfügig hin und her bewegen. Von der Schallquelle laufen Schallwellen nach allen Seiten auseinander. Mit zunehmendem Abstand werden die Schwingungen der Luftteilchen geringer. Daher hören wir mit zunehmender Entfernung von der Quelle den Schall immer leiser.

6
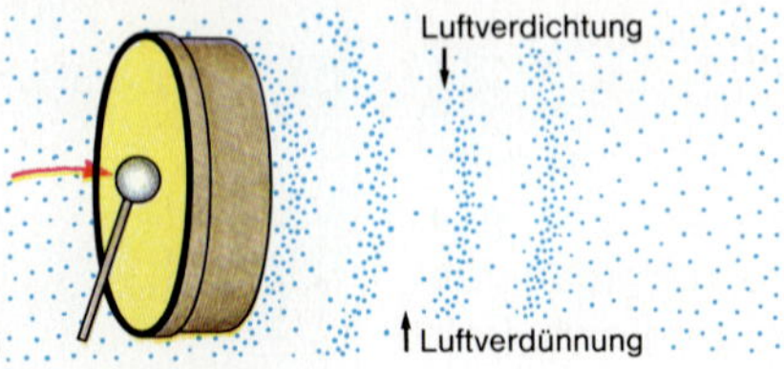

In der Luft brauchen Schallwellen etwa 3 s um 1 km zurückzulegen.

In anderen Stoffen sind die Schallwellen noch schneller (→ Tabelle). In allen festen Stoffen breiten sich Schallwellen besonders schnell aus. Das liegt daran, dass die Teilchen dieser Stoffe dichter und fester zusammenliegen als etwa die Luftteilchen. Die Teilchen dieser Stoffe geben daher einen Stoß besonders schnell an benachbarte Teilchen weiter.

Schallgeschwindigkeiten

Luft	ca. 1200 km/h = 340 m/s
Wasser	1485 m/s
Meerwasser	1530 m/s
Buchenholz	3300 m/s
Ziegelstein	3650 m/s
Marmor	3800 m/s
Stahl	5100 m/s
Glas	5300 m/s

Aus Umwelt und Technik: **Der Kehlkopf – eine Schallquelle**

Das menschliche Stimmorgan übertrifft in seiner Vielseitigkeit sämtliche Musikinstrumente: Menschen können laut schreien oder leise flüstern, sie können singen, in verschiedenen Tonlagen sprechen und viele Töne und Geräusche nachahmen.

Das eigentliche Stimmorgan des Menschen ist der **Kehlkopf**, der sich am oberen Ende der Luftröhre befindet (Bild 7).

Die Stimmbänder durchziehen den Kehlkopf von vorn nach hinten. Während des Atmens liegen sie ungefähr 0,5 cm bis 1,5 cm auseinander (Bilder 8 u. 9). Zum Sprechen und Singen sowie zum Flüstern werden sie mit Hilfe von Muskeln aneinandergedrückt (Bilder 10 u. 11).

Wenn Luft aus der Lunge durch diese **Stimmritze** gepresst wird, werden die gespannten Stimmbänder von der durchströmenden Luft auseinander gestoßen. Sie schlagen sofort wieder zusammen. Das Auseinanderstoßen und das Zusammenschlagen erfolgen in schnellem Wechsel. Das heißt, die Stimmbänder beginnen zu schwingen. Es entsteht ein eigentümliches Geräusch, das dem „Schnattern“ des Luftballons in Versuch 5 recht ähnlich ist.

7
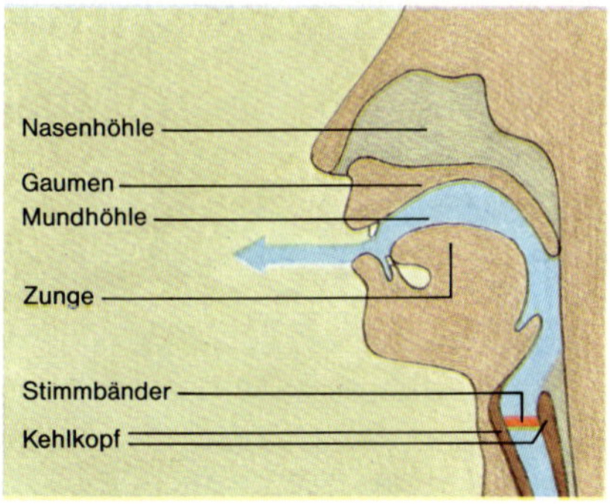

Dass daraus unterschiedliche Laute werden, liegt am Zusammenwirken des Brust-, Rachen-, Nasen- und Mundraumes.

Wir verändern beim Sprechen außerdem auch die Stellung der Zunge, des Gaumens, der Zähne und der Lippen.

Fragen und Aufgaben zum Text

1 Was stellst du fest, wenn du während des Singens den Kehlkopf vorsichtig mit deinen Fingern berührst?

2 Die Schallerzeugung im menschlichen Kehlkopf hat einige Ähnlichkeit mit der Schallerzeugung in Versuch 5.

Welche Gemeinsamkeiten kannst du erkennen?

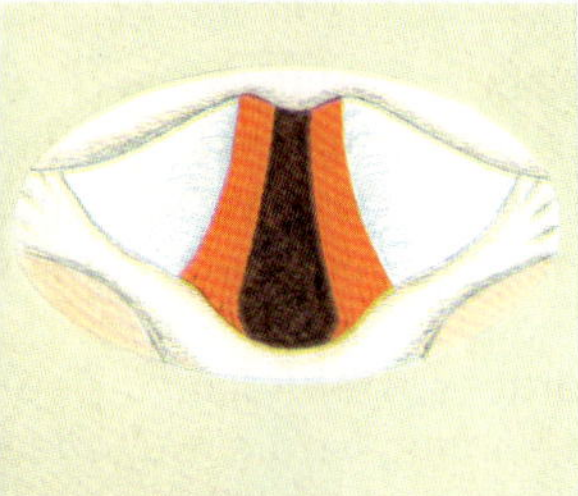

Stimmritzenweite beim normalen Atmen,

9
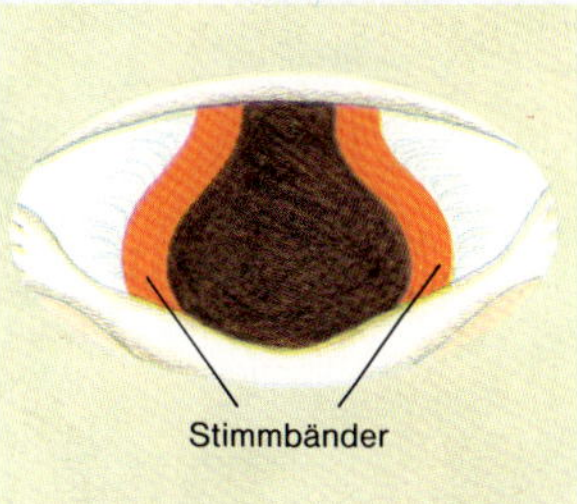

... beim starken Atmen,

10
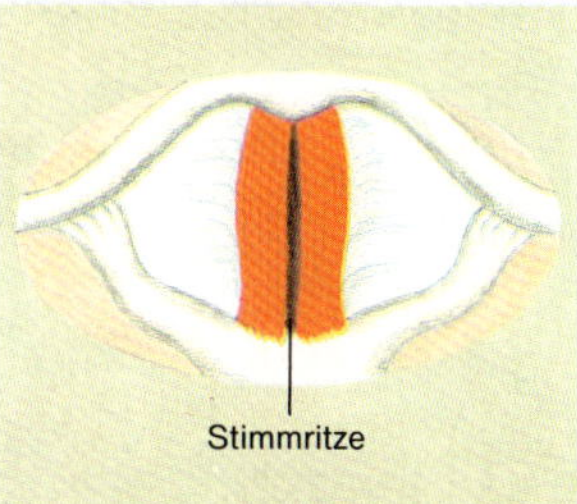

... beim normalen Sprechen,

11
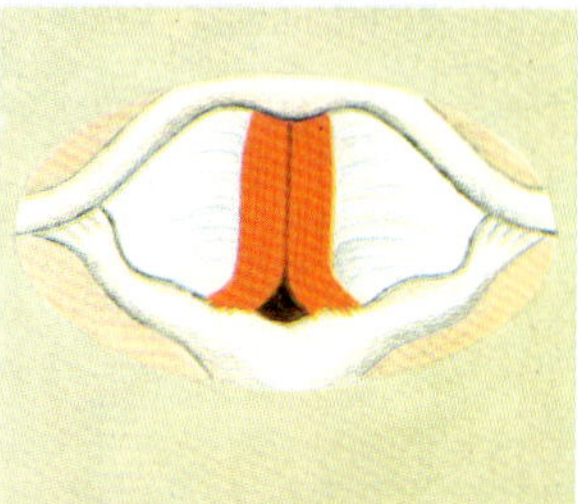

... beim Flüstern.

Aus Umwelt und Technik: **Das Ohr – ein Schallempfänger**

Das menschliche Ohr besteht aus drei Teilen: dem *Außenohr*, dem *Mittelohr* und dem *Innenohr* (Bild 1).

Das **Außenohr** nimmt die Schallwellen mit der *Ohrmuschel* auf und leitet sie durch den *Gehörgang* zum *Trommelfell* weiter. Durch den auftreffenden Schall wird das Trommelfell in Schwingungen versetzt.

Hinter dem Trommelfell beginnt das **Mittelohr** mit den drei Gehörknöchelchen: Das erste Knöchelchen, der *Hammer*, ist fest ans Trommelfell angewachsen. Wenn das Trommelfell schwingt, drückt der Hammer auf den *Amboss*, der dann den *Steigbügel* bewegt. Die drei Knöchelchen übertragen die Schwingungen des Trommelfells auf das *ovale Fenster*.

Das ovale Fenster ist eine Membran ähnlich wie das Trommelfell.

Beim ovalen Fenster beginnt das **Innenohr**. Es ist ganz mit einer Flüssigkeit gefüllt. Hier befinden sich das *Gleichgewichtsorgan* und das eigentliche Hörorgan, die *Schnecke*. In ihren zwei Windungen befinden sich Tausende von Hörzellen, die *Haarzellen* (Bild 2).

Unterschiedlich hohe Töne führen zu unterschiedlich schnellen Druckschwankungen in der Flüssigkeit, mit der die Schnecke gefüllt ist.

Etwa 20 000 Nervenfasern melden die Druckschwankungen über den Gehörnerv an das Gehirn weiter. Selbst bei gleicher Tonhöhe weiß das Gehirn sofort, ob der Klang von einem Klavier, einer Flöte oder einer Gitarre kommt.

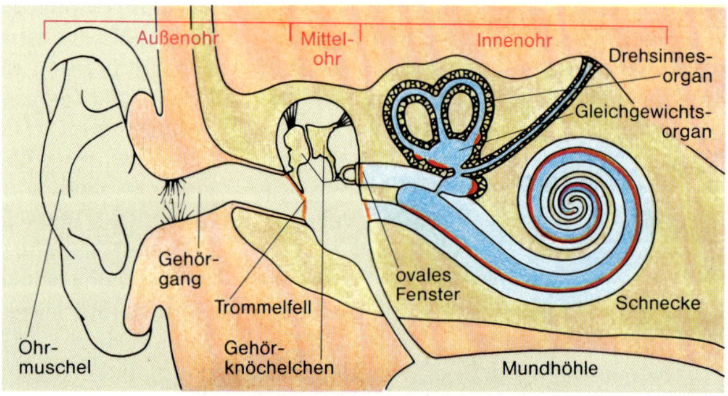

1

2

Sehr laute Töne und starker Lärm können die Haarzellen im Innenohr zerstören.

Leider wachsen die Haarzellen nicht wieder nach. Wer einmal schwerhörig ist, bleibt es sein Leben lang.

Ein weiteres Wunder der Natur ist die Empfindlichkeit des Ohres für unterschiedliche Lautstärken. Wir hören noch Geräusche, die ein Millionstel der Lautstärke einer Fahrradglocke haben.

Wir hören mit beiden Ohren gleichzeitig. Dadurch wird das Richtungshören ermöglicht: Wir könnnen auch bei geschlossenen Augen recht genau angeben, in welcher Richtung sich die Schallquelle befindet.

Aus Umwelt und Technik: **Schallleitung – unerwünscht**

Man hört es im ganzen Haus, wenn der Klempner im Keller an der Heizung arbeitet. Die Rohre übertragen den Schall in jedes Zimmer.

Damit sich Trittgeräusche nicht ebenso im ganzen Haus ausbreiten, haben die Geschossdecken aller Räume einen bestimmten Aufbau (Bild 3).

Auf der Decke aus Beton liegt eine Schicht aus Kunststoff oder Steinwolle.

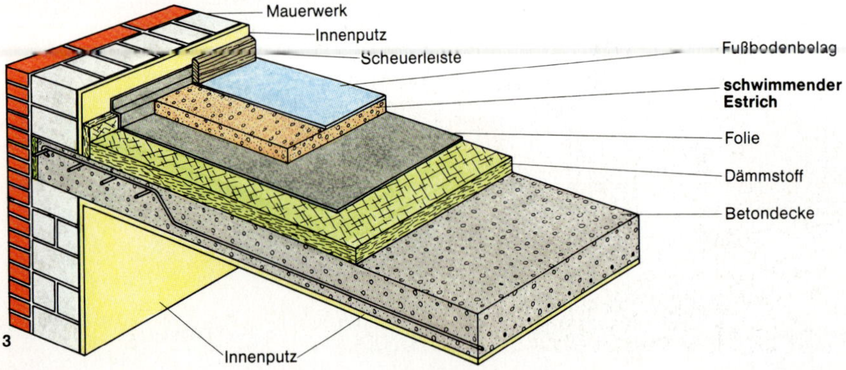

3

Diese Stoffe *dämmen* den Schall, weil die Teilchen, aus denen sie bestehen, weniger dicht gepackt sind als die Teilchen des Betons. Ein schmaler Streifen dieses Dämmstoffes wird an den Wänden sogar noch etwas hochgestülpt.

Über den Dämmstoff kommt eine Folie. Auf die Folie gießt der Maurer Zementmörtel, den **Estrich**.

Der Estrich hat also mit der Betondecke keine direkte Verbindung. Deshalb spricht man auch vom *schwimmenden Estrich*.

Wenn darauf später noch ein Teppichboden kommt, ist die Weiterleitung von Schall in andere Räume nur noch gering.

6024R

Hörbereich und Hörschwelle

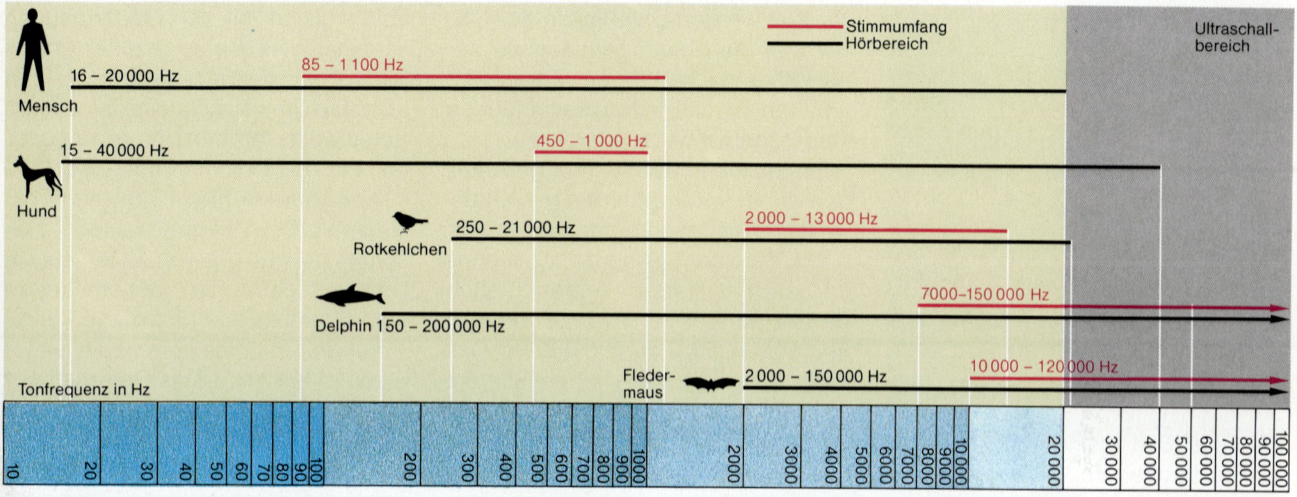

Ein Kind hört Schallschwingungen, wenn diese eine Frequenz zwischen 16 Hz und 20 000 Hz haben. Dies ist der **Hörbereich** des Menschen. Mit zunehmendem Alter nimmt die obere Hörgrenze des Menschen allmählich ab – mit jedem Lebensjahrzehnt um ungefähr 2000 Hz.

Schall oberhalb von 20 000 Hz ist für uns nicht hörbar; man bezeichnet ihn als **Ultraschall**.

Ob wir einen Ton wahrnehmen oder nicht, ist auch von der Energie abhängig, die pro Sekunde von der Schallquelle zum Trommelfell gelangt. Wir hören einen Ton erst, wenn ein bestimmter Mindestwert überschritten ist.

Diese **Hörschwelle** ist frequenzabhängig; sie liegt bei sehr hohen bzw. tiefen Tönen besonders hoch. Damit wir einen tiefen oder hohen Ton wahrnehmen, muss also verhältnismäßig viel Energie pro Sekunde an unserem Ohr ankommen. Für mittlere Tonhöhen (3000 bis 5000 Hz) dagegen ist das Ohr recht empfindlich.

Der Frequenzbereich der menschlichen Stimme ist kleiner als der Hörbereich (Bild 4). Ein Sänger mit einer Bassstimme erzeugt 85 bis 350 Hz, eine Sopransängerin 250 bis 1100 Hz. Außer diesen reinen Tonschwingungen erzeugen wir beim Sprechen auch höhere Frequenzen, z. B. bei Zischlauten.

Aus Umwelt und Technik: **Die Ultraschall-Untersuchung**

Wenn eine Schallwelle auf die Grenze zwischen zwei unterschiedlichen Stoffen trifft, wird die Welle zum Teil zurückgeworfen *(reflektiert)*. Die reflektierte Welle wird am Ort der Schallquelle als **Echo** wahrgenommen.

Zwischen dem Aussenden des Schalls und dem Eintreffen des Echos vergeht eine bestimmte Zeit. Aus dieser Zeit lässt sich der Abstand der reflektierenden Grenzfläche berechnen. Auf diesem Prinzip beruhen die Ultraschall-Untersuchungen schwangerer Frauen. Man verwendet dabei Ultraschall bis 5000 kHz.

Der Arzt drückt einen Schallsender und -empfänger auf den Bauch der schwangeren Frau (Bild 5). Eine Schallwelle durchläuft die verschiedenen Schichten des Körpers: Haut, Fettgewebe, Muskeln, Knochen …

An jeder Grenzfläche wird ein Teil des Schalls reflektiert. Die einzelnen Echos werden vom Schallempfänger aufgefangen und an einen Computer übertragen. Dieser berechnet dann aus den Laufzeiten Entfernungen und Dicken der Schichten. Die Lage der Schichten wird auf einem Monitor angezeigt. Es entsteht so ein Bild des ungeborenen Kindes (Bild 6), auf dem der Arzt erkennen kann, wie sich das Kind entwickelt.

Nach heutigen Kenntnissen sind solche Untersuchungen für Mutter und Kind ungefährlich.

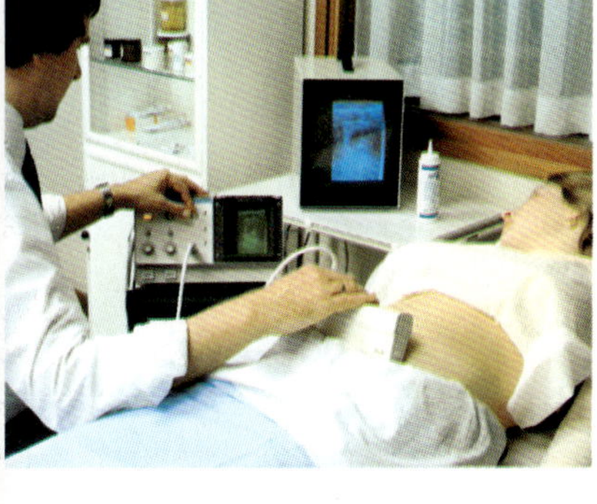

6

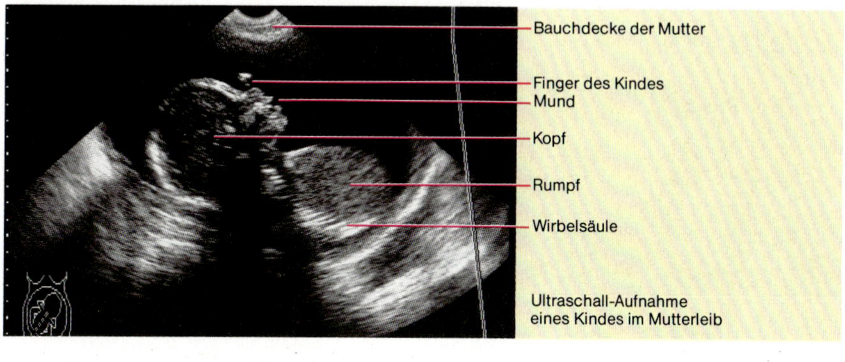

Ultraschall-Aufnahme eines Kindes im Mutterleib

Aus Umwelt und Technik: **Die Echo-Ortung der Delphine**

1

Delphine (Bild 1) sind mit Lungen atmende Säugetiere. Sie besitzen ein hoch entwickeltes Gehirn, das unserem Gehirn ähnlicher ist als das der Menschenaffen. Die Familie der Delphine gehört mit ihren über 25 Arten zu den Walen.

Von alters her gilt den Delphinen die besondere Zuneigung des Menschen. So wurden sie in der Antike als heilige Tiere verehrt, deren Tötung als Verbrechen galt. Noch heute sehen es viele Seeleute gern, wenn ihr Schiff von ganzen Herden dieser „Glücksbringer" begleitet wird.

Es gibt viele Berichte, nach denen Delphine kranke Artgenossen oder sogar erschöpfte Menschen über Wasser hielten und so vor dem Tode bewahrten.

1938 wurde in Florida das erste Delphinarium eröffnet. Erst seit dieser Zeit werden Delphine in der Obhut des Menschen gehalten; so haben Wissenschaftler die Möglichkeit erhalten das Verhalten dieser klugen Meeresbewohner zu studieren.

Erstaunliche Beobachtungen wurden dabei unter anderem mit Unterwassermikrofonen gemacht:

Die Tiere senden außer den für uns hörbaren Klick- und Pfeiftönen auch **Ultraschall** aus – und zwar mit Frequenzen von bis zu 200 000 Hz. Das **Echo** dieser kurzen, hohen Schreie dient ihnen zur Orientierung und zum Beutefang. Wo sich z. B. ein Hindernis befindet, ergibt sich aus der Laufzeit des Echos und der Richtung, aus der das Echo kommt (Bild 2).

Nach dem gleichen Echoverfahren machen sich auch **Fledermäuse** ein regelrechtes Bild von ihrer (teilweise völlig dunklen) Umgebung.

Ihre Ultraschallschreie liegen im Bereich unter etwa 120 000 Hz.

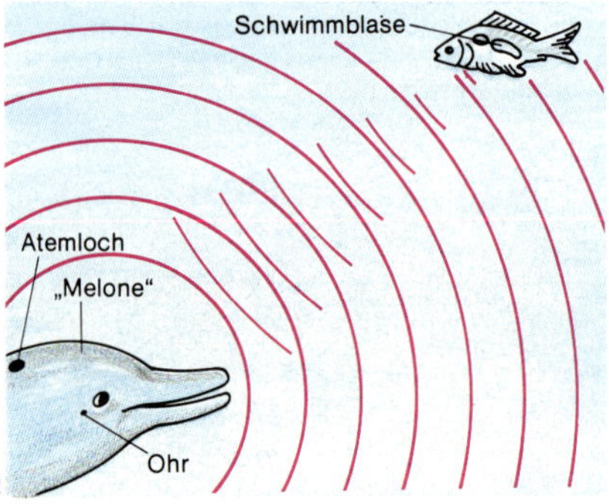

2

Im Vergleich mit den Fledermäusen scheinen die Delphine auf den ersten Blick im Vorteil zu sein, denn sie sind über ihre Umwelt *schneller* informiert. Schallwellen breiten sich ja in Wasser fast fünfmal so schnell aus wie in Luft.

Aber gerade hierin liegt auch ein Nachteil. Die Zeitunterschiede zwischen den Echos von unterschiedlich weit entfernten Gegenständen sind ebenfalls fast fünfmal so klein!

Für die Delphine kommt ein weiterer Nachteil hinzu. Das Gewebe ihrer Beute (meist Fische) besteht im Wesentlichen aus dem gleichen Stoff wie die ganze Umgebung – nämlich aus Wasser. Daher werden auftreffende Schallwellen vom Körper des Beutetieres praktisch nicht reflektiert!

Trotzdem orten Delphine ihre Beute auch „mit verbundenen Augen". Die *luft*gefüllte Schwimmblase „verrät" nämlich die Beutefische, weil an der Grenzfläche Luft–Wasser Schall fast vollständig reflektiert wird.

Delphine geben noch immer viele Rätsel auf. Bis heute weiß man nicht genau, wie und so sie den Ultraschall erzeugen und empfangen. Schließlich haben sie keine Stimmbänder und nur 0,5 mm weite Ohröffnungen. Ob der verdickte Teil ihres Kopfes – die „Melone" – mit zur Echo-Ortung beiträgt? Das könnte erklären, wieso Delphine Beutefische nicht hören, die sich *unter* ihnen befinden.

Fragen und Aufgaben zum Text

1 Die Bilder 3 u. 4 zeigen, wie mit Hilfe von Ultraschall die Wand eines Schiffes untersucht wird. Genauso lassen sich zum Beispiel die Schweißnähte einer Rohrleitung oder der Druckbehälter eines Kernkraftwerks überprüfen.
Beschreibe das Verfahren.

2 Das **Echolot** eines Schiffes besteht aus dem Schallgeber (einem Ultraschallsender) und dem Echoempfänger (Bild 5). Erkläre die Funktionsweise.

3 Ein Echolot empfängt die reflektierte Schallwelle 0,4 s nach dem Aussenden. Wie tief ist das Meer an dieser Stelle?

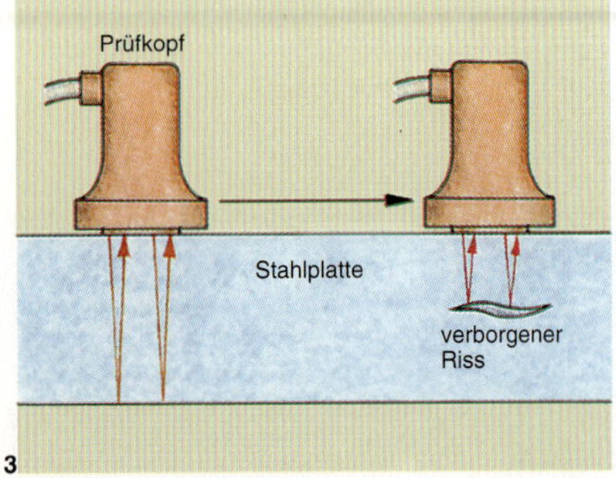

3

4

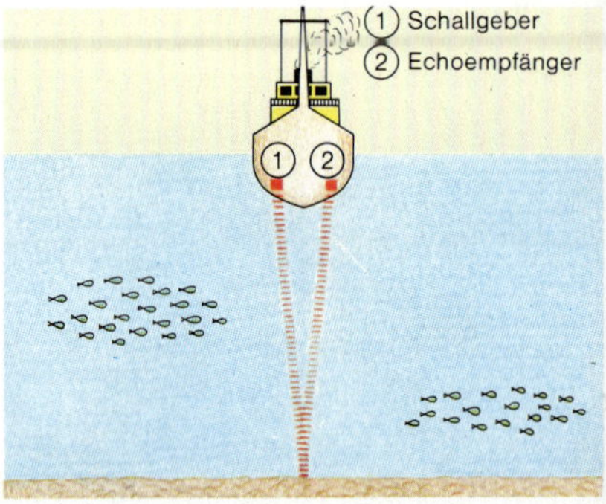

5

5026R

Alles klar?

1 Die Schwingungen einer Schallquelle sind gekennzeichnet durch *Amplitude* und *Frequenz*. Welche Größe bestimmt die Lautstärke, welche die Tonhöhe?

2 Auf einer Stimmgabel steht „440 Hz“. Was bedeutet diese Angabe?

3 Schallquellen erzeugen in der Luft Druckschwankungen.

Man kann die Druckschwankungen mit einem Mikrofon in Schwankungen eines elektrischen Stromes umwandeln. Mit einem Oszilloskop lassen sich die Stromschwankungen sichtbar machen (Bild 6).

Die *Höhe der Wellenlinie* auf dem Bildschirm ist von der *Amplitude* der Schallschwingungen abhängig. Die *Anzahl der Wellen* auf dem Bildschirm wird durch die *Frequenz* der Schwingung bestimmt.

Welches der Bilder 7–10 gehört zu einem hohen (tiefen) Ton, welches zu einem leisen (lauten) Ton?

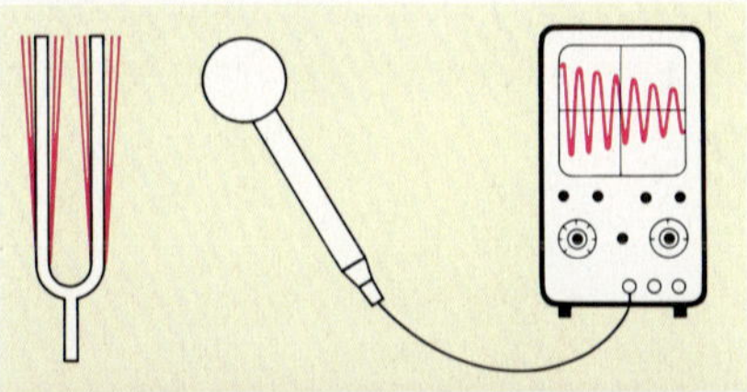
6

4 Man sagt, die Indianer hätten herannahende Feinde oft schon in großer Entfernung bemerkt. Bild 11 zeigt, wie sie dabei vorgegangen sein sollen.

Erkläre, warum diese Methode funktionieren kann.

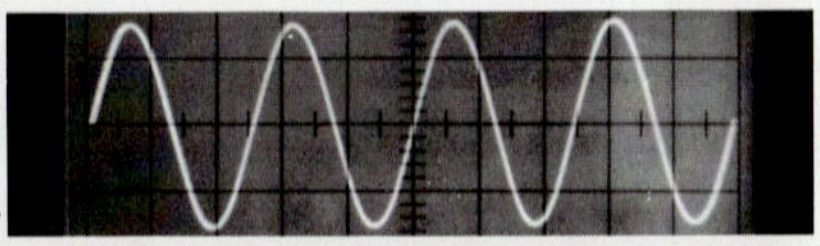
7

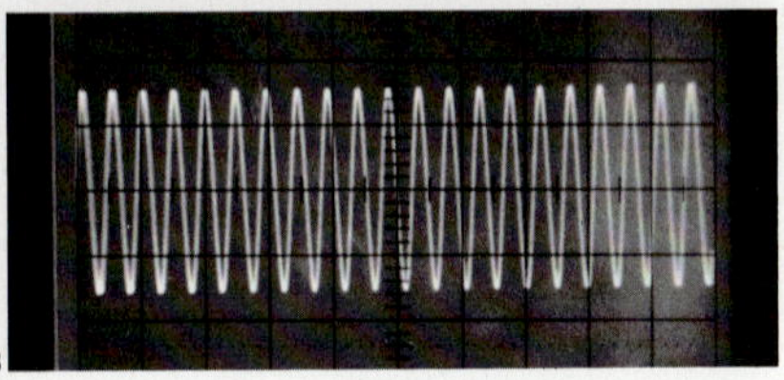
8

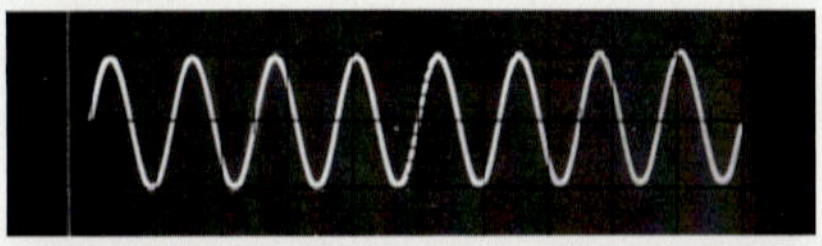
9

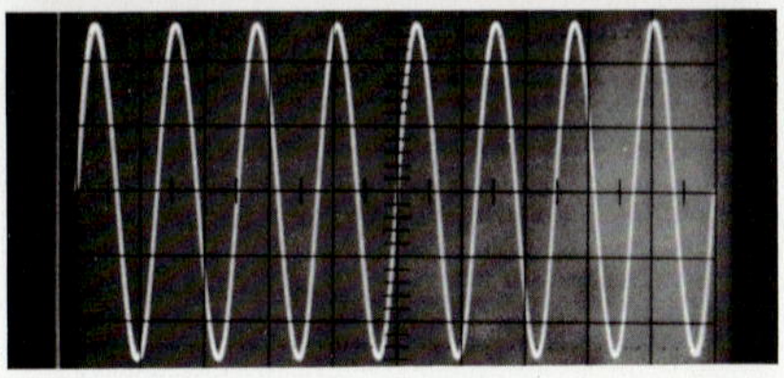
10

11

3 Zusammenfassung

Wie entsteht Schall?

12

13

14

Schall entsteht, wenn ein Körper rasche Schwingungen ausführt.

Ein Ton ist umso *lauter*, je weiter die Schwingungen sind *(große Amplitude)*.
Ein Ton ist umso *höher*, je schneller die Schwingungen sind *(hohe Frequenz)*.

Die **Frequenz** gibt an, wie oft die Schallquelle in einer Sekunde hin- und herschwingt. Die Einheit der Frequenz ist **1 Hertz** (1 Hz). Unser Ohr nimmt Schwingungen zwischen 16 Hz und 20 000 Hz wahr.

Schallausbreitung und Schallgeschwindigkeit

15

Schallwellen breiten sich nach allen Seiten hin aus.
Wenn sie das Ohr erreicht haben, hören wir den Schall.

Der Schall benötigt rund 3 s um in Luft eine Strecke von 1000 m zurückzulegen.

Die Schallgeschwindigkeit in Luft beträgt 340 $\frac{m}{s}$.

Einfache Musikinstrumente

1 Blasinstrumente – selbst gebaut

Panflöten fertigen die Indios in Südamerika aus Bambusrohr an.

1

Auch du kannst dir mit einfachen Mitteln Instrumente selbst bauen …

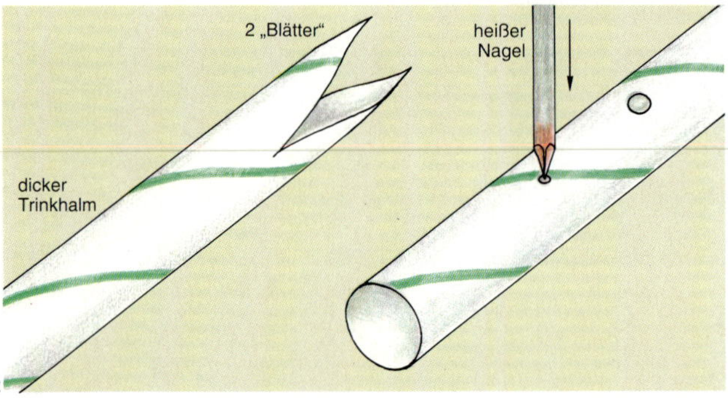

2

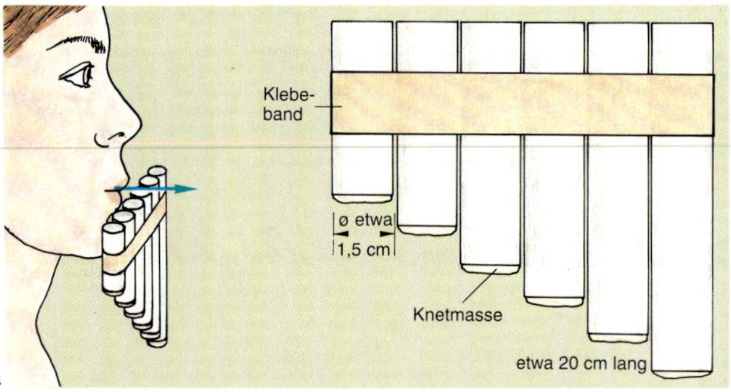

4

V 1 Wir bauen ein Instrument, das ähnlich wie eine **Oboe** funktioniert: Schneide mit der Schere einen dicken Trinkhalm aus Plastik spitz an (Bild 2). Presse die „Blätter" mit den Lippen zusammen und puste kräftig hindurch. Es soll ein schnatternder Klang entstehen.

a) Schneide während des Blasens das freie Halmende stückweise kürzer.

b) Schneide das Ende eines zweiten Halmes ebenfalls spitz an. Mit einem heißen Nagel werden dann Löcher in den Halm gebohrt.

Versuche verschieden hohe Töne zu blasen.

V 2 Fülle mehrere Flaschen unterschiedlich hoch mit Wasser. Blase flach über ihren Rand hinweg (Bild 3). Auf ähnliche Weise entsteht der Klang einer **Orgelpfeife**.

V 3 Beim Elektriker bekommst du Abfälle von stabilen Leerrohren. Säge Stücke in unterschiedlichen Längen ab. Verschließe die unteren Enden mit Knetmasse oder mit Korken.

Die oberen Enden müssen sorgfältig mit Schleifpapier geglättet werden.

Verbinde die Röhren mit Klebeband zu einer **Panflöte** (Bild 4). Sie wird seitlich angeblasen.

V 4 Du benötigst ein ungefähr 1 m langes Stück Gartenschlauch. Du kannst aber auch ein Leerrohr oder eine Gießkanne mit ihrem Auslaufrohr verwenden.

Presse die Lippen fest zusammen und blase in den Schlauch oder das Rohr hinein (Bild 5).

Schaffst du es, auf dieser **Trompete** unterschiedlich hohe Töne zu erzeugen?

3

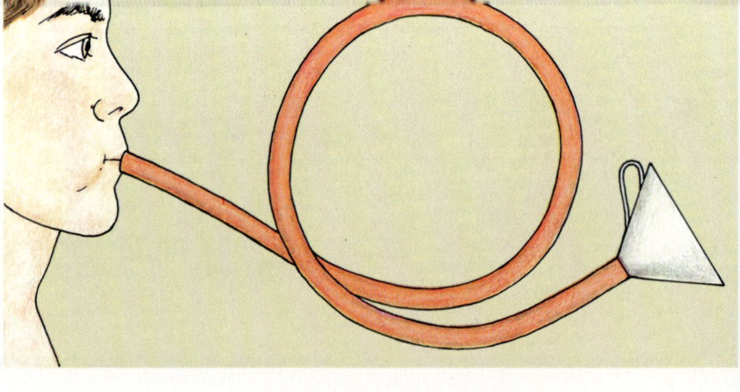
5

6445R

2 Zupfinstrumente – selbst gebaut

Früher war die Zither ein beliebtes Instrument für die Hausmusik.

6

Du kannst dir leicht einfache Zupfinstrumente basteln …

V 5 Spanne Gummiringe mit unterschiedlicher Dicke und Länge über eine leere Eiscreme- oder Tiefkühldose (Bild 7).

Wenn du an den Gummiringen zupfst, klingt dieses Instrument ähnlich wie eine **Gitarre**.

V 6 Du brauchst lange Stecknadeln, wie sie zum Dekorieren verwendet werden. Schlage sie vorsichtig in ein Stück Holz (Bild 8).

Zupfe mit dem Daumen an ihren Enden. Wenn du diese **„Nadelzupfe"** gegen eine Tischplatte oder eine Tür drückst, wird ihr Klang viel lauter.

V 7 Aus einem Eimer und einem Besenstiel (oder einer Leiste) kannst du ganz einfach einen **Zupfbass** bauen (Bild 9).

Als Saite eignet sich ein Nylonfaden, z. B. eine Angelschnur. Durch Neigen des Holzes wird die Saite unterschiedlich straff gespannt.

Musiker zupfen nicht nur die Saiten eines Kontrabasses, sondern streichen sie mit einem *Bogen*. Leider lässt sich der Bogen nicht so leicht basteln, weil er mit Pferdehaaren bespannt werden muss.

V 8 Aus Holzleisten (Dachlatten) wird ein Rahmen zusammengenagelt. Zwischen den Rundkopfschrauben und den Ringschrauben werden Nylonfäden gespannt. Sie sind die Saiten dieser **Harfe** (Bild 10).

Damit das Holz nicht splittert, sollten die Löcher für die Schrauben vorgebohrt werden.

Mit den Ringschrauben kannst du die Spannung der Saiten verändern.

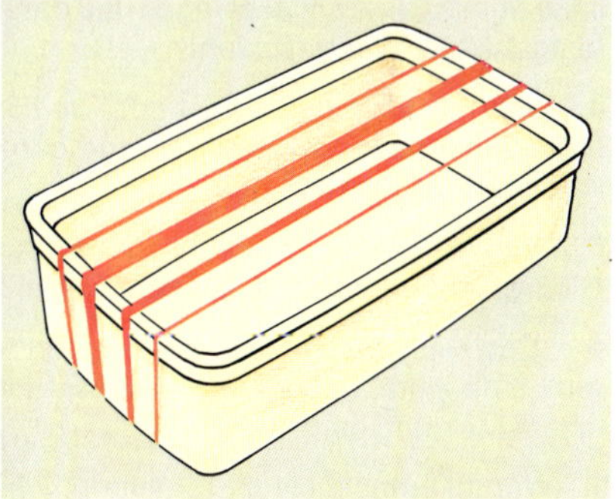
7

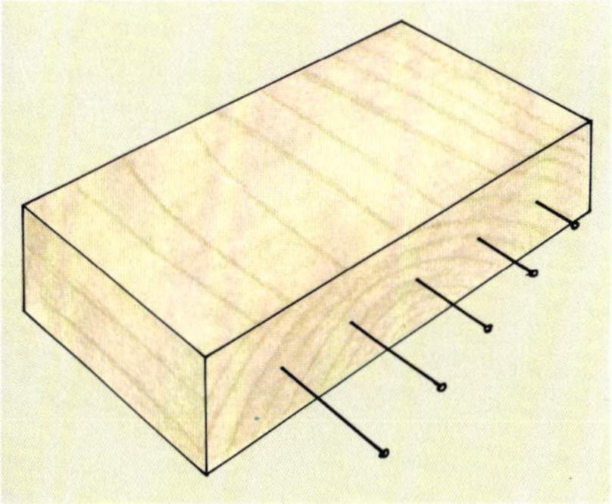
8

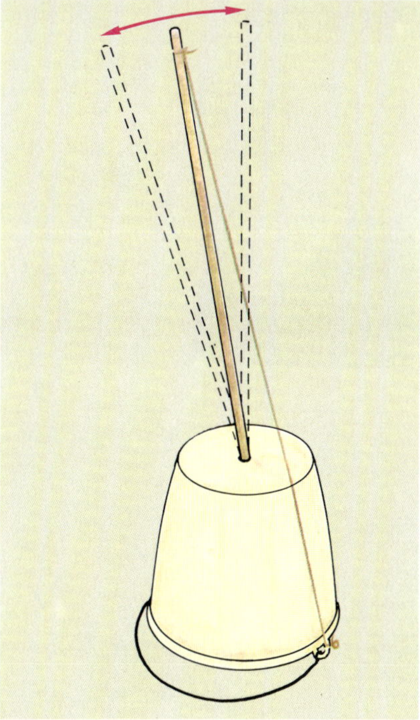
9

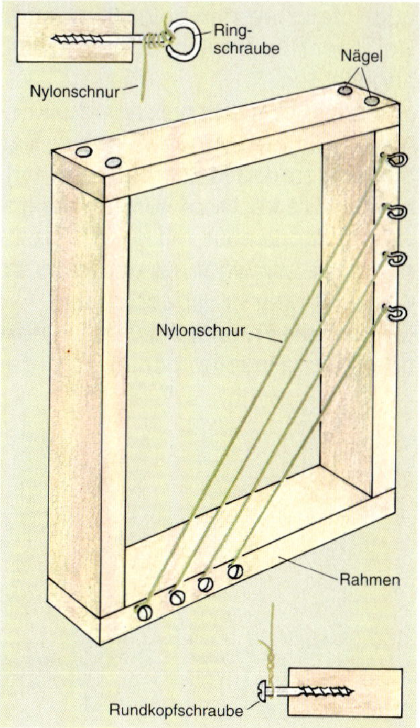

10

Aus Umwelt und Technik: **Schall kann verstärkt werden**

1

Bei vielen Musikinstrumenten wird der Ton der eigentlichen Schallquelle durch einen großen Holzkasten zusätzlich verstärkt (Bild 1). Diesen Kasten nennt man *Klangkörper* oder *Resonanzboden.*

Bei der Gitarre z. B. wird der Schall so verstärkt: Die angezupfte Saite bringt den Klangkörper aus Holz zum **Mitschwingen**. Dadurch ist natürlich die Fläche, von der jetzt der Schall ausgesandt wird, wesentlich größer, als wenn die Gitarrensaite alleine schwingen würde. Das bedeutet auch: Jetzt werden beim Schwingen viel mehr Luftteilchen gleichzeitig angestoßen.

Auch ein Lautsprecher funktioniert durch Mitschwingen: Das Schwingen des kleinen Elektromagneten wäre kaum zu hören – die gewölbte Pappe aber, mit der er Verbindung hat, schwingt mit und sorgt so für die Verstärkung des Schalls.

Wenn die Frequenz der ursprünglichen Schallquelle genau mit der Schwingungsfrequenz des Klangkörpers übereinstimmt, ist die Verstärkung der Schwingung besonders groß. Diese *Verstärkung durch Mitschwingen* (Bild 2) bezeichnet man in der Physik als **Resonanz** (lat. *resonare:* wieder ertönen).

So nutzt z. B. die Sängerin in Bild 3 die Resonanz zu einer verblüffenden Vorführung.

Sie klopft an das Weinglas und horcht auf den dadurch entstehenden Ton. Dann singt sie genau diesen Ton laut in das Glas hinein – und das Glas zerspringt.

3

Fragen und Aufgaben zum Text

1 Wieso kann ein Glas „zersungen" werden? Warum kannst *du* das wahrscheinlich nicht?

2 Erkläre die Beobachtungen, die du bei diesem **Versuch** machen kannst:
Zwei gleiche Weingläser stehen nebeneinander. Auf dem Rand des einen Glases liegt ein Holzstäbchen (z. B. ein Zahnstocher). Das zweite Glas bringst du zum Schwingen, indem du mit einem angefeuchteten Finger auf seinem Rand entlangfährst.

3 Bei dem **Versuch** von Bild 4 wird die linke Stimmgabel angeschlagen und dann festgehalten. Was geschieht?

4 Wenn du Schnupfen hast oder dir die Nase zuhältst, klingt deine Stimme ganz verändert. Wie kommt das?

5 Warum dürfen Soldaten nicht im Gleichschritt über Brücken marschieren?

6 „Der Minister fand bei seinen Zuhörern eine gute Resonanz." Was ist mit dieser Meldung gemeint?

7 Warum braucht die Elektrogitarre keinen Klangkörper?

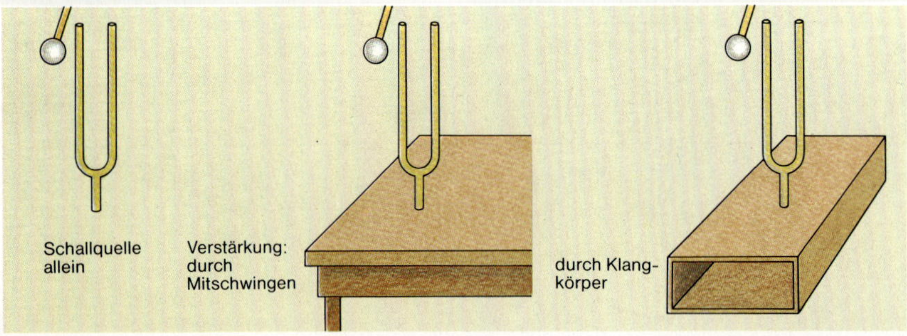

2

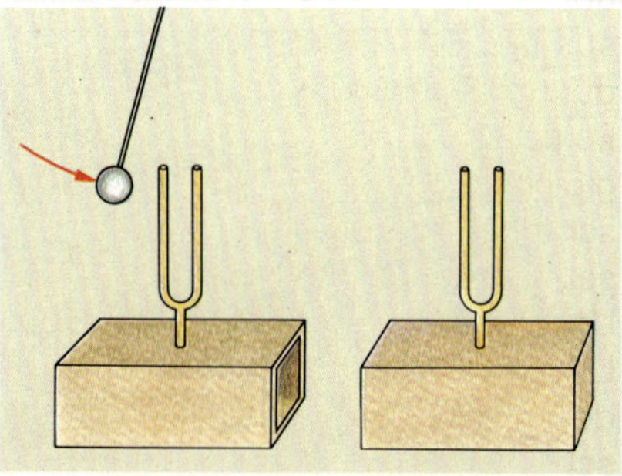
4

370R

Aus Umwelt und Technik: **Die Blockflöte**

5

Kein anderes Musikinstrument ist bei uns so stark verbreitet wie die Blockflöte in ihren verschiedenen Bauweisen (Bild 5).

Bei ihr entstehen die verschiedenen Töne dadurch, dass man die Löcher abwechselnd zuhält. Wie aber wird überhaupt in der Flöte der Schall erzeugt?

Um das zu verstehen, musst du daran denken, wie du mit einer leeren Flasche Schall erzeugen kannst: Du steckst einen angefeuchteten Finger in den Flaschenhals und verschließt so die Öffnung. Wenn du den Finger dann schnell zurückziehst, erklingt ein „Plopp". Beim Zurückziehen des Fingers entsteht nämlich in der Flasche eine Luftverdünnung. In diesen luftverdünnten Raum strömt schlagartig („plopp") die Außenluft hinein.

Beim Anblasen der Flasche (Bild 6) entsteht der gleiche Klang. Wenn du die Flasche im richtigen Winkel anbläst, reißt nämlich die Luftströmung über dem Flaschenrand Luftteilchen aus der Flasche heraus. Ein luftverdünnter Raum in der Flasche ist die Folge. Um diesen Unterdruck auszugleichen, strömt neue Luft in die Flasche hinein. Durch das weitere Blasen entsteht dort sofort wieder ein Unterdruck. So bewegt sich ständig Luft aus der Flasche heraus und wieder hinein: Die Luft in der Flasche **schwingt**.

Auf ähnliche Weise wird in der Blockflöte (Bild 7) der Schall erzeugt.

Wenn man in das Mundstück hineinbläst, strömt die Luft zunächst in einen Anblaskanal; so wird sie im richtigen Anblaswinkel gegen die scharfe Kante der „Lippe" gelenkt.

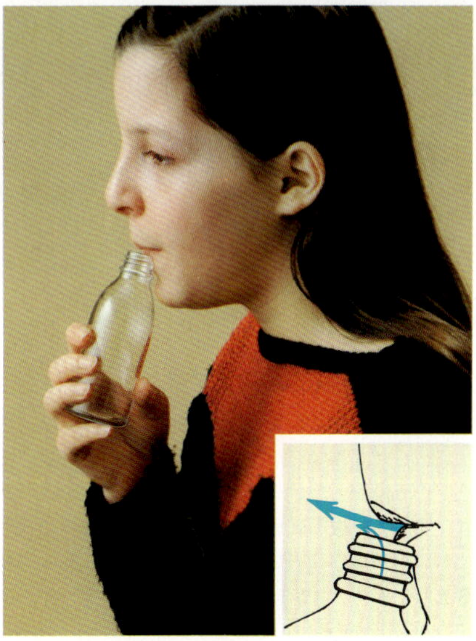
6

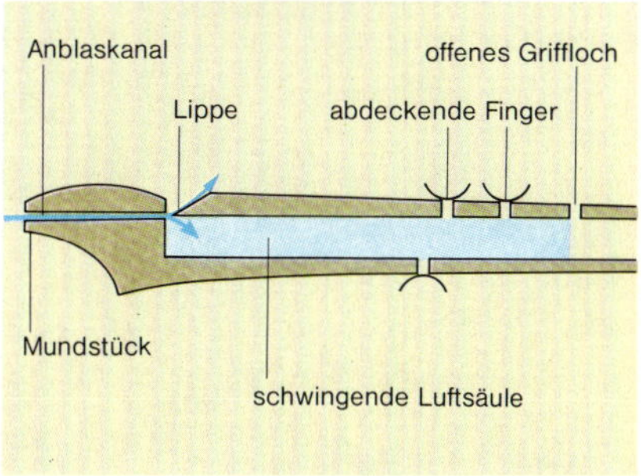

7

Diese „Lippe" wirkt nun wie der angeblasene Rand einer Flasche: An ihr entstehen Luftschwingungen, die die Luft im Rohr zum Mitschwingen bringen (Resonanz).

Die Luftsäule im Rohr schwingt aber nur bis zum ersten offenen Loch. Wenn du also alle Löcher am Rohr zuhältst, ist die schwingende Luftsäule am längsten – und deshalb auch der Ton am tiefsten.

Gibst du nur das untere Loch frei, so verkürzt du dadurch die schwingende Luftsäule – der Ton der Blockflöte wird höher. Je mehr Löcher du öffnest, desto kürzer wird die schwingende Luftsäule, und die Tonhöhe steigt weiter an (wie bei einer Gitarrensaite, die verkürzt wird).

Fragen und Aufgaben zum Text

1 Töne entstehen durch Schwingungen. Was schwingt bei einer Blockflöte?

2 Die Blockflöten in Bild 5 unterscheiden sich nicht nur im Aussehen, sondern auch im Klang. Erkläre, was beides miteinander zu tun hat.

3 Blockflöten werden innen mit besonderen Bürsten gereinigt. Warum darf man damit nicht die Öffnung über der „Lippe" säubern?

4 Das Mundstück einer Posaune oder einer Trompete besitzt gar keine „Lippe", an der Schwingungen entstehen könnten. Der Trompeter benutzt dafür seine eigenen Lippen! Wie erzeugt er so die Schwingungen?

Lärm und Lärmbekämpfung

1 „Power“ für die Ohren?

1

Lärmschutz jetzt auch in der Diskothek

9000 Diskotheken haben Sorgen: Das Ende eines „irren Sounds“?

Laute Musik ist eine feine Sache – aber nicht für jeden und vor allem nicht immerzu. Sie kann auch als unangenehm und belästigend empfunden werden, ebenso wie mancher andere Schall in unserer Umgebung. Störenden Schall nennt man *Lärm* – und dauernder Lärm macht krank: Die Adern verengen sich, der Blutdruck steigt, man wird nervös und schläft schlecht.

Wie kann man Lärm bekämpfen? Wie kann man Lärm messen?

V 1 Lege einen läutenden Wecker oder einen eingeschalteten Küchenhandmixer (ohne Knethaken) auf den Tisch. Wie kannst du den Lärm verringern? Welche Hilfsmittel benötigst du für deinen „Lärmschutz“?

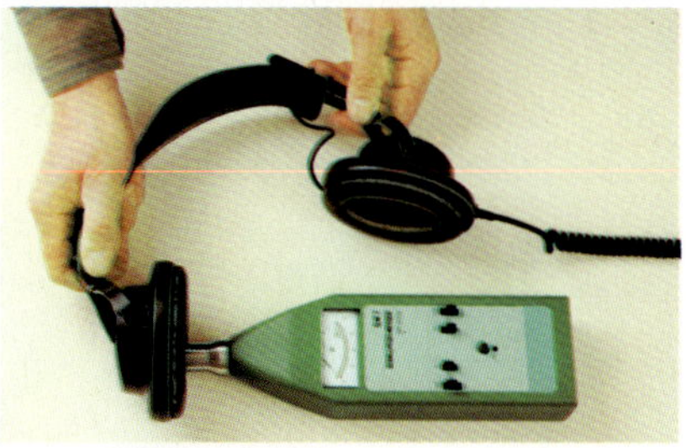

2

V 2 Verschließe den Abfluss eines Waschbeckens. Drehe nun den Wasserhahn so weit auf, dass ein schwacher Strahl ins Becken fließt. Du hörst dann, wie er auf die Wasseroberfläche auftrifft. Halte an die Auftreffstelle einen Schwamm. Was stellst du fest?

V 3 In das Waschbecken füllst du 10 cm hoch Wasser. Gib etwas Geschirrspülmittel hinzu und wirble das Wasser auf, sodass eine Schaumschicht entsteht.

Jetzt schiebst du den Schaumteppich beiseite und lässt auf die freie Wasseroberfläche einen Wasserstrahl plätschern. Schiebe dann den Schaumteppich unter den Wasserstrahl.

Was hörst du jeweils? Erkläre den Unterschied.

V 4 Wir bestimmen mit dem *Schallpegelmesser* die Lautstärke im Klassenraum (im Treppenhaus nach dem Läuten zur Pause, auf dem Schulhof, auf der Straße ...).

V 5 Zwei Mofas oder Mopeds stehen nebeneinander. Beide Motoren laufen im Stand. Welchen Wert zeigt der Schallpegelmesser? Vergleiche ihn mit dem Wert, den er bei einem der Fahrzeuge anzeigt.

V 6 Wie laut hört man die Musik in einem Kopfhörer (Bild 2)? Wir spielen dieselbe Musik über Lautsprecher und messen in 3 m Abstand wieder den Schall.

V 7 In einer offenen Styroporschachtel wird mit einem elektrischen Summer Schall erzeugt (Bild 3). Der Schall wird in unterschiedlichen Abständen gemessen (Tabelle).

Wie laut ist der Summer, wenn die Schachtel mit einem Deckel (aus Pappe, Styropor, Glas) verschlossen wird?

Prüfe nach, ob es *innen* mit Deckel lauter ist.

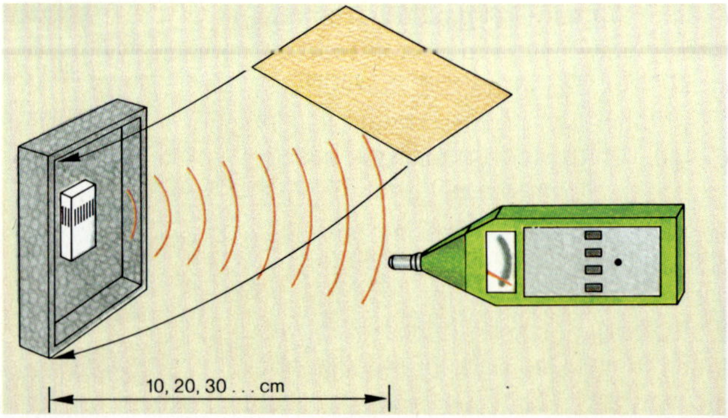

3

5721R

Lärm kann man messen: der Schallpegel

Wie laut ist der Lärm, den die Anwohner in der Nähe einer Autobahn ertragen müssen? Wie viel Lärm macht ein Motorrad? Wie laut ist ein Presslufthammer in 20 m Entfernung zu hören?

Um solche Fragen beantworten zu können, muss man den Schall messen. Dazu benutzt man **Schallpegelmesser**. Solche Geräte verwendet z. B. die Polizei um Lärmsünder zu ermitteln (Bilder 4 u. 5).

Man gibt den Schallpegel in **Dezibel A (dBA)** an. Bei 0 dBA hören wir nichts.

4

Geräusche bis 30 dBA empfinden wir als ruhig. Dauernder Lärm über 85 dBA macht schwerhörig. Die Tabelle unten gibt einen Überblick über Schallpegel.

Bei der Beurteilung von Schallpegelwerten sind zwei Punkte zu beachten:

- ○ Der Schallpegelmesser zeigt bei einem Rasenmäher z. B. 65 dBA an. Bei zwei Rasenmähern beträgt der Schallpegel aber nicht 130 dBA, sondern nur 68 dBA. *Durch eine zusätzliche gleich laute Schallquelle steigt der Schallpegel immer um 3 dBA an.*
- ○ Von zwei Mopeds geht doppelt so viel Schallenergie aus wie von einem Moped. Trotzdem empfindet unser Ohr die zwei Mopeds nicht als doppelt so laut. Erst bei zehn gleich lauten Fahrzeugen haben wir den Eindruck doppelter Lautstärke (Bild 10).

Doppelte Lautstärke bedeutet, dass der Schallpegel um 10 dBA ansteigt.

Nach unserer Tabelle ist ein Motorrad doppelt so laut wie ein Mofa – es macht also genauso viel Krach wie zehn Mofas zusammen.

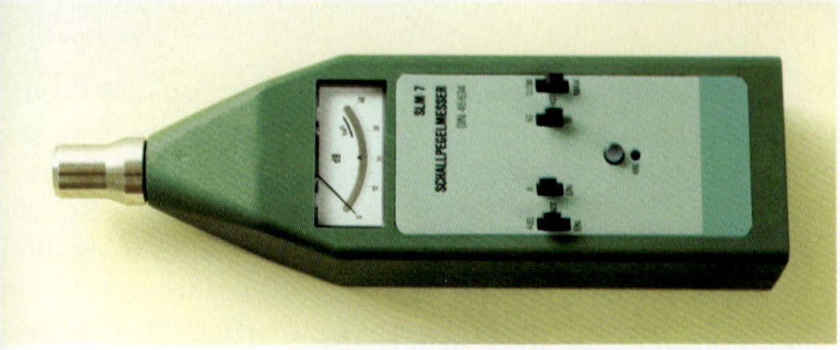

5

Beispiel	dBA	Hörempfindung	
Schmerzgrenze Düsentriebwerk, Rockkonzert Hubschrauber Diskothek, Kompressor	130 120 110 100	„unerträglich“	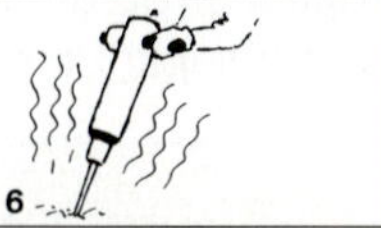 6
laute Fabrikhalle Motorrad, Straßenverkehr lautes Rufen, Mofa	90 80 70	„laut“	 7
Büro Unterhaltung Flüstern	60 50 40	„leise“	 8
Blättergeräusch Taschenuhr Atmen Hörschwelle	30 20 10 0	„ruhig“	 9

10
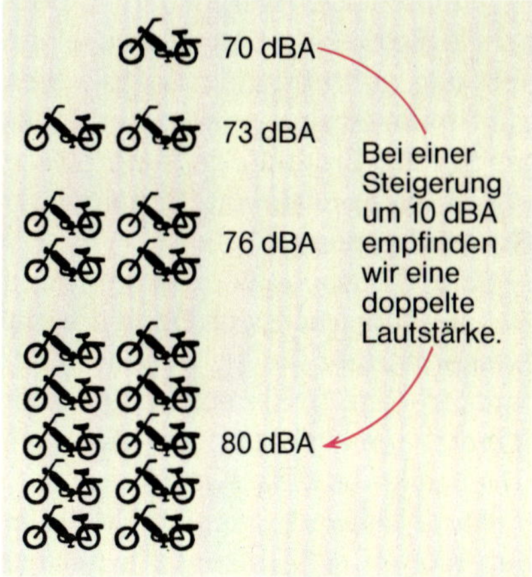

Aufgaben

1 Wenn dich grelles Licht blendet, kannst du dreierlei dagegen tun:
- ○ auf die Lichtquelle einwirken (z. B. mit einem Dimmer);
- ○ auf die Lichtübertragung einwirken (Vorhang vorziehen);
- ○ auf den Lichtempfänger einwirken (Augen schließen).

Gibt es auch einen vergleichbaren Schutz vor Lärm?

2 „Ein Kompressor (100 dBA) ist so laut wie 1000 Mofas.“ Begründe diese Aussage.

3 Ein bestimmtes Kraftfahrzeug erzeugt beim Fahren einen Schallpegel von 77 dBA. Wie laut sind zwei dieser Fahrzeuge?

4 Zehn Blechpressen bewirken in einer Fabrik einen Schallpegel von 95 dBA. Wie laut ist es, wenn die Hälfte der Maschinen läuft?

5 In Diskotheken sollte – wie in Fabriken – der Schallpegel 85 dBA nicht überschreiten. Wem soll diese Einschränkung nutzen?

6 Welche Vorteile und welche Nachteile hat es, wenn du Musik über einen Kopfhörer statt über Lautsprecherboxen hörst?

7 In Versuch 7 gab der Summer in der geschlossenen Styroporschachtel genauso viel Schallenergie wie in der offenen ab. Mit Deckel war es außen deutlich leiser als ohne.

a) Wo ist der Schall geblieben?

b) Wie lässt sich deine Vermutung nachweisen?

2 Lärmschutz

Aus Umwelt und Technik: **Schall dämmen – Schall dämpfen**

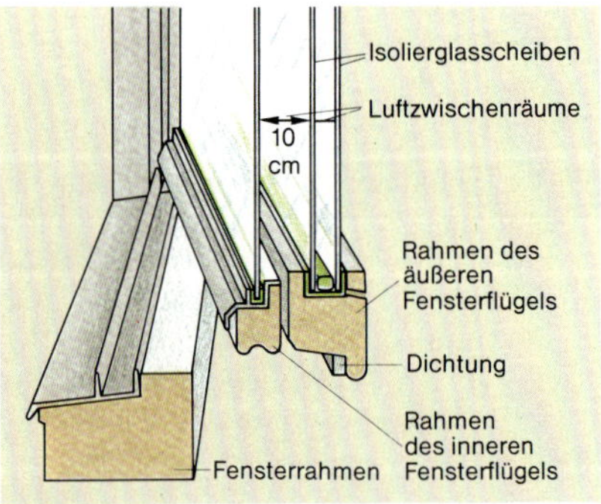

1

2

Stell dir vor, du sitzt im Wohnzimmer und hast eine besonders schwierige Hausaufgabe zu lösen. Das Fenster ist geöffnet und tosender Straßenlärm dringt herein.

Um dich konzentrieren zu können, wirst du in dieser Situation wahrscheinlich das Fenster schließen. Die Fensterscheiben werfen dann (ebenso wie die Mauern des Hauses) einen Teil der auftreffenden Schallwellen zur Straße zurück; so wird der Schall an der Ausbreitung gehindert. Man nennt diese Art von Schallschutz **Schalldämmung**.

Eine Glasscheibe dämmt den Schall schon recht gut. Doch dreimal besser dämmt ihn ein Schallschutzfenster (Bild 1). Ein solches Fenster schützt genauso gut vor Lärm wie 27 cm starkes Mauerwerk!

Harte, schwere und glatte Materialien eignen sich besonders gut zur Schalldämmung. Bild 2 zeigt eine Schallschutzwand aus Betonplatten. Auch Wände aus Stein, Holz oder Glas dämmen den Schall gut.

Eine andere Art des Schallschutzes ist die **Schalldämpfung**.

Bei der Schalldämpfung werden Schallwellen nicht zurückgeworfen, sondern von geeigneten Materialien „verschluckt". Schalldämpfende Materialien müssen eine lockere Oberfläche oder Poren besitzen.

3

Ein Beispiel für dieses Schallschutz-Verfahren ist der Schalldämpfer von einem Auto. Zwischen Motor und Auspuff befinden sich ein oder zwei „Töpfe" (Bild 3) – so bezeichnet der Mechaniker die Schalldämpfer.

Sie bestehen innen aus mehreren Kammern, die mit Glas- oder Stahlwolle gefüllt sind. Die Schallwellen des Motors dringen in alle Ecken dieser Kammern. Sie werden häufig reflektiert und „verlaufen" sich so schließlich in den Poren der Füllung. Die Energie der Schallwellen wird dabei in Wärme umgewandelt und die Lautstärke nimmt deutlich ab.

Bei der Schalldämpfung wird der Schall also nicht nur an der Ausbreitung gehindert, sondern teilweise sogar „vernichtet".

Fragen und Aufgaben zum Text

1 Erkläre den Unterschied zwischen Schalldämmung und Schalldämpfung. Die Bilder 4 u. 5 helfen dir dabei.

2 Mit welchen Materialien kann man den auftreffenden Schall besonders gut dämmen?

Welche Materialien eignen sich zur Schalldämpfung?

3 Der Schalldämpfer eines Autos kann im Laufe der Zeit durchrosten und Löcher bekommen.

Wie wirken sich die Löcher aus?

4 Auspuffrohre und Schalldämpfer sind nicht an der Autokarosserie festgeschraubt, sondern hängen dort an dicken Gummiringen. Welchen Sinn hat diese Art der Befestigung?

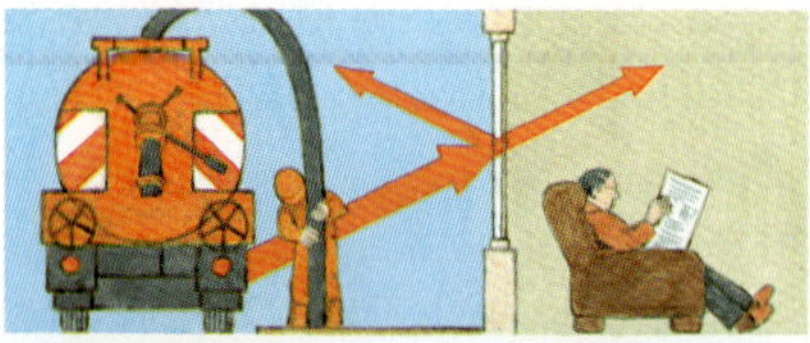
4

5

5 Wenn die Motorhaube eines Autos geöffnet ist, hört man das Geräusch des laufenden Motors recht laut.

Bei geschlossener Motorhaube ist das Motorgeräusch erheblich leiser.

Bewirkt die Motorhaube eine Lärmdämmung oder eine Lärmdämpfung? Begründe deine Antwort.

6 In welchen Gegenden sollten unbedingt Schallschutzfenster in die Wohnungen und Häuser eingebaut werden?

7 Sicherlich kennst du auch Lärmschutzwände, die anders als auf Bild 2 aussehen.

Beschreibe diese Wände.

5723R

Aus Umwelt und Technik: **Lärm macht krank**

6

Dauernder Lärm macht schwerhörig. Doch dem ganzen Körper drohen durch den Lärm Gefahren! Lärm geht unter die Haut: Die Adern verengen sich, der Blutdruck steigt, man atmet schneller, die Konzentration lässt nach, der Magen schmerzt, man wird nervös und schläft schlecht!

Nur einer von zehn Bundesbürgern wohnt wirklich ruhig. Mehr als die Hälfte fühlt sich durch Lärm (vor allem Verkehrslärm) belästigt. Deshalb gibt es gesetzliche Bestimmungen, die Höchstwerte für den Schallpegel von Fahrzeugen vorschreiben:

Fahrzeug	zulässiger Schallpegel (in Klammern: ab 1996)
Mofa	70 dBA
Moped	72 dBA
Motorrad	84 dBA
Pkw	77 dBA (74 dBA)
Lkw	84 dBA (80 dBA)

Der Schallpegel wird gemessen, während das Fahrzeug in 7,5 m Entfernung vorbeifährt. Die Polizei misst auch den Lärm im Nahbereich von Krafträdern. Die erlaubten Höchstwerte stehen mit dem Zusatz N (Nahmessung) in den Fahrzeugpapieren.

Auch der Autofahrer kann zur Minderung des Verkehrslärms beitragen. Er kann darauf achten, dass die Drehzahl des Motors möglichst niedrig ist. Ein einziger Benzinmotor ist bei 4000 Umdrehungen pro Minute genauso laut wie 32 Motoren, die mit 2000 Umdrehungen pro Minute laufen!

Auch die Geschwindigkeit hat etwas mit Lärm zu tun. Ein Fahrzeug, das mit 140 km/h fährt, ist genauso laut wie vier Fahrzeuge mit 100 km/h.

Manche jugendliche Fahrer glauben, zu leistungsstarken Motoren gehöre dröhnender Lärm. Sie basteln am Auspuff herum, „frisieren" den Motor – und das Ergebnis klingt wie Musik in ihren Ohren. Sie schaden jedoch sich und anderen. Außerdem erlischt durch solche Eingriffe die Betriebserlaubnis für das Fahrzeug. Die Versicherung muss dann bei einem Schaden nicht zahlen.

Höchstwerte für den Schallpegel am Arbeitsplatz sind in der *Unfallverhütungsvorschrift Lärm* festgelegt:

Im Büro eines Kaufhauses darf der Lärm dem eines Mofas entsprechen (70 dBA). In Fabriken darf es so laut sein wie 30 Mofas (85 dBA). Wer 45 Minuten lang Lärm von 90 dBA ertragen muss, dessen Ohren brauchen 48 Stunden um sich zu erholen. Bekommen sie diese „Ruhepause" nicht, entwickelt sich im Laufe der Zeit eine Schwerhörigkeit. Das gilt auch für alle, die den Lärm über Kopfhörer nur für sich selbst machen.

Alles klar?

1 Welche Schallpegelwerte empfinden wir in der Regel als laut, belästigend, schmerzhaft?

2 Wenn es dir zu laut ist, kannst du Watte in die Ohren stecken.

Worauf beruht die Wirkung dieses „Lärmschutzes"?

3 Schaum im Waschbecken dämpft das Geräusch des Wasserstrahls. Bild 7 zeigt den Weg der Schallwellen durch die Schaumbläschen.

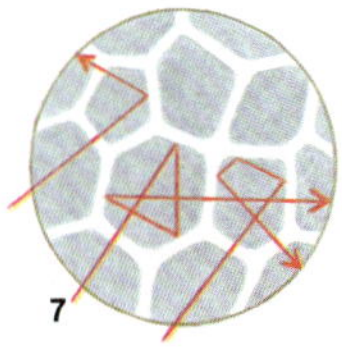

7

Erkläre die Lärmminderung anhand des Bildes.

4 „Ich brauche morgens nicht einmal die Augen aufzuschlagen und weiß doch schon, ob über Nacht Schnee gefallen oder Nebel aufgezogen ist. Das höre ich nämlich."

Erläutere, was gemeint ist.

5 Woran liegt es, dass drei Autos nicht dreimal so laut sind wie ein Auto?

6 Michael wird von seinen Eltern gebeten sein Radio leiser zu stellen. „Das stört euch doch nur, weil ihr noch nicht daran gewöhnt seid", meint er. Wie denkst du darüber?

7 Zähle auf, zu welchen gesundheitlichen Schäden andauernder Lärm oder zu laute Musik führen kann.

8 In Bild 8 siehst du ein Schild. Was sagt es aus?

Wo gibt es solche Schilder?

Welche Vorteile und welche Nachteile hat es, wenn man einen Gehörschützer aufsetzt?

8

5724R

Anhang

Schaltzeichen

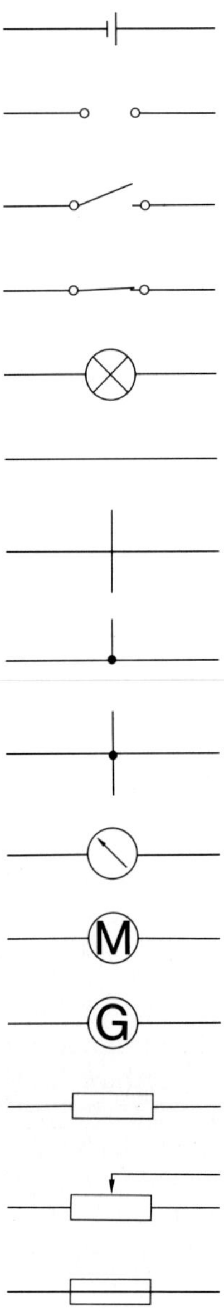

Batterie

Stromquelle

Schalter (offen)

Schalter (geschlossen)

Glühlampe

Leitung

Kreuzung von Leitungen ohne Verbindung

Leitungsverzweigung („Stromverzweigung“)

Leitungskreuzung

Strommesser

Motor

Dynamo (Generator)

Festwiderstand

veränderlicher Widerstand mit Schleifkontakt

Sicherung

Schmelz- und Siedetemperaturen einiger Stoffe

Stoff	Schmelz-temperatur	Siede-temperatur
Alkohol	−115 °C	78 °C
Benzol	5,5 °C	80 °C
Blei	327 °C	1740 °C
Graphit	3650 °C	4827 °C
Glycerin	18 °C	290 °C
Jod	114 °C	184 °C
Kochsalz	801 °C	1413 °C
Quecksilber	−39 °C	357 °C
Schwefel	119 °C	445 °C
Spiritus	−98 °C	65 °C
Wasser	0 °C	100 °C
Zinn	232 °C	2260 °C

Wärmeausdehnung fester Körper

Körper (1-m-Stab)	Ausdehnung bei Erwärmung um 1 °C
Normalglas	0,009 mm
Beton	0,012 mm
Eisen	0,012 mm
Kupfer	0,016 mm
Messing	0,018 mm
Aluminium	0,024 mm
Zink	0,027 mm
Eis	0,037 mm

Körper (1-m-Stab)	Ausdehnung bei Erwärmung von 0 °C auf 100 °C
Porzellan	0,3 mm
Granit	0,5 mm
Glas	0,9 mm
Platin	0,9 mm
Sandstein	1,0 mm
Marmor	1,1 mm
Beton	1,2 mm
Eisen (Stahl)	1,2 mm
Gold	1,4 mm
Kupfer	1,6 mm
Messing	1,8 mm
Silber	1,95 mm
Aluminium	2,4 mm
Zink	2,7 mm
Asphalt	20,0 mm

Wärmeausdehnung gasförmiger Körper
Wird ein Gas um 1 °C erwärmt, so nimmt sein Volumen um $^{1}/_{273}$ seines Volumens bei 0 °C zu.

Wärmeausdehnung flüssiger Körper

Körper (1 l = 1 dm^3)	Ausdehnung bei Erwärmung um 1 °C
Wasser	0,2 cm^3
Quecksilber	0,2 cm^3
Alkohol	1,1 cm^3
Benzol	1,2 cm^3

Dichte einiger Stoffe

in g/cm^3 bei 18 °C

Aluminium	2,7
Zink	7,1
Zinn	7,3
Eisen	7,9
Kupfer	8,9
Silber	10,5
Blei	11,3
Gold	19,3
Platin	21,5
Balsaholz	0,1
Kork	0,2-0,4
Holz	0,4-0,8
Eis (0 °C)	0,9
Gummi	0,9-1,0
Sand	ca. 1,5
Glas	ca. 2,4
Marmor	2,5-2,8
Benzin	ca. 0,7
Äther	0,7
Alkohol	0,8
Terpentinöl	ca. 0,9
Wasser (+ 4 °C)	1,0
Glycerin	1,3
Schwefelsäure, konz.	1,8
Quecksilber	13,6

Literaturhinweise für Schülerinnen und Schüler

Aebli: Raten, denken, lachen und noch andere Sachen. Aarau: Sauerländer.
Back/Heimann: Erfindern auf der Spur. Eine kleine Geschichte der Technik in Beispielen. Ravensburg: Otto Maier.
Bermann: Die Natur dachte zuerst daran. Hamburg: Tessloff.
Bono: Buchers illustrierte Geschichte der Erfindungen. München: Bucher.
Das große Experimentier-Buch der Elektrizität. Einfache und ungefährliche Versuche mit Elektrizität. Hamburg: Tessloff.
de Vries: Vom Basteln zum Experiment. München: dtv.
Gaebert: Der große Augenblick in der Physik sowie Der große Augenblick in der Technik. Beide Titel: Bayreuth, Loewes.
Goldstein-Jackson: Experimente – spielend leicht. 80 Versuche mit alltäglichen Dingen. Würzburg: Arena.
Haase/Lehmann: Nanos Physikabenteuer. Wien: Globus.
Heiße Tips für kühle Köpfe. Das Buch der Experimente. Köln: Benziger.
HiFi, Ultraschall und Lärm. Die Welt des Schalls. Köln: Verlagsges. Schulfernsehen.
Höfling: Physik A–Z. Ein Physiklexikon mit 80 verblüffenden Experimenten. München: Schneider.
Höfling: Schülerlexikon Physik. München: Bayerischer Schulbuchverlag.
Hundt: 100 x Technik im Alltag. Mannheim: Bibliographisches Institut.
Kaufmann: Mein erstes Technikbuch. Ravensburg: Otto Maier.
Kent/Ward: Physik, wie sie mir Spaß macht. Ravensburg: Otto Maier.
Kompaß Jugend-Lexikon Natur und Technik. Niedernhausen (Ts.): Falken Verlag.
Lanners: Kolumbus-Eier. Tricks, Spiele, Experimente. München: Bucher.
Maschinen, Mechanik, Transport. Wissen universal, Bd. 5. Hamburg: Tessloff.
Perelmann: Unterhaltsame Aufgaben und Versuche. Frankfurt am Main/Thun: Harri Deutsch.
Press: Entdeckungen in Natur und Alltag. Ravensburg: Otto Maier.
Press: Spiel – das Wissen schafft. Ravensburg: Otto Maier.
Treitz: Spiele mit Physik. Frankfurt am Main: Harri Deutsch.
Wie funktioniert das? Die Technik im Leben von heute. Mannheim: Bibliographisches Institut.
Wittmann: Trickkiste 1. Experimente, wie sie nicht im Physikbuch stehen. München: Bayerischer Schulbuchverlag.
Zeier: Keine Angst vor Physik. Köln: Aulis/Deubner.
Zeier: Kurzweil durch Physik. Köln: Aulis/Deubner.

4150R

Bauanleitung: **Ein Turbinenrädchen (Windrad)**

Du brauchst:
1 Stück kräftiges Papier
(etwa halbe Postkartengröße);
1 verbrauchte Kugelschreibermine;
25 cm Eisendraht (etwa 2 mm ∅);
1 Spitze einer Glasampulle
(du bekommst sie in einer Arztpraxis).

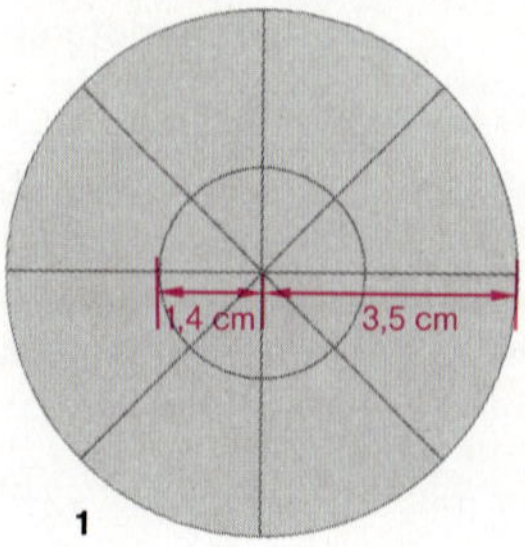

1

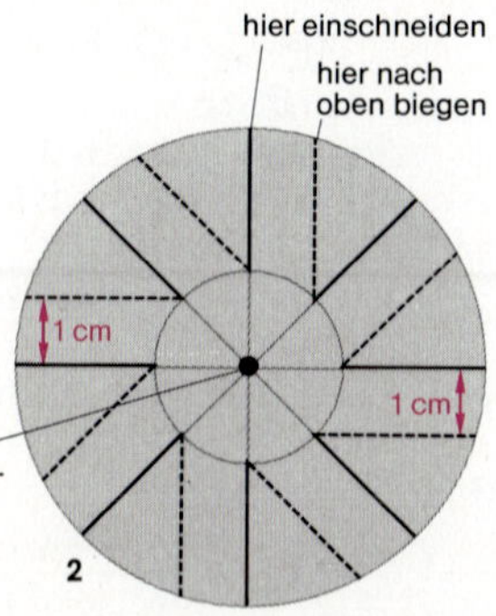

2

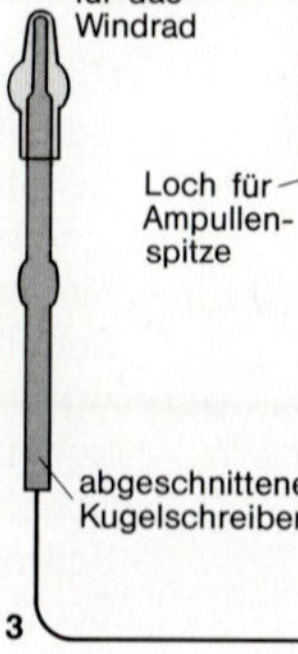

3

So wird's gemacht:
Schlage um *einen* Mittelpunkt auf dem Papier 2 Kreise mit 1,4 cm und 3,5 cm Radius (Halbmesser). Unterteile dann den Kreisring in 8 gleiche Felder (Bild 1). Vervollständige die Zeichnung (Bild 2).

Schneide nun das Rädchen aus. Die durchgezogenen Linien werden bis an den inneren Kreis heran eingeschnitten. Biege schließlich die 8 Ecken über die gestrichelten Linien nach oben.

Als Radlager dient die Ampullenspitze (Bild 3). Durchbohre das Windrad mit einem Nagel und erweitere das Loch etwas. Klebe dann die Ampullenspitze am Rädchen fest.

Bild 3 zeigt auch einen einfachen Halter für das Windrädchen.

Auswahl physikalischer Größen mit ihren Einheiten

Größe	Formelzeichen	Einheit		Weitere Einheiten		Beziehung
Länge	l	**Meter**	**m**	Seemeile	sm	1 sm = 1852 m
Fläche Querschnittsfläche	A S	Quadratmeter	m^2	Ar Hektar	a ha	1 a = 100 m^2 1 ha = 100 a = 10 000 m^2
Volumen	V	Kubikmeter	m^3	Liter	l	1 l = 1 dm^3 = 0,001 m^3
Masse	m	**Kilogramm**	**kg**	Gramm Tonne	g t	1 g = 10^{-3} kg = 0,001 kg 1 t = 10^3 kg = 1000 kg
Zeit	t	**Sekunde**	**s**	Minute Stunde Tag Jahr	min h d a	1 min = 60 s 1 h = 60 min = 3600 s 1 d = 24 h = 1440 min = 86400 s
Geschwindigkeit Beschleunigung	v a	Meter durch (pro) Sekunde Meter durch Sekunde hoch zwei	$\frac{m}{s}$ $\frac{m}{s^2}$	Kilometer durch Stunde Knoten	$\frac{km}{h}$ kn	$1 \frac{km}{h} = \frac{1\ m}{3{,}6\ s}$ $1\ kn = 1 \frac{sm}{h} = 1{,}852 \frac{km}{h}$
Kraft	F	Newton	N			$1\ N = \frac{1\ kg\ m}{s^2}$
Druck	p	Pascal	Pa	Bar	1 bar	$1\ Pa = 1 \frac{N}{m^2}$ 1 bar = 10^5 Pa = 1000 hPa 1 mbar = 1 hPa = 10^2 Pa = 100 Pa
Temperatur	T ϑ (Theta)	**Kelvin** Grad Celsius	**K** °C			0 K ≙ −273,15 °C 0 °C ≙ 273,15 K

Verzeichnis der Bild- und Textquellen

AEG-Telefunken, Hamburg: 107.3 u. 4; Allianz-Zentrum für Technik, Ismaning: 122.1-4; Artreference, Frankfurt/M.: 16. 1; Asta Ullrich, Annweiler: 50.3; Atlas Copco, Essen (überarbeitet): 28. 3; Bavaria, Gauting: 55.8, 126.3 u.5, 154.1; Beuth Verlag, Berlin: DIN-Normen; Bohne, Remscheid: 76.5; Bundesanstalt f. Materialprüfung, Berlin: 79.9; Demag, Wetter: 101.4; Deutsch-Verlag, Frankfurt/M.: 36.6; Deutsches Museum, München: 23. 4, 111.10, 112.1 u. 2; dpa, Frankfurt/M.: 62.1 u. 2; Engelhardt, Köln: 123.10; EWAG, Nürnberg: 53.14 u.15; Fraunhofer-Institut, Freiburg: 69.4 u. 5; Göbel, Spielberg: 120.3; Grünzweig + Hartmann, Ludwigshafen: 49.6-8, 51.9, 67.4 u. 5; Hagemeister, Berlin: 31.12 u. 13; IVB Report, Heiligenhaus: 131.7; KPM, Berlin: 14.5; Krauss-Maffei, München: 32.5; Krautkrämer, Köln: 148.4; Kuchel, Berlin: 63.7; KWU, Erlangen: 104.1; MAN, Nürnberg: 76.4; Mauritius, Mittenwald: 32.4, 50.2, 124.8, 148.1, 156.2; Moritz, Hamburg: 54.6; Museo di Storia della Scienza, Florenz (Italien): 23. 3; Niedersächsisches Landesverwaltungsamt, Landesvermessung, Hannover: 132.7; Opel, Rüsselsheim: 122.9; Orkustofnun, Reykjavik (Island): 42.3 u. 4; Osram, München: 113.3; Perennatorwerk, Wiesbaden: 34.2; Philips, Hamburg: 147.5; Preussag Bauwesen, Hannover: 18. 5 u. Hintergrund; Preußischer Kulturbesitz, Berlin: 57.6; PTB, Braunschweig: 121.10, 133.10 u. 11; Roth-Technik, Gaggenau: 156.3; Schott Glaswerke, Mainz: 13.10; Schott-Zwiesel-Glaswerke, Zwiesel: 13.8; Siemens, München: 93.10, 147.6; Silvestris, Kastl/Obb.: 27.13, 48.1 u. 2, 150.1, 151.6; Simon, Essen: 140.3; Stalling, Oldenburg: 111.9; STERN, Hamburg: 21.4; Süddeutscher Verlag, München: 32.1; USIS, Bonn: 126.1 u. 2; VEGLA, Aachen: 51.10; Verlag Stahleisen, Düsseldorf: 13.9; Virkir-Orkint, Reykjavík (Island): 42.2; VW, Wolfsburg: 122.5-8; Walther, Köln: 18.1-4; Wilhelm-Foerster-Sternwarte, Berlin: 126.4 u.6; Wolloner, Mannheim: 52.5; ZEFA, Düsseldorf: 64.2.
Alle anderen Fotos: Cornelsen Verlag, Berlin (Budde, Fotostudio Mahler)

Für hilfreiche Unterstützung danken wir außerdem
der Firma Cornelsen Experimenta, Berlin (Versuchsgeräte), der Firma fischerwerke Artur Fischer, Tumlingen (fischertechnik®-Schulprogramm), der Firma Phywe, Göttingen (Versuchsgeräte) und dem Studio tolon, Fürth (Bearbeitung einiger historischer Abbildungen).

Sach- und Namenverzeichnis

4152R